Umberto Eco

Die Suche nach der vollkommenen Sprache

Aus dem Italienischen von Burkhart Kroeber

Deutscher Taschenbuch Verlag

Von Umberto Eco
sind im Deutschen Taschenbuch Verlag erschienen:

Lector in fabula (4531)
Kunst und Schönheit im Mittelalter (4603)
Die Grenzen der Interpretation (4644)
Zwischen Autor und Text (4682)
Der Name der Rose (10551)
Nachschrift zum ‹Namen der Rose› (10552)
Über Gott und die Welt (10825)
Über Spiegel und andere Phänomene (11319)
Das Foucaultsche Pendel (11581)
Platon im Striptease-Lokal (11759)
Wie man mit einem Lachs verreist und andere nützliche Ratschläge (12039)
Im Wald der Fiktionen (12287)
Die Insel des vorigen Tages (12335)

April 1997
Deutscher Taschenbuch Verlag GmbH & Co. KG,
München

Titel der italienischen Originalausgabe: La ricerca della lingua perfetta nella cultura europea

Umschlagkonzept: Balk & Brumshagen
Umschlagbild: ›Painting‹ (1948) von Jackson Pollock (© VG Bild-Kunst, Bonn 1997)
Satz: Fotosatz Janß, Pfungstadt
Druck und Bindung: C. H. Beck'sche Buchdruckerei, Nördlingen
Gedruckt auf säurefreiem, chlorfrei gebleichtem Papier
Printed in Germany · ISBN 3-423-30629-7

Europa bauen

Europa wird gebaut. Getragen von großen Hoffnungen. Doch erfüllen werden sie sich nur, wenn sie der Geschichte Rechnung tragen. Ein geschichtsloses Europa wäre ohne Herkunft und ohne Zukunft. Denn das Heute entstammt dem Gestern, und das Morgen entsteht aus dem Vergangenen. Dieses Vergangene soll die Gegenwart jedoch nicht lähmen, sondern sie befähigen, bei allem Bewahren eine andere und im Fortschritt eine neue Gestalt zu gewinnen. Unser zwischen Atlantik, Asien und Afrika gelegenes Europa besteht ja schon seit sehr langer Zeit, so wie die Geographie es gezeichnet, die Geschichte es modelliert hat, seit die Griechen ihm diesen Namen gaben, der stets beibehalten wurde. Auf dieses Erbgut, das seit der Antike, ja seit prähistorischer Zeit dieses Europa befähigt hat, gerade wegen seiner Einheit und Vielfalt einen solchen Reichtum an Kulturgut, eine solch außergewöhnliche Kreativität zu entfalten, muß sich die Zukunft stützen.

Die aus der Initiative von fünf Verlegern unterschiedlicher Sprache und Nationalität entstandene Reihe «Europa bauen» will die Gestaltung Europas und seine nicht zu unterschätzenden Erfolgschancen erhellen, ohne die überkommenen Schwierigkeiten zu vertuschen. Daß dieser Kontinent in seinem Streben nach Einheit so manch internen Zwist, so manchen Konflikt, so manches Trennende und Widersprüchliche erst überwinden mußte, soll in dieser Reihe nicht verschwiegen werden, denn wer sich auf das Unternehmen Europa einlassen will, muß die gesamte Vergangenheit kennen und eine Zukunftsperspektive besitzen. Daraus erklärt sich der «aktive» Titel unserer Reihe. Es scheint uns in der Tat nicht an der Zeit, eine Universalgeschichte Europas zusammenzufügen. Wir wollen das Thema mit Essays umkreisen, die von den besten zeitgenössischen Historikern stammen, wobei es für uns unerheblich ist, ob sie Europäer oder Nicht-Europäer, ob sie schon berühmte oder noch kaum bekannte Autoren sind. Sie werden die entscheidenden Themen europäischer Geschichte aufgreifen – im wirtschaftlichen, politischen, sozialen, religiösen, kulturellen Bereich – und sich dabei auf die lange, von Herodot begründete historiographische Tradition und zugleich auf die in Europa entwickelten neuen Konzeptionen stützen, die die Geschichtswissenschaft im zwanzigsten Jahrhundert und insbesondere in den letzten Jahrzehnten von Grund auf erneuert haben. Durch ihr Bemühen um Klarheit sind all diese Essays für jedermann verständlich.

Wir setzen unseren ganzen Ehrgeiz darein, all denen, die am Aufbau und Ausbau Europas beteiligt sind, aber auch jenen in der Welt, die sich dafür interessieren, Bausteine zur Beantwortung der fundamentalen Frage «Wer sind wir? Woher kommen wir? Wohin gehen wir?» zu liefern.

Jacques Le Goff

Inhalt

Anhang

Ich kann euch gewiß niemals raten, dem hier aufgekommenen bizarren Denken zu folgen und von der universalen Sprache zu träumen.

Francesco Soave, *Riflessioni intorno all'istituzione di una lingua universale*, 1774

Einleitung

Psammetich gab einem Hirten zwei Neugeborene von beliebigen Eltern; er sollte sie zu seiner Herde mitnehmen und so aufziehen, daß niemals in ihrer Gegenwart ein Wort gesprochen werde [...]. So wollte er hören, was für ein Wort die Kinder als erstes aussprechen würden [...]. Nachdem der Hirt die Kinder zwei Jahre lang so versorgt hatte, riefen sie ihm, als er eines Tages die Tür öffnete und eintrat, bittend das Wort «Bekos» entgegen, wobei sie die Hände emporstreckten [...]. [Psammetich] fand heraus, daß die Phryger das Brot «Bekos» nannten. So räumten die Ägypter ein, daß die Phryger noch älter seien als sie.

Herodot, *Historien*, II, 1

[Kaiser Friedrich II.] wollte herausfinden, welche Sprache und Mundart die Kinder hätten, wenn sie heranwachsen würden, ohne je mit irgendwem sprechen zu können. Daher befahl er den Ammen und Nährmüttern, die Kinder zu säugen [...], aber niemals mit ihnen zu reden. Er wollte nämlich erfahren, ob sie die hebräische Sprache sprechen würden, welche die erste gewesen war, oder die griechische oder die lateinische oder die arabische, oder ob sie nicht immer die Sprache ihrer Eltern sprechen würden, von denen sie abstammten. Doch er bemühte sich vergebens, denn die Kinder starben alle.

Salimbene von Parma, *Chronica*, Nr. 1664

Wenn Gott Eurer Hochfürstl. Dchlcht. noch den Gedanken eingäbe, mir lediglich zu bewilligen, daß die 1200 Taler, die festzusetzen Ihr die Güte hattet, zu einer Dauerrente würden, so wäre ich ebenso glücklich wie Raymund Lull, und vielleicht mit größerem Recht [...]. Denn meine Erfindung umfaßt den Gebrauch der gesamten Vernunft, einen Richter für die Streitfälle, einen Erklärer der Begriffe, eine Waage für die Wahrscheinlichkeiten, einen Kompaß, der uns über den Ozean der Erfahrungen leitet, ein Inventar der Dinge, eine Tabelle der Gedanken, ein Mikroskop zum Erforschen der vorliegenden Dinge, ein Teleskop zum Erraten der fernen, einen generellen Calculus, eine unschädliche Magie, eine nicht-chimerische Kabbala, eine Schrift, die jedermann in seiner Sprache liest; und sogar eine Sprache, die man in nur wenigen Wochen erlernen kann und die bald in der ganzen Welt Geltung haben wird. Und die überall, wo sie hinkommt, die wahre Religion mit sich bringt.

Gottfried Wilhelm Leibniz, Brief an Herzog
Johann Friedrich von Braunschweig, April 1679

Da die Wörter nur Bezeichnungen für *Dinge* sind, wäre es sehr viel einfacher, wenn alle Menschen die *Dinge* bei sich führten, die sie brauchten, um auszudrücken, worüber sie jeweils sprechen wollen [...]. Viele der Gelehrtesten und Weisesten haben das neue System übernommen, sich durch Dinge auszudrükken, dessen einziger Nachteil darin besteht, daß jemand, dessen Angelegenheiten sehr umfangreich und vielfältig sind, ein entsprechend größeres Bündel von Dingen auf dem Rücken tragen muß, falls er es sich nicht leisten kann, von ein oder zwei starken Dienern begleitet zu werden [...]. Ein weiterer großer Vorteil dieser Erfindung ist, daß sie als Universalsprache dienen kann, die in allen zivilisierten Nationen verstanden wird [...]. Auf diese Weise könnten Gesandte mit fremden Fürsten oder Ministern verhandeln, ohne deren Sprache zu kennen.

Jonathan Swift, *Gullivers Reisen*, III, 5

Im übrigen wird, da jedes Wort ja Idee ist, die Zeit einer universalen Sprache kommen [...]. Diese Sprache wird eine sein, die von der Seele zur Seele spricht und alles zusammenfaßt, Gerüche, Töne, Farben [...]

Arthur Rimbaud, Brief an Paul Demeny, 15. Mai 1871

1.

Die Utopie einer vollkommenen Sprache hat nicht nur die europäische Kultur umgetrieben. Das Thema der Sprachverwirrung und der Versuch, ihr durch Wiederentdeckung oder Erfindung einer allen Menschen gemeinsamen Sprache abzuhelfen, durchzieht die Geschichte aller Kulturen (vgl. Borst 1957). Dennoch bezeichnet der Reihentitel dieses Buches eine erste Grenze: Bezugnahmen auf vor- oder außereuropäische Kulturen werden nur sporadisch und am Rande vorkommen.

Eine zweite Grenze betrifft den Umfang. Während der Arbeit an diesem Buch sind mir mindestens fünf neuere Projekte auf den Tisch gekommen, die sich meines Erachtens auf eines der grundlegenden Projekte zurückführen lassen, die ich hier behandeln werde. Und ich werde nur grundlegende Projekte behandeln, denn allein zur Diskussion über die babylonische Sprachverwirrung hat Borst sechs Bände vorgelegt, und während ich diese Einleitung schreibe, erreicht mich die Arbeit von Demonet, die allein der Debatte über Ursprung und Wesen der Sprache zwischen 1480 und 1580 fast siebenhundert materialreiche Seiten widmet. Couturat und Léau haben sehr gründlich 19 Modelle apriorischer Sprachen und 50 weitere Misch- und aposteriorische Sprachen analysiert; Monnerot-Dumaine verzeichnet 360 Projekte internationaler Sprachen; Knowlson zählt allein für die Modelle universaler Sprachen im siebzehnten und achtzehnten Jahrhundert 83 Werke auf, und Porset, der sich auf die Projekte des neunzehnten Jahrhunderts beschränkt, nennt 173 Titel.

Und wenn es nur das wäre. In den wenigen Jahren, die ich diesem Thema gewidmet habe, konnte ich in den Katalogen der Antiquariate sehr viele Werke identifizieren, die in den genannten Bibliographien noch fehlen, einige davon ganz über das Problem des Ursprungs der Sprache, andere von Autoren, die aus unterschiedlichen Gründen bekannt sind, aber gehaltvolle Kapitel über das Thema der vollkommenen Sprache geschrieben haben – weshalb sich der Verdacht aufdrängt, daß die Aufstellung noch weitgehend unvollständig ist, oder, um den schönen Satz abzuwandeln, den Macedonio Fernandez über diese unsere Welt gesagt hat, in den Bibliographien fehlt eine so große Anzahl von Titeln, daß, wenn noch einer mehr fehlen würde, wir nichts mehr auf sie geben könnten.

Daher der Entschluß, durch abgewogene Dezimierung vorzugehen, das heißt durch Konzentration der Aufmerksamkeit auf einige Projekte, die mir exemplarisch erschienen (wegen ihrer Vorzüge oder ihrer Mängel), und für den Rest auf die Werke über einzelne Perioden oder Autoren zu verweisen.

2.

Des weiteren habe ich beschlossen, nur die Projekte echter und wirklicher Sprachen zu berücksichtigen. Mit anderen Worten, ich werde – nicht ohne Bedauern – nur folgende Themen behandeln:

(i) Die Wiederentdeckung historischer Sprachen, die als ursprünglich oder in mystischer Weise vollkommen galten, wie das Hebräische, das Altägyptische oder das Chinesische.

(ii) Die Rekonstruktion von Sprachen, die als ursprünglich postuliert worden sind, das heißt als mehr oder minder phantomatische Ursprachen, zu denen auch das Laboratoriumsmodell des Indoeuropäischen gehört.

(iii) Artifizielle Sprachen, die drei Ziele anstreben können: 1.) Vollkommenheit entweder durch Funktion oder durch Struktur, wie die apriorisch-philosophischen Sprachen des siebzehnten und achtzehnten Jahrhunderts, die dazu dienen sollten, die Ideen perfekt auszudrücken und neue Zusammenhänge zwischen den Aspekten der Wirklichkeit zu entdecken. 2.) Vollkommenheit durch Universalität, wie die internationalen aposteriorischen Sprachen des neunzehnten Jahrhunderts. 3.) Vollkommenheit durch Praktikabilität, sei diese auch nur vorgeblich, wie die Polygraphien.

(iv) Mehr oder weniger magische Sprachen, ob wiederentdeckte oder konstruierte, die nach einer Vollkommenheit durch mystische Sagbarkeit oder durch initiatische Geheimhaltung streben.

Dagegen werde ich nur streifen:

(a) Onirische Sprachen, die nicht bewußt erfunden worden sind, wie die Sprachen der Geistesgestörten, die in Trance-Zuständen ausgedrückten Sprachen, die Sprachen der mystischen

Offenbarungen wie die *Ignota Lingua* der Hildegard von Bingen, die Fälle von Glossolalie und Xenoglossie (vgl. Samarin 1972 und Goodman 1972).

(b) Phantastische und poetische Sprachen, das heißt fiktive Sprachen, die zu satirischen Zwecken ersonnen worden sind (von Rabelais über Foigny bis zu Orwells *Newspeak*), oder poetische wie die «transmentale» Sprache von Chlebnikow, oder die Sprachen phantastischer Völker wie bei Tolkien. Meistens liefern diese Fälle jedoch nur Fragmente einer Sprechweise, die eine geregelte Sprache voraussetzen, von der aber weder Wortschatz noch Syntax genauer mitgeteilt werden (vgl. Pons 1930, 1931, 1932, 1979; Yaguello 1984).

(c) Zusammengebastelte Sprachen, das heißt solche, die spontan aus dem Zusammenprall zweier Kulturen mit verschiedenen Sprachen entstehen. Typisch dafür sind die *Pidgin*-Idiome in kolonialen Gebieten. Obgleich supranational, sind diese Sprachen doch nicht universal, sondern partiell und alles andere als vollkommen, ihr Wortschatz und ihre Syntax sind sehr elementar und nur dazu da, einige gleichfalls sehr elementare Tätigkeiten auszudrücken, etwa kommerzielle Transaktionen, aber es fehlt ihnen an der nötigen Fülle und Flexibilität zum Ausdruck komplexerer Erfahrungen (vgl. Waldman 1977).

(d) Verkehrssprachen, das heißt sowohl natürliche Sprachen wie auch mehr oder minder begrenzte Jargons, die als Substitute für die natürlichen Sprachen in vielsprachigen Gebieten dienen; eine Verkehrssprache in diesem Sinne ist das Kisuaheli, das sich über weite Teile Ostafrikas verbreitet hat, heutzutage ist es das Englische, und früher war es das Französische – wenn man bedenkt, daß noch zur Zeit des Konvents der Abbé Grégoire aufdeckte, daß fünfzehn von fünfundzwanzig Millionen Franzosen andere Sprachen als die in Paris beheimatete sprachen (Calvet 1981: 110).

(e) Formale Sprachen mit begrenztem Anwendungsbereich, wie die der Chemie, der Algebra oder der Logik (die nur insofern erörtert werden, als sie aus Projekten der Kategorie III.1 abgeleitet sind).

(f) Die immense und sehr reizvolle Kategorie der sogenannten «Narren der Sprache» (siehe zum Beispiel Blavier 1982 und Yaguello 1984). Zwar kann man in dieser Kategorie nur schwer den «reinen Narren», den Heiligen und Ergriffenen, vom Sprachidioten unterscheiden, und viele meiner Figuren haben etwas von Verrücktheit. Aber *eine* Unterscheidung ist möglich, nämlich die bloß zurückgebliebenen Sprachidioten außer Betracht zu lassen. Gleichwohl konnte ich manchmal der Versuchung nicht widerstehen, meine Freude an der lunatischen Semiologie zu zeigen, wenn die Annahme einer Zurückgebliebenheit vielleicht nicht zu rechtfertigen, aber die Verrücktheit schreiend war und einen historisch nachweisbaren Einfluß gehabt hat oder die lange Dauer eines Traumes dokumentiert.

Desgleichen werde ich auch nicht den Anspruch erheben, die Suche nach einer *universalen Grammatik* zu analysieren, die sich zwar wiederholt mit der Suche nach einer vollkommenen Sprache überschneidet, so daß wir häufig auf sie zurückkommen müssen, aber in der Geschichte der Linguistik ein Kapitel für sich darstellt. Und vor allem, dies sei ganz klar gesagt, befaßt sich dieses Buch nicht mit der säkularen, ja millenaren Diskussion über den *Ursprung der Sprache* (außer wenn sie das Problem der vollkommenen Sprache berührt). Es hat zahllose Fälle von ernsten und leidenschaftlichen Debatten über den Ursprung der Sprache gegeben, in denen die Forderung nach einer Rückkehr zur Ursprache (die oft als sehr unvollkommen betrachtet wurde) überhaupt keine Rolle gespielt hat.

Müßte ich schließlich entscheiden, unter welcher Rubrik dieses Buch in einer Bibliothek geführt werden sollte (und für Leibniz hatte eine solche Frage etwas mit dem Problem der vollkommenen Sprache zu tun), so würde ich weder an die Linguistik noch an die Semiotik denken (obschon hier ein semiotisches Instrumentarium benutzt und beim Leser ein gewisses semiotisches Interesse vorausgesetzt wird), sondern an die *Ideengeschichte*. Dies erklärt, warum ich nicht versucht habe, eine strenge semiotische Typologie der verschiedenen Arten apriorischer und aposteriorischer Sprachen aufzustellen, die jeweils in ihrem Innern lexikalisch und syntaktisch verschiedene Familien generieren (eine solche Typologie haben andere Erforscher dessen versucht, was man heute «allgemeine Interlinguistik» nennt). Denn dazu hätte ich eine detaillierte Untersuchung *aller* Projekte vornehmen müssen. Dieses Buch will jedoch nur in großen Linien und anhand der wichtigsten Beispiele die Geschichte einer Utopie über einen Zeitraum von annähernd zweitausend Jahren verfolgen. Es schien mir daher sinnvoller, mich darauf zu beschränken, einige thematische Unterscheidungen vorzunehmen, um die Grundlinien und die ideologischen Orientierungen deutlich zu machen.

3.

Nach dieser Bestimmung der Grenzen meines Vorhabens nun die Danksagungen. Die ersten Anstöße zu dieser Arbeit verdanke ich den Studien von Paolo Rossi über die Mnemotechniken, die Pansophien und die Theater der Welt, der faszinierenden Untersuchung von Alessandro Bausani über die erfundenen Sprachen, dem Buch von Lia Formigari über die sprachlichen Probleme des englischen Empirismus und zahlreichen anderen Autoren, auf die ich leider nicht jedesmal hinweisen kann, wenn ich sie berühre, aber die ich wenigstens an den wichtigsten Stellen (außer in der Bibliographie) genannt zu haben hoffe. Ich bedauere nur, daß mir der passendste Titel für dieses Buch – *Nach Babel* – schon von George Steiner weggeschnappt worden ist, und das schon vor bald zwanzig Jahren. *Chapeau!*

Zu danken habe ich jenem Journalisten von der BBC, der mich am 4. Oktober 1983 in London gefragt hatte, was eigentlich die Semiotik sei, worauf ich ihm antwortete, das müsse er doch am besten wissen, da sie gerade in seinem Lande definiert worden sei, nämlich von John Locke im Jahre 1690, und da bereits 1668 ein regelrechter Traktat der Semiotik erschienen sei, wenn auch bezogen auf eine artifizielle Sprache, nämlich der *Essay towards a Real Character* von Bischof Wilkins. Draußen stieß ich dann auf ein Antiquariat, trat neugierig ein, fand genau den *Essay* von Wilkins, erblickte darin ein Zeichen des Himmels und erwarb die Ausgabe. So begann meine Leidenschaft des Sammelns alter Bücher über imaginäre, artifizielle, verrückte und okkulte Sprachen, die schließlich meine «Bibliotheca curiosa, lunatica, magica et pneumatica» ergeben hat, aus der ich mich reichlich bedient habe.

Eine Ermutigung, mich mit vollkommenen Sprachen zu befassen, erhielt ich 1987 durch eine erste Arbeit von Robert Pellerey, der mir in der Folge nicht wenige Ideen nahegelegt hat und auf dessen jüngstes Buch über die vollkommenen Sprachen im Jahrhundert der Utopie ich häufig zurückkommen werde. Ich habe über dieses Thema zwei Vorlesungsreihen an der Universität Bologna und eine in Paris am Collège de France gehalten, wozu ich das Doppelte der diesem Buch zur Verfügung stehenden Seiten erarbeitet hatte. Viele meiner Schüler haben im Laufe dieser Arbeit Untersuchungen zu besonderen Themen und Autoren beigetragen, ihre Beiträge erscheinen mit gebührendem Vorlauf vor der Publikation dieses Buches in Nummer 61–63, 1992 der Zeitschrift *Versus*, die speziell den vollkommenen Sprachen gewidmet ist.

Ein letzter Dank sei den Antiquariatsbuchhändlern in mindestens zwei Kontinenten gesagt, die mir seltene und wenig bekannte Texte signalisiert haben. Leider können einige der schönsten Trouvaillen, die zwar sehr reizvoll, aber marginal sind, in diesem Buch nur flüchtig Erwähnung finden und andere gar nicht. Aber Geduld, so bleibt mir noch Material für einige spätere Aufsätze.

Ich hoffe, daß der Leser mir dankbar für das Opfer sein wird, das ich zu seiner Erleichterung gebracht habe, und daß die Experten mir den panoramatischen und elliptischen Aufriß meiner Geschichte verzeihen.

Bologna-Mailand-Paris, 1990–1993
U.E.

1. Von Adam zur *confusio linguarum*

Genesis 2, 10 und 11

Unsere Geschichte hat vor sehr vielen anderen den Vorteil, daß sie mit dem Anfang beginnen kann.

Zuerst spricht Gott, der, als er Himmel und Erde schuf, zuerst sagte: «Es werde Licht!» Erst nach diesem göttlichen Wort «ward es Licht» (Genesis 1, 3–4). Die Schöpfung erfolgt durch einen Akt des Sprechens, und erst indem Gott die Dinge benennt, die er eins nach dem anderen erschafft, weist er ihnen einen ontologischen Status zu: «und Gott nannte das Licht Tag und die Finsternis Nacht [...] Und Gott nannte das Firmament Himmel.»

In Genesis 2, 16–17, spricht der Herr das erste Mal zum Menschen, um ihm die Güter des irdischen Paradieses anzuvertrauen und ihm zu verbieten, vom Baum der Erkenntnis des Guten und Bösen zu essen. Es ist fraglich, in welcher Sprache Gott zu Adam spricht, und ein Großteil der Tradition wird an eine Sprache durch innere Erleuchtung denken, in der Gott, wie es ja auch in anderen Teilen der Bibel geschieht, durch atmosphärische Phänomene wie Donner und Blitze spricht. Doch wenn man es so verstehen muß, zeichnet sich hier die erste Möglichkeit einer Sprache ab, die, obgleich unübersetzbar in Begriffe bekannter Idiome, von dem, der sie hört, dank einer besonderen Gabe oder Gnade verstanden wird.

Hier und erst hier (2, 19ff.) «formte Gott aus der Erde allerlei Tiere auf dem Felde und allerlei Vögel unter dem Himmel und brachte sie zum Menschen, um zu sehen, wie er sie nenne; denn wie der Mensch ein jedes Lebewesen nennen würde, so sollte es heißen.» Die Interpretation dieser Stelle ist höchst delikat. Denn es stellt sich zwar hier das mit anderen Religionen und Mythologien gemeinsame Thema des Nomotheten oder Gesetzgebers, das heißt des ersten Schöpfers der Sprache, aber es ist nicht klar, auf welcher Grundlage Adam die Tiere benannt hat, und jedenfalls unternimmt die Version der Vulgata, auf der die europäische Kultur sich gebildet hat, nichts zur Klärung der Ambivalenz, im Gegenteil, denn sie berichtet weiter, daß Adam die verschiedenen Tiere *nominibus suis* genannt habe, und die Übersetzung «bei ihren Namen» klärt nichts, denn sie läßt offen, ob es bedeuten soll, daß Adam die Tiere bei denjenigen Namen genannt hat, die ihnen aufgrund irgendeines außersprachlichen Rechts zustanden, oder bei denen, die wir ihnen heute zusprechen (aufgrund der von Adam begründeten Konvention). Mit anderen Worten, ist jeder Name, den Adam einem Tier gegeben hat, derjenige, den das Tier aufgrund seiner Natur haben *mußte*, oder derjenige, den ihm der Nomothet willkürlich zugeteilt hat, *ad placitum*, womit er jedoch eine Konvention begründete?

Gehen wir nun weiter zu Genesis 2, 23, wo Adam zum erstenmal Eva erblickt. Hier sagt er (und zum erstenmal wird eine Rede von ihm zitiert): «Das ist doch Bein von meinem Bein und Fleisch von meinem Fleisch; man wird sie Männin heißen, darum, daß sie vom Manne genommen ist» (so Luther; die Vulgata übersetzt das hebräische *iššа*, feminin von *iš*, «Mann», mit *virago*). Bedenken wir, daß Adam in Genesis 3, 20, seine Frau Eva nennt, was «Leben», Mutter der Lebenden heißt, so hätten wir hier zwei Fälle von Benennungen nicht willkürlicher Art, sondern mit «richtigen» Namen.

Sehr explizit nimmt die Genesis dann das Thema der Sprache in 11, 1 ff., wieder auf. Nach der Sintflut «hatte alle Welt einerlei Zunge und Sprache», aber Hochmut verleitet die Menschen dazu, mit Gott wetteifern zu wollen und einen Turm zu bauen, der bis zum Himmel reichen soll. Um ihren Übermut zu bestrafen und den Turmbau zu verhindern, beschließt der Herr: «Lasset uns herniederfahren und ihre Sprache daselbst verwirren, daß keiner des andern Sprache verstehe! [...] Daher heißt [die Stadt] Babel, da der Herr daselbst verwirrt hatte aller Länder Sprache, und sie zerstreut von dort in alle Länder.» Daß einige arabische Autoren behaupten, die Verwirrung sei eine Folge des Traumas, das der Anblick des sicher entsetzlichen Turmeinsturzes ausgelöst habe (vgl. Borst 1957, I: 330f.), ändert nichts an diesem Bericht noch an denen anderer Mythologien, die den Umstand, daß es in der Welt verschiedene Sprachen gibt, auf unterschiedliche Weise erklären.

Aber so erzählt, ist unsere Geschichte noch unvollständig. Wir haben Genesis 10 übersprungen, wo die Zerstreuung der Söhne Noahs nach der Sintflut berichtet wird und es vom Stamme Japhets heißt: «Das sind die Kinder Japhets in ihren Ländern, ein jedes nach ihren Sprachen, Geschlechtern und Völkern» (10, 5), was dann fast gleichlautend für die Kinder Hams und Sems wiederholt wird (10,20 und 31). Wie erklärt sich diese Vielzahl von Sprachen vor Babel? Die Frage wird verdrängt, Genesis 11 ist in dramatischer und ikonologischer Hinsicht prägend, wie die Fülle der Darstellungen des Turmbaus zu Babel in den Jahrhunderten zeigt. Dagegen sind die Bezugnahmen auf Genesis 10 fast marginal und jedenfalls von geringerer Theatralik. Kein Wunder, daß sich die Aufmerksamkeit im Verlauf der Tradition auf die Episode der *confusio* konzentriert hat und daß die Vielzahl der Sprachen als tragische Folge eines göttlichen Fluches empfunden wurde. Genesis 10 ist, wenn es überhaupt Beachtung fand, lange auf den Rang einer provinziellen Episode reduziert worden, als gehe es darin nicht um eine Vervielfachung der Sprachen, sondern bloß um eine Differenzierung von Stammesdialekten.

Doch während Genesis 11 leicht zu interpretieren ist (anfangs gab es nur eine Sprache, dann waren es der Tradition nach siebzig oder zweiundsiebzig) und folglich den Ausgangspunkt jedes Traums von einer «Wiederherstellung» der adamitischen Sprache bilden wird, enthält Genesis 10 ein explosives Potential. Wenn sich die Sprachen bereits nach Noah differenziert haben, warum sollten sie es dann nicht auch schon früher getan haben können? Hier zeigt sich ein erster Riß im Mythos von Babel. Wenn die Sprachen sich nicht aufgrund einer göttlicher Züchtigung differenziert haben, sondern aufgrund ihrer natürlichen Tendenzen, warum ist dann die Verwirrung als ein Unglück zu verstehen?

Immer wieder im Laufe unserer Geschichte wird jemand Genesis 10 gegen Genesis 11 ausspielen, mit mehr oder minder aufrührerischen Ergebnissen, je nach der Zeit und den theologisch-philosophischen Positionen.

Vor und nach Europa

In etlichen Mythologien und Theogonien findet sich eine Erzählung, die die Sprachenvielfalt erklärt (Borst 1957, I, 1). Aber es ist eine Sache, um die Existenz vieler Sprachen zu wissen, und eine andere zu behaupten, daß diese Wunde geheilt werden müsse, indem man eine vollkommene Sprache findet. Um eine vollkommene Sprache zu suchen, muß man der Ansicht sein, daß es die eigene nicht ist.

Beschränken wir uns, wie beschlossen, allein auf Europa. Die Griechen der klassischen Zeit kannten Menschen, die andere Sprachen als ihre eigene sprachen, aber sie nannten sie eben deshalb *barbaroi*, das heißt Wesen, die beim Sprechen auf unverständliche Weise stammeln. Die Stoiker mit ihrer ausgefeilten Semiotik wußten sehr wohl, daß, wenn im Griechischen ein bestimmter Laut einer bestimmten Vorstellung entsprach, diese Vorstellung auch im Kopf eines Barbaren lebendig sein konnte, aber da der Barbar eben die Beziehung zwischen dem griechischen Laut und der eigenen Vorstellung nicht kannte, war sein Fall in sprachlicher Hinsicht irrelevant.

Die griechischen Philosophen sahen in der griechischen Sprache die Sprache der Vernunft, Aristoteles stellt die Liste seiner Kategorien anhand der grammatikalischen Kategorien des Griechischen auf. Nicht daß damit explizit ein Primat des Griechischen behauptet werden sollte; man setzte einfach das Denken mit dem eigenen natürlichen Ausdrucksmittel gleich, *Logos* war das Denken, *Logos* war der Diskurs, die vernünftige Rede, von den Diskursen der Barbaren wußte man wenig, und daher konnte man nicht mit ihnen denken, auch wenn man annahm, daß beispielsweise die Ägypter eine eigene uralte Weisheit besaßen; aber Kenntnis hatte man von ihr nur durch die griechisch überlieferten Diskurse.

Mit der Ausbreitung der griechischen Kultur gewinnt die griechische Sprache überdies einen anderen, festeren Status. Gab es vorher fast so viele Varianten des Griechischen, wie es griechische Texte gab (Meillet 1913: 100), so verbreitet sich nach den Eroberungen Alexanders des Großen eine allgemeinverständliche Form des Griechischen, die *koiné*, die nicht nur die Sprache sein wird, in welcher die Werke von Polybios, Strabo,

Plutarch und Aristoteles geschrieben werden, sondern auch die Sprache, die in den Grammatikschulen gelehrt wird und die sich allmählich zur offiziellen Sprache im gesamten von Alexanders Eroberungen tangierten Mittelmeerraum und Orient entwickelt, wo sie während der römischen Herrschaft als Kultursprache überlebt. Sogar von den römischen Patriziern und Intellektuellen gesprochen, von allen, die an Handel und Wandel, an der Diplomatie, an der wissenschaftlichen und philosophischen Diskussion in der bekannten Welt beteiligt sind, wird sie schließlich die Sprache, in der die ersten Texte des Christentums überliefert werden (die Evangelien und die Septuaginta, die Bibelübersetzung der Siebzig im dritten Jahrhundert v. Chr.) sowie auch die theologischen Diskussionen der ersten Kirchenväter.

Eine Kultur, die über eine internationale Sprache verfügt, leidet nicht an der Sprachenvielfalt. Allenfalls hat sich die griechische Kultur mit Platons *Kratylos* dasselbe Sprachproblem gestellt, dem sich auch der Leser der biblischen Schöpfungsgeschichte gegenübersieht, nämlich ob der Nomothet den Dingen Namen gegeben hat, die ihnen nach ihrer Natur (*physis*) zukommen – dies die These des Kratylos –, oder ob die Benennungen auf einer Norm oder Übereinkunft (*nomos*) der Menschen beruhen – dies die These des Hermogenes. Sokrates zeigt sich in dem Streit zunächst unentschieden, als wolle er bald der einen, bald der anderen Seite zustimmen. Am Ende, nachdem er beide Positionen mit viel Ironie diskutiert und kühne Etymologien erwogen hat, an die er selbst (oder Platon) nicht glaubt, bringt er seine eigene These vor, nach welcher die Erkenntnis nicht von unserer Beziehung zu den Namen abhängt, sondern von unserer Beziehung zu den Dingen oder besser noch zu den Ideen. Wie wir sehen werden, ist auch in denjenigen Kulturen, die den *Kratylos* ignoriert haben, jede Debatte über das Wesen einer vollkommenen Sprache einem der drei dort vorgezeichneten Wege gefolgt. Aber Platons Text diskutiert die Bedingungen der Vollkommenheit einer Sprache, ohne sich das Problem einer vollkommenen Sprache zu stellen.

Während die griechische *koiné* noch den Mittelmeerraum beherrscht, setzt sich das Lateinische durch, das als Sprache des Imperiums zur universalen Sprache für ganz Europa wird, so weit die römischen Legionen vordringen. Abermals ist eine

Kultur, die über eine von allen gesprochene Sprache verfügt, unempfindlich für das Skandalon der Sprachenvielfalt. Die Gebildeten mögen weiter Griechisch sprechen, für den Rest der Welt ist das Reden mit den Barbaren ein weiteres Mal die Angelegenheit einiger Dolmetscher, und auch das nur, solange die eroberten Barbaren noch nicht begonnen haben, Latein zu lernen.

Dennoch greift der Verdacht, daß Latein und Griechisch nicht die einzigen Sprachen sind, in denen sich eine harmonische Totalität der Erfahrung ausdrücken läßt, im zweiten Jahrhundert n. Chr. mehr und mehr um sich, als in der griechisch-römischen Welt allerlei obskure Offenbarungen aufkommen, orientiert an persischen Magiern, an einer ägyptischen Gottheit (Thot-Hermes), an Orakeln aus Chaldäa, ja sogar an der pythagoreischen und orphischen Tradition, die auf griechischem Boden entstanden ist, aber lange Zeit von der großen rationalistischen Tradition unterdrückt worden war.

Nun aber macht sich gegenüber dem Erbe des klassischen Rationalismus, der sich entwickelt und neu formuliert, eine gewisse Müdigkeit bemerkbar. Zugleich sind die traditionellen Religionen in die Krise geraten. Die Reichsreligion war ohnehin nur formal, ein bloßer Ausdruck der Loyalität, jedes Volk behielt seine Götter, die in den lateinischen Pantheon eingingen, ohne daß man sich um die Widersprüche, die Synonymien oder Homonymien kümmerte. Für diese nivellierende Toleranz gegenüber jedweder Religion (wie auch gegenüber jedweder Philosophie und jedwedem Wissen) gibt es einen Begriff: *Synkretismus*.

In den sensibleren Gemütern regt sich eine Art diffuser Religiosität, man denkt an eine universale Weltseele, die in den Sternen wie in den irdischen Dingen west und von der unsere individuelle Seele nur ein Teil ist. Da die Philosophen über die größten Probleme keine auf der Vernunft beruhende Wahrheit anbieten konnten, blieb nichts anderes mehr übrig, als nach einer Offenbarung jenseits der Vernunft zu suchen, die durch direkte Schau und Offenbarung der Gottheit selbst erreicht würde.

In diesem Klima kommt es zur Renaissance des Pythagoreismus. Von Anfang an hatte sich die Lehre des Pythagoras als eine mystische Erkenntnis dargestellt, und die Pythagoreer hatten Initiationsriten praktiziert. Sogar ihre Erkenntnis der mathematischen und musikalischen Gesetze präsentiert sich nun als Frucht einer von den Ägyptern überkommenen Offenbarung – und besonders in der Epoche, von der wir hier sprechen, wird die ägyptische Kultur, die inzwischen völlig vom Griechischen ihrer griechischen und lateinischen Eroberer überrollt worden ist, zu einem unverständlichen und enigmatischen «Hieroglyphisch». Nichts ist faszinierender als eine geheime Weisheit. Man weiß, daß sie existiert, aber man kennt sie nicht, und folglich muß sie überaus tief sein.

Doch wenn sie existiert und unbekannt geblieben ist, dann muß auch die Sprache, in der diese Weisheit ausgedrückt worden ist, unbekannt sein. Und folglich «behaupten manche», wie Diogenes Laertius im dritten Jahrhundert sagen wird, es habe «die Entwicklung der Philosophie ihren Anfang bei den Barbaren genommen; so hatten die Perser ihre Magier, die Babylonier und Assyrer ihre Chaldäer, die Inder ihre Gymnosophisten, die Kelten und Gallier ihre sogenannten Druiden» (*Leben und Meinungen der Philosophen*, I, 1). Während die Griechen der klassischen Zeit die Barbaren in denen sahen, die nicht einmal richtig artikuliert sprechen konnten, ist es nun gerade das vermeintliche Gestammel der Fremden, das zur heiligen Sprache voller Verheißungen und verschwiegener Offenbarungen wird (Festugière 1944, I).

Wir haben das kulturelle Klima jener Epoche summarisch rekonstruiert, weil es, wenn auch aus zeitlicher Entfernung, einen tiefen Einfluß auf den Gegenstand unserer Untersuchung haben wird. Niemand versucht in jener Epoche, eine vollkommene Sprache zu rekonstruieren, aber man strebt sie irgendwie an und umkreist sie. Wir werden sehen, wie diese vagen Vorstellungen mehr als zwölf Jahrhunderte später in der humanistischen Kultur der Renaissance (und nach ihr) wieder auftauchen werden, um einen zentralen Strang jener Geschichte zu nähren, die wir zu rekonstruieren versuchen.

Inzwischen ist das Christentum Staatsreligion geworden, es hat das Griechisch der orientalischen Kirchenväter gesprochen, und es spricht im Westen lateinisch. Ja, es spricht sogar *nur* noch lateinisch.

Hatte Hieronymus im vierten Jahrhundert das Alte Testament noch aus dem Hebräischen übersetzen können, so verlor sich die Kenntnis dieser Sprache nun immer mehr. Dasselbe geschah mit dem Griechischen. Man bedenke nur, daß Augustinus, ein Mann mit umfassender Bildung, der bedeutendste Vertreter des christlichen Denkens in der Spät- und Zerfallszeit des römischen Reiches, in sprachlicher Hinsicht eine paradoxe Lage bezeugt (vgl. Marrou 1958). Das christliche Denken beruht auf einem hebräisch geschriebenen Alten Testament und einem größtenteils griechisch geschriebenen Neuen Testament. Augustinus kann kein Hebräisch und hat nur eine recht vage Kenntnis vom Griechischen. Sein Problem als Interpret der Heiligen Schriften ist, zu verstehen, was der göttliche Text wirklich sagen wollte, und von diesem Text kennt er nur die lateinischen Übersetzungen. Der Gedanke, auf das hebräische Original zurückzugreifen, kommt ihm einmal kurz in den Sinn, aber er verwirft ihn, da er den Juden mißtraut und sie im Verdacht hat, die Quellen verdorben zu haben, um die Bezugnahmen auf den kommenden Christus zu tilgen. Die einzige Vorsichtsmaßnahme, die er empfiehlt, ist ein Vergleich der verschiedenen Übersetzungen, um die glaubwürdigste Lesart herauszufinden (und Augustinus wird zum Patron der Hermeneutik, nicht aber freilich der Philologie).

In einem gewissen Sinne denkt Augustinus an eine vollkommene, allen Menschen gemeinsame Sprache, deren Zeichen nicht Wörter sind, sondern die Dinge selbst, so daß die Welt, wie man später sagen wird, wie ein von Gottes Finger geschriebenes Buch erscheint. Wer diese Sprache versteht, kann die allegorischen Stellen der Schriften interpretieren, in denen sie sich dadurch ausdrücken, daß sie Elemente der weltlichen Innenausstattung benennen (Pflanzen, Steine, Tiere), die eben dadurch eine symbolische Bedeutung bekommen. Aber diese vom Schöpfer selbst installierte Sprache der Welt kann nur interpretiert werden. Aus diesem Gedanken entspringt sofort eine reiche und während des ganzen Mittelalters anhaltende Produktion von Bestiarien, Lapidarien, Enzyklopädien und *imagines mundi*. Wir werden dieser Tradition auch im Laufe unserer Geschichte wiederbegegnen, wenn die europäische Kultur sich den ägyptischen Hieroglyphen und anderen exotischen Ideogrammen zuwendet, in der Annahme, daß die Wahrheit nur durch Embleme, Abdrücke, Symbole und Siegel ausgedrückt werden kann. Doch Augustinus bekundet keinerlei Nostalgie nach einer verlorenen verbalen Sprache, die irgendwer erneut sprechen könnte oder sollte.

Für ihn, wie für die patristische Tradition allgemein, war das Hebräische sicherlich vor dem Turmbau zu Babel die Ursprache der Menschheit, die dann nach dem Zwischenfall der *confusio* vom auserwählten Volk bewahrt worden ist. Doch er zeigt kein Verlangen danach, es wiederzugewinnen. Er ist zufrieden mit seinem inzwischen theologisch und kirchlich gewordenen Latein. Ein paar Jahrhunderte später wird Isidor von Sevilla (*Etymologiae* IX, 1) keine Schwierigkeiten mehr haben, als selbstverständlich anzunehmen, daß es auf jeden Fall nur drei heilige Sprachen gibt: Hebräisch, Griechisch und Latein, denn in diesen drei Sprachen war die Inschrift über dem Kreuz gehalten; und welche Sprache der Herr gesprochen hat, als er sein «Fiat lux» sagte, ist nur noch schwer festzustellen.

Allenfalls beschäftigt sich die patristische Tradition mit einem anderen Problem: In der Bibel steht, daß Gott alle Tiere der Erde und alle Vögel des Himmels vor Adam gebracht hat, aber die Fische werden nicht erwähnt (und in der Tat wäre es logisch und biologisch schwierig gewesen, sie alle aus den Tiefen der Meere in den Garten Eden zu schleppen). Hat Adam auch den Fischen Namen gegeben? Die Frage mag uns müßig erscheinen, aber eine letzte Spur von ihr findet sich noch in Masseys *Origins and progress of letters* von 1763 (vgl. White 1917, II: 196), und es scheint, daß sie nicht geklärt worden ist – auch wenn Augustinus die Hypothese gewagt hat (*De Genesi ad litteram libri duodecim*, XII, 20), daß die Fischarten ihre Namen erst nach und nach bekommen hätten, in dem Maße, wie man sie kennengelernt habe.

Zwischen dem Fall des römischen Reiches und dem Ende des Hochmittelalters gibt es noch kein Europa; nur seine Vorahnungen regen sich. Neue Sprachen bilden sich langsam heraus, und man schätzt, daß bereits gegen Ende des fünften Jahrhunderts die Völker nicht mehr Lateinisch gesprochen haben, sondern Gallo-Romanisch, Italo-Romanisch, Hispano-Romanisch und Balkano-Romanisch. Die Intellektuellen schreiben weiter ein Latein, das immer unreiner wird, und hören um sich herum lokale Dialekte, in denen sich Reste der Idiome aus der Zeit vor der römischen Zivilisation mit neuen von den Barbaren eingeführten Sprachen kreuzen.

Und hier, noch ehe die ersten schriftlichen Dokumente der heutigen romanischen und germanischen Sprachen auftauchen, im siebten Jahrhundert, findet sich eine erste Spur unseres Themas. Es handelt sich um einen Versuch, unternommen von irischen Grammatikern, die Vorteile der gälischen Volkssprache gegenüber dem Lateinischen zu definieren. In einem Werk mit dem Titel *Auraceipt na n-Éces* («Die Rezepte der Poeten») wird auf die Baustrukturen des Turms zu Babel verwiesen: «Andere behaupten, es habe im Turm nur neun Materialien gegeben, nämlich: Ton und Wasser, Wolle und Blut, Holz und Kalk, Pech, Leinen und Teer [...] das heißt: Nomen, Pronomen, Verb, Adverb, Partizip, Konjunktion, Präposition, Interjektionen.» Übergeht man die Diskrepanz zwischen den neun Teilen des Turms und den acht Teilen des Satzes, so versteht man, daß hier die Struktur der Sprache mit dem Aufbau des Turms verglichen werden soll, um die These zu untermauern, daß die gälische Sprache das erste und einzige Beispiel einer Überwindung der babylonischen Sprachverwirrung sei. Die 72 Weisen der Schule von Fenius programmieren die erste kodifizierte Sprache nach der Zerstreuung, und der kanonische Text der *Auraceipt* «beschreibt den Gründungsakt einer Sprache [...] als Operation des ‹Ausschneidens› aus den anderen Sprachen, die jene 72 Schüler nach der Zerstreuung gelernt hatten [...]. So wurde die Sprache hier reglementiert: Was in jeder Sprache das Beste war, das Reichhaltigste und das Schönste, wurde aus dem Irischen ausgeschnitten [...], für jedes Element, für das es keine Benennung in anderen Sprachen gab, wurde ein Name im Irischen gesucht» (Poli 1989: 187–189). Diese ursprüngliche und somit übernatürliche Sprache bewahrt sich noch Spuren von Isomorphismus mit der natürlichen Ordnung des Geschaffenen und stellt daher eine Art ikonischer Verbindung zwischen grammatikalischem Geschlecht und Referent her, wenn die richtige Ordnung der Elemente gewahrt wird.

Wie kommt es, daß dieses Dokument über die Rechte und Eigenheiten einer Sprache, die besser als so viele andere ist, erst so spät auftaucht? Eine Überprüfung in der Geschichte der Ikonographie bestärkt unsere Überraschung: Es sind keine Darstellungen des Turmbaus zu Babel bekannt bis zur *Biblia Cotton* (fünftes bis sechstes Jahrhundert), worauf eine Handschrift wohl aus dem Ende des zehnten Jahrhunderts folgt und dann ein Relief im Dom von Salerno aus dem elften Jahrhundert. Danach setzt eine Flut von Turmbildern ein (Minkowski 1983). Und dieser Flut von gemalten Türmen entspricht eine ausufernde theoretische Spekulation, und erst von nun an wird die Episode der Sprachverwirrung nicht nur als Beispiel für einen Akt des Hochmuts gedeutet, der von Gottes Gerechtigkeit bestraft worden ist, sondern als Anfang einer historischen (oder metahistorischen) Verwundung, die irgendwie geheilt werden muß.

Der Grund dafür ist, daß in diesen sogenannten «dunklen» Jahrhunderten sich gewissermaßen die Katastrophe von Babel wiederholt. Von der offiziellen Kultur ignoriert, beginnen struppige Barbaren, Bauern, Handwerker, analphabetische «Europäer», eine Vielzahl neuer Idiome zu sprechen, von denen die offizielle Kultur noch nichts zu wissen scheint: Es entstehen die Sprachen, die wir heute sprechen und deren erste bekannte Dokumente unglücklicherweise viel später auftauchen, wie die *Serments de Strasbourg* für das Französische (842) oder die *Carta Capuana* für das Italienische (960). Angesichts von Texten wie «Sao ko kelle terre, per kelle fini ke ki contene, trenta anni le possette parte Sancti Benedicti» oder «Pro Deo amur et pro Christian poblo et nostro commun salvament» reflektiert die europäische Kultur über die *confusio linguarum*.

Aber vor dieser Reflexion gab es noch keine europäische Kultur und somit auch noch kein Europa. Was ist Europa? Ein schwer von Asien unterscheidbarer Kontinent, der schon existierte, bevor ihn die Menschen so nannten, zumindest seitdem das ursprüngliche Pangäa durch jene Kontinentaldrift zerbrochen wurde, die noch heute nicht zum Stillstand gekommen ist. Doch um von Europa in dem Sinne sprechen zu können, in dem die moderne Welt es versteht, muß man den Zerfall des römischen Reiches und die Geburt der römisch-barbarischen Reiche abwarten. Und vielleicht genügt das noch nicht, so wie auch das Projekt einer karolingischen Einheit noch nicht genügt. Wo finden wir ein zufriedenstellendes Datum, auf das wir den Beginn der europäischen Geschichte legen können? Wenn uns die großen politischen und militärischen Ereignisse nicht genügen,

genügen vielleicht die sprachlichen Ereignisse. Gegenüber der massiven Einheit des römischen Reiches (die auch Asien und Afrika involvierte) präsentiert sich Europa zunächst als ein Babel von neuen Sprachen und erst danach als ein Mosaik von Nationen.

Europa beginnt mit der Geburt seiner Volkssprachen, und mit der – oft alarmierten – Reaktion auf ihren Einbruch beginnt die kritische Kultur Europas, die sich dem Drama der Sprachenzersplitterung stellt und anfängt, über die eigene Zukunft als vielsprachige Zivilisation nachzudenken. Als daran Leidende sucht sie nach Wegen der Heilung. Dabei ist sie bald rückwärtsgewandt im Versuch, die Sprache Adams wiederzufinden, bald vorwärtsgewandt mit dem Ziel, eine Sprache der Vernunft zu konstruieren, der die verlorene Vollkommenheit der Sprache Adams zu eigen sein müßte.

Nebenwirkungen

Die Geschichte der vollkommenen Sprachen ist die Geschichte einer Utopie und einer Reihe gescheiterter Hoffnungen. Doch es ist nicht gesagt, daß die Geschichte einer Reihe gescheiterter Hoffnungen selber gescheitert sein muß. Auch wenn sie nur die Geschichte der beharrlichen Verfolgung eines unmöglichen Traums ist, wäre es immer noch interessant, die Ursprünge dieses Traums zu kennen und die Motivationen, die ihn über die Jahrhunderte wachgehalten haben.

Unter diesem Gesichtspunkt stellt unsere Geschichte ein Kapitel der europäischen Kulturgeschichte dar, und ihre Kapitel gewinnen besondere Bedeutung in einer Zeit, in der die Völker Europas – während sie die Formen einer möglichen politischen und kommerziellen Union diskutieren – nicht nur immer noch verschiedene Sprachen sprechen, sondern sogar eine größere Zahl verschiedener Sprachen als noch vor zehn Jahren, und in der sie mancherorts im Zeichen ihrer ethnisch-sprachlichen Unterschiede bewaffnet aufeinander losgehen.

Doch wie wir sehen werden, hat sich der Traum einer vollkommenen oder universalen Sprache immer genau als Antwort auf das Drama der religiösen und politischen Spaltungen dargestellt, oder doch zumindest als Antwort auf die Schwierigkeiten der ökonomischen Beziehungen, und so kann die Geschichte dieser durch die Jahrhunderte einander abwechselnden Motivationen einen weiteren Beitrag zum Verständnis vieler Aspekte der Kultur unseres Kontinents liefern.

Noch einmal: selbst wenn dies nur die Geschichte einer Serie gescheiterter Hoffnungen wäre, könnten wir sehen, wie jedes Scheitern eine *Nebenwirkung* gehabt hat: Die verschiedenen Projekte haben sich nicht durchsetzen können, aber sie haben gleichsam einen Schweif von positiven Folgen nach sich gezogen. Jedes Projekt kann als ein Beispiel der *felix culpa* angesehen werden: Viele der Theorien, die wir heute praktizieren, oder der Praktiken, über die wir Theorien zu bilden versuchen (von den Taxonomien der Naturwissenschaften bis zur Vergleichenden Linguistik und von den formalisierten Sprachen bis zu den Projekten der Künstlichen Intelligenz und den Forschungen der kognitiven Wissenschaften) sind als Nebenwirkungen einer Suche nach der vollkommenen Sprache entstanden. Weshalb es nur recht und billig ist, einigen ihrer Pioniere zuzugestehen, daß sie uns etwas gegeben haben, auch wenn es nicht das war, was sie uns versprochen hatten.

Und schließlich werden wir, indem wir die Mängel jener vollkommenen Sprachen analysieren, die entstanden sind, um die Mängel der natürlichen Sprachen zu beheben, nicht wenige Tugenden dieser unserer natürlichen Sprachen finden. Was auch eine Art und Weise sein kann, uns mit dem Fluch von Babel zu versöhnen.

Ein semiotisches Modell der natürlichen Sprachen

Um die Strukturen der verschiedenen natürlich-ursprünglichen oder artifiziellen Sprachen, denen wir begegnen werden, analysieren zu können, wird es nötig sein, sie an einem theoretisch präzisen Begriff der Struktur einer natürlichen Sprache zu messen. Zu diesem Zweck wollen wir das hjelmslevsche Modell heranziehen (Hjelmslev 1943), auf das wir uns bei jeder zu untersuchenden Sprache beziehen werden.

Eine natürliche Sprache (und allgemein jedes semiotische System) setzt sich zusammen aus einer Ausdrucksebene (bei natürlichen Sprachen sprechen wir von einem Wortschatz, einer Phonologie und einer Syntax) und einer Inhaltsebene, die das Universum der ausdrückbaren Begriffe darstellt. Jede dieser beiden Ebenen setzt sich ihrerseits aus Form und Substanz zusammen, und beide resultieren aus der Organisation einer Materie, eines Stoffes oder Kontinuums.

	Kontinuum
INHALT	Substanz
	Form
	Form
AUSDRUCK	Substanz
	Kontinuum

In einer natürlichen Sprache besteht die *Form des Ausdrucks* aus ihrem phonologischen System, ihrem Wortschatz und ihren Syntaxregeln. Mit Hilfe dieser Form können wir verschiedene *Substanzen des Ausdrucks* generieren, wie die Wörter, die wir jeden Tag aussprechen, oder den hier gedruckten Text. Um eine Ausdrucksform zu erzeugen, schneidet sich eine Sprache – aus dem Kontinuum der Laute, die eine menschliche Stimme hervorbringen kann – eine Reihe von Lauten heraus, indem sie andere ausschließt, die zwar existieren und produziert werden können, aber nicht zu der betreffenden Sprache gehören.

Damit die Laute einer Sprache verständlich sind, müssen sie mit Bedeutungen verbunden werden, das heißt mit Inhalten. Das *Kontinuum des Inhalts* ist die Gesamtheit all dessen, was sich denken und sagen läßt, das heißt das ganze physische und mentale Universum (soweit wir von ihm sprechen können). Jede Sprache organisiert jedoch das Universum dessen, was gesagt und gedacht werden kann, in einer *Form des Inhalts*. Zur Form des Inhalts gehören – um ein paar Beispiele zu geben – das System der Farben, die Organisation der Tierwelt nach Arten, Gattungen und Familien, die Opposition zwischen oben und unten oder zwischen Liebe und Haß.

Die verschiedenen Arten, den Inhalt zu organisieren, variieren von Sprache zu Sprache und manchmal auch je nachdem, ob wir den normalen Gebrauch einer Sprache oder ihren wissenschaftlichen Gebrauch betrachten. So kennt und benennt ein Farbenexperte Tausende von Farben, während der Mann auf der Straße nur eine geringe Anzahl davon kennt und ausdrücken kann, und manche Völker kennen und benennen auch Farben, die den unseren nicht entsprechen, da sie nicht nach der Wellenlänge im Farbenspektrum, sondern nach anderen Kriterien aufgeteilt sind. Ein gewöhnlicher Sprecher kennt und erkennt nur eine relativ geringe Anzahl von Insekten, wo ein Entomologe einige Tausende unterscheidet. Oder um ein ganz anderes Beispiel zu geben (die Arten der Organisation des Inhalts sind mannigfaltig), in einer Gesellschaft mit animistischer Religion könnte ein Ausdruck, den wir mit «Leben» übersetzen würden, auch auf diverse Aspekte des Reiches der Mineralien angewandt werden.

Aufgrund dieser Merkmale kann eine natürliche Sprache als ein *holistisches* System angesehen werden. Da sie auf eine bestimmte Weise strukturiert ist, impliziert sie auch eine bestimmte Weltsicht. Nach anderen Theorien (z. B. Whorf 1956 und Quine 1960) ist eine natürliche Sprache geeignet, eine bestimmte Erfahrung der Realität auszudrücken, nicht aber die von anderen natürlichen Sprachen realisierten Erfahrungen. Obwohl dies eine extremistische Position darstellt, werden wir diesem Einwand wiederholt begegnen, wenn wir die Kritiken behandeln, die gegen die verschiedenen Projekte einer vollkommenen Sprache vorgebracht worden sind.

Was nun die *Substanz des Inhalts* betrifft, so stellt sie den Sinn der einzelnen Äußerungen dar, die wir als Substanz des Ausdrucks vorbringen.

Um Bedeutung transportieren zu können, stellt eine natürliche Sprache Korrelationen zwischen Elementen der Ausdrucksform und solchen der Inhaltsform her. Ein Element der Ausdrucksebene, wie zum Beispiel das Lexem *nav-* (Schiff-), wird mit bestimmten Inhaltseinheiten korreliert (sagen wir, um eine grobe Definition zu versuchen, mit den Einheiten «Artefakt», «schwimmend», «beweglich» und «als Transportmittel geeignet»); Morpheme wie zum Beispiel *e/i* legen fest, ob es sich um eins oder mehrere dieser Artefakte handelt.

In den natürlichen Sprachen erfolgt jedoch diese Korrelation zwischen Ausdruck und Inhalt nur auf der Ebene jener größeren Einheiten, die lexikalische *items* darstellen (Einheiten der ersten Gliederung, die sich genau zu dem Zweck gliedern, sinnvolle Syntagma zu ergeben). Keine Bedeutungskorrelation gibt es dagegen auf der Ebene der Einheiten zweiter Gliederung, das heißt der Phoneme. Die Phoneme gehören zu einem endlichen Inventar von bedeutungslosen Lauten, die sich gliedern, um bedeutungsvolle Einheiten zu ergeben. Die Laute, die das Wort *nave* bilden, sind keine Komponenten der Vorstellung «Schiff» (es ist nicht so, daß der Laut *n* für Artefakt stünde, *a* für schwimmend und so weiter). Weshalb die gleichen Laute auch anders gegliedert werden können, um eine andere Einheit der ersten Gliederung mit ganz anderer Bedeutung zu ergeben, wie etwa *vena* (Ader).

Dieses Prinzip der *zweifachen Gliederung* ist genau zu beachten, denn wie wir sehen werden, versuchen viele philosophische Sprachen es gerade zu eliminieren.

In hjelmslevschen Termini ist eine Sprache *biplanar*, aber nicht *konform*: Die Ausdrucksform ist anders strukturiert als die Inhaltsform, das Verhältnis der beiden Formen ist arbiträr, und die Variationen im Ausdruck entsprechen nicht spiegelbildlich den Variationen des Inhalts. Sagt man statt *nave* zum Beispiel *cave* (Höhlen), so führt der Austausch eines einzigen Lautes zu einer radikalen Veränderung des Sinnes.

Es gibt allerdings auch Systeme, die Hjelmslev als *konform* definiert. Man denke zum Beispiel an das Zifferblatt einer Uhr, auf dem jede Position der Zeiger Millimeter für Millimeter einer zeitlichen Variation entspricht, also einer anderen Position der Erde in ihrem Lauf um die Sonne. Wir werden sehen, daß viele vollkommene Sprachen eine solche Korrespondenz zwischen Zeichen und Wirklichkeit oder Zeichen und entsprechenden Begriffen anstreben.

Eine natürliche Sprache lebt jedoch nicht nur auf dem Boden einer Syntax und einer Semantik. Sie lebt auch auf der Basis einer *Pragmatik*, das heißt, sie beruht auf Gebrauchsregeln, die sich nach den Umständen und den Kontexten der jeweiligen Äußerung richten, und diese Gebrauchsregeln etablieren ihrerseits die Möglichkeit des rhetorischen Gebrauchs der Sprache, dank welchem die Worte und Satzkonstruktionen mehrere Bedeutungen annehmen können (wie es zum Beispiel bei den Metaphern geschieht). Wir werden sehen, daß einige Projekte die Vollkommenheit mit der Eliminierung dieser pragmatischen Aspekte gleichgesetzt haben, während andere behauptet haben, daß eine vollkommene Sprache auch in der Lage sei, gerade diese Charakteristika der natürlichen Sprachen zu reproduzieren.

Schließlich – und dies rechtfertigt die Ausschlüsse, die wir in der Einleitung dargelegt haben – beansprucht eine natürliche Sprache auch, *omni-effabilis* zu sein, das heißt fähig, unsere gesamte physische und mentale Erfahrung auszudrücken, also Gefühle, Wahrnehmungen und Abstraktionen bis hin zu der Frage, warum überhaupt etwas und nicht vielmehr nichts ist (vgl. Hjelmslev 1943: 117). Es stimmt zwar, daß die verbale Sprache nicht alles ausdrücken kann (man versuche nur einmal, den Unterschied zwischen dem Geruch des Eisenkrauts und dem des Rosmarins mit Worten zu beschreiben), weshalb sie Gesten, Gesichtsausdrücke und Modulationen des Tonfalls zu Hilfe nehmen muß. Dennoch erscheint sie von allen semiotischen Systemen als dasjenige mit dem größten und befriedigendsten Ausdrucksradius, und darum haben sich fast alle Projekte einer vollkommenen Sprache auf das Modell der verbalen Sprache bezogen.

2. Die kabbalistische Pansemiotik

Die Geschichte der vollkommenen Sprache in Europa beginnt mit einer Bezugnahme auf einen Text orientalischer Herkunft, die Bibel, aber die späte Patristik und das Mittelalter haben die Sprache, in der die Bibel verfaßt worden war, so gründlich vergessen, daß wir uns für den Einstieg in unsere Geschichte damit begnügen konnten, sie in der lateinischen Fassung der Vulgata zu zitieren. Mit dem Hebräischen wird das christliche Abendland sich erst ab der Renaissance auseinandersetzen. Dennoch ist es gerade Europa, wo sich, während das Hebräische in den Jahrhunderten des Mittelalters vom christlichen Denken vergessen wird, eine Strömung der jüdischen Mystik festsetzt und entfaltet, die von größter Bedeutung für die Suche nach der vollkommenen Sprache sein wird, da sie auf einer Idee der Weltschöpfung als sprachlichem Phänomen beruht: die Kabbala.

Die Lektüre der Torah

Die Kabbala (das hebräische *qabbalah* läßt sich mit «Überlieferung» wiedergeben) entwickelt sich aus der Tradition des Kommentars zur Torah, das heißt zum Pentateuch oder den fünf Büchern Mose, sowie aus der rabbinischen Auslegungstradition, wie sie im Talmud repräsentiert ist, und sie stellt sich in erster Linie als eine Technik der Lektüre und Interpretation des heiligen Textes dar. Doch die geschriebene Torah-Rolle, mit der sich der Kabbalist beschäftigt, ist nur ein Ansatzpunkt; es geht darum, hinter dem Buchstaben der geschriebenen Torah die «ewige Torah» wiederzufinden, die bereits vor der Schöpfung existierte und von Gott den Engeln anvertraut worden war.

Nach Ansicht einiger Kabbalisten bestand die Torah, die ursprünglich in Form von schwarzem Feuer auf weißem Feuer geschrieben war, zur Zeit der Schöpfung im Angesicht Gottes aus einer Reihe von Buchstaben, die noch nicht zu Worten zusammengefügt waren. Ohne Adams Sündenfall hätten die Buchstaben sich zu einer anderen Geschichte zusammengefügt. Darum enthält die Torah-Rolle keine Vokale, keine Interpunktion und keine Akzente, da sie ursprünglich nur einen Haufen ungeordneter Buchstaben darstellte. Nach der Ankunft des Messias wird Gott die jetzige Kombination der Buchstaben liquidieren oder uns lehren, den jetzigen Text in einer anderen Anordnung zu lesen.

Eine Version der kabbalistischen Überlieferung, die in neueren Studien als theosophische Kabbala bezeichnet wird, zielt darauf ab, hinter dem Buchstaben des heiligen Textes Hinweise auf die zehn Sefiroth als zehn Hypostasen der Gottheit zu finden. Die Theosophie der Sefiroth ist vergleichbar den Theorien der kosmischen Ketten, die auch in der hermetischen, gnostischen und neuplatonischen Tradition auftauchen. Die zehn Sefiroth können als Hypostasen der Gottheit im Prozeß der Emanation angesehen werden, mithin als Zwischenwesen zwischen Gott und der Welt, oder auch als Aspekte im Innern der Gottheit selbst. In beiden Bedeutungen – bedenkt man den Reichtum der Modi, in denen Gott sich de facto oder potentiell in die Vielfalt des Universums erstreckt – bilden sie ebensoviele Kanäle oder Stufen, über welche die Seele zu Gott zurückkehren kann.

Daher betrachtet der Kabbalist den Text der Torah als einen symbolischen Apparat, der (hinter dem Buchstaben und den Ereignissen, die er erzählt, oder den Geboten, die er aufstellt) von diesen mystischen und metaphysischen Wirklichkeiten handelt und bei dessen Lektüre man vier Arten von Sinn unterscheiden muß: den buchstäblichen, den allegorisch-philosophischen, den hermeneutischen und den mystischen. Dieser Aspekt erinnert an die Theorie vom vierfachen Schriftsinn in der christlichen Exegese, aber die Analogie läßt Raum für einen tiefgreifenden Unterschied.

Für die christliche Exegese müssen die vier Arten von Sinn durch die Arbeit der Interpretation oder Auslegung unterschieden werden (um einen Überschuß an Inhalt zu identifizieren), aber ohne Veränderung des Ausdrucks, also der materiellen Anordnung des Textes, vielmehr durch größtmögliches Bemühen, die genaue Lehre des Textes zu rekonstruieren. Für andere kabbalistische Strömungen seziert die Lektüre gewissermaßen die Substanz des Ausdrucks selbst durch drei grundlegende Techniken, nämlich das *Notarikon*, die *Gematria* und die *Temurah*.

Das *Notarikon* ist die Technik des Akrostichons (die Anfangsbuchstaben einer Reihe von Wörtern bilden zusammen ein weiteres Wort) als eine Art der Chiffrierung und Dechiffrierung eines Textes. Sie war bereits in der ganzen spätantiken und mittelalterlichen Literatur sehr beliebt, auch als poetisches Stilmittel, und seit dem Mittelalter verbreiteten sich magische Praktiken, die unter dem Namen *ars notoria* liefen. Für den Kabbalisten muß das Akrostichon mystische Verwandtschaften enthüllen; so nimmt Moses von Leon zum Beispiel die Anfangsbuchstaben der vier Schriftsinne (*peschat*, *remez*, *derasch* und *sod*) und erhält PRDS, also – da es im hebräischen Alphabet keine Vokale gibt – *Pardes* oder Paradies. Liest man die Torah, so kann man entdekken, daß die Anfangsbuchstaben der Wörter in Moses Frage «Wer will für uns in den Himmel fahren?» (5 Mose 30, 12: MJ J^{c}LH LNW HŠŠMJMH) das Wort MJLH, «Beschneidung», ergeben, während die Endbuchstaben den Gottesnamen JHWH ergeben. Die Antwort heißt also: «Der Beschnittene wird zu Gott gelangen.» Für Abulafia ist es bezeichnend, daß die Endbuchstaben der Wörter MWH (Gehirn) und LB (Herz) zugleich die Anfangsbuchstaben der Sefiroth Hokmah (oder Chochmah, «Weisheit») und Binah («Intelligenz») sind.

Die *Gematria* macht sich den Umstand zunutze, daß im Hebräischen die Zahlen durch Buchstaben des Alphabets dargestellt werden. So hat jedes Wort einen Zahlenwert, der sich aus der Summe der von seinen Buchstaben dargestellten Zahlen ergibt. Es geht darum, Wörter verschiedener Bedeutung zu finden, die denselben Zahlenwert haben, um so die Analogien zwischen den betreffenden Dingen oder Ideen zu ergründen. Summiert man zum Beispiel die Werte von JHWH, so kommt man auf die Zahl 72, und folglich ist die kabbalistische Tradition unentwegt auf der Suche nach den 72 Namen Gottes. Die Schlange Moses' ist eine Präfiguration des Messias, da beide Wörter denselben Wert 358 haben.

Die *Temurah* schließlich ist die Kunst der Permutation, des Umstellens oder Vertauschens von Buchstaben, also des Anagramms. In einer Sprache, deren Schrift die Vokale nicht mitschreibt, bieten sich größere Permutationsmöglichkeiten als in anderen Sprachen. So fragt sich zum Beispiel Moses Cordovero, warum im Deuteronomium das Verbot steht, Kleider aus einer Mischung von Wolle und Leinen zu tragen, und er kommt zu dem Schluß, daß in der Originalfassung dieselben Buchstaben in anderer Kombination eine Warnung an Adam ergaben, seine ursprüngliche Kleidung aus Licht gegen eine aus der Haut jener Schlange zu vertauschen, die das Prinzip des Bösen darstellt.

Bei Abulafia finden wir Seiten, auf denen das Tetragramm JHWH – durch unterschiedliche Vokalisierung seiner vier Buchstaben wird das möglich – vier Tafeln mit je 50 Kombinationen hervorbringt. Eleazar von Worms vokalisiert jeden Buchstaben des Tetragramms mit zwei Vokalen, wozu er jedoch sechs Vokale benutzt, so daß sich die Anzahl der Kombinationen entsprechend erhöht (vgl. Idel 1988c: 22–23).

Die kosmische Kombinatorik und die Kabbala der Namen

Der Kabbalist kann sich erlauben, die unbegrenzten Ressourcen der Temurah zu nutzen, da sie nicht nur eine Lektüretechnik ist, sondern das Verfahren selbst, mit welchem Gott die Welt geschaffen hat. Dieses Prinzip wird bereits explizit im *Sefer Jezirah* oder Buch der Schöpfung formuliert. Für dieses schmale Büchlein (das irgendwann zwischen dem zweiten und vierten Jahrhundert entstanden ist) sind die Materialien, die Steine oder auch die zweiunddreißig Wege der Weisheit, mit und auf denen Jahwe die Welt geschaffen hat, die zehn Sefiroth und die zweiundzwanzig Buchstaben des Alphabets (I, 1):

> Die zweiundzwanzig elementaren Lettern schnitt er, formte er, kombinierte er, wog er, vertauschte er und formte mit ihnen alles Geschaffene sowie alles, was es in Zukunft zu formen gibt (II, 2). [...] Zweiundzwanzig elementare Lettern legte er zu einem Rad, als wären sie Mauern (II, 4). [...] Wie kombinierte und vertauschte er sie? Aleph mit allen Alephs, Bet mit allen Bets [...] und es ergab sich, daß alles Geschaffene und alles Gesagte aus einem einzigen Namen hervorging (II, 5). [...] Zwei Steine erbauen zwei Häuser, drei Steine erbauen sechs Häuser, vier Steine erbauen vierundzwanzig Häuser, fünf Steine erbauen ein-

hundertzwanzig Häuser, sechs Steine erbauen siebenhundertzwanzig Häuser, sieben Steine erbauen fünftausendundvierzig Häuser. Von hier an geh und denke an das, was der Mund nicht sagen und das Ohr nicht hören kann (IV, 16).

Tatsächlich würden nicht nur der Mund und das Ohr, sondern sogar ein moderner Computer in Schwierigkeiten geraten, wenn sie ausdrücken sollten, was bei einem weiteren Anstieg der Zahl der Steine (oder der Lettern) geschieht. Das Buch der Schöpfung spricht hier von der Fakultätsrechnung, auf die wir im Kapitel über die Lullische Kombinationskunst noch zurückkommen werden.

Die Kabbala suggeriert also die Möglichkeit eines endlichen Alphabets, das eine schwindelerregende Anzahl von Kombinationen hervorbringen kann. Wer diese Kombinationskunst am weitesten vorangetrieben hat, war Abraham Abulafia mit seiner Kabbala der Namen (dreizehntes Jahrhundert, vgl. Idel 1988b, 1988c, 1988d, 1989).

Die Kabbala der Namen oder ekstatische Kabbala betreibt man durch Rezitation der im Text der Torah verborgenen Namen Gottes, indem man mit den verschiedenen Kombinationen der Buchstaben des hebräischen Alphabets spielt. Die theosophische Kabbala war, obwohl sie Praktiken der numerologischen Lektüre durch Akrosticha oder Anagramme wagte, im Grunde respektvoll gegenüber dem heiligen Text. Die Kabbala der Namen hingegen ändert, zerlegt, dekomponiert und rekombiniert die Oberfläche des Textes und sogar seine syntagmatische Struktur, bis hin zu jenen Atomen der Sprache, die die einzelnen Buchstaben des Alphabets darstellen, in einem permanenten Prozeß der sprachlichen Neuschöpfung. Steht für die theosophische Kabbala zwischen Gott und dem Interpreten noch der Text, so steht für die ekstatische Kabbala der Interpret zwischen Gott und dem Text.

Dies ist möglich, weil für Abulafia die kleinsten Elemente oder Atome des Textes, die Buchstaben, eine Bedeutung in sich haben, unabhängig von den Syntagmen, in denen sie vorkommen. Jeder Buchstabe ist bereits ein Name Gottes: «Da für die Buchstaben des Namens jeder Buchstabe für sich schon ein Name ist, wisse denn, daß Jod ein Name ist und daß JH ein Name ist» (*Peruscḥ Hawdalah de-Rabbi Aqiba*).

Die Praxis der Lektüre durch Permutationen ruft ekstatische Wirkungen hervor:

Beginne damit, den Namen JHWH zu kombinieren, zunächst ihn allein, und prüfe alle seine Kombinationen und bewege ihn und laß ihn kreisen wie ein Rad, vor und zurück, wie eine Rolle, und laß ihn nicht ruhen, aber wenn du siehst, daß seine Materie an Kraft gewinnt durch die viele Bewegung, aus Furcht vor einer Verwirrung deiner Einbildungskraft und aufgrund des Schwindels deiner Gedanken, und wenn du ihn stillstehen läßt, dann wende dich an ihn und befrage ihn, und laß nicht von ihm ab, bis du ein Wort der Weisheit von ihm erhalten hast. Sodann geh weiter zum zweiten Namen, Adonai, und befrage ihn nach seinem Fundament, und er wird dir sein Geheimnis enthüllen [...]. Dann kombiniere die beiden Namen und studiere sie und befrage sie, und sie werden dir die Geheimnisse der Weisheit enthüllen [...]. Alsdann kombiniere Elohim, und auch er wird dir Weisheit garantieren (*Hayyê ha-Nefeš,* vgl. Idel 1988c: 21).

Nimmt man dann noch Atemtechniken hinzu, die das Buchstabieren der Namen begleiten sollen, so wird begreiflich, wie man vom Buchstabieren zur Ekstase gelangt und von dieser zum Erwerb magischer Kräfte, denn die Buchstaben, die der Mystiker kombiniert, sind dieselben Laute, durch welche Gott die Welt geschaffen hat. Dieser Gedanke wird im fünfzehnten Jahrhundert noch selbstverständlicher. Idel (1988b: 204–205) schreibt über Jochanan Alemanno, den Freund und Inspirator von Pico della Mirandola, für ihn sei «die symbolische Ladung der Sprache mehr und mehr zu einer fast mathematischen Art von Befehl geworden. So verwandelte – oder rückverwandelte – sich der kabbalistische Symbolismus in eine betörende Zaubersprache.»

Für die ekstatische Kabbala ist die Sprache ein Universum an sich, und die Struktur der Sprache stellt die Struktur der Wirklichkeit dar. Schon in den Schriften Philos von Alexandria war versucht worden, das innerste Wesen der Torah mit dem Logos, der Welt der Ideen, gleichzusetzen, und platonische Begriffe waren auch in die agadische Midrasch-Literatur eingedrungen, in der die Torah als das Schema angesehen wurde, nach dem Gott die Welt geschaffen hatte. Die ewige Torah war daher identisch mit der Weisheit schlechthin und oftmals auch mit einer Welt der Formen, einem Universum der Archetypen. Im dreizehnten

Jahrhundert – und auf einer entschieden averroistischen Linie – identifizierte Abulafia die Torah mit dem Tätigen Intellekt, «der Form aller Formen der getrennten Intellekte» (*Sefer Mafteach hatochahot*).

Im Unterschied zur abendländischen Philosophietradition (von Aristoteles über die Stoiker bis zum mittelalterlichen Denken) sowie zur arabischen und zur jüdischen Philosophie repräsentiert somit die Sprache in der Kabbala nicht die Welt in dem Sinne, wie das Signifikat die Bedeutung oder den Referenten repräsentiert. Wenn Gott die Welt durch Emission von sprachlichen Lauten oder alphabetischen Lettern geschaffen hat, dann sind diese semiotischen Elemente nicht Repräsentationen von etwas, demgegenüber sie präexistent waren, sondern Modellformen, an welchen sich die Elemente bilden, aus denen die Welt besteht. Die Bedeutung dieser Annahme für unser Thema liegt auf der Hand: Hier zeichnet sich eine Sprache ab, die insofern vollkommen ist, als sie nicht nur exemplarisch die Struktur des Universums widerspiegelt, sondern diese hervorbringt und zugleich mit ihr zusammenfällt wie die Gußform mit dem geformten Objekt.

Die Ur-Muttersprache

Dennoch setzt Abulafia diese Matrix aller Sprachen (die mit der ewigen Torah identisch ist, aber nicht notwendigerweise mit der geschriebenen Torah) noch nicht mit dem Hebräischen gleich. Wie es scheint, macht er eine Unterscheidung zwischen den zweiundzwanzig Lettern (und der ewigen Torah) als Matrix und dem Hebräischen als der Ur-Muttersprache der Menschheit. Die 22 Lettern des hebräischen Alphabets repräsentieren die idealen Laute, die der Erschaffung aller siebzig anderen existierenden Sprachen vorausgehen müssen. Daß andere Sprachen eine größere Anzahl Vokale haben, kommt von den Aussprachevariationen der 22 elementaren Lettern (die anderen Laute in fremden Sprachen wären demnach, in modernen Begriffen, Allophone der elementaren Phoneme).

Andere Kabbalisten heben hervor, daß den Christen der Buchstabe Het fehle und den Arabern das P, und in der Renaissance behauptet Jochanan Alemanno, die Aussprachevariationen der 22 hebräischen Buchstaben seien den Tierlauten an die Seite zu stellen (einige glichen dem Grunzen der Schweine, anderen dem Quaken der Frösche, andere dem Schrei der Kraniche), so daß der bloße Umstand, daß andere Laute hervorgebracht werden, als solcher schon zeige, in welchem Maße die anderen Sprachen charakteristisch für Völker seien, die sich von der rechten Lebensart abgewandt hätten. So gesehen sei die Vervielfachung der Buchstaben ein Ergebnis der babylonischen Sprachverwirrung. Alemanno ist sich bewußt, daß viele andere Völker ihre Sprache als die beste der Welt betrachten, und er zitiert Galenus, für den die griechische Sprache die schönste und am besten den Gesetzen der Vernunft gehorchende ist, aber da er Galenus nicht zu widersprechen wagt, äußert er die Vermutung, das liege wohl an den Affinitäten zwischen Griechisch, Hebräisch, Arabisch und Assyrisch.

Für Abulafia repräsentieren die 22 Buchstaben sämtliche Laute, die auf natürlichem Wege von den Stimmorganen hervorgebracht werden können. Und es sind die verschiedenen Kombinationsmöglichkeiten dieser Buchstaben, durch welche die verschiedenen Sprachen ins Leben gerufen werden. Die hebräischen Wörter *zeruf* (Kombination) und *laschon* (Sprache) haben den gleichen Zahlenwert (386): Die Gesetze der Kombinatorik zu kennen heißt, das Bildungsprinzip aller Sprachen zu kennen. Abulafia räumt ein, daß die Entscheidung, bestimmte Laute durch bestimmte graphische Zeichen darzustellen, eine Frage der Übereinkunft ist, aber er spricht von einer Übereinkunft zwischen Gott und den Propheten. Er kennt sehr wohl die gängigen Sprachtheorien, nach welchen die Laute für einige Dinge oder Begriffe konventionell sind (er hat diese aristotelisch-stoische Idee bei Autoren wie Maimonides gefunden), aber er scheint sich mit einer recht modernen Lösung aus der Affäre zu ziehen, nämlich indem er stillschweigend zwischen Konventionalität und Willkürlichkeit unterscheidet. Das Hebräische ist ihm zufolge durch Konvention entstanden wie alle Sprachen (und Abulafia verwirft die Idee, die von anderen, auch im christlichen Lager, vertreten wird, derzufolge ein Kind, das von Geburt an sich selbst überlassen bliebe, ganz von allein Hebräisch lernen würde), aber es ist die Heilige Sprache und die

Mutter aller Sprachen, denn die von Adam gegebenen Namen waren *im Einklang mit der Natur* und nicht willkürlich gewählt. In diesem Sinne war das Hebräische die *Ursprache*, und als solche war es notwendig zur Schaffung aller anderen Sprachen, denn «hätte es diese erste Sprache nicht gegeben, so wäre es nicht zu einem gegenseitigen Einverständnis darüber gekommen, einem Gegenstand einen anderen Namen zu geben als den, den er zuvor gehabt hatte, denn die zweite Person hätte den zweiten Namen ja nicht verstanden, wenn sie den ursprünglichen nicht gekannt hätte, so daß sie sich über den Wechsel verständigen konnten» (*Sefer or ha-zechel*, vgl. Idel 1989: 13–14).

Abulafia beklagt den Umstand, daß sein Volk im Laufe des Exils seine ursprüngliche Sprache vergessen hat, und natürlich meint er, daß der Kabbalist derjenige sei, der mit seiner Arbeit darauf hinwirkt, daß die wahre Matrix aller siebzig Sprachen wiedergefunden wird. Der Messias wird es dann sein, der die Geheimnisse der Kabbala endgültig aufdeckt, und so werden am Ende der Zeiten die Unterschiede zwischen den Sprachen erlöschen, wenn alle existierenden Sprachen von der Heiligen Sprache reabsorbiert worden sind.

3. Die vollkommene Sprache bei Dante

Der erste Text, in dem die christliche Welt des Mittelalters das Projekt einer vollkommenen Sprache zusammenhängend behandelt, ist die Abhandlung *De vulgari eloquentia* (Über die Ausdruckskraft der Volkssprache) von Dante Alighieri, die vermutlich zwischen 1303 und 1305 entstanden ist.

Der Traktat beginnt mit einer selbstverständlichen, für unsere Annahme aber grundlegenden Feststellung: Es gibt eine Pluralität der Volkssprachen, und die Volkssprache als natürliche Sprache steht dem Latein als Modell einer universalen, aber artifiziellen Grammatik gegenüber.

Vor dem blasphemischen Turmbau zu Babel gab es eine vollkommene Sprache, in der Adam mit Gott gesprochen hatte und in der auch Adams Nachkommen sprachen, jedoch durch die *confusio linguarum* kam es zur Pluralität der Sprachen. Mit einer für seine Zeit außergewöhnlichen Kenntnis in vergleichender Lingüistik erklärt Dante, wie die aus der babylonischen Verwirrung erwachsenen Sprachen sich im Dreischritt vervielfacht haben, zuerst durch eine Teilung gemäß den verschiedenen Zonen der Welt, dann innerhalb des Gebietes, das wir heute die Romania nennen würden, durch Aufteilung in eine Sprache des *oc*, eine Sprache des *oil* und eine Sprache des *sì*. Letztere schließlich ist in eine Vielzahl von Dialekten zerfallen, die mitunter, wie zum Beispiel in Bologna, sogar von einem Stadtteil zum anderen variieren. Was seinen Grund darin hat, daß der Mensch ein instabiles Wesen ist, veränderlich in seinen Gebräuchen, Gewohnheiten und Sprechweisen, in der Zeit wie im Raum.

Wollen wir eine feinere und edlere Sprache finden, so müssen wir uns an eine strenge analytische Kritik der verschiedenen Volkssprachen machen, der Tatsache eingedenk, daß die besseren Dichter sich, jeder auf seine Weise, von der Volkssprache ihrer Stadt entfernt haben, um eine höhere Form anzustreben, ein *vulgaris illustris*, das Dante zufolge außer illuster im Sinne von leuchtend auch *cardinalis* (maßstabsetzend), *regalis* (würdig der

Königsherrschaft eines nationalen Reiches, wenn denn die Italiener eins hätten) und *curialis* (Sprache der Regierung, des Rechts und der Weisheit) sein müßte. Diese Volkssprache ist in jeder und keiner italienischen Stadt zu Hause, sie stellt eine Art Ideal dar, dem die besten Dichter sich angenähert haben und an dem alle bestehenden Volkssprachen zu messen sind.

Der zweite (unvollendete) Teil von *De vulgari eloquentia* behandelt die Regeln der Bildung des einzigen wahren *volgare illustre*, das heißt der poetischen Sprache, als deren Begründer sich Dante nicht ohne Stolz betrachtet und die er den Sprachen der *confusio* gegenüberstellt als eine, die jene ursprüngliche Nähe und Affinität zu den Dingen wiedererlangt, welche der Sprache Adams zu eigen war.

Latein und Volkssprache

Obwohl eine Apologie der Volkssprache, ist *De vulgari eloquentia* lateinisch abgefaßt. Als Dichter schreibt Dante in der Volkssprache, als Denker jedoch, geprägt von der scholastischen Philosophie, und als politischer Autor, der von der Wiederkehr eines übernationalen Reiches träumt, kennt und gebraucht er die internationale Sprache der Philosophie, der Politik und des Rechts.

In *De vulgari eloquentia* definiert er die Volkssprache als diejenige Sprache, welche die Kinder erlernen, wenn sie Laute hervorzubringen beginnen, wozu sie durch Imitation der Mutter gelangen, ohne irgendwelche Regeln zu brauchen, und er stellt sie einer *locutio secundaria* gegenüber, die von den Römern Grammatik genannt wurde und eine von Regeln beherrschte Sprache ist, die man nur durch langes Studium erlernt und deren *habitus* man erwirbt. Da ein Habitus in der scholastischen Sprache eine Tugend ist, eine Fähigkeit zum Handeln, könnte der zeitgenössische Leser hier den einfachen Gegensatz zwischen der instinktiven Sprechfähigkeit (*performance*) und der grammatikalischen Kompetenz sehen. Aber wenn Dante von Grammatik spricht, denkt er noch an das scholastische Latein, die einzige Sprache, die zu seiner Zeit grammatikalisch in den Schulen gelehrt wurde (vgl. auch Viscardi 1942: 31 ff.), eine *künstliche* Sprache, «ewig und unverderblich», die internationale Sprache der Kirche und der Universitäten, eingezwängt in ein starres Regelsystem durch Grammatiker, die (wie Servius im vierten/fünften Jahrhundert oder Priscianus im fünften/sechsten) dafür Regeln aufstellten, als es schon längst nicht mehr die lebendige Sprache war.

Auf dem Hintergrund dieser Unterscheidung zwischen primärer und sekundärer Sprache erklärt Dante mit Entschiedenheit, daß die Volkssprache die edlere sei: weil sie als erste von der menschlichen Gattung angewandt worden sei, weil sie allen Menschen gemeinsam sei, «obwohl sie in verschiedene Vokabeln und Aussprachen zerfällt» (I, i, 4), und schließlich, weil sie natürlich sei, die andere hingegen künstlich.

Dieser Passus ist sehr delikat. Auf der einen Seite wird behauptet, die edlere Sprache müsse die Eigenschaften der Natürlichkeit haben, während doch die anerkannte Verschiedenheit der Volkssprachen deren Konventionalität bekräftigt. Auf der anderen Seite ist die Rede von der Volkssprache als einer allen Menschen gemeinsamen Sprache, wenn auch differenziert in «verschiedene Vokabeln und Aussprachen». Bedenkt man, daß die ganze Abhandlung *De vulgari eloquentia* auf der Verschiedenheit der Sprachen insistiert, wie läßt sich dann die Idee, daß es eine Vielzahl von Sprachen gibt, mit dem Gedanken versöhnen, daß die Volkssprache (als natürliche Sprache) der menschlichen Gattung gemeinsam sei? Sicher ist allen gemeinsam, daß man als Kind zunächst eine natürliche Sprache lernt, ohne ihre Regeln zu kennen, aber genügt das, um sagen zu können, alle Menschen sprächen dieselbe Sprache? Bestenfalls kann man sagen (und so würden wir es auch heute ausdrücken), daß alle Menschen eine natürliche Disposition zur Sprache haben, ein natürliches *Sprachvermögen*, das sich jedoch in verschiedenen sprachlichen Stoffen und Formen niederschlägt, das heißt in verschiedenen natürlichen Sprachen (vgl. auch Marigo 1938, Kommentar: 9, Anm. 23, und Dragonetti 1961: 32).

Dante hat einen klaren Begriff von Sprachvermögen: Wie er in I, i, 1 schreibt, gibt es ein naturgegebenes Vermögen, die Muttersprache zu erlernen, und dieses Vermögen ist allen Völkern gemeinsam, ungeachtet der Verschiedenheit ihrer Vokabeln und Aussprachen. Daß sich dieses Vermögen für Dante im Gebrauch derjenigen Volkssprachen manifestiert, die er persönlich kennt, ist klar; es handelt sich jedoch nicht um eine spezielle Sprache, sondern um ein allgemeines, eben der ganzen Gattung gemeinsames Vermögen: «Allein dem Menschen ist es gegeben, zu sprechen» (I, ii, 1). Das Sprachvermögen ist ein *proprium* des Menschen: Weder die Engel haben es noch die Tiere, noch die Dämonen. Sprechen heißt, die Gedanken unseres Geistes nach außen kehren, während die Engel ein «sprachloses Verständnisvermögen» haben, durch welches ein jeder das Denken des anderen versteht oder alle die Gedanken aller im Geiste Gottes lesen können. Die Dämonen kennen bereits den Grad ihrer wechselseitigen Perfidie, und die Tiere haben keine persönlichen Leidenschaften, sondern nur artspezifische, weshalb sie, wenn sie die eigenen kennen, immer auch schon die ihresgleichen kennen und keinen Bedarf danach haben, die der übrigen Tierarten zu kennen. Dante weiß noch nicht, daß er die Dämonen in seiner *Commedia* sprechen lassen wird. Aber faktisch sprechen auch die Dämonen eine Sprache, die nicht die der Menschen ist – und bemerkenswerterweise erinnert ein teuflischer Ausruf wie das berühmte «Pape satan, pape satan aleppe» (*Inferno* VII, 1) an einen anderen unverständlichen Ausruf, diesmal von Nimrod, der für die Katastrophe von Babel verantwortlich ist («Raphel maì amecche zabì almi», *Inferno* XXXI, 67). Die Teufel sprechen die Sprachen der Konfusion (vgl. Hollander 1980).

Der Mensch hingegen wird von der Vernunft geleitet, die in den einzelnen unterschiedliche Formen von Klarheit und Urteilskraft annimmt, und er braucht ein Vermögen, das ihm erlaubt, einen geistigen Inhalt durch ein sinnlich wahrnehmbares Zeichen auszudrücken. Woran man sieht, daß sich für Dante das Sprachvermögen definiert als die Disposition zur Verbindung von rationalen Signifikaten mit sinnlich wahrnehmbaren Signifikanten (in gut aristotelischer Tradition nimmt er an, daß die Beziehung zwischen Signifikant und Signifikat, eine Folge des Sprachvermögens, sich durch Übereinkunft herstellt, also *ad placitum*).

Zugleich ist sich Dante darüber im klaren, daß, während das Sprachvermögen für alle Angehörigen der Gattung gleichbleibend unveränderlich ist, die natürlichen Sprachen historischen Wandlungen unterliegen und sich im Laufe der Zeit entwickeln können, unabhängig vom Willen der einzelnen Sprecher. Er weiß, daß eine natürliche Sprache durch individuelle Kreativität reicher gemacht werden kann, und Produkt seiner eigenen Kreativität soll ja gerade das *volgare illustre* sein, das ihm vorschwebt. Doch es scheint, daß er zwischen Sprachvermögen und natürlicher Sprache noch eine Zwischeninstanz einschieben will, wie sich aus seiner Version der Geschichte von Adam schließen läßt.

Sprachen und Sprechakte

Im Einleitungskapitel des Traktats spricht Dante, bezugnehmend auf seinem Begriff der Volkssprache, von der *vulgaris eloquentia*, der *locutio vulgarium gentium* oder *vulgaris locutio*, und den Terminus *locutio secundaria* gebraucht er für die Grammatik. Den Begriff *eloquentia* könnten wir im allgemeinen Sinne sowohl mit «Ausdruckskraft» (Eloquenz) als auch mit «Sprech- oder Redeweise» übersetzen. Im Fortgang des Textes findet sich dann jedoch eine Unterscheidung zwischen verschiedenen Termini, die wahrscheinlich kein Zufall ist. In einigen Fällen spricht Dante von *locutio*, in anderen von *ydioma*, *lingua* und *loquela*. Das Wort *ydioma* benutzt er zum Beispiel für die hebräische Sprache (I, iv, 1, vi, 1 und vi, 7) sowie für die sich entwikkelnden Sprachen der Welt, insbesondere die romanischen. In I, vi, 6–7, wo von der babylonischen *confusio linguarum* die Rede ist, spricht er von *loquela*, aber im selben Kontext benutzt er sowohl für die verwirrten Sprachen wie für das intakt gebliebene Hebräische auch den Ausdruck *ydioma*. Desgleichen spricht er von der *loquela* der Genueser oder der Toskaner, benutzt aber auch das Wort *lingua* für das Hebräische oder für die Dialekte der italienischen Volkssprache. Wie es scheint, sind also sowohl *ydioma* wie *lingua* wie auch *loquela* als «Sprache» im modernen Sinn zu verstehen, als *langue* im Sinne Saussures.

Im gleichen Sinn scheint Dante auch *locutio* zu benutzen; so schreibt er zum Beispiel im selben Text über die babylonische Sprachverwirrung (vi, 6–8), um zu sagen, daß die Turmbauer nach der Verwirrung unvollkommene Sprachen sprachen, «tanto rudius nunc barbariusque locuntur», und wenige Zeilen weiter ist unter Bezugnahme auf die ursprüngliche hebräische Sprache von einer «antiquissima locutione» die Rede.

Doch während *ydioma*, *lingua* und *loquela* präzise Begriffe sind, die nur gebraucht werden, wenn von einer *langue* die Rede sein soll, scheint *locutio* einen allgemeineren Gebrauch zu haben und auch dann aufzutreten, wenn der Kontext die Aktivität der *parole* nahelegt, das heißt den Vorgang des Sprechens oder sogar nur das Sprachvermögen. Häufig spricht Dante von *locutio* wie von einem Sprechakt; so sagt er zum Beispiel über gewisse Tierstimmen, dergleichen könne nicht «locutio» genannt werden, da es keine richtige sprachliche Aktivität darstelle (I, ii, 6–7), und *locutio* steht regelmäßig für die Sprechakte, die Adam an Gott richtet.

Deutlich werden diese Unterscheidungen an der Stelle (I, iv, 1), wo Dante sich fragt, «welchem Menschen das Sprachvermögen (*locutio*) zuerst gegeben worden ist, was er als erstes gesagt hat (*quod primitius locutus fuerit*) und an wen, wo, wann und in welcher Sprache (*sub quo ydiomate*) der erste Sprechakt (*primiloquium*) gerichtet worden ist» – und ich glaube wirklich, daß man *primiloqium* so übersetzen kann, analog zu den Ausdrücken *tristiloquium* und *turpiloquium* (I, x, 2, xiii, 3), die sich auf die üble Sprechweise der Römer und der Florentiner beziehen.

Die erste Gabe an Adam

Im Anschluß daran behauptet Dante, in der Genesis stehe geschrieben, daß als erste Eva gesprochen habe (*mulierem invenitur ante omnes fuisse locutam*), nämlich in ihrem Gespräch mit der Schlange, und es erscheine ihm «ungebührlich, nicht zu denken, daß ein solch edler Akt der menschlichen Gattung eher von den Lippen eines Mannes gekommen sei als von denen einer Frau». Wie wir wissen, spricht in der Genesis zunächst einmal Gott, um die Welt zu erschaffen, danach wird Adam dazu gebracht, die Tiere zu benennen, wozu er vermutlich Töne ausgestoßen hat (aber die ganze Episode der *nominatio rerum* in Genesis 2, 19, wird seltsamerweise von Dante ignoriert), und schließlich spricht Adam, um seine Befriedigung über das Erscheinen Evas auszudrücken. Mengaldo (1979: 42) legt nahe, daß Dante an der betreffenden Stelle sagen wollte – denn sprechen hieß ja für ihn, die Gedanken zu äußern, also einen Dialog zu führen –, daß zwischen Eva und der Schlange der erste Dialog stattgefunden habe, also der erste *Sprechakt* (und das würde zu dem ambivalenten Status passen, den wir der *locutio* zuerkannt haben). Sollten wir etwa denken, daß Adam sich über Evas Erscheinen im stillen gefreut hat und daß er, als er die Tiere benannte, nicht so sehr Sprechakte vollführte, sondern die Regeln einer Sprache etablierte, also sich einer Metasprache bediente?

In jedem Fall benutzt Dante diesen Einschub über Eva, um zu unterstreichen, daß es vernünftiger sei zu denken, daß Adam als erster gesprochen habe; und während der erste Laut, den die menschlichen Wesen ausstoßen, gewöhnlich ein Schmerzensschrei sei, könne der erste von Adam ausgestoßene Laut nur ein Ausdruck der Freude gewesen sein und zugleich ein Lob seines Schöpfers; also habe Adam als erstes den Namen Gottes, *El*, ausgesprochen (und daß *El* der erste hebräische Name Gottes war, bezeugt die patristische Tradition). Vermutlich wollte Dante hervorheben, daß Adam mit Gott sprach, bevor er die Dinge benannt hatte, daß also *Gott ihm ein Sprachvermögen gegeben hatte, noch ehe er eine Sprache erschuf.*

Adam hatte mit Gott in Form einer Antwort gesprochen. Mithin muß Gott als erster zu ihm gesprochen haben. Freilich ist nicht gesagt, daß Gott dazu eine Sprache benutzt hat. Hier greift Dante die Tradition auf, die sich auf Psalm 148, 8, beruft, wonach Gott durch Naturerscheinungen spricht (durch Feuer, Hagel, Schnee, den Geist der Sturmwinde), aber er korrigiert sie, indem er nahelegt, daß Gott die Luft so bewegt haben könnte, daß sie richtige Worte ertönen ließ. Warum muß Dante den kuriosen Gedanken erfinden, Gott habe die Luft ertönen lassen, damit Adam sprachliche Laute zu hören bekam? Ganz offensichtlich, weil Adam als erster Vertreter der einzigen Gattung sprechender Tiere Gedanken nur durch die Stimme empfangen konnte. Und weil Gott wollte, wie Dante in I, 5, 2, präzisiert, daß Adam sprechen konnte, damit durch die Ausübung dieser Fähigkeit ihr Spender gepriesen werde.

An diesem Punkt fragt sich Dante, in welcher Sprache Adam gesprochen haben mag – und kritisiert diejenigen, die glauben, angefangen bei den Florentinern, daß ihre Heimatsprache die beste sei, während es doch so viele andere gebe, von denen manch eine besser sei als die italienische Volkssprache. Sodann behauptet er (I, vi, 4), Gott habe zugleich mit der ersten Seele auch *certam formam locutionis* geschaffen. Übersetzt man das mit «eine bestimmte Form von Sprache» (wie z. B. Mengaldo 1979: 55), so ließe sich nicht erklären, warum Dante in I, vi, 7, behauptet, «demnach war es die hebräische Sprache (*ydioma*), welche die Lippen des ersten Sprechers bildeten (*fabricarunt*)».

Gewiß präzisiert Dante, daß er von einer *forma* spricht, «sowohl den Bau der Vokabeln betreffend, welche die Dinge bezeichnen, als auch den Bau der Vokabeln und die Endungen dieses Baus», womit er den Gedanken nahelegt, er wolle sich mit dem Ausdruck *forma locutionis* auf einen Wortschatz und eine Morphologie beziehen, also auf eine Sprache. Übersetzt man *forma locutionis* aber mit «Sprache», so wird es schwierig, den folgenden Passus zu erklären:

qua quidem forma omnis lingua loquentium uteretur, nisi culpa presumptionis humanae dissipata fuisset, ut inferius stenderetur. Hac forma locutionis locutus est Adam: hac forma locutionis locuti sunt homines posteri ejus usque ad edificationem turris Babel, quae «turris confusionis» interpretatur: hanc formam locutionis hereditati sunt filii Heber, qui ab eo sunt dicti Hebrei. Hiis solis post confusionem remansit, ut Redemptor noster, qui ex illis oritus erat secundum humanitatem, non lingua confusionis sed gratie frueretur. Fuit ergo hebraicum ydioma illud quod primi loquentis labia fabricarunt» (I, vi, 5).

Versteht man *forma locutionis* als eine geformte Sprache, warum gebraucht man dann, um zu sagen, daß Jesus hebräisch gesprochen habe, einmal *lingua* und einmal *ydioma* (und gleich darauf in I, vii, wo die Episode der Sprachverwirrung erzählt wird, das Wort *loquela*), während der Ausdruck *forma locutionis* nur für die anfängliche Gabe Gottes benutzt wird? Nimmt man andererseits an, daß *forma locutionis* nur das Sprachvermögen ist, so versteht man nicht, warum die Sünder von Babel dieses Vermögen verloren haben sollen, während es den Hebräern erhalten geblieben ist, wo doch die ganze Schrift *De vulgari eloquentia* anerkennt, daß es eine Vielzahl von Sprachen gibt, die – aufgrund eines natürlichen Vermögens – nach Babel entstanden sind.

Versuchen wir also, den zitierten Passus wie folgt zu übersetzen:

ebendiese Form ist es, die alle Sprecher in ihrer Sprache gebrauchen würden, wenn sie nicht wegen der menschlichen Hoffart zerstreut worden wäre, wie weiter unten dargelegt werden wird. *In dieser sprachlichen Form* hat Adam gesprochen; *in dieser Form* haben alle seine Nachfahren bis zum Bau des Turms von Babel gesprochen, der als «Turm der Verwirrung» gedeutet wird; diese *sprachliche Form* haben die Söhne Hebers geerbt, die nach ihm Hebräer genannt worden sind. Ihnen allein ist sie auch nach der Verwirrung geblieben, damit unser Erlöser, der aus ihnen hervorgehen sollte, soweit er Mensch war, nicht eine Sprache der Verwirrung genösse, sondern eine der Gnade. Es war also das hebräische Idiom, *welches die Lippen des ersten Sprechers bildeten.*

Was aber wäre dann diese *sprachliche Form*, die nicht die hebräische Sprache ist und auch nicht das allgemeine Sprachvermögen und die Adam als göttliche Gabe besaß, aber die nach Babel verlorenging – und die Dante, wie wir noch sehen werden, mit seiner Theorie des *volgare illustre* wiederzufinden suchte?

Dante und die universale Grammatik

Maria Corti (1981: 46ff.) hat eine Lösung des Problems vorgeschlagen. Daß man Dante nicht verstehen kann, wenn man ihn nur als einen orthodoxen Anhänger des thomistischen Denkens betrachtet, ist heutzutage unbestritten. Er bezieht sich je nach den Umständen auf verschiedene philosophische und theologische Quellen, und es steht außer Frage, daß er von verschiedenen Strömungen jenes «radikal» genannten Aristotelismus beeinflußt war, dessen bedeutendster Vertreter Siger von Brabant war. Doch in Kreisen des radikalen Aristotelismus endete auch Boëthius von Dacien (der 1277 zusammen mit Siger vom Pariser Bischof verurteilt worden war), einer der wichtigsten Vertreter jener Grammatiker, die man «Modisten» genannt hat und von dessen Schrift *De modis significandi* Dante sehr wohl beeinflußt gewesen sein könnte. Besonders in Bologneser Kreisen der Epoche sieht Maria Corti den Infektionsherd, von dem dieser Einfluß, sei's durch direkte Berührung oder durch Kontakte zwischen Bolognesischen und Florentiner Kreisen, zu Dante gelangt ist.

Demnach wäre klar, was Dante mit *forma locutionis* gemeint hat, denn es waren genau die «Modisten», die das Vorhandensein von sprachlichen Universalien vertraten, das heißt von Regeln, die der Bildung jeder natürlichen Sprache zugrundeliegen. In seiner Schrift *De modis* erinnert Boëthius von Dacien daran, daß man aus jedem existierenden Idiom die Regeln einer universalen Grammatik ableiten könne, die vom Griechischen wie vom Lateinischen abstrahiere (*Quaestio* 6). Die «spekulative Grammatik» der Modisten behauptete ein Verhältnis der Spiegelbildlichkeit zwischen Sprache, Denken und Wesen der Dinge, da es für sie die *modi essendi* waren, von denen die *modi intelligendi* abhingen und folglich auch die *modi significandi*.

Mithin war das, was Adam von Gott erhielt, nicht nur ein Sprachvermögen und auch noch keine natürliche Sprache; es waren die Prinzipien einer universalen Grammatik, der formale Urgrund, «das allgemeine Strukturprinzip der Sprache, sowohl im Hinblick auf den Wortschatz wie auch im Hinblick auf die morphosyntaktischen Phänomene der Sprache, die Adam langsam zu bilden begann, während er lebte und die Dinge benannte» (Corti 1981: 47).

Die These von Maria Corti ist heftig angefochten worden (vgl. besonders Pagani 1982 und Maierù 1983), und die wichtigsten Einwände waren, daß es keine überzeugenden Beweise dafür gebe, daß Dante den Text des Boëthius von Dacien gekannt habe, daß Maria Corti in einigen Fällen unhaltbare Analogien zwischen den beiden Texten hergestellt habe und daß die linguistischen Ideen, die man bei Dante finden könne, auch bei anderen Philosophen und Grammatikern und sogar schon vor dem dreizehnten Jahrhundert umgegangen seien. Doch selbst wenn man die Einwände in den beiden ersten Punkten akzeptiert, bleibt der dritte bestehen, nämlich daß die Idee einer universalen Grammatik in der mittelalterlichen Kultur weit verbreitet war und daß Dante, was keiner von Cortis Kritikern in Zweifel zieht, über diese Debatten im Bilde war. Zu sagen, wie es Maierù tut, daß es nicht nötig gewesen sei, den Text von Boëthius zu kennen, um zu wissen, daß «die Grammatik im wesentlichen ein und dieselbe in allen Sprachen ist, auch wenn sie an der Oberfläche variiert», da diese Behauptung sich auch schon bei Roger Bacon finde, ist allenfalls umgekehrt ein überzeugender

Beweis dafür, daß Dante an eine universale Grammatik denken konnte. Aus demselben Grund konnte er auch an die von Gott gegebene *forma locutionis* als eine Art von angeborenem Mechanismus denken, der uns Heutige genau an jene universellen Prinzipien erinnert, mit denen sich die generative Grammatik von Chomsky befaßt (die sich auf der anderen Seite an den rationalistischen Idealen von Descartes und den Grammatikern der Schule von Port-Royale inspiriert, die im siebzehnten Jahrhundert an die mittelalterliche Tradition der «Modisten» anknüpften).

Wenn dem so ist, was hat es dann mit Babel auf sich? Vermutlich hat Dante gedacht, daß mit dem Turmbau zu Babel die perfekte *forma locutionis* verschwunden war, die einzige, die es erlaubt hätte, vollkommene Sprachen zu bilden, fähig zur Reflexion des Wesens der Dinge (Identität zwischen *modi essendi* und *modi significandi*), und deren unerreichbares und perfektes Ergebnis das adamitische Hebräisch war. Was ist davon geblieben? Überlebt haben *formae locutionis*, die hinfällig und alles andere als vollkommen sind – so unvollkommen wie die italienischen Volkssprachen, die Dante erbarmungslos analysiert in ihren Mängeln und ihrer Unfähigkeit, hohe und tiefe Gedanken auszudrücken.

Das «Volgare illustre»

Nun wird verständlich, was jenes *volgare illustre* ist, dem Dante nachjagt wie nach einem parfümierten Panther (I, xvi, 1). Ungreifbar taucht es da und dort in den Texten der Dichter auf, die Dante als die größten betrachtet, doch es scheint noch nicht geformt zu sein, noch nicht mit Regeln versehen, noch nicht in seinen grammatikalischen Grundsätzen expliziert. Angesichts der bestehenden Volkssprachen, die natürlich, aber nicht universell sind, angesichts einer universalen, aber artifiziellen Grammatik, jagt Dante dem Traum einer Wiederherstellung jener paradiesischen *forma locutionis* nach, die ebenso natürlich wie universal war. Doch im Unterschied zu dem, was die Denker der Renaissance taten, die sich auf die Suche nach einer hebräischen Sprache mit wiederhergestellter Offenbarungs- und Zauberkraft machten, will Dante die ursprüngliche Lage mit einem Akt moderner Erfindung neu schaffen. Das *volgare illustre*, dessen großartigstes Beispiel seine eigene poetische Sprache sein sollte, ist die Art und Weise, wie ein moderner Dichter die Wunde nach Babel heilt. Das ganze zweite Buch von *De vulgari eloquentia* ist nicht als bloße Abhandlung über Stilistik zu betrachten, sondern als Bemühung, die Konditionen, die Regeln, die *forma locutionis* der einzig denkbaren vollkommenen Sprache zu bestimmen: des Italienischen der Dichtung Dantes (Corti 1981: 70). Von den Eigenschaften der vollkommenen Sprache wird diese illustre Volkssprache die *Notwendigkeit* haben (als Gegenteil der Konventionalität), denn als perfekte *forma locutionis* erlaubte sie Adam, mit Gott zu sprechen; die illustre Volkssprache ist diejenige, die dem Dichter erlaubt, die richtigen Worte für das zu finden, was sie ausdrücken sollen und was nicht anders ausdrückbar ist.

Aus dieser kühnen Konzeption seiner eigenen Rolle als Restaurator der vollkommenen Sprache ergibt sich, daß Dante, anstatt die Vielfalt der Sprachen zu beklagen, ihre fast biologische Kraft hervorhebt, ihre Fähigkeit, sich zu erneuern, sich im Laufe der Zeit zu ändern. Denn gerade aufgrund der so beteuerten sprachlichen Kreativität kann er sich vornehmen, eine perfekte moderne und natürliche Sprache zu erfinden, ohne sich auf die Jagd nach verlorenen Vorbildern zu machen. Hätte ein Mann vom Schlage Dantes wirklich geglaubt, das von Adam erfundene Hebräisch sei die einzige wirklich vollkommene Sprache gewesen, so hätte er Hebräisch gelernt und seine Dichtung in Hebräisch geschrieben. Er hat es nicht getan, weil er glaubte, daß die Volkssprache, die er erfinden sollte, den Prinzipien der von Gott gegebenen universalen Form entsprechen würde, und zwar besser, als es das adamitische Hebräisch konnte. Dante wollte ein neuer (und perfekterer) Adam sein.

Dante und Abulafia

Geht man von *De vulgari eloquentia* zu *Paradiso* XXVI über (einige Jahre sind vergangen), scheint Dante seine Meinung geändert zu haben. In der lateinisch verfaßten Abhandlung hieß es noch ohne Wenn und Aber, aus der von Gott gegebenen *forma locutionis* sei das Hebräische als vollkommene Sprache erwachsen, und es sei bereits jene Sprache gewesen, in welcher Adam mit Gott gesprochen und ihn «El» genannt habe. In *Paradiso* XXVI, 124–138, sagt Adam statt dessen:

> La lingua ch'io parlai fu tutta spenta
> innanzi che all'ovra inconsummabile
> fosse la gente di Nembrot attenta:
> chè nullo effetto mai razionabile,
> per lo piacer uman che rinnovella
> seguendo il cielo, sempre fu durabile.
> Opera naturale è ch'uom favella,
> ma, così o così , natura lascia
> poi fare a voi, secondo che v'abbella.
> Pria ch'io scendessi all'infernale ambascia
> I s'appellava in terra il Sommo Bene,
> onde vien la letizia che mi fascia:
> e EL si chiamò poi: e ciò convene,
> chè l'uso dei mortali è come fronda
> in ramo, che sen va e altra vene.

In der Übersetzung von Hermann Gmelin:

> Die Sprache, die ich sprach, ist ganz erloschen
> schon lang bevor zu dem unmöglichen Werke
> die Völker Nimrods angetreten waren.
> Denn niemals sind die Werke des Verstandes,
> weil sie der Menschen Wille mit dem Drehen
> des Himmels ändert, dauerhaft gewesen.
> Werk der Natur ist, daß die Menschen sprechen,
> doch hat sie, ob auf die und jene Weise,
> euch selber nach Belieben überlassen.
> Eh ich hinabstieg in der Hölle Bangen,
> hieß ‹I› auf Erden jenes höchste Wesen,
> von dem die Freude kommt, die mich umhüllet.
> ‹El› hieß es später, und das mußte kommen,
> denn aller Menschen Sitte gleicht dem Laube
> der Bäume, das vergeht und wiederkehret.

Adam sagt, daß die Sprachen, entstanden aus einer natürlichen Disposition zum Sprechen, sich später durch menschliche Initiative differenzieren, entwickeln und ändern, und zwar derart, daß selbst das Hebräische, das vor dem Turmbau zu Babel gesprochen wurde, nicht mehr dasselbe war, das er im Paradies gesprochen hatte (wo er Gott «I» genannt hatte, während die Menschen ihn später «El» nannten).

Hier scheint Dante zwischen Genesis 10 und Genesis 11 zu schwanken, zwei Texten, die ihm auch vorher schon zur Verfügung gestanden hatten, so daß sich die Frage stellt, was ihn zu dieser Kurskorrektur bewogen hat. Ein interessanter Hinweis ist jener seltsame Gedanke, daß Gott «I» genannt worden sein könnte, eine Idee, die bisher kein Dante-Kommentator befriedigend zu erklären vermocht hat.

Denken wir für einen Moment an das vorige Kapitel zurück, so erinnern wir uns, daß für Abulafia die kleinsten Elemente oder Atome des geschriebenen Textes, die Buchstaben, eine Bedeutung an sich haben, und zwar so, daß jeder einzelne Buchstabe des Namens JHWH bereits ein Name Gottes ist, also auch der Buchstabe Jod für sich allein. Transkribieren wir nun, wie Dante es getan haben konnte, das Jod als I, so haben wir eine mögliche Quelle der Danteschen «Kehrtwendung». Aber diese Idee vom Namen Gottes ist nicht das einzige, was Dante mit Abulafia gemeinsam zu haben scheint.

Im vorigen Kapitel haben wir gesehen, daß Abulafia eine Gleichsetzung zwischen Torah und Tätigem Intellekt vornahm und daß für ihn das Schema, nach welchem Gott die Welt geschaffen hatte, mit der Gabe des Sprachvermögens zusammenfiel, das er Adam gegeben hatte, eine Art generativer Matrix aller Sprachen, die nicht mit dem Hebräischen identisch war. Averroistische Einflüsse also bei Abulafia, die ihn dazu brachten, an einen einzigen und allen Menschen gemeinsamen Tätigen Intellekt zu glauben, sowie unbestreitbare und bewiesene averroistische Sympathien bei Dante, und in jedem Fall sein avicennistisch-augustinischer Begriff des Tätigen Intellekts (mit der göttlichen Weisheit gleichgesetzt), der dem möglichen Intellekt die Formen bietet (vgl. besonders Nardi 1985, V). Auch den «Modisten» und anderen Vertretern einer universalen Grammatik war die averroistische Linie keineswegs fremd. Somit hätten wir hier eine gemeinsame philosophische Position, die Dante ebenso wie Abulafia, auch wenn keine direkten Einflüsse nachweisbar sind, dazu bringen konnte, die Gabe der Sprachen als

Ausdruck einer *forma locutionis* anzusehen, das heißt der dem Tätigen Intellekt verwandten generativen Matrix.

Doch damit nicht genug. Für Abulafia war das Hebräische historisch gesehen die *Ursprache* gewesen, die aber das auserwählte Volk im Laufe seines Exils vergessen hatte. Daher war, wie Dante im *Paradiso* sagen wird, die Sprache Adams bereits zur Zeit der babylonischen Sprachverwirrung «ganz erloschen». Idel (1989: 17) zitiert ein unpubliziertes Manuskript eines Schülers von Abulafia, in dem es heißt:

> Wer an die Schöpfung der Welt glaubt und meint, daß die Sprachen auf Übereinkunft beruhen, der muß auch annehmen, daß es zwei Arten von Sprache gibt: eine erste göttlicher Art, entstanden durch einen Pakt zwischen Gott und Adam, und eine zweite natürlicher Art, gegründet auf einen Pakt zwischen Adam, Eva und ihren Kindern. Die zweite ist aus der ersten abgeleitet, und die erste war nur Adam bekannt und ist an keinen seiner Nachfahren weitergegeben worden außer an Seth [...]. So gelangte die Überlieferung zu Noah. Und die Verwirrung der Sprachen zur Zeit der Zerstreuung hat nur für die zweite Art von Sprache, die natürliche, stattgefunden.

Wenn wir uns erinnern, daß der Begriff «Überlieferung» auf die Kabbala verweist, so spielt der zitierte Passus ebenfalls auf ein sprachliches Wissen an, auf eine *forma locutionis* als ein Ensemble von Regeln zur Fabrikation verschiedener Sprachen. Wenn die ursprüngliche Form nicht Sprache, sondern universale Matrix aller Sprachen ist, so bestätigt das sogar die historische Wandelbarkeit des Hebräischen, aber es bestärkt auch die Hoffnung, daß die ursprüngliche Form wiedergefunden und von neuem fruchtbar gemacht werden kann (selbstverständlich für Dante und Abulafia auf verschiedene Weise).

Konnte Dante das Denken Abulafias kennen?

Abulafia war wiederholt nach Italien gekommen: 1260 finden wir ihn in Rom, er bleibt auf der Halbinsel bis 1271, als er nach Barcelona zurückkehrt, aber 1280 kommt er wieder nach Rom, diesmal mit der Idee, den Papst zu bekehren. Dann geht er nach Sizilien, wo sich seine Spuren am Ende der neunziger Jahre verlieren. Zweifellos haben seine Ideen die Kreise der italienischen Juden beeinflußt. So kommt es 1290 zu einer Debatte zwischen Hillel von Verona (der Abulafia wahrscheinlich zwanzig Jahre vorher getroffen hatte) und Zerahya von Barcelona, der Anfang der siebziger Jahre nach Italien gekommen war (vgl. Genot-Bismuth 1975; 1988, II).

Hillel, der in den bolognesischen Kreisen verkehrt, greift in einem Schreiben an Zerahya die von Herodot gestellte Frage auf, in welcher Sprache sich ein Kind ausdrücken würde, das ohne jeden Kontakt mit sprachlichen Reizen aufgewachsen ist. Für Hillel würde das Kind hebräisch sprechen, da dies seiner Ansicht nach die Sprache ist, die dem Menschen ursprünglich von Natur gegeben sei. Womit Hillel zeigt, daß er nicht weiß oder sich nicht darum kümmert, daß Abulafia anderer Ansicht war. Nicht so Zerahya: Er antwortet Hillel mit dem sarkastischen Vorwurf, sich den Sirenen der «unbeschnittenen» Bologneser ergeben zu haben. Die Laute, die ein Kind von sich gäbe, das keinerlei Spracherziehung gehabt hätte, wären dem Bellen der Hunde ähnlich, und es sei unsinnig zu behaupten, daß die heilige Sprache dem Menschen von Natur gegeben sei.

Der Mensch besitze die Sprechfähigkeit als ein Vermögen, doch aktualisiert werde dieses Vermögen nur durch eine Erziehung der Stimmorgane, die man durch Lernen erlange. Und hier führt Zerahya einen Beweis an, den wir nach der Renaissance bei vielen christlichen Autoren wiederfinden können (zum Beispiel in Waltons *In Biblia polyglotta prolegomena* von 1657 oder in Vallesios *De sacra philosophia* von 1652): Hätte es die anfängliche Gabe einer ursprünglichen heiligen Sprache gegeben, so müßte jeder Mensch, welche Muttersprache er auch immer haben mag, zugleich auch, als angeborene Gabe, die heilige Sprache können.

Ohne sich in Phantastereien über eine Begegnung zwischen Dante und Abulafia zu verlieren, würde diese Debatte bereits genügen, um zu beweisen, daß Abulafias Thematik in Italien diskutiert worden ist, und zwar genau in jenen Bologneser Kreisen, die Dante beeinflußt haben (und von denen er Maria Corti zufolge so viele Ideen über die *forma locutionis* übernommen hat). Doch die Episode der Bolognesischen Debatte ist kein Einzelfall in einer Geschichte der Beziehungen zwischen Dante und dem jüdischen Denken.

Genot-Bismuth gibt uns einen faszinierenden Überblick über jenen Jahrhundertabschnitt, in dem wir später einen Yehuda Romano finden, der für seine Glaubensgenossen Vorlesungen über die Göttliche Komödie hält, oder einem Lionello di Ser Daniele, der das gleiche mit einer in hebräischer Schrift geschriebenen *Commedia* tut, zu schweigen von einer so erstaunlichen Persönlichkeit wie Immanuel da Roma, der in seinen dichterischen Kompositionen die Themen Dantes spielerisch gegen den Strich zu bürsten scheint, fast als wolle er eine hebräische Gegen-*Commedia* verfassen.

Natürlich würde dies nur den Einfluß Dantes auf die italienischen Juden bezeugen, nicht umgekehrt. Aber Genot-Bismuth belegt auch entgegengesetzte Einflüsse, ja sie erwägt sogar eine jüdische Quelle der Theorie vom vierfachen Sinn der Schrift, die in Dantes 13. Brief auftaucht (vgl. Eco 1985) – eine vielleicht etwas kühne These, bedenkt man den Reichtum an christlichen Quellen, die Dante für dieses Thema zur Verfügung standen. Viel weniger kühn und in vieler Hinsicht überzeugend scheint jedoch die These, daß Dante gerade in Bologna, in den Jahren nach dem Streit zwischen Hillel und Zerahya, Nachklänge dieser jüdischen Debatte aufgeschnappt haben kann.

Man könnte fast sagen, daß Dante sich in *De Vulgari* der These von Hillel nähert (beziehungsweise von Hillels christlichen Inspiratoren, folgt man dem Vorwurf Zerahyas), während er sich in *Paradiso* XXVI zu der von Zerahya bekehrt, die auch diejenige von Abulafia war – stünde dem nicht entgegen, daß Dante zu der Zeit, als er *De Vulgari* schrieb, bereits die Ansichten beider gekannt haben konnte.

Doch hier geht es nicht darum, direkte Einflüsse zu belegen (obwohl Genot-Bismuth einige historiographische Beiträge von jüdischer Seite anführt, die ein Wechselspiel von Suggestionen und Wiederaufnahmen in der Schrift *De regimine principium* von Egidius Romanus zu bezeugen scheinen), sondern um die Existenz eines Klimas, in dem die Ideen zirkulierten und ausgetauscht wurden im Rahmen eines Dauerstreits, der mit Debatten und Schriften und mündlichen Beiträgen zwischen Kirche und Synagoge geführt wurde (vgl. Calimani 1987, VIII). Andererseits, wenn vor der Renaissance ein christlicher Denker sich der Lehre der Juden angenähert hätte, so hätte er es gewiß nicht öffentlich zugegeben. Die Juden gehörten – wie die Ketzer – zu jener Kategorie der Ausgestoßenen, die das offizielle Mittelalter, wie Le Goff (1964: 514) sehr anschaulich formuliert, gleichzeitig zu verabscheuen und zu bewundern scheint, in einer Mischung aus Faszination und Angst, in der man sie auf Abstand hält, aber diesen Abstand klein genug ansetzt, um sie in Reichweite zu haben, wodurch «was sich Barmherzigkeit ihnen gegenüber nennt, dem Spiel der Katze mit der Maus gleicht».

Vor der humanistischen Neubewertung hatte man von der Kabbala nur eine sehr ungefähre Kenntnis und verwechselte sie gern mit der Nekromantik. Auch in diesem Fall ist allerdings vorgebracht worden (Gorni 1990, VII), daß Dante auffällig oft in der *Commedia* wahrsagerische und magische Praktiken zitiert (Astrologie, Chiromantik, Physiognomik, Geomantik, Pyromantik, Hydromantik und natürlich auch Nekromantik): In gewisser Weise war er wohl auf dem laufenden über eine in den Untergrund und an die Ränder verdrängte Kultur, zu der irgendwie auch die Kabbalistik gehörte, zumindest nach einer weitverbreiteten Meinung.

Somit wird die Interpretation der *forma locutionis* nicht als Sprache, sondern als universale Matrix der Sprachen, auch ohne direkt auf die «Modisten» zurückgeführt worden zu sein, noch glaubwürdiger.

4. Die Ars Magna des Raimundus Lullus

Fast Zeitgenosse von Dante, war Ramón Llull (latinisiert zu Raimundus Lullus und in der Literatur oft verkürzt zu Lull) ein in Mallorca geborener Katalane, der vermutlich von 1232 (oder 1235) bis 1316 gelebt hat. Seine Herkunft ist insofern von Bedeutung, als sie – damals ein Schnittpunkt dreier Kulturen, der christlichen, der islamischen und der jüdischen – dazu geführt hat, daß der größte Teil seiner 280 anerkannten Werke ursprünglich auf arabisch und katalanisch geschrieben war (vgl. Ottaviano 1930) und daß er selbst nach einer mondänen Jugend und einer mystischen Krise als Tertiar in den Franziskanerorden eintrat.

Daher das Projekt seiner *Ars Magna* als System einer perfekten philosophischen Sprache, mit der man die Ungläubigen bekehren könnte. Diese Sprache versteht sich als universal, denn universal ist die mathematische Kombinatorik, die ihre Ausdrucksebene strukturiert, und universal ist auch das System der allen Menschen gemeinsamen Ideen, das Lullus auf der Inhaltsebene errichtet.

Schon der heilige Franziskus war ausgezogen, um den Sultan von Babylonien zu bekehren, und die Utopie einer universalen Eintracht zwischen Menschen verschiedener Rasse und Religion ist eine Konstante im franziskanischen Denken. Zeitgenosse von Lullus war der Franziskaner Roger Bacon, der eine enge Beziehung zwischen dem Studium der Sprachen und dem Kontakt mit den Ungläubigen (nicht nur den arabischen, auch den tatarischen) postulierte. Bacons Problem war nicht, eine neue Sprache zu erfinden, sondern die Kenntnis der Sprachen der anderen zu verbreiten, sei's um sie zum christlichen Glauben zu bekehren oder damit das christliche Abendland sich die Weisheit der Ungläubigen aneignen kann, indem es ihnen Wissensschätze wegnimmt, die zu besitzen sie kein Recht haben (*tamquam ab iniustis possessoribus*). Die Ziele und Methoden sind verschieden, doch der universalistische Anspruch ist der gleiche, und er beseelt das gleiche Geistesmilieu. Unter dem unvermeidlichen missionarischen Eifer und dem Appell zu einem nicht auf militärischer Macht, sondern auf Dialog beruhenden Kreuzzug rührt sich eine allumfassende Welt- und Religionsfriedensutopie, in der das Sprachenproblem eine zentrale Rolle spielt (vgl. Alessio 1957). Die Legende will, daß Lullus von den Sarazenen gesteinigt worden ist, als er sich zu ihnen begab, bewaffnet einzig mit seiner *Ars*, als wäre sie ein unfehlbares Überzeugungsmittel.

Lullus ist der erste europäische Philosoph, der theoretische Werke in der Volkssprache schreibt – und einige auch in Reimen mit sehr populären Kadenzen, «per tal che hom puscha mostrar / logica e philosophar / a cels qui nin saben lati / ni arabichi» («damit man logisch argumentieren und philosophieren kann vor denen, die weder Latein noch Arabisch können», *Compendium* 6–9). Seine *Ars* ist nicht nur deshalb universal, weil sie allen Völkern dienen soll, sondern auch, weil sie mit nur wenigen Buchstaben und Figuren operiert und daher den Analphabeten jeder beliebigen Sprache zugänglich ist.

Grundelemente der Kombinationskunst

Von *Permutation* sprechen wir, wenn bei *n* verschiedenen Elementen die Zahl der möglichen Umstellungen, in jeder beliebigen Reihenfolge, durch die Zahl «*n*-Fakultät» gegeben ist, die als *n!* geschrieben wird und sich als Produkt von $1 \cdot 2 \cdot 3 \ldots \cdot n$ errechnet. Es handelt sich um die Kunst des Anagramms, mithin auch der kabbalistischen Temurah. Und wenn 5-Fakultät schon 120 ergibt, wie das *Sefer Jezirah* in Erinnerung ruft, nimmt die Anzahl der Permutationen mit steigender Zahl der Elemente rapide zu; bei 36 Elementen zum Beispiel wäre die Anzahl der möglichen Permutationen bereits eine 42-stellige Zahl, nämlich 371 993 326 789 901 217 467 999 448 150 835 200 000 000. Man stelle sich das weitere vor.

Ein extremer Fall von Permutation ist derjenige, in dem die Zeichenfolgen auch Wiederholungen zulassen. Die 21 Buchstaben des italienischen Alphabets erlauben mehr als 51 Milliarden Milliarden Sequenzen von je 21 Elementen (jede verschieden von der anderen), aber nimmt man an, daß einige Buchstaben auch wiederholt werden können, so ist die allgemeine Formel für *n* Elemente, deren jedes *t* für *t* wiederholt werden kann, n^t, und die Anzahl der möglichen Sequenzen stiege auf 5 Milliarden Milliarden Milliarden.

Nehmen wir an, unser Problem sei ein anderes. Wie können wir vier gegebene Personen A, B, C, D je paarweise an Bord eines Flugzeugs plazieren, in dem es nur Sitze in Zweierreihen gibt? Hier stehen wir vor einem Problem der *Disposition*, das heißt vor der Frage, wie sich *n* Elemente jeweils *t* und *t* disponieren lassen, aber so, daß auch die Reihenfolge einen Unterscheidungswert hat (das heißt, daß es nicht gleichgültig ist, wer am Fenster sitzt und wer am Gang). Die Formel ist $n! : (n-t)!$, und unsere vier Personen können wie folgt disponiert werden:

AB	AC	AD
BA	CA	DA
BC	BD	CD
CB	DB	DC

Um *Kombination* handelt es sich dagegen, wenn wir bei vier Soldaten A, B, C, D wissen wollen, zu wieviel verschiedenen Zweiergruppen man sie zusammenstellen kann, um sie auf Patrouille zu schicken. In diesem Fall spielt die Reihenfolge keine Rolle mehr, denn die aus A und B zusammengestellte Patrouille ist dieselbe wie die aus B und A zusammengestellte. Jedes Paar unterscheidet sich nur durch die Differenz eines Mitglieds. Die Formel ist $n! : t!(n-t)!$, und die Paare reduzieren sich zu:

AB	AC	AD
BC	BD	CD

Die Berechnung der Permutationen, Dispositionen und Kombinationen kann zur Lösung zahlreicher technischer Probleme dienen, aber sie könnte auch für Such- und Entdeckungsverfahren benutzt werden, das heißt zur Erstellung möglicher «Szenarien». In semiotischen Begriffen handelt es sich um ein System des Ausdrucks (das ja genau aus Symbolen besteht) und syntaktischer Regeln (*n* Elemente können sich *t* zu *t* kombinieren, wobei *t* auch mit *n* zusammenfallen kann), das automatisch mögliche Inhaltssysteme zu enthüllen vermag.

Damit jedoch die Kombinatorik auf vollen Touren laufen kann, muß angenommen werden, daß alle Universen ohne jede Einschränkung als möglich gedacht werden können. Sobald man anfängt, einige Universen nicht für möglich zu halten, weil sie nach Maßgabe unserer bisherigen Erfahrungen unwahrscheinlich sind oder nicht dem entsprechen, was wir für die Gesetze der Vernunft halten, kommen äußerliche Kriterien ins Spiel, um nicht nur Unterschiede zwischen den Ergebnissen der Kombinatorik, sondern auch Restriktionen innerhalb der Kombinatorik selbst einzuführen.

Vier verschiedene Personen A, B, C, D können zu sechs verschiedenen Paaren kombiniert werden. Handelt es sich jedoch um eine Kombination zu Ehezwecken, wobei A und B als männlich und C und D als weiblich gekennzeichnet sind, so reduzieren sich die möglichen Kombinationen auf vier; sind A und C zudem Bruder und Schwester und müssen sich an das Inzesttabu halten, so verringern sich die Möglichkeiten auf drei. Natürlich betreffen Kriterien wie Geschlecht oder Blutsverwandtschaft mitsamt den daraus folgenden Verboten nicht die Kombinatorik an sich: Sie werden von außen eingeführt, um ihre Möglichkeiten zu beschränken.

Das Alphabet und die vier Figuren

Die *Ars Magna** operiert mit den neun Buchstaben des Alphabets von B bis K sowie mit vier Figuren (s. Fig. 1). In einer *Tabula generalis*, die in mehreren seiner Werke erscheint, stellt Lullus eine Liste von sechs Reihen mit je neun Elementen zusammen, die zeigen, welche Inhalte sich den neun Buchstaben jeweils zuordnen lassen. So kann das lullische Alphabet von neun «Absoluten Prinzipien» sprechen (auch «göttliche Grade» genannt), dank welcher die anderen Prinzipien einander ihre

* Wir beziehen uns auf die 1598 in Straßburg erschienene Ausgabe der Schriften von Lullus, da sie es ist, auf die sich die ganze lullische Tradition bezieht, jedenfalls bis Leibniz. Deshalb wird die *Ars generalis ultima* von 1303 hier als *Ars Magna* zitiert, da sie in der Straßburger Ausgabe den Titel *Ars Magna et ultima* trägt.

TAFEL DER PRINZIPIEN

	PRINCIPIA ABSOLUTA	PRINCIPIA RELATIVA	QUESTIONES	SUBJECTA	VIRTUTES	VITIA
B	Bonitas	Differentia	Utrum?	Deus	Iustitia	Avaritia
C	Magnitudo	Concordantia	Quid?	Angelus	Prudentia	Gula
D	Aeternitas	Contrarietas	De quo?	Coelum	Fortitudo	Luxuria
E	Potestas	Principium	Quare?	Homo	Temperantia	Superbia
F	Sapientia	Medium	Quantum	Imaginatio	Fides	Acidia
G	Voluntas	Finis	Quale?	Sensitiva	Spes	Invidia
H	Virtus	Majoritas	Quando?	Vegetativa	Charitas	Ira
I	Veritas	Aequalitas	Ubi?	Elementativa	Patientia	Mendacium
K	Gloria	Minoritas	Quomodo? Cum quo?	Instrumentativa	Pietas	Inconstantia

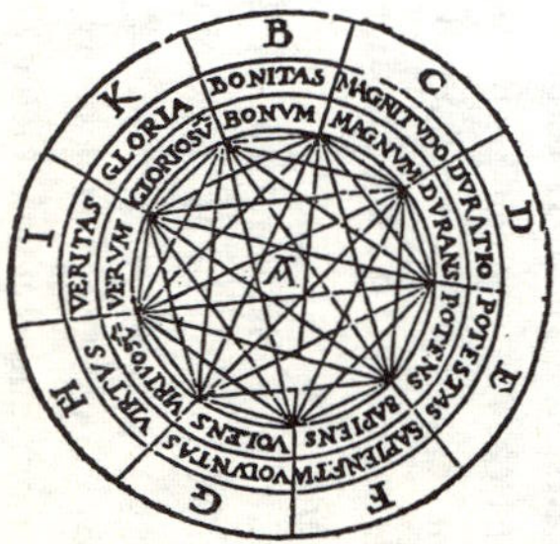

Erste Figur

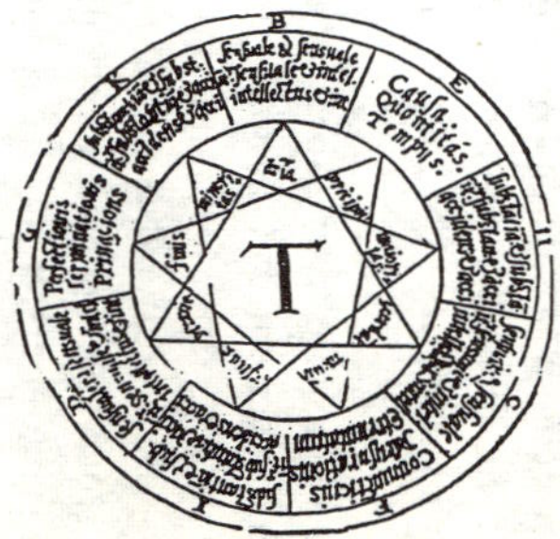

Zweite Figur

Dritte Figur

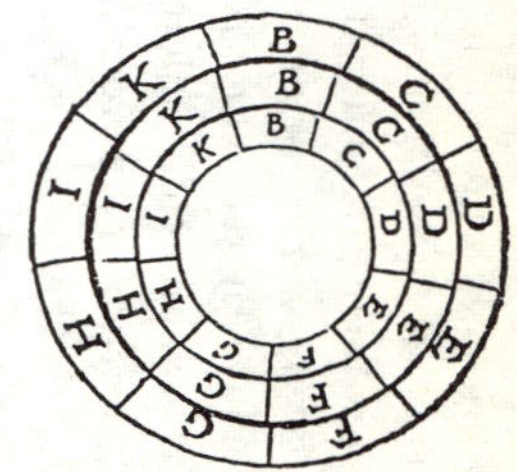

Vierte Figur

Figur 1: Die Lullischen Prinzipien und Figuren

Natur mitteilen und sich in der Schöpfung verbreiten, ferner von neun «Relativen Prinzipien», neun Fragestellungen, neun Subjekten, neun Tugenden und neun Lastern. Unter offensichtlicher Bezugnahme auf die aristotelische Kategorienliste präzisiert Lullus, daß die neun *Principia Absoluta* der Prädikation unterliegen, während die anderen fünf Reihen Prädikate sind. Dies erklärt, warum in der Kombinatorik, obwohl Subjekt und Prädikat häufig die Rollen vertauschen, in anderen Fällen eine Veränderung der Reihenfolge oft ausgeschlossen ist.

Erste Figur. Nachdem er den Buchstaben die neun Absoluten Prinzipien oder Grade zugeordnet hat (mit den entsprechenden Adjektiven), zieht Lullus sämtliche möglichen Verbindungslinien, die diese Prinzipien mit Prädikationen wie *Bonitas magna (est)*, «Die Güte ist groß», oder *Magnitudo gloriosa (est)*, «Die Größe ist ruhmreich» und so weiter verbinden. Da die Prinzipien in Substantivform auftreten, wenn sie Subjekte, und als Adjektiv, wenn sie Prädikate sind, muß jede Linie der in den Kreis der ersten Figur eingeschriebenen Polygone in zwei Richtungen gelesen werden (das heißt, man kann sowohl *Bonitas magna* wie auch *Magnitudo bona* lesen). Das erklärt, warum die Linien zwar 36, aber die Kombinationen faktisch 72 an der Zahl sind.

Die Figur müßte erlauben, reguläre Syllogismen zu bilden. Um zu beweisen, daß die Güte groß sein kann, müßte man argumentieren: «Alles, was durch die Größe magnifiziert wird, ist groß – die Güte wird durch Größe magnifiziert – ergo ist die Güte groß.» Autoprädikative Kombinationen wie BB oder CC sind aus dieser ersten Tafel ausgeschlossen, da für Lullus die Prämisse «Die Güte ist gut» keinen Mittelbegriff zu finden erlaubt (in der aristotelischen Tradition stellt die Folgerung «Alle A sind B – C ist ein A – ergo ist C ein B» einen guten Syllogismus dar, denn in ihr wird korrekt nach bestimmten Regeln der Mittelbegriff A gesetzt, durch den B und C sozusagen verschweißt werden).

Zweite Figur. Sie dient zur Bestimmung der relativen Prinzipien in Verbindung mit Tripel-Definitionen. Durch diese *Relationes* gelangen die *Principia Absoluta* in Verbindung mit dem Kosmos. Diese Figur reflektiert keinerlei Kombinatorik, sondern ist nur eine visuelle Gedächtnisstütze, um die fixen Beziehungen zwischen verschiedenen Arten von Relationen und verschiedenen Arten von Elementen abzurufen. So können zum Beispiel sowohl die *Differentia* wie die *Concordantia* wie die *Contrarietas* unter drei Aspekten betrachtet werden: als Unterschied bzw. Übereinstimmung oder Gegensätzlichkeit zwischen 1.) zwei sinnlich greifbaren Elementen wie Stein und Pflanze, 2.) einem sinnlich greifbaren und einem geistigen Element wie Leib und Seele und 3.) zwei geistigen Elementen wie Seele und Engel.

Dritte Figur. Hier betrachtet Lullus alle möglichen Paarungen seiner Buchstaben. Es scheint, daß er die Umkehrungen der Reihenfolge ausschließt, denn das Ergebnis ist 36 Paare in 36 «Kammern», wie er die Kombinationen nennt. Tatsächlich sind die Umkehrungen aber mitbedacht worden (und die Kammern virtuell 72), denn jeder Buchstabe kann unterschiedslos Subjekt und Prädikat sein (die Kombination «Die Güte ist groß» ergibt auch «Die Größe ist gut», vgl. *Ars Magna* VI, 2). Ist die Kombination einmal bewerkstelligt worden, geht es an das, was Lullus die «Leerung der Kammern» nennt. So liest man zum Beispiel die Folge BC zuerst nach der ersten Figur und erhält *Bonitas* und *Magnitudo*, danach liest man sie nach der zweiten Figur und erhält *Differentia* und *Concordia* (*Ars Magna* II, 3). Auf diese Weise erhält man 12 Aussagesätze: «Die Güte ist groß, der Unterschied ist groß, die Güte ist unterschiedlich, der Unterschied ist gut, die Güte ist übereinstimmend, der Unterschied ist übereinstimmend, die Größe ist gut, die Übereinstimmung ist gut, die Größe ist unterschiedlich, die Übereinstimmung ist unterschiedlich, die Größe ist übereinstimmend, die Übereinstimmung ist groß.»

Kehren wir zur *Tabula generalis* zurück und ordnen wir den Buchstaben B und C die ihnen entsprechenden Fragen zu (*utrum* und *quid*, «ob» und «was») mitsamt den dazugehörigen Antworten, so ergeben sich aus den 12 Aussagesätzen 24 Fragen (vom Typus «Ob die Güte groß ist» und «Was ist eine große Güte?», VI, 1). Mithin erlaubt die dritte Figur 432 Aussagesätze und 864 Fragen, jedenfalls in der Theorie. Praktisch werden die verschiedenen Fragen unter Beachtung von 10 Regeln beantwortet (die z. B. in *Ars Magna* IV dargelegt werden), und für die Kammer BC sind die Regeln dann eben die Regeln B und C.

Diese und alle anderen Regeln sind abhängig von den Definitionen der Begriffe (die theologischer Art sind) sowie von einigen Argumentationsweisen, welche die Regeln etablieren, die den Gesetzen der Kombinatorik äußerlich sind.

Vierte Figur. Sie ist die berühmteste, die sich im Laufe der Tradition am meisten verbreiten sollte. Hier werden im Prinzip Tripelfiguren betrachtet, die von den neun Elementen generiert worden sind. Der Mechanismus ist jetzt *beweglich*, das heißt, es handelt sich um drei konzentrische Kreise von abnehmender Größe, die aufeinandergelegt und in der Mitte gewöhnlich mit einer Knotenschnur zusammengehalten werden. Erinnern wir uns, daß im *Sefer Jezirah* von der göttlichen Kombinatorik in Form eines Rades die Rede war, und bedenken wir, daß Lullus, der auf der iberischen Halbinsel lebte, sicher Kenntnis von der kabbalistischen Tradition hatte.

Neun Elemente in Dreiergruppen erlauben 84 Kombinationen (vom Typus BCD, BCE, CDE). Wenn Lullus in *Ars brevis* und anderen Werken von 252 Kombinationen spricht, so deshalb, weil jeder Dreiergruppe die drei Fragen zugeordnet werden können, die den in ihr vertretenen Buchstaben entsprechen (s. auch Athanasius Kircher, *Ars magna sciendi*, S. 14). Jede Dreiergruppe generiert eine Kolonne mit 20 Kombinationen (bei 84 Kolonnen!), denn Lullus erweitert die Dreier- zu Vierergruppen, indem er den Buchstaben T hinzufügt. So ergeben sich Kombinationen wie BCDT, BCTB, BTBC usw.:

ARS MAGNA LVLL

152

bdkt	beft	begt	beht	beft	bekt	bfgt	bfhd	bift	bfkt	bght	bgit
bdtb	betb	betb	betb	betb	beib	bftb	bftb	bftb	bftb	bgtb	bgtb
bdtd	bete	bete	bete	bete	bete	bftf	bftf	bftf	bftf	bgtg	bgtg
bdtk	betf	betg	beth	beti	betk	bftg	bfth	bfti	bftk	bgth	bgti
bktb	bftb	bgtb	bhtb	bitb	bktb	bgtb	bhth	bitb	bktb	bhtb	bitg
bktd	bfte	bgte	bhte	bite	bkte	bgtf	bhtf	bitf	bktf	bhtg	bitg
bktk	bftf	bgtg	bhth	biti	bktk	bgtg	bhth	biti	bktk	bhth	biti
btbd	btbe	btbe	btbe	btbe	btbe	btbf	btbf	btbf	btbf	btbg	btbg
btbk	btbf	bteg	btbh	btbi	btbk	btbg	btbh	btbi	btbk	btbh	btbi
btdk	btef	betg	bteh	btei	btek	btfg	btfh	btfi	btfk	btgh	btgi
dktb	eftb	egtb	ehtb	eitb	ektb	fgtb	fhtb	fitb	fktb	ghtb	gitb
dktd	efte	egte	ehte	eite	ekte	fgtf	fhtf	fitf	fktf	ghtg	gitg
dktk	eftf	egtg	ehth	eiti	ektk	fgtg	fhth	fiti	fktk	ghth	giti
dtbd	etbe	etbe	etbe	etbe	etbe	ftbf	ftbf	ftbf	ftbf	gtbg	gtbg
dtbk	etbf	etbg	etbh	etbi	etbk	ftbg	ftbh	ftbi	ftbk	gtbh	gtbi
dtdk	etef	eteg	eteh	etei	etek	ftfg	ftfh	ftfi	ftfk	gtgh	gtgi
ktbd	ftbe	gtbe	htbe	itbe	ktbe	gtbf	htbf	itbf	ktbf	htbg	itbg
ktbk	ftbf	gtbg	htbh	itbi	ktbk	gtbg	htbh	itbi	ktbk	htbh	itbi
ktdk	ftef	gteg	hteh	itei	ktek	gtfg	htfh	itfi	ktfk	htgh	itgi
tbdk	fbef	tbeg	tbeh	tbei	tbek	tbfg	tbfh	tbfi	tbgk	tbgh	ibgi

Figur 2: Eine Seite mit Kombinationen aus der Straßburger Ausgabe

Das T ist jedoch kein Element der Kombinatorik, sondern nur ein mnemotechnisches Hilfsmittel: Es bedeutet, daß die Buchstaben, die ihm vorangehen, als Principia Absoluta nach der ersten Figur zu lesen sind, während diejenigen, die ihm folgen, relative Prinzipien nach der zweiten Figur sein sollen. So ist zum Beispiel die Vierergruppe BCTC wie folgt zu lesen: B = *Bonitas*, C = *Magnitudo* und dann (da eben das T die Bezugsfigur ändert) C = *Concordantia*.

Die Figuren, die mit B beginnen, entsprechen nach Tafel 1 der ersten Frage (*utrum*), die mit C beginnen der zweiten Frage (*quid*) usw. Daher ist BCTC zu lesen als: «Ob die Güte groß ist, insofern sie Übereinstimmendes enthält?»

Auf den ersten Blick sind diese Reihen von Vierergruppen verwirrend, da sie Buchstabenwiederholungen zu enthalten scheinen. Wenn solche Wiederholungen zulässig wären, müßten die Dreiergruppen nicht nur 84, sondern 729 an der Zahl sein. Die beste Lösung hat Platzeck (1954: 141) geliefert: Da dieselben Buchstaben je nachdem, ob sie vor oder nach dem T stehen, sowohl *Principia* wie *Relationes* bezeichnen können, hat jeder Buchstabe praktisch zwei Werte, und folglich kombiniert Lullus in jeder der 84 Kolonnen nicht Gruppen von drei, sondern von je sechs Buchstaben. Es ist, als hätten wir es mit, sagen wir, BCD als Bezeichnung für Prinzipien und bcd als Bezeichnung für Relationen zu tun (die Buchstaben nach dem T sind wie Kleinbuchstaben zu lesen). Daher wäre alles viel klarer, wenn man zum Beispiel nicht BCTB, sondern BCb lesen würde, und so weiter. Tatsächlich ergeben sechs verschiedene Elemente, je drei und drei genommen, genau 20 Kombinationen, so viele, wie in jeder Kolonne stehen.

84 Kolonnen von je 20 Vierergruppen ergeben insgesamt 1680 Kombinationen. Diese Zahl wird erreicht, weil die Regel keine Umkehrungen der Reihenfolge zuläßt.

Dabei erhebt sich als erstes die Frage, ob alle 1680 Vierergruppen zu einer gültigen Argumentation führen. Und hier zeigt sich sofort eine erste Grenze der lullischen *Ars*: Sie kann Kombinationen hervorbringen, die der klare Verstand zurückweisen muß. Athanasius Kircher schreibt in seiner *Ars magna sciendi*, mit der lullischen Kunst müsse man so umgehen, wie man es tut, wenn man auf kombinatorischem Wege nach Anagrammen eines Wortes sucht: Hat man die Liste der Möglichkeiten aufgestellt, muß man all jene Permutationen ausschließen, die keinem existierenden Wort entsprechen. Anders gesagt, das Wort ROMA erlaubt 24 Permutationen, doch während AMOR, AROM, MORA, ARMO und RAMO einen Sinn haben und daher beibehalten werden können, müssen Permutationen wie AOMR, OAMR oder MRAO als unbrauchbar verworfen werden.

Lullus scheint sich an dieses Kriterium zu halten, wenn er zum Beispiel über die verschiedenen Gebrauchsweisen der ersten Figur erklärt (in *Ars Magna, Secunda pars principalis*), gewiß könne das Subjekt zum Prädikat verwandelt werden und umgekehrt (z. B. die Güte ist groß und die Größe ist gut), aber es sei nicht erlaubt, Güte und Engel zu vertauschen (jeder Engel hat teil an der Güte, aber nicht jeder, der an der Güte teilhat, hat am Engel teil), und gewiß könne man keine Kombination akzeptieren, in der behauptet wird, der Geiz sei etwas Gutes. Der Kombinationskünstler, sagt Lullus, muß wissen, was austauschbar ist und was nicht.

Daher ist die lullische Kombinatorik nicht nur durch die Gesetze der Syllogistik gefesselt (denn sie kann nur zu Entdeckungen führen, wenn der Mittelbegriff gefunden wird), sondern sie ist sogar noch enger gefesselt als die Syllogistik, da auch die Vertauschungen nicht nach formalen Regeln erfolgen, sondern nach Maßgabe der Möglichkeit, etwas Reales über etwas anderes auszusagen. Mit anderen Worten, während die Syllogistik eine Schlußfolgerung erlauben würde wie: «Geiz ist verschieden von Güte, Gott ist geizig, also ist Gott verschieden von Güte», dürfen für Lullus aus der Kombinationskunst nur diejenigen Formeln gewonnen werden, bei denen die Prämissen und die Schlußfolgerungen der wirklichen Disposition des Kosmos entsprechen. Die Kombinatorik erlaubt zwar die Formulierung der Prämisse «Jedes Gesetz ist dauerhaft», aber Lullus verwirft sie, denn «wenn ein Unrecht das Subjekt trifft, verderben Recht und Gesetz» (*Ars brevis, quae est de inventione mediorum iuris*, 4.3.a). Lullus akzeptiert einige Umstellungen, andere aber nicht, obwohl sie in formaler Hinsicht korrekt wären (vgl. Johnston 1987: 229).

Doch damit nicht genug. Bei den aus der vierten Figur abgeleiteten Vierergruppen gibt es Wiederholungen. Die Gruppe

BCTB zum Beispiel (die in *Ars Magna* V, 1 gelesen wird als «Ob es eine Güte gibt, die so groß ist, daß sie verschieden ist?» und in XI, 1 nach der Obversionsregel als «Ob die Güte groß sein kann ohne Verschiedenheit?» – wobei sie offensichtlich im ersten Fall eine positive Antwort erlaubt und im zweiten eine negative) erscheint siebenmal in jeder der ersten sieben Kolonnen. Daß ein und dasselbe Beweisschema mehrmals auftritt, scheint Lullus indes nicht zu stören, und zwar aus einem sehr einfachen Grund: Er nimmt an, daß ein und dieselbe Frage sowohl von jeder der Vierergruppen in der Kolonne, in der sie generiert worden ist, wie auch von den Vierergruppen aller anderen Kolonnen gelöst werden kann!

Dieses Charakteristikum, das für Lullus offenbar eine der Tugenden seiner Kunst ist, markiert indes ihre zweite Grenze: Die 1680 Vierergruppen generieren keine neuen Fragen und liefern keine Beweise, die nicht lediglich Umformulierungen von bereits anerkannten Argumentationsweisen sind. Ja, im Grunde erlaubt die *Ars Magna* 1680 verschiedene Beantwortungen einer Frage, deren Antwort man bereits kennt – und daher ist diese *Ars* kein Instrument der Logik, sondern eines der Dialektik, eine Methode, alle guten Argumente für eine vorgefaßte These zu finden und zu memorieren. Derart, daß es keine Vierergruppe mehr gibt, die, wenn sie nur richtig interpretiert wird, nicht in der Lage wäre, die gestellte Frage zu lösen.

Nehmen wir zum Beispiel die Frage, ob die Welt ewig ist, *utrum mundus sit aeternus*. Es handelt sich um eine Frage, deren Antwort Lullus schon kennt und die negativ sein muß, andernfalls würde man in den averroistischen Fehler verfallen. Doch man beachte, daß in diesem Fall die Frage nicht von der *Ars* generiert worden ist, denn keiner der Buchstaben bezieht sich auf die Welt. Die Frage kommt von anderswo her. Allerdings enthält sie als «explicatum» den Begriff *Ewigkeit*, der es erlaubt, sie mit dem Buchstaben D (*Aeternitas*) zu verbinden. Nun verweist D jedoch in der zweiten Figur auf die *Contrarietas* oder Gegensätzlichkeit, die sowohl zwischen sinnlich und sinnlich wie zwischen geistig und sinnlich wie auch zwischen geistig und geistig auftreten kann. Zudem ist das D in der zweiten Figur durch dasselbe Dreieck mit B und C verbunden. Andererseits beginnt die

Frage mit *utrum*, und aus der *Tabula generalis* weiß man, daß die Frage *utrum* zu B gehört. Somit ist die Kolonne gefunden, in der wir die Argumente zu suchen haben, nämlich diejenige, in der B, C und D erscheinen.

Dies erlaubt nun Lullus zu sagen, «die Lösung dieser Frage steht in der ersten Kolonne der Tafel», aber «sie kann auch in anderen Kolonnen stehen, denn die Kolonnen sind miteinander verbunden». An diesem Punkt hängt alles von den Definitionen, den Regeln und einer gewissen rhetorischen Geschicklichkeit im Auslegen der Buchstaben ab. Durch entsprechende Arbeit an der «Kammer» BCDT wird deduziert: Wenn die Welt ewig wäre, müßte sie ewige Güte hervorbringen, da ja, wie wir gesehen haben, die Güte so groß ist, daß sie ewig ist, und deshalb dürfte es in der Welt nichts Böses geben. «Doch das Böse existiert in der Welt, wie die Erfahrung lehrt. Daraus folgt, daß die Welt nicht ewig ist.» Die Antwort ist also negativ, aber nicht aufgrund der logischen Form der Vierergruppe (die in Wahrheit gar keine logische Form hat), sondern aufgrund von Kenntnissen, die aus der Erfahrung bezogen worden sind. Die lullische Kunst ist konzipiert worden, um die muslimischen Averroisten auf Basis der universalen Vernunft zu überzeugen, aber es ist klar, daß zu dieser gesunden Vernunft bereits die Überzeugung gehören muß, daß die Welt, wenn sie ewig wäre, nicht gut sein könnte.

Der *Arbor scientiarum*

Die lullische Kunst hat die Nachgeborenen verführt, als wäre sie eine Maschine zur Erkundung der zahllosen möglichen Zusammenhänge zwischen Wesen und Wesen, Wesen und Prinzipien, Wesen und Fragen, Lastern und Tugenden (warum soll man nicht eine blasphemische Kombination ersinnen, die von einer Güte als Lasterhaftem Gott spricht oder von einer Ewigkeit als Unbeständiger Gegensätzlichkeit?). Doch eine unkontrollierte Kombinatorik würde die Prinzipien jeder beliebigen möglichen Theologie produzieren, während die Prinzipien des Glaubens sowie eine wohlgeordnete Kosmologie die Unmäßigkeit der Kombinatorik zügeln müssen.

Die lullische Logik präsentiert sich als Logik der ersten und nicht der zweiten Intentionen, das heißt als Logik unseres unmittelbaren Erfassens der Dinge und nicht unserer Begriffe von ihnen. Lullus wiederholt in verschiedenen Werken, daß, während die Metaphysik die Dinge außerhalb des Verstandes betrachte und die Logik ihr verstandesmäßiges Wesen, die Kombinationskunst sie unter beiden Aspekten betrachte. In diesem Sinne führe die Kombinationskunst zu gewisseren Schlüssen als die Logik, «und darum kann der Künstler dieser Kunst in einem Monat mehr lernen als ein Logiker in einem Jahr» (*Ars Magna*, Decima pars, cap. 101). Mit dieser kühnen Behauptung erinnert Lullus daran, daß seine Methode nicht nur die formale ist, die viele in ihr gesehen haben.

Die Kombinationskunst muß die Bewegung der Wirklichkeit selbst widerspiegeln, und sie arbeitet mit einem Begriff von Wahrheit, der von der *Ars* nicht nach den Formen der logischen Schlußfolgerung gestaltet wird, sondern nach der wirklichen Daseinsweise der Dinge. Lullus ist ein Realist und glaubt an die außergeistige Existenz der Universalien. Er glaubt nicht nur an die Realität der Arten und Gattungen, sondern auch an die Realität der akzidentellen Formen. Das erlaubt seiner Kombinatorik einerseits, nicht nur mit Arten und Gattungen zu operieren, sondern auch mit Tugenden, Lastern und jeder Art von *differentia*; aber diese Akzidentien kreisen nicht frei im Raum, sondern sind eingebunden in eine eherne Hierarchie der Seinsweisen (vgl. Rossi 1960: 68).

Leibniz hat sich gefragt (in seiner *Dissertatio de arte combinatoria* von 1666), warum Lullus bei einer so begrenzten Zahl von Elementen halt gemacht hat. In Wahrheit hatte Lullus in verschiedenen Werken einmal zehn, einmal sechzehn, einmal zwölf und einmal zwanzig *Principia* vorgeschlagen, um sich dann schließlich auf neun festzulegen, aber das Problem ist nicht die Zahl der *Principia*, sondern die Frage, warum diese Zahl nicht offen gelassen wurde. Vermutlich deshalb, weil Lullus keineswegs an eine freie Kombinatorik von Elementen des Ausdrucks ohne Bindung an einen präzisen Inhalt dachte, andernfalls wäre ihm seine Kunst nicht als eine vollkommene Sprache erschienen, fähig, von einer Wirklichkeit Gottes zu sprechen, die für ihn von Anfang an eine selbstevidente und offenbarte war. Er verstand seine Kunst als ein Instrument zur Bekehrung der Ungläubigen, und er hatte sowohl die Lehren der Juden wie der Muslime gründlich studiert. In seinem *Compendium artis demonstrativae* («De fine huius libri») sagt er ausdrücklich, er habe die Termini seiner *Ars* von den Arabern entliehen. Lullus suchte nach jenen Grundbegriffen, die allen Menschen gemeinsam sein sollten, auch den Ungläubigen, und das erklärt, warum sich seine absoluten Prinzipien am Ende auf neun reduzierten, wobei das zehnte (bezeichnet mit A) aus der Kombinatorik ausgeschlossen blieb, da es die Vollkommenheit und Einheit Gottes repräsentierte. Man könnte versucht sein, in dieser Serie die zehn kabbalistischen Sefiroth wiederzuerkennen, aber Platzeck (1953: 583) weist darauf hin, daß eine analoge Liste der Grundbegriffe auch im Koran zu finden sei. Yates (1960) hat geglaubt, eine direkte Quelle im Denken von Johannes Scotus Eriugena identifizieren zu können, aber ähnliche Listen gab es auch in anderen Texten des mittelalterlichen Neuplatonismus, zum Beispiel in den Kommentaren zum Pseudo-Dionysius, in der augustinischen Tradition und in der mittelalterlichen Lehre von den transzendentalen Eigenschaften des Seins (vgl. Eco 1956).

Nun fügen sich diese Grundprinzipien für Lullus in ein geschlossenes vorgegebenes System, man könnte auch sagen, in ein bereits rigide hierarchisiertes System, nämlich das der Bäume des Wissens. Mit anderen Worten, wenn man nach den Regeln der aristotelischen Syllogistik argumentiert: «Alle Blumen sind Gewächse, *x* ist eine Blume, also ist *x* ein Gewächs», so ist der Syllogismus formal korrekt, und was *x* ist, spielt keine Rolle. Lullus will jedoch wissen, ob *x* eine Rose oder ein Pferd ist, und wenn es ein Pferd ist, muß der Syllogismus verworfen werden, denn ein Pferd ist kein Gewächs. Vielleicht ist das Beispiel etwas grobschlächtig, aber es gibt eine adäquate Antwort auf die Idee jener «Großen Kette des Seins» (vgl. Lovejoy 1936), auf der Lulls Theorie vom *Arbor Scientiae* (1296) beruht.

Von den ersten bis zu den letzten Versionen seiner *Ars* hat Lullus einen langen Weg zurückgelegt (beschrieben in Carreras y Artau 1939, I: 394), um seinen Begriffsapparat in die Lage zu versetzen, nicht nur Probleme der Theologie und der Metaphysik zu behandeln, sondern auch solche der Kosmologie, des Rechts, der Medizin, der Astronomie, der Geometrie und der

Psychologie. Die Kombinationskunst wird immer mehr ein Instrument zur Behandlung der gesamten Enzyklopädie des Wissens, indem sie die Anregungen der zahllosen mittelalterlichen Enzyklopädien aufgreift und die enzyklopädische Utopie der Renaissance- und Barockkultur antizipiert. Und dieses Wissen organisiert sich anhand einer hierarchischen Struktur. Die Principia definieren sich kreisförmig, denn sie sind Determinationen der Causa Prima, aber danach beginnt die Stufenleiter des Seins. Und die Kombinationskunst sollte es möglich machen, über jedes Element dieser Stufenleiter zu argumentieren.

Der Baum des Wissens, der als Wurzeln die neun Principia und die neun Relationes hat, verzweigt sich in sechzehn Äste, die jeder einen Baum für sich bilden. Jeder dieser sechzehn Bäume, die jeweils gesondert dargestellt werden, teilt sich in sieben Abschnitte (Wurzeln, Stamm, Äste, Zweige, Blätter, Blüten und Früchte). Acht Bäume entsprechen klar acht Subjekten der *Tabula generalis*, nämlich der *Arbor Elementalis* (der die *elementata* darstellt, das heißt Objekte der sublunaren Welt, die aus den vier Elementen bestehen, wie Steine, Bäume, Tiere), der *Arbor Vegetalis* (die Pflanzen), der *Arbor Sensualis* (die Sinne), der *Arbor Imaginalis* (die geistigen Bilder als Abbilder, *similitudines*, der in den anderen Bäumen dargestellten Dinge), der *Arbor Humanalis et Moralis* (Gedächtnis, Verstand und Wille mitsamt den diversen vom Menschen erfundenen Wissenschaften und Künsten), der *Arbor Coelestialis* (Astronomie und Astrologie), der *Arbor Angelicalis* (die Engel) und der *Arbor Divinalis* (die Göttlichen Grade). Hinzu kommen der *Arbor Moralis* (Tugenden und Laster), der *Arbor Eviternalis* (die Reiche nach dem Tode), der *Arbor Maternalis* (Mariologie), der *Arbor Christianalis* (Christologie), der *Arbor Imperialis* (Regierung), der *Arbor Apostolicalis* (die Kirche), der *Arbor Exemplificalis* (die Inhalte des Wissens) und der *Arbor Quaestionalis* (viertausend Fragestellungen über die verschiedenen Künste).

Um die Struktur dieser Bäume zu verstehen, genügt es, einen einzigen zu betrachten, zum Beispiel den Arbor Elementalis. Die Wurzeln sind die neun Principia und neun Relationes; der Stamm stellt die Zusammenführung aller dieser Grade dar, aus der jener wirre Körper erwächst, der das ursprüngliche Chaos ist, das den Raum füllt und in dem die Arten der Dinge und ihre

Dispositionen enthalten sind; die Hauptäste stellen die vier Elemente dar (Wasser, Feuer, Luft und Erde), die sich in die vier Massen verzweigen, die von ihnen gebildet werden (wie die Meere und die Länder), die Blätter sind die Akzidentien, die Blüten sind die Instrumente (wie Hand, Fuß, Auge), und die Früchte sind die einzelnen Dinge wie Stein, Gold, Apfel, Vogel.

Es wäre eine willkürliche Metapher, hier von einem Wald von Bäumen zu sprechen: Sie türmen sich übereinander zu einer Hierarchie wie die Etagen und Dächer einer Pagode. Die unteren Bäume partizipieren an den oberen, der Baum der Pflanzen zum Beispiel partizipiert am Baum der Elemente, der Baum der Sinne an beiden, während der Baum der Bilder und der Vorstellungskraft sich auf den drei vorangegangenen erhebt und zugleich erlaubt, den folgenden zu verstehen, das heißt den des Menschen (Llinares 1963: 211–212).

Das System der Bäume stellt die Organisation der Wirklichkeit dar, und gerade deshalb bildet es ein System des «wahren» Wissens, oder anders gesagt, es repräsentiert die Kette des Seins, wie sie metaphysisch ist und sein soll. Man versteht nun, warum Lullus einerseits die *Ars* dazu herrichtet, in jedem denkbaren Syllogismus den Mittelbegriff zu finden, der einen beweiskräftigen Schluß erlaubt, andererseits aber dann auch korrekte Syllogismen ausschließt, obwohl der Mittelbegriff formal gegeben wäre. Sein Mittelbegriff ist eben nicht derjenige der scholastischen formalen Logik. Er ist ein Mittler, der die Elemente der Kette des Seins verbindet, ein substantielles und kein formales Medium.

Wenn die *Ars* eine vollkommene Sprache ist, so darum, weil sie von einer metaphysischen Wirklichkeit und einer Struktur des Seins sprechen kann, auf die sie sich beziehen muß und die unabhängig von ihr existiert. Wie Lullus in der katalanischen Version seiner *Logica Algazelis* sagt: «De la logica parlam tot breu / car a parler avem de Deu» (Von der Logik sprechen wir nur kurz / denn zu sprechen haben wir von Gott). Die Kombinationskunst ist keine Enthüllungsmechanik, die noch unbekannte Strukturen des Kosmos aufzeichnen könnte.

Man hat viel von einer Analogie zwischen der lullischen und der kabbalistischen Kombinatorik gesprochen. Aber was das kabbalistische Denken vom Denken Lulls unterscheidet, ist, daß in der Kabbala die Kombination der Buchstaben Realitäten nicht widerspiegelt, sondern hervorbringt. Die Wirklichkeit, die der kabbalistische Mystiker aufdecken muß, ist noch nicht bekannt und enthüllt sich nur durch das Buchstabieren der Lettern in schwindelerregenden Permutationen. Lulls Kombinatorik hingegen ist ein rhetorisches Mittel, durch das bewiesen werden soll, was schon bekannt ist, das heißt, was die eisern gefügte Struktur des Waldes der verschiedenen Bäume ein für allemal festgelegt hat und was keine Kombinatorik jemals wird umstürzen können.

Dennoch hätte die *Ars Magna* den Anspruch erheben können, eine vollkommene Sprache zu sein, wenn jenes Schon-Bekannte, das sie mitteilen wollte, tatsächlich zu einem für alle Menschen gleichen Inhaltsuniversum gehört hätte. In Wirklichkeit mußte jedoch trotz aller Bemühung, die Impulse aus den nicht-christlichen und nicht-europäischen Religionen aufzugreifen, Lulls verzweifelte Unternehmung scheitern (und die Legende von seinem Märtyrertod beglaubigt das Scheitern), und zwar wegen seines unbewußten Ethnozentrismus: Denn das Inhaltsuniversum, von dem er sprechen wollte, war das Produkt einer Organisation der Welt, die von der christlich-abendländischen Tradition durchgeführt worden war. Und das ist es sicher geblieben, auch wenn Lullus die Ergebnisse seiner Kunst ins Arabische oder Hebräische übersetzte.

Die universale Eintracht bei Nikolaus von Cues

Wie verführerisch jedoch sein Appell zur Eintracht war, sieht man daran, daß ihn zwei Jahrhunderte später Nikolaus von Cues wieder aufnahm, der Erneuerer des Platonismus zwischen der Krise der Scholastik und dem Beginn der Renaissance. Mit Cusanus zeichnet sich das Bild eines grenzenlos offenen Universums ab, das sein Zentrum überall und seine Peripherie nirgendwo hat. Gott als der Unendliche überwindet alle Begrenztheit und alle Gegensätze. In dem Maße, wie sich der Radius eines Kreises vergrößert, verringert sich das Maß seiner Krümmung, und im Grenzfall wird ein unendlicher Kreisumfang zu einer unendlichen Geraden: In Gott kommt es zur *Coincidentia oppositorum.* Wenn das Universum ein Zentrum hätte, wäre es begrenzt durch ein anderes Universum. Doch im Universum ist Gott Zentrum und Peripherie. Die Erde kann nicht das Zentrum des Universums sein. Daher die Vision einer Vielzahl von Welten, das heißt einer kontinuierlich erforschbaren und auf eine mathematische Konzeption gegründeten Wirklichkeit, in der die Welt, auch wenn sie nicht unendlich genannt werden kann, doch eine unendliche Zahl von möglichen Gesichtern anzunehmen vermag. Das Denken des Cusanus ist reich an kosmologischen Metaphern (oder Modellen), die sich auf das Bild des Kreises und des Rades gründen (*De docta ignorantia* II, 11), in dem die Namen der göttlichen Attribute (die ausdrücklich als von Lullus entlehnt bezeichnet werden) einander gegenseitig und zirkulär bestätigen (*De docta ignorantia* II, 21).

Noch deutlicher ist der Einfluß von Lullus jedoch zu spüren, wenn Cusanus notiert, wie die Namen, mit denen die Griechen, Lateiner, Deutschen, Türken, Sarazenen und so weiter die Gottheit benennen, im tiefsten Grunde koinzidieren beziehungsweise auf das hebräische Tetragramm zurückführbar sind (s. die Predigt *Dies sanctificatus*).

Kennengelernt hat Cusanus das lullische Denken vermutlich während seines Studiums in Padua, gab es doch in Venetien gegen Ende des vierzehnten Jahrhunderts eine spürbare Verbreitung des Lullismus, zum Teil als Element einer Polemik gegen den nunmehr in die Krise geratenen Aristotelismus, zum anderen aber auch in einem Klima fruchtbarer Beziehungen zwischen Orient und Okzident, zwischen venezianischer Republik, byzantinischer Welt und islamischen Ländern (sowie mit Katalonien und Mallorca, die ihrerseits Kontaktgebiete zwischen christlicher, islamischer und jüdischer Kultur gewesen waren). Der neue venezianische Humanismus wird auch von diesen Elementen der Neugier und des Respekts für andere Kulturen inspiriert (vgl. Lohr 1988).

Es ist daher von großer Bedeutung, daß gerade in diesem Klima das Denken eines Mannes wiederentdeckt wird, der aus seiner Predigt, seiner theologischen Reflexion und seiner Suche nach einer universalen Sprache ein Mittel gemacht hatte, um eine intellektuelle und religiöse Brücke zwischen europäischem Abendland und Orient zu schlagen, und der die Ansicht vertrat, daß die wahre Autorität sich nicht auf eine starre Einheit gründet, sondern auf eine Spannung zwischen verschiedenen Zentren – dergestalt, daß das Mosaische Gesetz, die Offenbarung Christi und die Predigt Mohammeds zu einem einheitlichen Ergebnis führen könnten. Der Lullismus wird als mystischer und philosophischer Stimulus aufgenommen, als phantasiereiche und poetische Alternative zur Enzyklopädie des scholastischen Aristotelismus, aber auch als politische Inspiration. Das Werk eines Denkers, der es gewagt hat, in der Volkssprache zu schreiben, erscheint einem Humanismus geistesverwandt, der gerade die Würde der Volkssprachen und ihrer Vielzahl feiert, aber sich auch das Problem stellt, wie ein übernationaler Diskurs der Vernunft, des Glaubens und der Philosophie etabliert werden kann, der gleichwohl imstande ist, in das Corpus der scholastischen Enzyklopädie die aufkeimenden Fermente neuer exotischer Lehren einzuführen, die in noch unbekannten Sprachen verkündet werden.

In seiner Schrift *De pace fidei* versucht Cusanus eine Polemik und einen Dialog mit den Muslimen und stellt sich das (lullische) Problem, wie man den Vertretern der beiden anderen monotheistischen Religionen beweisen kann, daß sie mit der christlichen Wahrheit übereinstimmen müssen. Vielleicht, überlegt er, war es nicht gut, daß man für die Dreieinigkeit die Namen Vater, Sohn und Heiliger Geist gewählt hat, und es würde sich lohnen, sie für die Widersacher in eher philosophische Termini zu übersetzen (die erneut an die lullischen Principia erinnern). Und Cusanus geht in seinem ökumenischen Eifer so weit, den Juden und Muslimen vorzuschlagen, wenn sie das Evangelium annähmen, könnte man alle Christen beschneiden lassen, auch wenn er schließlich einräumt, daß die praktische Durchführung dieser Idee einige Schwierigkeiten bereiten würde (*De pace* XVI, 60).

Jedenfalls hat Cusanus von Lullus den irenischen Geist und eine metaphysische Vision übernommen. Damit jedoch der cusanische Schauder vor der Unendlichkeit der Welten sich wirklich in eine neue Praxis der Kombinationskunst übersetzen kann, müssen erst noch andere Geisteströmungen die humanistische Welt der Renaissance befruchten: die Wiederentdeckung des Hebräischen, die christliche Kabbalistik, das Aufkommen des Hermetismus und die positive Anerkennung der Magie.

5. Die monogenetische Hypothese und die Ur-Muttersprachen

In der ältesten Version nimmt die Suche nach der vollkommenen Sprache die Form der monogenetischen Hypothese an, das heißt der Ableitung aller Sprachen aus einer einzigen primordialen Ur-Muttersprache. Verfolgt man jedoch die Geschichte der monogenetischen Theorien, so muß man sich immer vergegenwärtigen, daß die meisten von ihnen eine Reihe permanenter Konfusionen zwischen verschiedenen theoretischen Optionen aufweisen.

1. Es wird nicht klar genug unterschieden zwischen *vollkommener* und *universaler* Sprache. Die Suche nach einer Sprache, die das innerste Wesen der Dinge zu reflektieren vermag, ist nämlich eine Sache, eine andere ist jedoch die Suche nach einer Sprache, die von allen Menschen gesprochen werden kann. Nichts verhindert, daß eine vollkommene Sprache nur wenigen zugänglich und eine universal gesprochene unvollkommen ist.

2. Man unterscheidet nicht (vgl. Formigari 1970: 15) zwischen der platonischen Gegenüberstellung *Natur vs. Übereinkunft* (es ist denkbar, daß eine Sprache das Wesen der Dinge ausdrücken kann und trotzdem nicht ursprünglich, sondern Produkt einer neuen Erfindung ist) und dem *Problem des Ursprungs der Sprache*. Man kann durchaus diskutieren, ob die Sprache als Imitation der Natur entstanden ist (die *mimologische* Hypothese, vgl. Genette 1976) oder als Resultat einer Übereinkunft, ohne sich das Problem des Vorrangs einer bestimmten Sprache vor den anderen stellen zu müssen. Daher wird häufig verwechselt zwischen *etymologischer* Legitimation (verstanden als Hinweis auf eine Abstammung von einer älteren Sprache) und *mimologischer* Legitimation (Lautmalerei kann als Indiz für Vollkommenheit angesehen werden, muß aber nicht zwangsläufig auf die Abstammung von einer vollkommenen Ursprache hinweisen).

3. Viele Autoren unterscheiden nicht (obwohl sie es schon von Aristoteles hätten lernen können) zwischen einem Laut und dem alphabetischen Buchstaben, der ihn ausdrückt.

4. Fast alle Suchprojekte vor dem Aufkommen der vergleichenden Sprachwissenschaft im neunzehnten Jahrhundert gehen hauptsächlich semantisch vor (wie Genette 1976 an mehreren Stellen notiert), das heißt, sie suchen nach Familien ähnlicher *Nomenklaturen*, wobei sie – anstatt sich auf die phonologischen und grammatikalischen Strukturen zu konzentrieren – jene etymologischen Wortzaubereien vollführen, von denen noch die Rede sein wird.

5. Häufig wird nicht unterschieden zwischen *ursprünglicher Sprache* und *universaler Grammatik*. Man kann jedoch nach grammatikalischen Prinzipien suchen, die allen Sprachen gemeinsam sind, ohne deswegen unbedingt zu einer Ursprache zurückkehren zu wollen.

Die Rückkehr zum Hebräischen

Für die Kirchenväter von Origenes bis Augustinus hatte es unerschütterlich festgestanden, daß das Hebräische vor der babylonischen Sprachverwirrung die Ursprache der Menschheit gewesen war. Die einzige wichtige Ausnahme bildete Gregor von Nyssa, der die Ansicht vertrat (*Contra Eunomium*), Gott spreche nicht Hebräisch, und der sich lustig machte über die Vorstellung eines Schulmeister-Gottes, der unseren Vätern das Alphabet beibrachte (vgl. Borst 1957, I: 245 und II/1: 382). Die Idee des Hebräischen als der Sprache Gottes zieht sich durch das ganze Mittelalter (vgl. de Lubac 1959, II, 3.3)

Doch im ausgehenden sechzehnten und beginnenden siebzehnten Jahrhundert begnügt man sich nicht mehr mit der Behauptung, das Hebräische sei die Ursprache gewesen (ohne im übrigen allzuviel von ihm zu wissen): Man will es jetzt studieren und, wenn möglich, seine Verbreitung fördern. Die Lage hat sich gewandelt seit den Zeiten des Augustinus: Man geht nicht nur zum Original zurück, sondern man tut es in der Überzeugung, daß dieses Original in der einzigen Sprache geschrieben worden ist, die dank ihrer Heiligkeit die von ihr beförderte

Wahrheit adäquat auszudrücken vermag. Inzwischen hat nämlich die protestantische Reformation stattgefunden: Mit ihrer Ablehnung der exegetischen Mittlerrolle der Kirche (zu der auch die kanonischen Übersetzungen ins Lateinische gehörten) und ihrem Pochen auf die unmittelbare Lektüre der heiligen Schriften hatte sie Anstoß zu Forschungen über den Bibeltext und dessen ursprüngliche Formulierung gegeben. Vielleicht die umfassendste Behandlung der verschiedenen Debatten jener Zeit findet sich in Brian Waltons *Prolegomena* zu seiner *Biblia polyglotta* von 1657 (ed. 1673, besonders 1–3), aber die Geschichte der postreformatorischen Debatte über das Hebräische ist so vielfältig und komplex gewesen (vgl. Demonet 1992), daß wir uns mit einem exemplarischen «Porträt» begnügen müssen.

Die universalistische Utopie bei Guillaume Postel

Einen besonderen Platz in der Geschichte der Renaissance des Hebräischen hat die Gestalt des gelehrten Utopisten Guillaume Postel (1510–1581). Berater des Königs von Frankreich, in Kontakt mit den wichtigsten religiösen, politischen und wissenschaftlichen Persönlichkeiten seiner Zeit, war Postel tief beeinflußt von den Orientreisen, die er mehrmals in diplomatischer Mission vollführte und in deren Verlauf er Gelegenheit hatte, das Arabische und das Hebräische zu studieren sowie sich dem kabbalistischen Wissen anzunähern. Als hervorragender Kenner auch des Griechischen wird er um 1539 *Mathematicorum et Peregrinarum Linguarum Regius Interpres* (Königlicher Interpret der Mathematik und der fremden Sprachen) am neugegründeten *Collège des Trois Langues*, das später *Collège de France* heißen wird.

In seiner Schrift *De originibus seu de Hebraicae linguae et gentis antiquitate** (1538) behauptet Postel, die hebräische Sprache stamme von den Nachkommen Noahs ab und von ihr seien das Arabische, das Chaldäische, das Indische und mittelbar auch das Griechische abgeleitet. In der Einleitung zu *Linguarum duodecim characteribus*

* Übersetzungen schwerverständlicher Buchtitel wenig bekannter Autoren finden sich, wenn mit einem Asterisk (*) angezeigt, unten S. 377ff. (AdÜ.).

differentium alphabetum★ aus demselben Jahr, einer Untersuchung zwölf verschiedener Alphabete, vertritt er nicht nur die Abstammung aller Sprachen aus dem Hebräischen, sondern auch die Bedeutung der Sprache als Mittel zur Verschmelzung der Völker.

Seiner Vorstellung vom Hebräischen als der primordialen Ursprache liegt ein Kriterium göttlicher Ökonomie zugrunde. In *De Foenicum litteris*★ (1550) schreibt er, genauso wie es nur eine einzige menschliche Gattung gebe, eine einzige Welt und einen einzigen Gott, so müsse es auch eine einzige Sprache gegeben haben, eine «heilige Sprache, dem ersten Menschen von Gott eingehaucht». Und wie nicht nur der Glaube, sondern sogar die Muttersprache nur durch Unterweisung erlernt werde, so sei es notwendig gewesen, daß Gott Adam erzog, indem er ihm die Fähigkeit einflößte, den Dingen ihren angemessenen Namen zu geben (*De originibus, seu, de varia et pottissimum orbi Latino ad hanc diem incognita aut inconsyderata historia*★, 1553).

Offenbar hat Postel nicht an eine angeborene Sprachfähigkeit oder eine universale Grammatik gedacht, wie es Dante tat, aber in vielen seiner Schriften taucht ein averroistisch getönter Begriff des Tätigen Intellekts auf, und sicherlich ist es dieses allen Menschen gemeinsame Formenrepertoire, in dem die Wurzel unseres Sprachvermögens zu finden sein muß (vgl. *Les très merveilleuses victoires des femmes du Nouveau Monde*★ und *La doctrine du siècle doré*★, beide 1553).

Auch bei Postel geht das Interesse für die Sprachen Hand in Hand mit einer religiösen Utopie. Sein Traum ist der Weltfriede. In *De orbis terrae concordia*★ (1544, I) behauptet er mit Entschiedenheit, daß die Kenntnis der sprachlichen Probleme nötig sei, um eine universale Eintracht aller Völker zu stiften. Die Gemeinsamkeit einer Sprache sei notwendig, um den Anhängern anderer Religionen zu beweisen, daß die christliche Botschaft auch ihren Glauben interpretiere und bewahrheite, denn es gehe darum, die Prinzipien einer natürlichen Religion zu finden, das heißt eine Reihe von angeborenen und allen Völkern gemeinsamen Ideen (*De orbis* III).

Es ist derselbe Geist, der auch Lullus und Cusanus beseelte, aber bei Postel geht er einher mit der Überzeugung, die universale Eintracht der Völker müsse unter der Ägide des Königs von Frankreich hergestellt werden, der zu Recht den Titel des

Königs der Welt beanspruchen könne, da er direkt von Noah abstamme, denn bekanntlich sei Japhets Sohn Gomer der Begründer des keltischen und gallischen Stammes gewesen (vgl. besonders *Les raisons de la monarchie*, ca. 1551). Auf derselben Linie übernimmt Postel schließlich (in *Trésor des prophéties de l'univers*, 1556) eine etymologische Tradition, nach welcher *gallus* im Hebräischen bedeute «der die Wellen überwunden hat», also den Wassern der Sintflut entkommen ist (so z. B. Jean Lemaire de Belges, *Illustrations de Gaule et singularitez de Troye*, 1512–13, vgl. Stephens 1989, 4).

Als erstes versucht Postel, den König von seinen Ideen zu überzeugen, doch Franz I. hält ihn für überspannt; dann, als er bei Hof in Ungnade gefallen ist, begibt er sich nach Rom, um den Jesuitengründer Ignatius von Loyola für seine Utopie zu gewinnen, dessen Reformideal ihm dem seinen verwandt erscheint (und noch lange wird er die Jesuiten für das Werkzeug Gottes zur Realisierung des Weltfriedens halten). Natürlich bemerkt Ignatius, daß Postel etwas anderes als die Jesuiten anstrebt (Postels Vorschlag stellt das Gehorsamsgelübde gegenüber dem Papst in Frage, außerdem war Ignatius Spanier, und die Vorstellung des Königs von Frankreich als des Königs der Welt kann ihm nicht sehr gefallen haben). Anderthalb Jahre später ist es soweit, daß Postel gezwungen wird, die Societas Jesu zu verlassen.

Nach einigem Hin und Her begibt er sich 1547 nach Venedig, wo er Kaplan am Hospital Sankt Johannis und Pauli wird (dem sogenannten Ospedaletto) sowie Zensor der in Venedig veröffentlichten Bücher in hebräischer Sprache. In seiner Eigenschaft als Kaplan wird er zum Beichtvater einer Frau namens Johanna oder Madre Zuana, einer fünfzigjährigen Mitbegründerin des Ospedaletto, die sich um die Armenhilfe kümmert. Er gelangt zur Überzeugung, eine mit prophetischem Geist begabte Person vor sich zu haben, und wird von einer mystischen Leidenschaft für diese Frau erfaßt, die er als Mutter der Welt sieht, der es bestimmt ist, die Menschheit von der Erbsünde zu erlösen.

Im *Zohar* nachlesend, identifiziert Postel seine Johanna mit der Schechinah sowie mit dem Papa Angelicus, von dem die joachimitischen Prophezeiungen sprachen, und dann auch mit dem zweiten Messias. Für Postel war der weibliche Teil der

Menschheit, weil durch den Sündenfall Evas verdammt, nicht von Christus erlöst worden, so daß es eines zweiten Messias bedurfte, um die Töchter Evas zu erlösen (zu Postels «Feminismus» vgl. Sottile 1984).

Ob Johanna eine besonders begabte Mystikerin war oder ob Postel seine Begegnung mit ihr überschätzt hat, macht keinen Unterschied. Es entwickelt sich eine intensive Seelengemeinschaft. Johanna, die Kabbala, die universale Eintracht und das letzte Zeitalter der Joachimiten verschmelzen zu einem einzigen Komplex, und Johanna tritt im Universum von Postels Utopie an die Stelle des Ignatius von Loyola. Durch Johannas «unbefleckte Empfängnis» wird Postel zum neuen Elias (Kuntz 1981: 91).

Vor dem unvermeidlichen Gerede über ihre singuläre Beziehung kapitulierend, verläßt Postel Venedig im Jahre 1549, um seine Streifzüge durch den Orient wieder aufzunehmen, kehrt aber im folgenden Jahr zurück, um von Johannas Tod zu erfahren. Der Überlieferung nach verfällt er in eine langandauernde Prostration mit Momenten der Ekstase, in denen er, wie es hieß, imstande gewesen sein soll, den Lauf der Sonne eine volle Stunde lang aufzuhalten, und allmählich fühlt er sich von Johannas Geist durchdrungen – Kuntz (1981: 104) spricht von Glauben an die Seelenwanderung.

Zurück in Paris, nimmt er die Lehrtätigkeit mit großem Publikumserfolg wieder auf und verkündet den Beginn des Zeitalters der Restitution, das heißt des Goldenen Zeitalters unter dem Zeichen Johannas. Ein weiteres Mal geraten die philosophischen und religiösen Kreise ins Schäumen, der König zwingt ihn, seine Vorlesung abzubrechen, Postel bereist von neuem diverse europäische Städte, kehrt zurück nach Venedig, um zu verhindern, daß seine Schriften auf den Index gesetzt werden, erfährt die Strenge der Inquisition, die ihn zum Abschwören bringen will, sich aber dann 1555 aus Rücksicht auf seine wissenschaftlichen und politischen Verdienste damit begnügt, ihn als «nicht böse, sondern verrückt» zu definieren (*non malus sed amens*), um ihm das Leben zu schenken und ihn zuerst in Ravenna und dann in Rom einzusperren.

Erneut in Paris, zieht er sich 1564 (auf Druck der religiösen Autoritäten) ins Kloster Saint-Martin-des-Champs zurück, wo er in milder Abgeschiedenheit bis zu seinem Tod im Jahre 1587 lebt und unter anderem eine Neufassung seiner häretischen Lehren über Mutter Johanna schreibt.

Abgesehen von diesem letzten Rückzug erscheint Postel jedoch stets als ein unermüdlicher Verteidiger seiner für die Zeit sehr ungewöhnlichen Positionen. Gewiß darf man seine Utopie nicht außerhalb des Rahmens der Kultur seiner Epoche sehen, und Demonet hebt hervor (1992: 337ff.), daß er zwar die «Restitution» des Hebräischen als Sprache der universalen Eintracht wollte, aber der Ansicht war, daß die Ungläubigen ihren Irrtum erkennen und die christlichen Wahrheiten annehmen müßten. Allerdings bemerkt Kuntz (1981: 49), daß Postel weder guter Katholik noch orthodoxer Protestant genannt werden konnte und mit seinen moderat-irenischen Positionen die Extremisten beider Konfessionen aufbrachte. Ambivalent war sicher seine These, daß einerseits zwar das Christentum die einzige wahre Religion sei, die auch die jüdische Botschaft erfülle, daß man aber andererseits, um ein guter Christ zu sein, nicht Mitglied einer religiösen Sekte (einschließlich der Kirche) zu sein brauche, sondern die Gegenwart des Göttlichen in der eigenen Seele spüren müsse. Daher könne und müsse der wahre Christ auch das jüdische Gesetz befolgen, und die Muslime könnten als halbe Christen betrachtet werden. Postel verurteilt wiederholt die Judenverfolgungen, er zieht es vor, von einer «Judaizität» aller Menschen zu sprechen, er spricht von Jüdischen Christen anstatt von Christlichen Juden (Kuntz 1981: 130), er sagt, die wahre christliche Tradition sei nur das Judentum mit veränderten Namen, und er beklagt, daß die Christenheit ihre jüdischen Wurzeln und Traditionen verloren habe. Wie provozierend die Ambivalenz seiner Position erschienen sein muß, wird klar, wenn man bedenkt, daß für die Welt vor der Renaissance das Christentum als die Korrektur und sogar die Auslöschung der jüdischen Tradition gegolten hatte. Um für eine Harmonie zwischen den Religionen eintreten zu können, wie Postel es in *De Orbis* tat, war große Toleranz nötig, auch in Hinblick auf viele theologische Feinheiten, weshalb man bei Postel von einem universalistischen Theismus gesprochen hat (Radetti 1963).

Der Furor etymologicus

Mit Postel haben wir einen starken und exemplarischen Verfechter der Wiederherstellung des Hebräischen als einziger Sprache. Bei anderen ist das Projekt nicht so radikal, es handelt sich eher darum, die Vollkommenheit des Hebräischen mit dem Argument zu belegen, daß alle anderen Sprachen von ihm abstammten.

Nehmen wir zum Beispiel den *Mithridates* von Conrad Gesner, erschienen 1555, der einen Vergleich zwischen 55 Sprachen zieht. Nachdem er sich über die beneidenswerte Lage einiger sagenhafter Wesen ausgelassen hat, die über zwei Zungen verfügten, eine für die menschliche Sprache und eine, um die Sprache der Vögel zu sprechen, behauptet Gesner kategorisch, unter allen existierenden Sprachen «gibt es keine einzige, die nicht Vokabeln hebräischen Ursprungs hat, seien sie auch entstellt» (Ausgabe von 1610, S. 3). Andere werden sich, um diese Verwandtschaft zu beweisen, in eine wilde Jagd nach Etymologien stürzen.

Dieser Furor etymologicus war nicht neu. Schon Ende des sechsten, Anfang des siebten Jahrhunderts hatte Isidor von Sevilla (*Etymologiarum*) im Zuge einer phantasievollen Besprechung der 72 auf der Welt existierenden Sprachen jene Etymologien aufgestellt, über die dann im Lauf der Jahrhunderte so oft gespottet worden ist: *corpus* sei ein Kontraktion von *corruptus perit* (der Korrupte verendet), *homo* komme von *humus* (weil der Mensch aus Erde geschaffen sei), *iumenta* (Zugvieh) komme von *iuvat*, weil das Pferd dem Menschen helfe, das Lamm heiße *agnus*, weil es *agnoscit*, seine Mutter wiedererkennt, usw. – lauter Beispiele dessen, was wir den vom *Kratylos* begründeten «Mimologismus» nennen können, der nun von den Verfechtern des Hebräischen *pari pari* wieder aufgenommen wird.

So veröffentlicht Claude Duret 1613 einen monumentalen *Thrésor de l'histoire des langues de cet univers*, in dem sich alle früheren Spekulationen der christlichen Kabbalistik wiederfinden, in einem Panorama, das vom Ursprung der Sprachen über eine kritische Sichtung aller bekannten Sprachen, einschließlich jener der Neuen Welt, bis zu einem Schlußkapitel über die Sprache der Tiere reicht. Da Duret überzeugt ist, daß die hebräische

Sprache die universale Sprache der Menschheit gewesen sei, ist es für ihn offensichtlich, daß die hebräischen Namen der Tiere deren ganze «Naturgeschichte» enthalten. Zum Beispiel der Adler

heißt *Nescher*, ein Name, der sich zu *Schor* und *Isachar* fügt, von denen das eine «betrachten» und das andere «aufrecht sein» heißt, denn dieser Vogel hat vor allem einen festen und immer zur Sonne erhobenen Blick [...]. Der Löwe hat drei Namen, *Ariech*, *Labi* und *Lajisch*. Der erste kommt von einem anderen [Wort], das «reißen, zerreißen» heißt; der zweite bezieht sich auf das Wort *Leb*, das heißt Herz, und auf *Laab*, das heißt «einsam sein». Der dritte bezeichnet gewöhnlich einen großen und wilden Löwen, und er hat Ähnlichkeit mit dem Verb *Josch*, das soviel heißt wie «zertreten»[...], denn dieses Tier zertritt und mißhandelt seine Beute (S. 40).

Das Hebräische habe sich diese Nähe zu den Dingen bewahrt, weil es sich niemals von anderen Sprachen habe verunreinigen lassen (Kap. 10), und diese Annahme einer Natürlichkeit genügt zur Rechtfertigung seiner magischen Natur. Duret erinnert daran, daß Eusebius und Hieronymus die Griechen verspotteten, weil diese zwar ihre eigene Sprache verherrlichten, aber nicht imstande seien, irgendeine mystische Bedeutung für die Buchstaben ihres Alphabets zu finden, während jedes jüdische Kind auf die Frage, was Aleph bedeute, sofort antworten könne, daß es «Disziplin» heiße, und so auch für alle anderen Buchstaben und ihre Kombinationen (S. 194).

Doch wenn Duret noch Etymologien *nach hinten* aufstellte, um zu zeigen, wie einträchtig die Ur-Muttersprache mit den Dingen harmonisierte, stellen andere Sprachursprungsforscher auch Etymologien *nach vorne* auf, um zu zeigen, daß sich aus dem Hebräischen alle übrigen Sprachen entwickelt haben. So schreibt Estienne Guichard 1606 ein Buch über *L'harmonie etymologique des langues*, in dem er vorführt, wie alle existierenden Sprachen auf hebräische Wurzeln zurückgeführt werden können. Ausgehend von der Behauptung, das Hebräische sei die einfachste Sprache, da in ihm «alle Wörter einfach sind und ihre Substanz lediglich aus drei Wurzelkonsonanten besteht», arbeitet er ein Kriterium aus, das ihm erlaubt, mit diesen drei Konsonanten zu spielen, um daraus Inversionen, Anagramme und Permutationen nach bester kabbalistischer Tradition zu bilden.

Das hebräische Wort *batar* heißt «teilen». Wie läßt sich erklären, daß aus *batar* das lateinische *dividere* entstanden sein soll? Durch Inversion erzeugt man *tarab*, von *tarab* gelangt man zu lateinisch *tribus* (Stamm), also auch zu *distribuo* (ich verteile) und somit zu *dividere* (S. 147). Das hebräische *zacen* bedeutet «alt»; durch Umstellung der Konsonanten erhält man *zanec*, daher lateinisch *senex*; doch mit einer weiteren Permutation gelangt man zu *cazen*, daher oskisch *casnar*, von dem das lateinische *canus* abstammen soll, das in der Tat «alt» heißt (S. 247). Mit dieser Methode könnte man auch beweisen, daß aus dem spätlateinischen *testa* das englische *head* hervorgegangen sei, indem man mit dem Anagramm von *testa* in *eatts* operiert.

In tausend Seiten wilder Streifzüge durch alle toten und lebenden Sprachen trifft Guichard natürlich da und dort auch auf ein paar glaubwürdigere Etymologien, aber er formuliert gewiß keine wissenschaftlichen Kriterien. Dennoch können wir sagen, daß diese Beiträge zur monogenetischen Hypothese, wenn sie auf der einen Seite eine weniger «magische» Kenntnis des Hebräischen verbreiteten, auf der anderen die Grundrisse eines komparativen Verfahrens vorwegnahmen (vgl. Simone 1990: 328 f.).

Doch zu jener Zeit verflochten sich Phantasie und wissenschaftliche Hypothesen zu einem unentwirrbaren Knäuel. So veröffentlicht 1667 der Naturforscher Mercurius van Helmont eine Abhandlung unter dem Titel *Alphabeti veri naturalis Hebraici brevissima delineatio**, in welcher er eine Methode erörtert, mit der man die Taubstummen sprechen lehren könnte. Projekte dieser Art werden im folgenden Jahrhundert, im Milieu der Aufklärung, interessante Reflexionen über das Wesen der Sprache hervorbringen, doch van Helmont nimmt die Existenz einer Ursprache an, die auch dem, der noch nie eine Sprache erlernt hat, als die natürlichste aller Sprachen erscheint. Diese Ursprache kann nur das Hebräische sein, also macht sich van Helmont daran zu beweisen, daß das Hebräische die Sprache sei, deren Laute am leichtesten von den menschlichen Stimmbildungsorganen hervorgebracht werden könnten. Und siehe da, in 33 Stichen wird uns gezeigt, wie Zunge, Gaumen, Gaumenzäpfchen und Stimmritze sich zur Bildung eines bestimmten Lautes so anordnen (physisch), daß sie die Form der betreffenden Buchstaben des hebräischen Alphabets wiedergeben. Offenkundig drückt sich in dieser Position eine extrem motivationistische und mimologische Theorie aus: Nicht nur reflektieren die Wörter des Hebräischen das wahre Wesen der Dinge, sondern dieselbe göttliche Macht, die Adam eine vollkommene Sprache gab, hat auch aus der Erdkrume eine physiologische Struktur geschaffen, die adäquat zur Hervorbringung ebendieser Sprache ist (Fig. 3).

Athanasius Kirchers *Turris Babel*, 1679, stellt eine gute Synthese aller hier summarisch skizzierten Diskussionen dar. Nachdem er die Geschichte der Welt von der Schöpfung bis zur Sintflut und weiter bis zur babylonischen Sprachverwirrung verfolgt hat, zeichnet Kircher die historische und anthropologische Weiterentwicklung durch eine Analyse der verschiedenen Sprachen nach.

Daß das Hebräische die *lingua sancta* und Ursprache ist, zieht Kircher nicht in Zweifel, ist es doch die Materie der biblischen Offenbarung, und ebenso evident ist für ihn, daß Adam das

Figur 3: Aus *Alphabeti veri naturalis Hebraici brevissima delineatio* von Mercurius van Helmont

Wesen aller Tiere verstanden und sie gemäß ihrer Natur benannt hat; und er fügt hinzu: «Indem er die Buchstaben der verschiedenen Namen bald verband, bald trennte und bald vertauschte, kombinierte er sie auf verschiedene Weise mit der Natur und den Eigenheiten der Tiere» (III, 1, 8). Da es sich hierbei um ein kabbalistisches Zitat handelt (von Rabbi R. Becchai), ist klar, daß Adam eingriff, um die Eigenschaften der Wesen zu definieren, indem er die Buchstaben ihrer Namen umstellte. Oder genauer, zuerst benannte er eine Eigenschaft, indem er sie imitierte, wie im Falle des Löwen, der sich im Hebräischen ARJH schreibt, und für Kircher verweisen die Buchstaben AHI auf den fauchenden Atem des Löwen; dann aber ging Adam nach der kabbalistischen Kunst der *Temurah* vor, ohne sich freilich auf Anagramme zu beschränken, sondern indem er auch andere Buchstaben einfügte und Sätze bildete, in denen jedes Wort einige Buchstaben des Löwennamens enthielt. So ergaben sich Wendungen, die besagten, daß der Löwe *monstrans* sei, das heißt fähig, durch seinen bloßen Anblick Schrecken zu erregen, sowie leuchtend, als ginge ein Licht von seinem Antlitz aus, das unter anderem auch einem Spiegel gleiche . . . Wie man sieht, wird hier mit vielen jener etymologischen Verfahren gespielt, die schon Platon im *Kratylos* andeutet (den Kircher übrigens zitiert, S. 145), wobei die Namen so hingebogen werden, daß sie mehr oder minder traditionelle Aussagen über das betreffende Wesen machen.

Sodann geht Kircher daran zu zeigen, wie nach der Sprachverwirrung fünf Dialekte des Hebräischen entstanden seien, nämlich das Chaldäische, das Samaritanische (aus dem das Phönizische hervorgehen wird), das Syrische, das Arabische und das Äthiopische, und von diesen leitet er mit Hilfe diverser etymologischer Argumentationen (wobei er sogar die sukzessive Ableitung der Alphabete mit erklärt) die Entstehung der vielen anderen Sprachen ab, bis hin zu den europäischen Sprachen seiner Zeit. Mit einer gewissen Vernünftigkeit legt er auch die Gründe für den Wandel der Sprachen dar, den er auf die Verschiedenheit und die Vermischung der Völker zurückführt (womit er das Prinzip einer Kreolisierung verschiedener miteinander in Kontakt gekommener Sprachen erfaßt), aber auch auf die politischen Zwänge infolge gewandelter Reiche, auf die Migrationen infolge von Kriegen und Seuchen, auf die Kolonisierungen und auf den Einfluß des Klimas. Aus der Vervielfachung und Weiterentwicklung der Sprachen erklärt sich für ihn auch die Entstehung der verschiedenen götzendienerischen Religionen und die Vervielfachung von Anzahl und Namen der Götter (III, 1, 2).

Übereinkunftsthese, Epikurs These, Polygenese

Doch Athanasius Kircher, wie andere im siebzehnten Jahrhundert, erscheint verspätet. Die Krise des Hebräischen als *lingua sancta* hatte bereits in der Renaissance begonnen, ausgelöst durch eine dichte Reihe von Argumentationen, die wir emblematisch unter das Zeichen von Genesis 10 stellen könnten. Die Aufmerksamkeit hatte sich verlagert und galt schon damals nicht so sehr einer Ursprache als vielmehr einer Reihe von *Matrix-* oder (Ur-)Muttersprachen (*linguae matrices*), um einen Ausdruck zu gebrauchen, den Joseph Justus Scaliger in seiner *Diatriba de europaeorum linguis* von 1599 geprägt hatte. Scaliger hatte elf Sprachfamilien identifiziert, vier größere und sieben kleinere, verstreut über den ganzen europäischen Kontinent. Innerhalb jeder Familie waren die Sprachen genetisch miteinander verwandt, aber zwischen den Familien ließen sich keine Verwandtschaftsverhältnisse feststellen.

Man macht sich inzwischen Gedanken darüber, daß in der Bibel nichts Genaueres über das Wesen der Ursprache steht, viele sind mittlerweile der Ansicht, daß die Aufsplitterung der Sprachen nicht erst zu Füßen des Turms von Babel begonnen hat, sondern viel früher, und man sieht nun das Phänomen der *confusio* als einen natürlichen Vorgang an; für die Sprachen interessiert man sich eher, um ihre gemeinsame Grammatik zu suchen, und «es geht nicht mehr darum, sie ‹zurückzuführen›, sondern sie zu klassifizieren, um jenes latente System der Sprachen freizulegen, das gleichzeitig ihre Verschiedenheit respektiert» (Demonet 1992: 341 und allgemein II, 5).

Richard Simon, der als der Erneuerer der Bibelkritik gilt, verwirft in seiner *Histoire critique du Vieux Testament* (1678) die Hypothese vom göttlichen Ursprung des Hebräischen und nimmt die ironischen Argumente Gregors von Nyssa wieder auf: Die Sprache sei Menschenwerk, und die Tatsache, daß die Vernunft nicht bei allen Völkern die gleiche sei, erkläre die Verschiedenheit der Sprachen. Gott selbst habe gewollt, daß die Menschen verschiedene Sprachen sprechen, auf daß «ein jeder sich in seiner Weise erkläre».

Méric Casaubon (in *De quatuor linguis commentatio*, 1650) übernimmt von Grotius den Gedanken, daß die Ursprache, wenn es sie denn gegeben hat, in jedem Falle verlorengegangen ist. Wenn Gott der Inspirator der von Adam gesprochenen Worte war, so haben die Menschen anschließend ihre Sprache selbständig weiterentwickelt, und das Hebräische ist nur *eine* der postdiluvialen Muttersprachen.

Auch Leibniz wird die Ansicht vertreten, daß die Sprache Adams historisch unwiederbringlich verloren ist; so sehr wir uns auch anstrengen mögen, wir werden sie niemals wiedergewinnen: *nobis ignota est.* Falls es sie jemals gegeben hat, ist sie entweder völlig verschwunden oder überlebt nur noch in wenigen Resten (undatiertes Fragment in Gensini 1990: 197, vgl. *Sämtl. Briefe und Schriften* VI/3, ed. Schepers, Berlin 1980, S. 208).

In diesem kulturellen Klima wird der Mythos einer Sprache, die sich zum Ausdruck des Wesens der Dinge eignet, im Licht jenes Prinzips der Willkürlichkeit aller Zeichen neubedacht, von dem das philosophische Denken im übrigen, getreu dem aristotelischen Ansatz, nie wirklich abgelassen hatte. Und eben zu dieser Zeit fragt sich Spinoza mit zutiefst nominalistischer Miene, wie ein so allgemeiner Begriff wie «Mensch» imstande sein soll, das wahre Wesen des Menschen auszudrücken, da doch nicht alle Menschen sich ihre Begriffe in derselben Weise bildeten:

> So werden zum Beispiel jene, die des öfteren bewundernd die aufrechte Gestalt des Menschen betrachtet haben, unter der Bezeichnung *Mensch* ein Lebewesen von aufrechter Gestalt verstehen; andere dagegen, die anderes zu betrachten gewohnt sind, werden sich ein anderes allgemeines Bild vom Menschen machen, etwa: der Mensch ist ein lachendes Lebewesen, ein zweibeiniges, federloses, vernunftbegabtes Lebewesen; und so wird sich ein jeder auch von allem übrigen je nach der Disposition seines Körpers allgemeine Bilder machen (*Ethik*, 1677, Propositio XL, Scholium 1).

Wenn das Hebräische die Sprache war, in der die Wörter dem Wesen der Dinge entsprachen, so werden für Locke die Wörter von den Menschen als Zeichen ihrer Ideen verwendet, «nicht aufgrund eines natürlichen Zusammenhanges zwischen einzelnen artikulierten Lauten und bestimmten Ideen – denn dann würde es ja unter den Menschen nur eine einzige Sprache geben –, sondern aufgrund einer willentlichen Aufprägung» (*Essay on human understanding*, 1690, III, II, 1). Und bedenkt man zudem, daß auch diese Ideen nur «nominale Ideen» sind und nicht angeborene platonische Wesenheiten, so verliert die Sprache hier jede sakrale Aura, um schlichtes Interaktionsinstrument zu werden, eben Menschenwerk.

Schon Hobbes (*Leviathan*, 1651, I, 4, «Of Speech») nennt zwar Gott den ersten Urheber der Sprache, der Adam gelehrt hat, die Kreaturen zu benennen, gibt aber dann sofort den Bibeltext als sicheren Bezugspunkt auf und nimmt an, daß Adam in der Folge freischöpfend weitere Namen hinzugefügt habe, «as the experience and use of the creatures should give him occasion». Mit anderen Worten, Hobbes läßt Adam mit seiner Erfahrung und seinen Bedürfnissen allein, und aus dem Bedürfnis (der «Mutter aller Erfindungen») läßt er die verschiedenen Sprachen hervorgehen, die der babylonischen Verwirrung folgen.

Man besinnt sich in diesem ausgehenden Jahrhundert auch auf jenen Brief des Epikur an Herodot, in dem es heißt, die Namen der Dinge seien nicht ursprünglich durch eine Übereinkunft gesetzt worden, sondern es sei die Natur der Menschen gewesen, die sie erschaffen habe, wobei diese Menschen, die je nach ihren Stämmen besondere Gefühle verspürten und besondere Wahrnehmungen machten, auf ebenso besondere Weise den Luftstrom ausstießen, der vom jeweiligen Gemütszustand und von der besonderen Wahrnehmung geprägt sei (Brief an Herodot, zitiert in Diogenes Laertius, *Leben und Meinungen der Philosophen*, X, 75).

Tatsächlich hatte Epikur hinzugefügt, daß die verschiedenen Völker sich «sukzessiv» darüber geeinigt hätten, den Dingen Namen zu geben, sowohl um Unklarheiten auszuschließen wie auch aus Gründen der Ökonomie, und er hatte offen gelassen, ob die Wahl dieser Namen aus Instinkt oder aus «Vernunftgründen» erfolgt war (vgl. Formigari 1970: 17–28; Gensini 1991: 92;

Manetti 1987: 176f.). Der erste Teil seiner These (worin er auf der natürlichen, nicht übereinkunftsbedingten Entstehung der Sprache insistiert) wird jedoch von Lukrez aufgenommen: Die Natur sei es gewesen, die die Menschen dazu getrieben habe, die Laute der Sprache zu artikulieren, und die Notwendigkeit habe dann die Namen der Dinge hervorgebracht.

Zu meinen, jemand habe Namen an die Dinge verteilt, und dann hätten die Menschen von ihm die ersten Vokabeln gelernt, ist unsinnig. Denn wenn dieser eine imstande war, alles mit Namen zu bezeichnen und verschiedene Laute mit der Zunge auszustoßen, warum sollten dann andere das nicht zur selben Zeit auch gekonnt haben? [...] Was ist so merkwürdig daran, wenn das Menschengeschlecht, dem Stimme und Zunge gegeben ist, die verschiedenen Dinge nach den verschiedenen Sinneseindrücken benannt hat? [...] Wenn verschiedene Sinneseindrücke die Tiere dazu bringen, obgleich sie doch sprachlos sind, verschiedene Laute auszustoßen, mit wieviel mehr Recht haben dann die Sterblichen verschiedene Dinge mit verschiedenen Lauten bezeichnet!» (*De rerum natura* V, 1041–1090).

Es verbreitet sich eine Theorie, die wir materialistisch-biologisch nennen könnten, vom Ursprung der Sprache als einer natürlichen Fähigkeit, die primären Eindrücke in Ideen umzusetzen und somit in Laute zum Zwecke des zivilen Zusammenlebens. Doch wenn, wie Epikur nahelegte, diese Antwort auf die Erfahrung je nach den Volksstämmen, dem Klima und der Gegend variiert, ist es nicht zu kühn anzunehmen, daß die verschiedenen Stämme in verschiedenen Modi und Zeiten verschiedene Sprachfamilien hervorgebracht haben. Und hierin wurzelt die Theorie vom *Geist* der verschiedenen Sprachen, die sich im achtzehnten Jahrhundert entwickeln wird.

Epikurs These kann nicht umhin, die Freidenkerkreise des französischen siebzehnten Jahrhunderts zu faszinieren, in denen sie die extremistische Form der *polygenetischen* Hypothese annimmt und sich mit verschiedenen Formen des religiösen Skeptizismus vermischt, die vom sarkastischen Agnostizismus bis zum bekennenden Atheismus reichen. So kommt es, daß der Calvinist Isaac de La Peyrère in seinem *Systema Theologicum ex prae-adamitarum hypothesi**, 1655, worin er auf fraglos originelle Weise das fünfte Kapitel des Paulusbriefes an die Römer interpretiert, die Idee einer Polygenese der Völker und Rassen vorbringt. Sein Werk stellt die laizistische Antwort auf die Reiseberichte von Forschern und Missionaren dar, die Kunde von außereuropäischen Kulturen brachten, welche, wie zum Beispiel China, so alt waren, daß ihre ferne Geschichte nicht mit den biblischen Datierungen übereinstimmte, besonders nicht, was ihre Erzählungen über den Ursprung der Welt betraf. Demnach hätte es eine präadamitische Menschheit gegeben, die nicht von der Ursünde betroffen war, und sowohl der Sündenfall wie die Sintflut betrafen nur Adam und seine Nachkommen auf jüdischem Boden (vgl. Zoli 1991: 70). Auf der anderen Seite war diese Hypothese auch schon in muslimischen Kreisen aufgekommen, und im zehnten Jahrhundert hatte der Geograph Al-Maqdisi ausgehend vom Koran (2.31) die Existenz anderer präadamitischer Wesen auf der Erde erwogen (vgl. Borst 1957, I: 339).

Jenseits der offenkundigen theologischen Implikationen dieser Annahme – und das Werk von La Peyrère wurde verurteilt und verbrannt – war klar, daß sie die jüdische Kultur entthronte und mit ihr implizit auch die heilige Sprache, in der die jüdische Kultur sich ausgedrückt hatte. Wenn die Arten und Gattungen sich unter verschiedenen Bedingungen entwickelt hatten und das Sprachvermögen von der Evolution und der Anpassung ans Milieu abhing, dann mußte es Polygenese gegeben haben.

Einer Form des polygenetischen Denkens (gewiß keiner freidenkerisch inspirierten) kann man Giambattista Vico zuschreiben. Natürlich stellt Vico in gewisser Weise den Diskurs seiner Zeit auf den Kopf. Er geht nicht auf die Suche nach einem chronologischen Ursprung, sondern skizziert die Grundzüge einer zeitlosen Idealgeschichte; in diesem Sinne, mit einem Sprung aus der Geschichte hinaus, versetzt er sich paradoxerweise unter die Inspiratoren des neuzeitlichen Historismus. Was er beschreiben will, ist nicht – oder nicht nur, trotz der Chronologie, die er an den Beginn seiner *Scienza Nuova Seconda* setzt (1744, II, 2.4) – ein geschichtlicher Ablauf, sondern die Gesamtheit der immer wiederkehrenden Bedingungen für die Entstehung und Entwicklung von Sprache zu jeder Zeit und in jedem Lande. Er skizziert eine Art genetischer Abfolge der Sprachentwicklung, von der Sprache der Götter über die der Heroen bis zu derjenigen der Menschen, wobei die erste Sprache *hieroglyphisch* gewesen sein muß, «das heißt heilig oder göttlich», die zweite *symbolisch*, «durch Zeichen oder heroische Embleme») und die dritte *epistolär*, «damit Entfernte einander die gegenwärtigen Bedürfnisse ihres Lebens mitteilen können» (432).

Vico vertritt die These, daß die Sprache an ihrem (idealen) Anfang ursächlich motiviert war, metaphorisch direkt an die Naturerfahrung des Menschen gebunden, und daß sie sich erst später in eher konventionellen und willkürlichen Formen organisiert hat, doch er erklärt auch: «So wie zu gleicher Zeit die Götter, die Heroen und die Menschen entstanden (denn es waren ja Menschen auch jene, die in ihrer Phantasie die Götter ersannen und ihre heroische Natur aus jener der Götter und jener der Menschen gemischt glaubten), so entstanden zu gleicher Zeit auch die drei Sprachen» (446). Anstatt daher die Diskussion des siebzehnten Jahrhunderts aufzugreifen und sich zu fragen, ob eine natürliche Phase von einer Phase der konventionellen und willkürlichen Erfindung abgelöst worden sei, stellt er sich eher die Frage, warum es genauso viele natürliche Sprachen gibt, wie es Völker gibt, und kann nicht umhin zu antworten, es sei «diese große Wahrheit festzuhalten: wie die Völker sicherlich durch die Verschiedenheit der Klimata mannigfaltige verschiedene Naturen ausgebildet haben, aus denen ebensoviele verschiedene Sitten hervorgegangen sind, so sind aus ihren verschiedenen Naturen und Sitten ebensoviele Sprachen entstanden» (445).

Was das Gerede von der Priorität des Hebräischen angeht, so liquidiert er es mit einer Reihe von Bemerkungen, die zu beweisen suchen, daß die Buchstaben des Alphabets allenfalls von den Griechen zu den Hebräern gelangt sind und nicht umgekehrt. Desgleichen hat Vico auch nichts mehr für die hermetischen Phantasien der Renaissance übrig, denenzufolge alles Wissen von den Ägyptern kam. Aus seiner Beschreibung ergibt sich ein komplexes Hin und Her von Einflüssen sowohl kultureller wie kommerzieller Art, durch welches die Phönizier, getrieben von merkantilen Notwendigkeiten, ihre Schrift nach Ägypten und Griechenland brachten, nachdem sie die von den Chaldäern empfangenen hieroglyphischen Zeichen ihren Handelsbedürfnissen angepaßt und im Mittelmeerraum weiterverbreitet hatten (441–443).

Die vorhebräische Sprache

Parallel zu diesen philosophischen Diskussionen, aber ebenfalls auf der Linie einer Entthronung des Hebräischen, gehen andere phantasievolle Sprachursprungstheoretiker andere Wege. Im sechzehnten und siebzehnten Jahrhundert entdecken Forscher und Missionare, daß es sehr viel ältere Zivilisationen als die der Hebräer gegeben hat, mit anderen Traditionen sowohl kultureller wie sprachlicher Art. 1669 äußert der Londoner Architekt John Webb in seinem Buch *An Historical Essay Endeavouring the Probability that the Language of the Empire of China is the Primitive Language** den Gedanken, nach der Sintflut sei Noah mit seiner Arche in China gelandet und habe sich dort niedergelassen, weshalb die erste Sprache die chinesische sei. Die Chinesen hätten sich nicht am Turmbau zu Babel beteiligt, seien daher von der *confusio* verschont geblieben und hätten zudem jahrhundertelang unbehelligt von fremden Invasionen gelebt, so daß sie sich ihr ursprüngliches sprachliches Erbe bewahren konnten.

Unsere Geschichte geht durch viele einzigartige Anachronismen voran. Gerade im achtzehnten Jahrhundert, als jenseits aller monogenetischen Hypothesen die komparatistische Methode aufzukommen beginnt, werden die größten Anstrengungen unternommen, um eine Ursprache wiederzufinden. So verfaßt Charles de Brosses 1765 einen *Traité de la formation méchanique des langues**, in dem er eine naturalistische Hypothese vertritt (die Artikulation der Laute wird durch die Natur der Dinge bestimmt: um beispielsweise ein zartes Objekt zu bezeichnen, wählt man stets einen zarten Laut), wobei er zutiefst materialistisch vorgeht (er reduziert die Sprache auf physische Operationen und führt sogar noch die Erschaffung übernatürlicher Wesen auf Sprachspiele zurück, vgl. Droixhe 1978), ohne jedoch auf die Annahme einer Ursprache zu verzichten, «die organisch, physisch und notwendig sowie der ganzen menschlichen Gattung gemeinsam ist, die kein Volk der Welt in ihrer ursprünglichen Schlichtheit weder kennt noch benutzt und die gleichwohl von allen Menschen gesprochen wird, ja den Urgrund der Sprache eines jeden Landes bildet» (*Discours préliminaire*, xiv-xv).

Der Linguist muß die Mechanismen der verschiedenen Sprachen analysieren, um herauszufinden, was sich in ihnen aus natürlicher Notwendigkeit herleitet, und auf dem Wege natürlicher Schlußfolgerung wird er nicht anders können, als von jeder bekannten Sprache auf diese unbekannte Ur-Matrix rückzuschließen. Es geht nur darum, eine begrenzte Zahl von ursprünglichen Wurzeln zu finden, die uns die universale Nomenklatur aller europäischen und orientalischen Sprachen geben könnten.

Als komparatistischer Versuch auf der Basis eines radikalen «Kratylismus» oder Mimologismus (vgl. Genette 1976: 85–118), betrachtet die Arbeit von de Brosses die Vokale als den Rohstoff des lautlichen Kontinuums, aus dem die Konsonanten gleichsam Intonationen oder Zäsuren ausschneiden, die mehr für das Auge als für das Ohr wahrnehmbar sind (fehlende Unterscheidung zwischen Laut und Buchstaben), aber letztlich gründet sich die vergleichende Arbeit auf die konsonantischen Identitäten.

Getragen von einer Idee, die wir auch bei Vico finden, behauptet de Brosses, daß die Erfindung der artikulierten Laute Hand in Hand mit der Erfindung der Schrift gegangen sei, und wie Fano (1962: 231) anschaulich zusammenfaßt, «scheint [er] sich die Sache so vorzustellen: Wie ein guter Schulmeister, der die Kreide zur Hand nimmt, um seine Lektion zu verdeutlichen, untermalte der Höhlenmensch seine Reden mit erklärenden Figuren. Hatte er beispielsweise zu sagen: ‹Ein Rabe ist weggeflogen und hat sich auf einen Baum gesetzt›, so ahmte er das Krächzen des Raben nach, drückte mit einem ‹Frrr! Frrr!› das Fliegen aus, nahm dann ein Stück Holzkohle und zeichnete einen Baum mit einem Vogel darauf.»

Eine gigantische Anstrengung auf mimologischer Linie unternimmt derweil Antoine Court de Gébelin, der zwischen 1773 und 1782 neun Quartbände mit einem Gesamtumfang von über 5000 Seiten veröffentlicht und dieses vielgestaltige, verworrene, im einzelnen aber nicht uninteressante Werk mit dem Titel versieht *Le monde primitif analysé et comparé avec le monde moderne** (vgl. Genette 1976: 119–148).

Court de Gébelin ist über die vorangegangenen komparatistischen Forschungen im Bilde, er weiß, daß der Mensch sein Sprachvermögen mittels eines spezifischen Stimmbildungsapparates ausübt, dessen Anatomie und physiologische Gesetze er kennt, er teilt die Ansicht der Physiokraten seiner Zeit und versucht zunächst, die Ursprünge der Sprache durch eine neue Lektüre der antiken Mythen zu ermitteln, indem er diese als allegorischen Ausdruck der Beziehungen des bäuerlichen Menschen zur Erde betrachtet (Bd. I). Daher hat sich für ihn die Schrift, obwohl vor der Trennung der Völker entstanden, mit den großen Agrarstaaten entwickelt, die sie brauchten, um den Landbesitz zu kontrollieren, den Handel und das Recht zu entwickeln und so weiter (Bd. III, S. xi). Aber mit dieser Unternehmung will er die originäre Sprache einer ursprünglichen Welt wiederfinden, als die Quelle und Basis einer universalen Grammatik, aus der alle existierenden Sprachen hervorgegangen sind und durch die sie sich erklären.

In der Vorrede zu Band III, der die «Naturgeschichte des Wortes» beziehungsweise den Ursprung der Sprache behandelt, versichert der Autor: «Jedes Wort hat seinen eigenen Grund, und dieser Grund entspringt der Natur» (S. ix). Er entwickelt eine strikt motivationistische Theorie der Sprache, begleitet von einer ideographischen Theorie der Schrift, nach welcher selbst die Alphabetschrift nichts anderes ist als eine ursprüngliche Hieroglyphenschrift, reduziert auf eine kleine Gruppe von Wurzel- oder «Schlüssel»-Zeichen (III, S. xii).

Gewiß ist die Sprache als ein Vermögen, das auf einer bestimmten anatomischen Struktur beruht, eine Gabe Gottes, aber die Ausarbeitung der ursprünglichen Sprache ist ein Faktum der menschlichen Geschichte, und zwar so sehr, daß Gott, als er das erste Mal zum Menschen sprach, es in ebenjener Sprache getan haben mußte, die der Mensch schon verstand, weil er sie sich zurechtgemacht hatte (III, S. 69).

Um diese Ursprache wiederzufinden, macht sich der Autor an eine imposante etymologische Analyse des Griechischen, des Lateinischen und des Französischen, nicht ohne Untersuchungen über Wappen, Münzen, Spiele, Weltreisen der Phönizier, Sprachen der amerikanischen Indianer, Medaillen, bürgerliche und religiöse Geschichte von Kalendern und Almanachen anzustellen. Als Grundlage dieser Ursprache rekonstruiert er jedoch eine Universale Grammatik, fundiert auf notwendigen Prinzipien, die jeder Zeit und jedem Ort eigentümlich sind, so daß sie, hat man sie einmal als einer gegebenen natürlichen

Sprache immanent identifiziert, auch für alle anderen Sprachen gelten.

Unterm Strich erscheint Court de Gébelin jedoch allzu ehrgeizig: Er will alles auf einmal: die *Universale Grammatik*, die Wiederentdeckung der *Ur-Muttersprache*, den Beweis für die *biologischen und sozialen Ursprünge der Sprache* und, wie Yaguello (1984: 19) bemerkt, er wirft alles unterschiedslos in einen Topf. Obendrein läßt er sich auch noch, wenngleich mit einiger Verspätung, von den Sirenen der keltisch-nationalistischen Hypothese verführen, die wir im nächsten Abschnitt behandeln werden: der Annahme, das Keltische sei die Sprache der Ureinwohner Europas gewesen, die «in ihren Ursprüngen dieselbe wie die der Orientalen war» und von der alle anderen Sprachen Europas abstammten: das Griechische, das Lateinische, das Etruskische, das Thrakische, das Deutsche, das Kantabrische der antiken Hispanier und das «Runische» der nordischen Länder (Bd. V).

Die nationalistischen Hypothesen

Für einige Autoren war es nicht nötig, dem Hebräischen die Rolle der Ursprache abzusprechen, sie vertraten jedoch die Ansicht, nach Babel habe dieses Hebräische andere Sprachen hervorgebracht, auf welche die Palme der Vollkommenheit dann übergegangen sei. Der erste Text, durch den solche «nationalistischen» Theorien ermuntert werden, sind die 1498 erschienenen *Commentaria super opera diversorum auctorum de antiquitatibus loquentium** von Giovanni Nanni oder Annio, in denen erzählt wird, wie Etrurien noch vor der Kolonisierung durch die Griechen von Noah und seinen Nachkommen besiedelt worden sei. Auslöser ist auch hier die irritierende Beobachtung, daß die «Völkertafel» in Genesis 10 dem Bericht über die *confusio* in Genesis 11 zu widersprechen scheint. Heißt es doch nach der Aufzählung der Nachkommen Noahs in 10,5: «Das sind die Kinder Japhets in ihren Ländern, *ein jedes nach ihren Sprachen* . . .»

Die Idee einer Abstammung des Toskanischen vom Etruskischen und des letzteren vom noachitischen Aramäisch entwikkeln die beiden Florentiner Autoren Giovan Battista Gelli (*Dell'origine di Firenze*, 1542–44) und Pier Francesco Giambullari

(*Il gello*, 1546). Die zutiefst antihumanistische These übernimmt den Gedanken, daß die natürliche Vervielfachung der Sprachen dem Ereignis in Babel vorausgegangen sei (und verknüpft ihn mit dem, den Dante in *Paradiso* XXVI dargelegt hat).

Die Idee begeistert Guillaume Postel, der ja bereits die Abstammung der Kelten von Noah vertreten hatte. In seiner Schrift *De Etruria regionis* (1551) übernimmt er die Position der beiden Florentiner über das Verhältnis Noah-Etrusker und ergänzt sie um die Behauptung, das adamitische Hebräisch sei – zumindest als hieratische Sprache – durch die Jahrhunderte hindurch unversehrt geblieben.

Moderater nehmen sich die entsprechenden Hypothesen in Spanien aus, wo man zwar die Abstammung des Kastilischen von Japhets Sohn Tubal verficht, aber auch einräumt, daß es sich dabei nur um eine der 72 Sprachen nach Babel handle. Eine indes nur scheinbare Moderatheit, denn in der Folge wird die Qualifikation «babelische Sprache» in Spanien das Markenzeichen für hohes Alter und Adel (zur italienischen und spanischen Debatte vgl. Tavoni 1990).

Doch es ist eine Sache zu beweisen, daß die eigene Nationalsprache Adelspatente habe, weil sie von einer Ursprache abstamme, sei's der adamitischen oder der noachitischen, und es ist eine andere zu behaupten, daß sie deswegen als die einzige vollkommene Sprache anzusehen sei. Zu dieser Behauptung haben sich – bislang jedenfalls – nur die im ersten Kapitel zitierten irischen Grammatiker verstiegen, und sogar Dante, der ja immerhin nach einer Vervollkommnung seiner eigenen poetischen Volkssprache strebte, hat sich (in *De vulgari eloquentia* I, 6) über jene lustig gemacht, die ihr eigenes Idiom für besser halten als das aller anderen und es deswegen mit der Sprache Adams gleichsetzen. Dennoch bietet das siebzehnte Jahrhundert erlesene Beispiele für solcherart sprachliche Nationalismen.

Ein gewisser Goropius Becanus (Jan van Gorp) vertritt in einer Schrift über die *Origines Antwerpianae* (1569) sämtliche gängigen Thesen über die göttliche Inspiration der Ursprache und das ursächlich motivierte Verhältnis von Wort und Sache und findet dieses Verhältnis exemplarisch im Niederländischen repräsentiert – beziehungsweise genauer: im Dialekt von Antwerpen. Die Vorfahren der Antwerpener, die Kimbern, seien direkte Nachkommen der Söhne Japhets gewesen, die beim Turmbau zu Babel nicht dabei waren und folglich der *confusio linguarum* entgangen seien. So hätten sie sich die Sprache Adams bewahrt, was sich durch eindeutige Etymologien beweisen lasse (die etymologische Methode des Becanus hat zu den Qualifizierungen «Becanismus» oder «Goropismus» geführt, als Bezeichnung ähnlich gewagter Etymologien wie derer Isidors und seines barocken Nachfolgers Guichard) sowie durch den Umstand, daß das Niederländische die meisten einsilbigen Wörter habe, alle anderen Sprachen an Klangreichtum übertreffe und exzellente Möglichkeiten zur Bildung von Komposita biete.

Weitergeführt wird das Thema von Abraham Mylius (*Lingua belgica*, 1612) und Adrian Schrickius (*Adversariorum Libri III*, 1620), der beweisen möchte, «daß die Hebräische Sprache göttlich und ursprünglich ist» und «daß die Teutonische Sprache gleich danach kommt», wobei unter «teutonisch» das Niederländische in seiner damals bekanntesten Form des Dialekts von Antwerpen zu verstehen ist (es folgen etymologische Beweise von ähnlicher Kühnheit wie die van Gorps).

Die sogenannte flämische These scheint recht zählebig zu sein, zieht sie sich doch, genährt von nationalistischen Polemiken, bis ins neunzehnte Jahrhundert hin. So behauptet ein Baron de Ryckholt in seinem Werk *La province de Liège ... Le flammand langue primordiale, mère de toute les langues* noch* 1868: «Das Flämische ist die einzige Sprache, die an der Wiege der Menschheit gesprochen wurde», und: «Es allein ist eine Sprache, alle anderen, ob tote oder lebendige, sind nur Dialekte oder mehr oder minder maskierte Jargons» (vgl. Droixhe 1990 sowie allgemein zu den Delirien über sprachliche Größe Poliakov 1990).

Neben der niederländisch-flämischen These fehlt es nicht an der «schwedischen», mit Georg Stiernhielm (*De linguarum origine praefatio*, 1671) und – aber hier sind wir schon bei der unfreiwilligen Parodie – mit Andreas Kempe (*Die Sprachen des Paradieses*, 1683), der sich eine Eva ausdenkt, die von einer frankophonen Schlange verführt wird, während Gott schwedisch spricht und Adam dänisch (vgl. Borst 1957, III/1: 1338f. und Olender 1989, 1993). Vergessen wir nicht, daß wir uns in einer Epoche befinden, in der Schweden auf dem europäischen Schachbrett als Großmacht agiert. Der Architekt und Arzt Olaf Rudbeck versichert in seiner Schrift *Atlantica sive Manheim vera Japheti posterorum sedes ac patria** (1675), daß Schweden der wahre Wohnsitz Japhets und seiner Nachkommen gewesen sei und daß aus jenem rassischen und sprachlichen Stamm alle gotischen Sprachen hervorgegangen seien. Tatsächlich setzt Rudbeck sein Schweden mit dem mythischen Atlantis gleich und stellt es als das ideale Land hin, das Land der Hesperiden, von dem aus sich die Zivilisation über die Welt verbreitet habe.

Freilich war bereits bei Isidor von Sevilla (in *Etymologiarum* IX, 2, 26f.) der Gedanke aufgetaucht, daß die Goten von Japhets Sohn Magog abstammten. Über derlei Prätentionen spottet Vico in seiner *Scienza nuova seconda* (II, 2.4., 430):

> Geben wir eine kleine Kostprobe der vielen Meinungen, die man darüber gehabt hat, die entweder ungesichert oder leichtfertig oder anstößig oder dünkelhaft oder lächerlich sind und die, eben weil sie so viele und solcher Art sind, hier übergangen werden müssen. Dies sei die Kostprobe: Da in wiedergekehrten barbarischen Zeiten Skandinavien oder Skandien ob des Dünkels der Völker *vagina gentium* genannt und für die Mutter aller anderen Völker der Welt gehalten wurde, waren Johannes und Olaus Magnus ob des Dünkels der Gelehrten der Meinung, ihre Goten hätten die auf göttliche Weise von Adam erfundenen Lettern seit Anbeginn der Welt aufbewahrt; über diesen Traum lachten alle Gelehrten. Was aber Johann Goropius Becanus nicht davon abhielt, ihnen zu folgen und sie zu übertreffen, läßt er doch seine kimbrische Sprache, die sich nicht sehr von der sächsischen unterscheidet, aus dem irdischen Paradiese kommen und die Mutter aller anderen sein [...]. Und doch blähte sich diese Anmaßung noch weiter auf und kam zum Platzen in derjenigen von Olof Rudbeck in seinem Werk mit dem Titel *Atlantica*, in dem er behauptet, die griechischen Lettern seien aus den Runen hervorgangen und diese seien die umgekehrten phönizischen Lettern, die Kadmos in Reihenfolge und Klang den hebräischen ähnlich gemacht habe, und die Griechen hätten sie schließlich aufgerichtet und umgedreht mit Zirkel und Lineal; und weil der Erfinder bei ihnen Mercuroman genannt werde, will er, daß Mercurius, der den Ägyptern die Lettern erfand, ein Gote gewesen sei.

Was das Deutsche betrifft, so regt sich in der germanischen Welt seit dem vierzehnten Jahrhundert verschiedentlich der Verdacht, daß es ein Erstgeburtsrecht habe, danach im Denken Martin Luthers (für den das Deutsche die Sprache ist, die Gott am nächsten kommt), während 1533 Konrad Pellicanus (*Commentaria bibliorum*) die große Ähnlichkeit des Deutschen mit dem Hebräischen herausstellt, ohne sich jedoch über die Frage zu äußern, welches von beiden die wahre *Ursprache* sei (vgl. Borst 1957, III/1: 1083). In der Barockzeit behauptet Georg Philipp Harsdörffer (in *Schutzschrift für die Teutsche Sprache und derselben Beflissene*, Anhang zu Bd. I der *Frauenzimmer Gesprächspiele*, 1641, Nachdruck Niemeyer, Tübingen 1968, I, S. 335 ff.), die deutsche Sprache spreche gleichsam wie die Natur selbst:

> Sie redet mit der Zungen der Natur, indem sie alles Getön und was nur einen Laut, Hall und Schall von sich giebet, wol vernehmlich ausdrukket. Sie donnert mit dem Himmel, sie blitzet mit den schnellen Wolken, stralet mit dem Hagel, sausset mit den Winden, brauset mit den Wellen, rasselt mit den Schlossen, schallet mit dem Luft, knallet mit dem Geschütze, brüllet wie der Löw, plerret wie der Ochs, brummet wie der Beer, beeket wie der Hirsch, blecket wie das Schaf, gruntzet wie das Schwein, muffet wie der Hund, rintschet wie das Pferd, zischet wie die Schlange, mauet wie die Katz, schnattert wie die Gans, qwacket wie die Ente, summet wie die Hummel, kacket wie das Huhn, klappert wie der Storch, kracket wie der Rab, schwieret wie die Schwalbe, silket wie der Sperling [...]. Ich sage nochmals: Die Natur redet in allen Dingen, welche ein Getön von sich geben, unsere Teutsche Sprache, und daher haben etliche wähnen wollen, der erste Mensch Adam habe das Geflügel und alle Thier auf Erden nicht anderst als mit unseren Worten nennen können, weil er jedes eingeborene selbstlautende Eigenschafft Naturmässig ausgedruket; und ist sich deswegen nicht zu verwundern, daß unsere Stammwörter meinstens Theils mit der heiligen Sprache gleichstimmig sind.

Das Deutsche sei deshalb so vollkommen geblieben, weil Deutschland nie von einer fremden Macht unterworfen worden sei, während die Besiegten (dies war auch Kirchers Ansicht) die Sprache und Sitte des Siegers annähmen, wie am Französischen zu sehen, das sich mit dem Keltischen, dem Griechischen und dem Lateinischen vermengt habe. Das Deutsche sei wortreicher als das Hebräische, geschmeidiger als das Griechische, in den Sinndeutungen mächtiger als das Lateinische, in der Aussprache prächtiger als das Spanische, anmutiger als das Französische und korrekter als das Italienische.

Ähnliche Ideen tauchen bei Schottel auf (*Teutsche Sprachkunst*,

1641), wo die deutsche Sprache als die an Reinheit der adamitischen ähnlichste verherrlicht wird (hier setzt sich die Vorstellung von der Sprache als Ausdruck eines Volksgeistes fest). Für andere stammt sogar noch das Hebräische vom Deutschen ab. Auch die Idee mit Japhets Wohnsitz taucht wieder auf (die nur je nach Autor das Land wechselt), nun in der Form, daß Japhet nach Deutschland gegangen sei und daß sein Neffe Aschkenaz schon vor der babylonischen Sprachverwirrung im Fürstentum Anhalt gelebt habe und daß von ihm Hermann der Cherusker und Karl der Große abstammten.

Diese Thesen entstehen auch deshalb, weil in der Welt des deutschen Protestantismus die deutsche Sprache als diejenige verteidigt werden muß, in die Luther die Bibel übersetzt hat, und «Prätentionen dieser Art müssen im Zusammenhang der politischen Zersplitterung nach dem Dreißigjährigen Krieg gesehen werden. Da die deutsche Sprache eine der stärksten Kräfte zur Einigung der Nation war, mußte ihr Wert übersteigert und die Sprache selbst von fremden Einflüssen befreit werden» (Faust 1981: 366).

Leibniz hat sich über diese und andere Prätentionen lustig gemacht, und in einem Brief vom 7. April 1699 (Dutens 1768, VI, 2: 223, zit. in Gensini 1991: 113) nimmt er jene aufs Korn, die alles aus der eigenen Sprache ableiten wollen, wie Becanus, Rudbeck, ein gewisser Ostroski, der alles aufs Ungarische zurückführen wollte, ein Abbé François, der aufs Bretonische zurückging, oder Praetorius als Parteigänger des Polnischen, und sollten eines Tages die Türken und die Tataren – schließt Leibniz – so wissend wie die Europäer geworden sein, werde es ihnen nicht schwer fallen, ihre Sprachen zu Muttersprachen der ganzen Menschheit zu erheben.

Gleichwohl gelingt es auch Leibniz nicht, gegen die nationalistische Versuchung gefeit zu bleiben. In seinen *Nouveaux essais* macht er eine gutmütige Anspielung auf Goropius Becanus, indem er von *goropiser* im Sinne von «schlechte Etymologien bilden» spricht, räumt aber ein, der Mann habe nicht unrecht darin gehabt, im Kimbrischen und damit im Germanischen eine uralte Sprache zu erblicken, die sogar älter als das Hebräische sei. Tatsächlich teilt Leibniz die *kelto-skythische Hypothese* (die schon in der Renaissance aufgekommen war, vgl. Borst 1957, III/2:

1476f. und Droixhe 1978). In seiner zehnjährigen Arbeit des Sammelns und minutiösen Vergleichens von sprachlichem Material war er zur Überzeugung gelangt, daß am Ursprung des ganzen japhetischen Stammes eine Germanen und Galliern gemeinsame keltische Sprache gestanden habe, und so «könnte man vermuten, daß dies vom gemeinsamen Ursprung all jener Völker herrührt, die von den Skythen abstammen, welche vom Schwarzen Meer gekommen sind, die Donau und die Weichsel überschritten haben und zu einem Teil nach Griechenland gegangen sein, zum anderen Germanien und Gallien bevölkert haben könnten» (*Nouveaux essais* III, 2). Damit nicht genug, sieht Leibniz sogar Analogien (die er auf Völkerwanderungen zurückführt) zwischen den kelto-skythischen Sprachen und denen, die wir heute die semitischen nennen; er stellt fest, nichts darin spreche gegen und eher alles für «das Gefühl eines gemeinsamen Ursprungs aller Völker und einer wurzelhaften Ursprache (une langue radicale et primitive)», er räumt ein, das Arabische oder Hebräische komme dieser Ursprache näher als andere Sprachen, ungeachtet zahlreicher Entstellungen, aber schließlich meint er, «es scheint, daß sich das Teutonische am meisten Natürliches und (um mit Jakob Böhme zu sprechen) Adamitisches bewahrt hat.» Und nachdem er verschiedene deutsche Onomatopöien untersucht hat, kommt er zu dem Schluß, daß die germanische Sprache als die ursprünglichste angesehen werden könne.

Mit seiner Skizze der weiteren Ausbreitung des skythischen Stammes im Mittelmeerraum und seiner Unterscheidung einer Gruppe von südlichen oder aramäischen Sprachen hat Leibniz einen Sprachatlas entworfen, der zwar großenteils falsch ist, dem es aber nicht an luziden Einsichten fehlt, wenn man ihn im Licht der Entdeckungen des späteren Komparatismus betrachtet (vgl. Gensini 1990: 41).

Natürlich muß die Verteidigung des Keltischen in der britischen Welt andere Konnotationen annehmen, solche der Opposition gegen die germanische Tradition. So vertritt ein gewisser Rowland Jones im folgenden Jahrhundert die These, daß die Ursprache das Keltische gewesen sei, und erklärt dazu: «Keine Sprache außer dem Englischen erweist sich so nahe der ersten universalen Sprache und ihrer natürlichen Präzision und Korrespondenz zwischen Worten und Dingen, in der Form und in der Art, in der wir sie als universale Sprache präsentiert haben.» Die keltische Sprache sei «die Mutter aller westlichen Dialekte sowie des Griechischen, die ältere Schwester der orientalischen Sprachen und, in ihrer konkreten Form, die lebendige Sprache der Atlantiker sowie der Ureinwohner Italiens, Galliens und Britanniens, die den Römern viele von ihren Vokabeln nichtgriechischer Herkunft geliefert hat, desgleichen ihre grammatikalischen Namen sowie viele der wichtigsten Namen vieler Teile des Erde [...] Die keltischen Dialekte und das keltische Wissen stammen aus den Zirkeln des Trismegistos, Hermes, Merkur und Gomer», und «die englische Sprache bewahrt sich auf eigentümlichste Weise ihre Abstammungen aus dieser einen, welche die reinste aller Quellen der Sprache ist» (*The Circles of Gomer*, Crowder, London 1771, II, S. 31). Es folgen etymologische Nachweise.

Die nationalistischen Hypothesen sind typisch für Jahrhunderte wie das siebzehnte und achtzehnte, in denen die großen europäischen Nationalstaaten ihre definitiven Formen annehmen und sich das Problem einer Vorherrschaft auf dem Kontinent stellt. Diese energischen Behauptungen einer Ursprünglichkeit sind nicht mehr Ergebnis eines Strebens nach religiöser Eintracht, sondern einer sehr viel handfesteren Staatsräson, ob ihre Autoren sich dessen bewußt sind oder nicht.

Doch trotz dieser nationalistischen Motivationen, dank einer Erscheinung von der Art, die Hegel die List der Vernunft genannt hätte, führt die mühsame Suche nach Etymologien, die eine gemeinsame Wurzel aller lebenden Sprachen beweisen sollen, zu einer immer präziseren Arbeit des Sprachenvergleichs. Und durch diese Arbeit löst sich das Phantom einer Ursprache langsam auf, um allenfalls noch als bloße Regulativ-Hypothese zu verbleiben, und es erhebt sich die Notwendigkeit einer Typologie der sprachlichen Grundstämme. Die Suche nach der Ur-Muttersprache führt zu einer Suche nach den Ursprüngen, die jedoch unter einem ganz anderen Zeichen steht. Um die primäre Sprache zu dokumentieren, werden bedeutende Fortschritte sowohl in der Bestimmung und Eingrenzung einiger Sprachfamilien gemacht (wie der semitischen und der germanischen), wie auch in der Ausarbeitung eines Modells, nach welchem eine Sprache die «Mutter» anderer Sprachen oder Dialekte sein konnte, die einige Züge mit ihr gemeinsam haben, wie schließlich auch in der embryonalen Entwicklung einer Vergleichsmethode, vorgeformt in der Produktion synoptischer Wörterbücher (Simone 1990: 331).

Die indoeuropäische Hypothese

Das Hebräische hat nunmehr seine Schlacht verloren. Im ausgehenden achtzehnten und beginnenden neunzehnten Jahrhundert verbreitet sich der Gedanke, daß es im Laufe der historischen Differenzierung zu viele Veränderungen und Entstellungen gegeben hat, als daß es noch möglich wäre, zu einer ursprünglichen Sprache zurückzugehen, selbst wenn es sie gegeben hätte. Es empfiehlt sich eher, eine Typologie der existierenden Sprachen aufzustellen, Familien zu finden, Generationen und Stammbäume nachzuzeichnen. So beginnt eine Geschichte, die nichts mehr mit der hier erzählten zu tun hat.

Im Jahre 1786 verkündet Sir William Jones im *Journal of the Asiatick Society* von Bombay:

> Die Sanskritsprache, wie groß ihr Alter auch sein mag, ist von bewundernswerter Struktur, vollkommener als das Griechische, reicher als das Lateinische und von exquisiterer Feinheit als beide, wobei sie mit beiden in einem Verwandtschaftsverhältnis steht, sowohl in den Wortwurzeln wie in den grammatikalischen Formen [...]. Kein Philologe könnte sie alle drei untersuchen, ohne sich davon zu überzeugen, daß sie einer gemeinsamen Wurzel entstammen müssen, die vielleicht nicht mehr existiert.» («On the Hindus», *The Works of Sir William Jones,* III, London, 1807: 34f.).

Jones trägt die Hypothese vor, daß auch das Keltische und das Gotische und sogar das Altpersische eine Verwandtschaft mit dem Sanskrit haben könnten. Man beachte, daß er nicht nur von Wortwurzeln spricht, sondern auch von grammatikalischen Strukturen. Man verläßt die Suche nach nomenklatorischen Analogien und beginnt, von syntaktischen Ähnlichkeiten und phonetischen Verwandtschaften zu sprechen.

Bereits John Wallis (*Grammatica linguae anglicanae*, 1653) hatte sich das Problem gestellt, wie man eine Beziehung zwischen der französischen Serie *guerre – garant – gard – gardien – garderobe – guise* und der englischen Serie *warre – warrant – ward – warden – wardrobe – wise* herstellen könnte, in denen er einen regelmäßigen Wechsel von *g* und *w* bemerkt hatte. Anderthalb Jahrhunderte später untersuchen deutsche Sprachforscher wie Friedrich und August Wilhelm von Schlegel und Franz Bopp die genaueren Zusammenhänge zwischen Sanskrit, Griechisch, Lateinisch, Persisch und Deutsch. Man entdeckt Entsprechungen zwischen den Paradigmen des Verbs «sein» in verschiedenen Sprachen, und schrittweise gelangt man zu der Hypothese, daß nicht etwa das Sanskrit die Ursprache war, sondern daß eine ganze Familie von Sprachen, einschließlich des Sanskrit, von einer *Protosprache* abstammte, die nicht mehr existiert, sich aber idealiter rekonstruieren ließe. Dies war die Forschung, die zur Hypothese des Indoeuropäischen führte.

Mit der Arbeit von Jakob Grimm (*Deutsche Grammatik*, 1818) werden diese wissenschaftlichen Kriterien präzisiert. Jetzt macht man sich auf die Suche nach «Lautverschiebungen», um beispielsweise zu entdecken, daß aus einem [p] im Sanskrit sich griechisch *pous-podos*, lateinisch *pes-pedes*, gotisch *fotus* und englisch *foot* herleiten.

Was hat sich definitiv geändert gegenüber der Utopie von der adamitischen Sprache? Dreierlei ist neu. Erstens die Wissenschaftlichkeit der Kriterien. Zweitens die Vorstellung, daß die ursprüngliche Sprache gleichsam ein archäologisches Fundstück ist, das man ausgraben kann. Und drittens: Das Indoeuropäische bleibt zwar ein ideeller Parameter, aber es beansprucht nicht mehr, die Muttersprache der Menschheit zu sein, sondern präsentiert sich nur noch als Stammvater *einer* Sprachfamilie, nämlich der arischen.

Doch kann man wirklich sagen, daß mit der Geburt der modernen Sprachwissenschaft das Phantom des Hebräischen als der heiligen Sprache verschwindet? Es verwandelt sich lediglich in ein anderes und beunruhigendes Phantom.

Bei Olender (1989, 1993) ist nachzulesen, wie sich im neunzehnten Jahrhundert ein Mythenwechsel vollzieht. Statt von der Primordialität einer Sprache träumt man nun von der Primordialität einer Kultur oder einer Rasse: Gegen das Bild der hebräischen Kultur und Sprache erhebt sich das Gespenst der Kultur und Sprache des arischen Stammes.

Angesichts der zwar virtuellen, aber packenden Präsenz des Indoeuropäischen versetzt die europäische Kultur das Hebräische in eine metahistorische Perspektive. Von den Verherrlichungen Herders, der es mit seinem tiefverwurzelten Sinn für kulturellen Pluralismus zu einer zutiefst poetischen Sprache machte (aber zugleich für immer eine Kluft zwischen einer Kultur der Intuition und einer der Ratio aufriß), geht man über zu ambivalenten Anleihen bei Renan, der im Versuch, den Geist der hebräischen Sprache (Sprache der Wüste und des Monotheismus) dem der europäischen Sprachen (mit ihrer polytheistischen Vokation) gegenüberzustellen, zu Behauptungen gelangt, die aus zeitlichem Abstand gelesen schlicht komisch klingen: Die semitischen Sprachen seien unfähig, die Vielfalt zu denken, und sperrten sich gegen die Abstraktion, weshalb die jüdische Kultur dem wissenschaftlichen Denken fremd sei und keinen Sinn für Humor habe.

Leider handelt es sich nicht nur um wissenschaftliche Naivität. Der Mythos von der arischen Kultur hat, wie man weiß, sehr viel schlimmere politische Folgen gehabt. Gewiß wollen wir die ehrenwerten Erforscher des Indoeuropäischen nicht für die Vernichtungslager der Nazis verantwortlich machen, auch weil sie auf linguistischer Ebene ja recht hatten. Aber im Verlauf dieser unserer Geschichte haben wir immer auch die Nebenwirkungen zu zeigen versucht. Und an einige Nebenwirkungen muß man zwangsläufig denken, wenn man bei Olender liest, wie der große Linguist Adolphe Pictet in *Les origines indo-européennes ou les Aryas primitifs* (1859–1863) seinen Hymnus auf die arische Kultur anstimmte:

In einer Epoche vor jedem historischen Zeugnis, die sich im Dunkel der Zeiten verliert, wuchs eine Rasse, der es von der Vorsehung bestimmt war, eines Tages über die ganze Welt zu herrschen, langsam in der ursprünglichen Wiege heran, die das Vorspiel zu ihrer glänzenden Zukunft war. Privilegiert vor allen anderen durch die Schönheit des Blutes und die Gaben der Intelligenz, genährt am Busen einer grandiosen und strengen Natur, die ihre Schätze nicht als leichte Beute hergab, war diese Rasse von Anfang an zur Eroberung aufgerufen [...]. Eine Sprache, in der sich spontan alle ihre Eindrücke widerspiegelten, ihre zarten

Affekte, ihre arglosen Bewunderungen, aber auch ihre Aufschwünge zu einer höheren Welt; eine Sprache voller Bilder und intuitiver Ideen, die im Keim alle künftigen Reichtümer einer großartigen Ausbreitung der höchsten Poesie und des tiefsten Denkens in sich trug (I: 7–8) [...]. Ist es nicht eigenartig zu sehen, wie die Arier Europas, nach einer Trennung von vier bis fünftausend Jahren und auf einem immensen Umweg, ihre unbekannten Brüder in Indien wieder erreichen, sie beherrschen, indem sie ihnen die Elemente einer höheren Zivilisation bringen, und bei ihnen die uralten Anrechtstitel auf einen gemeinsamen Ursprung wiederfinden? (III: 537; zit. in Olender 1989: 130–39)

Nach einer tausendjährigen ideellen Reise in den Orient, um die eigenen Wurzeln zu entdecken, findet Europa schließlich die ideellen Gründe für eine reale Reise, die nun keine Entdeckungsreise mehr ist, sondern eine Eroberungsreise, und die Kipling verherrlichen wird, indem er von der «Bürde des weißen Mannes» spricht. Europa braucht keine vollkommene Sprache mehr, um die mehr oder weniger unbekannten Brüder zu bekehren. Es genügt, ihnen eine indoeuropäische Sprache aufzuzwingen, am besten, indem man den Zwang mit der Berufung auf den gemeinsamen Ursprung rechtfertigt.

Die Philosophen gegen die Monogenese

Obwohl das achtzehnte Jahrhundert noch die Sprachursprungsforschungen eines de Brosses oder Court de Gébelin erlebt hatte, waren die Voraussetzungen für eine endgültige Liquidierung des Mythos der Ur-Muttersprache oder eines idealen Sprachzustandes vor Babel bereits in der Sprachphilosophie der Aufklärung gegeben. Es genügt, sich den *Essai sur l'origine des langues* von Rousseau anzusehen (der postum 1781 erschien, aber sicher mehrere Jahrzehnte zuvor verfaßt worden war). Mit einer dramatischen Wende, die sich schon bei Vico abzeichnete, nimmt die Sprache des Ursprungs hier genau jene negativen Merkmale an, die von den Theoretikern der vollkommenen Sprachen immer den Sprachen *nach* Babel zugeschrieben worden waren.

Rousseau zufolge drückte der Name in der frühesten Sprache mitnichten das Wesen der Sache aus, denn damals sprach man in

Metaphern und gehorchte den Trieben der Leidenschaft, die vor unbekannten Objekten zu instinktiven Reaktionen zwang, weshalb man Wesen, die kaum größer und stärker als der Sprecher waren, metaphorisch und fälschlich «Riesen» nannte (Kap. 3). Es war eine Sprache, die dem Gesang näher stand als der verbalen Sprache und weniger artikuliert war als diese, dabei reich an Synonymen zur Bezeichnung ein und desselben Wesens in seinen verschiedenen Beziehungen. Arm jedoch an Abstrakta, war ihre Grammatik unregelmäßig und voller Ausnahmen. Sie «repräsentierte», ohne zu «räsonieren» (Kap. 4).

Andererseits hatte gerade die ursprüngliche Zerstreuung der Menschen nach der Sintflut jede Suche nach einer Monogenese vergeblich gemacht (Kap. 9). Schon du Bos (*Réflexions critiques sur la poésie et sur la peinture*, ed. 1764, I, 35) hatte es vorgezogen, nicht so sehr von der Ur-Muttersprache als von der Sprache des Ursprungs, der Sprache des Hüttenzeitalters zu sprechen. Mehr denn unerreichbar geworden, erscheint diese Sprache der Hütten im höchsten Maße als unvollkommen. Jetzt schlägt die Stunde der Geschichte. Zurückzugehen ist unmöglich, und in jedem Fall wäre es keine Rückkehr zur Fülle des Wissens.

Was den Ursprung der Sprache und ihr Verhältnis zum Denken betrifft, so findet sich das achtzehnte Jahrhundert gespalten zwischen rationalistischen und empirisch-sensualistischen Hypothesen. Gewiß sind viele Denker der Aufklärung beeinflußt von den Prinzipien Descartes, die sich auf semiotischer Ebene in der *Grammaire* (1660) und der *Logique* (1662) von Port-Royal niederschlugen. Autoren wie Beauzée und du Marsais (Mitarbeiter der *Encyclopédie*) wollen einen kompletten Isomorphismus zwischen Sprache, Denken und Wirklichkeit identifizieren, und auf dieser Linie bewegen sich viele Diskussionen über die Rationalisierung der Grammatik. Beauzée behauptet (in seinem *Encyclopédie*-Artikel «Grammaire»): «Das Wort ist eine Art Bild (*tableau*), dessen Original das Denken ist», und deshalb müsse die Sprache eine getreue Imitation des Denkens sein, und «es muß Grundprinzipien geben, die allen Sprachen gemeinsam sind und deren unzerstörbare Wahrheit älter ist als all die willkürlichen oder zufälligen Bedingungen, die zur Entstehung der verschiedenen Idiome geführt haben, welche die menschliche Gattung spalten».

Im selben Jahrhundert sehen wir indes auch florieren, was Rosiello (1967) die «aufgeklärte Linguistik» genannt hat, die sich, vermittelt durch den Sensualismus von Condillac, aus dem Empirismus von Locke entwickelt. In klarem Gegensatz zu Descartes' «nativistischer» These von den angeborenen Grundvorstellungen hatte Locke unseren Geist als ein leeres Blatt beschrieben, ein Medium ohne jede Eigenschaft, das alle seine Daten aus der sinnlichen Wahrnehmung bezieht, die uns die äußeren Dinge erkennen läßt, und aus der Reflexion, durch die wir die inneren Operationen der Seele erkennen. Nur durch diese beiden Aktivitäten des Geistes kommen jene einfachen Ideen zustande, die der Verstand dann vergleicht und zu einer unbegrenzten Vielfalt komplexer Ideen zusammensetzt.

Condillac (in seinem *Essai sur l'origine des connaissances humaines*, 1746) reduziert den Lockeschen Empirismus auf einen radikalen Sensualismus, da aus den Sinnen nicht nur die Wahrnehmungen kommen, sondern alle Aktivitäten des Geistes, von der Erinnerung über das Aufmerken bis zum Vergleichen und damit zum Urteilen. Eine Statue, die im Innern wie unser Körper organisiert wäre, würde durch die ersten Lust- und Schmerzempfindungen nach und nach die verschiedenen Verstandesoperationen entwickeln und aus ihnen sogar noch unser Vermächtnis an abstrakten Ideen ableiten. In diese Genese der Ideen greifen die Zeichen direkt und aktiv ein, um zuerst unsere primären Gefühle auszudrücken, als Sprache der Emotionen und Leidenschaften, die aus Schreien und Gesten besteht, oder als *Sprache des Handelns*, und dann als Art und Weise, das Heranwachsen des Denkens selbst zu fixieren als *Sprache der Institution*.

Diese Idee einer Sprache des Handelns war schon bei William Warburton aufgetreten (*The divine legation of Moses*, 1737–41) und wird nun breit auf der Linie der sensualistischen Tradition entfaltet, um zu sehen, wie man von der Sprache des Handelns zu komplexeren Formen gelangt und wie diese Genese sich irreversibel in einen historischen Ablauf einbettet. Am Ende des achtzehnten Jahrhunderts zieht die Gruppe der sogenannten «Ideologen» aus dieser Diskussion eine kohärente und systematische Reihe von Schlüssen in einer Optik, die gleichzeitig materialistisch, historistisch und aufmerksam für die sozialen Fakten ist und dabei eine minutiöse Phänomenologie der verschiedenen Ausdruckstypen entwickelt, von den piktographischen Zeichen über die Gebärdensprachen der Pantomimen, der Stummen, der Redner oder der Schauspieler, bis hin zu den Ziffern und den algebraischen Zeichen sowie den Jargons und Signalen der Geheimgesellschaften (aktuelles Thema in einer Zeit, in der die Freimaurergesellschaften aufkommen und florieren).

In Werken wie den *Éléments d'Idéologie* von Antoine Louis-Claude Destutt de Tracy (1801–15, 5 Bde.) und mehr noch in *Des signes* von Joseph-Marie Degérando (1800, I, 5) wird ein historisches Fresko entwickelt, in dem die Menschen zuerst so erscheinen, als wollten sie gleichsam einander erraten, indem sie durch einfache Handlungen kommunizieren, dann gehen sie langsam zu einer imitierenden Gebärdensprache über, einer Sprache der Natur, durch welche die Handlungen in einer Art Pantomime reproduziert werden, um analoge Handlungen zu bezeichnen. Doch diese Sprache ist noch mehrdeutig, denn es ist nicht gesagt, daß die beiden Gesprächspartner mit derselben Gebärde denselben Gedanken assoziieren sowie dieselben Begleitumstände, Motivationen und Ziele. Um die Gegenstände zu benennen, genügt ein Zeichen, das wir ein deiktisches oder indexikales nennen würden, ein Schrei, ein Blick in Richtung der gemeinten Sache, eine Bewegung des Fingers. Was die nicht direkt zeigbaren Dinge angeht, so sind sie entweder physische, aber entfernte Objekte oder innere Zustände. Im ersteren Fall greift man erneut auf die imitierende Sprache zurück, mit der eher Handlungen als Substanzen reproduziert werden. Um sich auf innere Zustände oder Begriffe zu beziehen, rekurriert man auf eine figürliche Sprache, die mit Metaphern, Synekdochen oder Metonymien operiert – die Hände, die zwei Gewichte wiegen, suggerieren das Abwägen eines Urteils, die Flamme verweist auf eine feurige Leidenschaft und so weiter. Bis hierher sind wir noch bei einer Sprache der Analogien, die sich durch Gesten ausdrücken kann, durch Akzente der Stimme (oft primitive Lautmalereien) und durch symbolische oder piktographische Schriften. Aber nach und nach werden diese Analogiezeichen zu Gewohnheitszeichen, man geht zu einer mehr oder minder willkürlichen Kodifizierung über, und so entstehen die Sprachen im eigentlichen Sinne. Daher wird der Zeichenapparat, den die Menschen sich schaffen, von historischen und milieubedingten Faktoren bestimmt.

Gerade im Denken der «Ideologen» wird sich die schärfste Kritik an jedwedem Ideal einer vollkommenen Sprache entfalten. Zugleich endet hier in Wirklichkeit die Polemik, die im siebzehnten Jahrhundert mit der sogenannten epikureischen Hypothese begonnen hatte und noch vorher mit jenen Reflexionen über die Verschiedenheit der Kulturen, die sowohl Montaigne wie auch Locke anstellten, wenn sie die Unterschiede zwischen den Glaubensformen der exotischen Völker hervorhoben, die von den Forschern ihrer Zeit entdeckt worden waren.

So betont Jaucourt in seinem *Encyclopédie*-Artikel «Langue», da die verschiedenen Sprachen aus den verschiedenen Geistern der betreffenden Völker entstanden seien, könne man sofort beschließen, daß es niemals so etwas wie universale Sprachen geben werde, da man niemals allen Nationen dieselben Bräuche und Gefühle oder dieselben Vorstellungen von Lastern und Tugenden zuweisen könne, Vorstellungen, die sich ganz verschieden entwickelten, je nach den Verschiedenheiten der Klimata, der Erziehung und der Regierungsform.

Immer deutlicher zeichnet sich der Gedanke ab, daß die einzelnen Sprachen einen je eigenen «Geist» ausbilden, der sie einander unvergleichlich macht und zum Ausdruck verschiedener Sichten der Welt befähigt. Der Gedanke tritt erstmals bei Condillac auf (*Essai sur l'origine des connaissances humaines*, II, I, 5), aber er findet sich auch bei Herder (*Fragmente über die neuere deutsche Literatur*, 1766–67), und in weiterentwickelter Form kehrt er bei Wilhelm von Humboldt wieder (*Über die Verschiedenheit des menschlichen Sprachbaues und ihren Einfluß auf die geistige Entwicklung des Menschengeschlechts*, 1836), für den jede Sprache eine «innere Sprachform» besitzt, in der sich die Weltsicht des sie sprechenden Volkes ausdrückt.

Wenn man organische Beziehungen zwischen einer gegebenen Sprache und einer Denkweise anerkennt, stellen diese Beziehungen wechselseitige Bedingungen her, die nicht nur *synchron* sind (Beziehungen zwischen Sprache und Denken in einer gegebenen Epoche), sondern auch *diachron* (zeitbedingt wechselnde Beziehungen einer gegebenen Sprache zu sich selbst). Sowohl Denk- wie Sprechweise sind das Ergebnis einer historischen Entwicklung (vgl. De Mauro 1965: 47–63). Und damit wird es abwegig, die menschlichen Sprachen auf ein angebliches Einheitsmuster zurückzuführen.

Ein zählebiger Traum

Dennoch weichen die monogenetischen Theorien nicht einmal vor den differenziertesten Forschungen der vergleichenden Sprachwissenschaft zurück. Die Bibliographie der verspäteten Monogenetiker ist uferlos. Sie enthält Verrückte, bizarre Geister und Gelehrte von absoluter Seriosität.

So wird zum Beispiel die aufgeklärte Idee einer Sprache der Handlungen noch in der Mitte des neunzehnten Jahrhunderts von J. Barrois (*Dactylologie et langage primitif restitués d'après les monuments**, *Paris* 1850) in monogenetische Richtung umgebogen. Ausgehend von der Annahme, daß die ursprüngliche Sprache der Menschheit eine Sprache der Handlungen gewesen sei, die ausschließlich aus Gesten bestanden habe, versucht Barrois sogar zu beweisen, daß die biblischen Ausdrücke, die angeben, wie Gott zu Adam spricht, nicht auf ein Sprechen im verbalen Sinne verwiesen, sondern eine mimische Sprache voraussetzten. «Die Designation der verschiedenen Tiere durch Adam bestand aus einer speziellen Mimik, welche an die Form, den Instinkt, die Gewohnheiten oder Eigenheiten und schließlich die Charakteristika ihrer wesentlichen Eigenschaften erinnerte» (S. 31). Das erste Mal, daß in der Bibel ein Ausdruck vorkomme, der sich eindeutig auf ein phonetisches Sprechen beziehe, sei erst, wenn Gott zu Noah spricht. Vorher blieben die Ausdrücke eher vage, ein Zeichen dafür, daß die phonetische Sprache sich nur langsam und erst in der Zeit unmittelbar vor der Sintflut endgültig durchgesetzt habe. Zur *confusio linguarum* sei es durch die Nichtübereinstimmung zwischen gestischer und gesprochener Sprache gekommen. Die Entstehung einer ersten lautlichen Sprache sei aufs engste von Gesten begleitet gewesen, die die wichtigsten Wörter unterstrichen hätten – so wie es noch heute die Neger und die syrischen Händler täten (S. 36).

Die «daktylologische» Sprache, die sich durch Fingerbewegungen ausdrückt (und die Barrois überall in gleicher Form wiederfindet, als er die ikonographischen Monumente aller Zeiten daraufhin durchsieht), entsteht als Abkürzung einer phonetischen Sprache, als diese sich verfestigt, und um sie zu betonen und sie durch diese Verwandlung der ursprünglichen Handlungssprache zu präzisieren.

Was den Gedanken eines Urhebräischen angeht, so genügt es, eine Gestalt wie Fabre d'Olivet anzuführen, der immerhin 1815 geschrieben hat. Sein Buch *La langue hébraïque restituée* (das noch heute eine Inspirationsquelle für verspätete Kabbalisten darstellt) handelt von einer Ursprache, die kein Volk jemals gesprochen hat und von der das Hebräische lediglich der berühmteste Sproß ist, da es ursprünglich nichts anderes als das mosaische Ägyptisch war. Der Autor macht sich also auf die Suche nach der Ur-Muttersprache in einem Hebräischen, das er zwar gewiß sorgfältig studiert, aber auch einer phantastischen Neuinterpretation unterzieht, in der Überzeugung, daß in dieser Sprache jedes Phonem, jeder einzelne Laut einen Sinn gehabt habe. Es ist müßig, ihm bei seinem verstiegenen Unternehmen zu folgen, seine Etymologien sind immer noch auf der Linie derer von Duret, Guichard und Kircher, nur noch weniger überzeugend.

Man braucht sich nur anzusehen, wie er bei seinem Versuch, Spuren des hebräischen Mimologismus in den modernen Sprachen zu finden, die Etymologie von französisch *emplacement* herleitet. *Place* kommt von lateinisch *platea* und von deutsch *Platz*. In diesen Wörtern steht der Laut AT für ‹Schutz›, das L bedeutet ‹Ausdehnung›, also bedeutet LAT ‹geschützte Ausdehnung›. MENT kommt von *mens* und von *mind*. Das E ist in dieser Silbe Zeichen für absolutes Leben, das N für reflektierte Existenz, und gemeinsam suggerieren sie ENS, den körperlichen Geist. M bezeichnet Existenz an einem bestimmten Ort. Mithin bedeutet *emplacement* (I, S. 41): «le mode propre d'après le quel une étendue fixe et déterminée, comme *place*, est conçue, ou se présente au dehors» («die eigentümliche Art, nach welcher eine feste und bestimmte Ausdehnung wie ‹Platz› wahrgenommen wird oder sich nach außen darbietet») – was einem seiner Kritiker zu sagen erlaubte, demnach bedeute *emplacement* für Fabre «emplacement» (vgl. Cellier 1953: 140; Pallotti 1992).

Dennoch hat ausgehend gerade von Fabre d'Olivet kein Geringerer als Benjamin Lee Whorf begonnen, von einer «Oligosynthese» zu phantasieren und nachzudenken über «mögliche Anwendungen einer solchen Wissenschaft beim Restaurieren einer möglichen gemeinsamen Ursprache der menschlichen Gattung oder beim Perfektionieren einer idealen natürlichen Sprache, die aus den ursprünglichen psychologischen Bedeutungen der Laute aufgebaut ist, vielleicht als eine künftige gemeinsame Sprache, in der alle unsere verschiedenen Sprachen aufgehen könnten oder, um es anders zu sagen, auf deren Termini sie alle reduziert werden könnten" (Whorf 1956, Introduction: 12; vgl. auch S. 74–76 [dt. Ausgabe S. 121 f.]). Nicht die erste und nicht die letzte Paradoxie unserer Geschichte, wenn man bedenkt, daß der Name Whorf für die am wenigsten monogenetische aller Hypothesen über den Ursprung der Sprache steht und daß es Whorf ist, dem die zeitgenössische Kultur die Idee von der Sprache als einem «ganzheitlichen» Universum verdankt, das eine Sicht der Welt auszudrücken vermag, die sich gerade *nicht* auf die in anderen Sprachen ausgedrückten Weltsichten reduzieren läßt.

Was die Zählebigkeit des Mythos vom Urhebräischen angeht, so genügt ein Blick in die köstliche Sammlung, die White darüber angelegt hat (1917, II: 189–208). Mehr als hundert Jahre hat es gedauert, bis der Artikel über Philologie in der *Encyclopaedia Britannica* von der ersten bis zur neunten Ausgabe (das heißt von 1771 bis 1885) von einer teilweisen Übernahme der monogenetischen Hypothese, in Form einer sehr respektvollen Behandlung der Theorie vom Hebräischen als *lingua sacra*, allmählich durch sukzessive und immer weniger zaghafte Korrekturen zu einem Artikel im Geist der modernsten sprachwissenschaftlichen Kriterien geworden ist. In derselben Zeitspanne aber und sogar noch darüber hinaus wurde, jedenfalls in «fundamentalistischen» Theologenkreisen, weiter die traditionelle Hypothese verfochten, und noch im Jahre 1807 duldete die Manchester Philological Society keine Mitglieder in ihren Reihen, die sich erkühnten, durch die Rede vom Sanskrit oder gar vom Indoeuropäischen die göttliche Offenbarung zu leugnen.

Unter den Verfolgern der monogenetischen Hypothese finden wir auch einen Mystiker und Theosophen vom Ende des achtzehnten Jahrhunderts wie Louis-Claude de Saint-Martin, der in Teil II seiner Abhandlung *De l'esprit des choses* (1798–99) viele Kapitel den primitiven Sprachen, Ur-Muttersprachen und Hieroglyphensprachen widmet, sowie katholische Legitimisten des neunzehnten Jahrhunderts wie de Maistre (*Soirées de Saint Petersbourg*, II), de Bonald (*Recherches philosophiques*, III, 2) oder Lamennais (*Essai sur l'indifférence en matière de religion*). Freilich sind diese Autoren nicht so sehr daran interessiert, zu versichern, daß die erste Sprache der Welt das Hebräische gewesen sei, sondern sich einer materialistischerweise polygenetischen oder, schlimmer noch, einer an Locke geschulten konventionalistischen Sicht des Ursprungs der Sprache entgegenzustellen. Das Problem des «reaktionären» Denkens ist – bis in unsere Tage – nicht, zu sagen, daß Adam hebräisch gesprochen habe, sondern in der Sprache eine Quelle der Offenbarung anzuerkennen, eine These, die sich nur vertreten läßt, wenn man behauptet, daß die Sprache unmittelbar – also ohne Vermittlung durch irgendeinen Gesellschaftsvertrag oder eine Anpassung an die materiellen Notwendigkeiten des Daseins – das Verhältnis zwischen Mensch und Heiligem ausdrücke.

Unter scheinbar entgegengesetztem Vorzeichen stand in unserem Jahrhundert die polygenetische Hypothese des georgischen Sprachwissenschaftlers Nikolai Marr, bekannter geworden durch seine These einer Abhängigkeit der Sprache von den Klassenspaltungen, die dann von Stalin 1950 in dem Aufsatz *Marxismus und Sprachwissenschaft* widerlegt worden war. Zu seinen letzten Positionen war Marr gelangt, nachdem er eine Attacke auf den Komparativismus als Ausdruck der bürgerlichen Ideologie geführt und ihm eine rigide polygenetische Hypothese entgegengestellt hatte. Kurioserweise jedoch hatte gerade der Polygenetismus den Marxisten Marr dazu gebracht, in eine Utopie der vollkommenen Sprache zurückzufallen, indem er sich eine Menschheit ohne Klassen und Nationen vorstellte, die in der Lage sein würde, eine einzige weltumspannende, aus der Kreuzung aller Sprachen hervorgegangene Sprache zu sprechen (vgl. Yaguello 1984, 7, mit ausführlichen Textauszügen).

Neue monogenetische Perspektiven

Voller Zweifel an der Möglichkeit einer ernsthaften wissenschaftlichen Untersuchung über ein Thema, dessen Zeugnisse sich im Dunkel der Zeiten verlieren und nur Gegenstand der Vermutung sein können, hatte die Pariser Société de Linguistique 1866 beschlossen, jeden Artikel über universale Sprachen wie auch über den Ursprung der Sprache zurückzuweisen. Gleichwohl – auch wenn sie nicht mehr die Form der mehr oder minder phantasievollen historischen Rekonstruktion und der Utopie einer universalen oder vollkommenen Sprache annimmt, sondern die der vergleichenden Forschung über existierende Sprachen – ist die noch heute aktuelle Debatte über die Universalien der Sprache (vgl. Greenberg 1963 und Steiner 1975, 1.3.) ein Abkömmling jener alten Diskussionen. Desgleichen ist in neuerer Zeit auch eine Forschung über die Ursprünge der Sprache wiederaufgenommen worden (vgl. zum Beispiel Fano 1962 und Hewes 1975, 1979).

Im übrigen kehrt die Suche nach der Ur-Muttersprache in unserem Jahrhundert mit Vitaly Shevoroshkin (1989) wieder, der kürzlich die sogenannte «Nostratika» wieder auf den Plan gebracht hat (eine in den sechziger Jahren im sowjetischen Kulturmilieu von Wladislaw Iljitsch-Switytsch und Aron Dolgoposki aufgestellte Theorie) und der die Existenz eines Proto-Indoeuropäischen vertritt, das seinerseits einer der sechs Zweige einer noch größeren Sprachfamilie gewesen sein soll, die auf das «Nostratische» zurückgeht und von dort auf ein Proto-Nostratisch, das vor mindestens zehntausend Jahren gesprochen worden sein soll und von dem die Verfechter der betreffenden Theorie ein Wörterbuch mit einigen hundert Ausdrücken rekonstruiert haben. Damit nicht genug, soll dieses Proto-Nostratische von einer noch früheren Ur-Muttersprache abstammen, die womöglich vor hundertfünfzigtausend Jahren gesprochen wurde und sich von Afrika aus über den Erdball verbreitet hat (vgl. Wright 1991).

Mit anderen Worten, es würde sich um die Hypothese eines menschlichen Paares aus Afrika handeln (nichts verbietet uns, die beiden Adam und Eva zu nennen, und tatsächlich wird von «Eve's hypothesis» gesprochen), das dann in den Vorderen

Orient ausgewandert wäre und dessen Nachkommen sich über ganz Eurasien und möglicherweise bis nach Australien und Amerika verbreitet hätten (Ivanov 1992: 2). Eine Ursprache zu rekonstruieren, von der man keine geschriebenen Zeugnisse besitzt, heißt vorzugehen «wie die Molekularbiologen bei ihrer Erforschung der Evolution des Lebens. Der Biochemiker identifiziert molekulare Elemente, die ähnliche Funktionen in weit divergierenden Spezies erfüllen, und schließt daraus auf die Charakteristika urzeitlicher Zellen, von denen sie abstammen könnten. So verfährt auch der Linguist, der nach grammatikalischen, syntaktischen, lexikalischen und phonetischen Entsprechungen zwischen den bekannten Sprachen sucht, um ihre unmittelbaren Vorfahren zu rekonstruieren und, am Ende der Kette, die ursprüngliche Sprache» (Gamkrelidze und Ivanov 1990: 110).

Auf einer analogen Schiene versucht die genetische Forschung von Cavalli-Sforza (vgl. zum Beispiel 1988, 1991), eine strikte Homologie zwischen genetischen und sprachlichen Affinitäten zu beweisen, und tendiert damit letztlich noch immer zur Hypothese eines gemeinsamen Ursprungs der Sprachen, der abhängig wäre von einem gemeinsamen Evolutionsursprung aller menschlichen Gruppen. So wie der Mensch entwicklungsgeschichtlich nur *einmal* auf dem Antlitz der Erde erschienen wäre und sich von da aus über den ganzen Globus verbreitet hätte, so wäre es auch mit der Sprache geschehen: Biologische Monogenese und sprachliche Monogenese wären Hand in Hand gegangen und könnten durch Rückschlüsse aus vergleichbaren Daten rekonstruiert werden. Im übrigen, sei's auch in einem recht anderen Rahmen, erscheint die Annahme eines genetischen Codes oder auch eines immunologischen Codes, der sich gewissermaßen in semiotischen Termini analysieren ließe, wie eine abermalige, wissenschaftlich nur sehr viel besser begründete und beschlagene Neuauflage des alten Bedürfnisses nach Entdeckung einer ursprünglichen Sprache, ursprünglich diesmal nicht im historischen, sondern im biologischen Sinne: einer Sprache, die sich an den tiefsten Wurzeln der Evolution bekundet, in der Phylogenese wie in der Ontogenese, nicht nur im Morgengrauen der Menschheit (vgl. Prodi 1977).

6. Kabbalistik und Lullismus in der Neuzeit

Die Faszination des archaischen Wissens hatte sich zwischen Humanismus und Renaissance nicht nur angesichts des Hebräischen manifestiert. In der Morgendämmerung der Neuzeit war man darangegangen, das griechische Denken wiederzuentdekken, aber auch die ägyptische Hieroglyphenschrift (siehe das nächste Kapitel) und andere Texte, die man alle für wesentlich älter hielt, als sie waren: die *Orphischen Hymnen* (vermutlich im zweiten bis dritten Jahrhundert n. Chr. entstanden, aber sogleich dem Orpheus persönlich zugeschrieben), die *Chaldäischen Orakel* (auch sie ein Produkt des zweiten nachchristlichen Jahrhunderts, aber Zarathustra zugeschrieben) und vor allem das *Corpus Hermeticum*, das 1460 in Florenz aufgetaucht war und von Cosimo de' Medici sofort dem Gelehrten Marsilio Ficino zur Übersetzung anvertraut wurde.

Die zuletzt genannte Sammlung war alles andere als uralt, und wie später Isaac Casaubon in seiner Abhandlung *De rebus sacris et ecclesiasticis* (1614) darlegen sollte, weisen bedeutsame stilistische Indizien sowie zahlreiche Widersprüche zwischen den einzelnen Texten darauf hin, daß es sich um eine Sammlung von Schriften verschiedener Autoren handelt, die in einer von ägyptischer Spiritualität geprägten späthellenistischen Kultur gelebt hatten. Aber Ficino war frappiert von der Tatsache, daß die im *Corpus Hermeticum* enthaltene Schöpfungsgeschichte an die biblische Genesis erinnerte. Wir dürften uns nicht wundern – erklärte er –, daß Hermes-Merkur soviel wußte, denn er sei kein anderer als Moses gewesen (*Theologia platonica* 8,1). «Dieser enorme historische Irrtum sollte erstaunliche Resultate haben» (Yates 1964: 6).

Unter den Anregungen, die das *Corpus Hermeticum* zu bieten hatte, war auch eine magisch-astrologische Sicht des Kosmos. Die Himmelskörper üben Kräfte und Einflüsse auf die irdischen Dinge aus, und wer die planetarischen Gesetze kennt, kann diese Einflüsse nicht nur voraussehen, sondern auch lenken. Es gibt ein Sympathieverhältnis zwischen dem Makrokosmos des Universums und dem Menschen als Mikrokosmos, und man kann durch astrale Magie auf das Kraftfeld dieses Verhältnisses einwirken.

Ins Werk gesetzt werden diese magischen Praktiken durch Worte oder andere Zeichenformen. Es gibt eine Sprache, in der man den Sternen Befehle erteilen kann. Die Mittel, mit denen man dieses Wunder bewirkt, sind die Talismane, das heißt Figuren und Bilder, die ihrem Träger Heilung, Gesundheit und physische Kraft bringen können, und Ficinos *De vita coelitus comparanda* ist reich an Instruktionen über die Art, wie man diese Talismane trägt, über die Ernährung mit Pflanzen, die sich in einem Sympathieverhältnis zu bestimmten Himmelskörpern befinden, und über die Durchführung von Zeremonien mit Duftstoffen, Gewändern und passenden Gesängen.

Die Magie der Talismane kann wirken, weil das Verhältnis zwischen den verborgenen Kräften der Dinge und den himmlischen Wesen, die ihnen diese Kräfte zuführen, durch *Signaturen* ausgedrückt wird, das heißt durch jene formalen Aspekte der Dinge, die mit den formalen Aspekten der Himmelskörper durch eine Ähnlichkeit korrespondieren. Um die zwischen den Dingen waltende Sympathie wahrnehmbar zu machen, hat Gott jedem Objekt der Welt ein Merkmal aufgeprägt, das seine Sympathie zu einem anderen Objekt erkennbar macht (vgl. Thorndyke 1923, Foucault 1966, Couliano 1984, Bianchi 1987).

In einem Text, der als die Grundlage der Lehre von den Signaturen gilt, hält Paracelsus fest:

Die *Ars signata* leret die rechten namen geben allen dingen. die hat Adam unser erster Vater volkomlich gewußt und erkantnus gehabt [...]. dan was für namen aus hebraischer sprach geben werden zeigen mit an desselbigen tugent, kraft und eigenschaft. [...] Diser signator signirt dem hirsch seine horn mit zinken, daran man sein alter erkent; dan sovil das horn zinken hat, sovil ist es jar alt [...]. Diser signator signiert der siechen sau ir zungen mit ingern oder pfünnen [Kerben], daran man der sau unreinikeit erkenet; dan wie die zungen unrein ist also alles fleisch an der ganzen sau. Dieser signator signiert das gewülk mit sonderbarn farben, verenderts in mancherlei gestalt, aus welchem man alle witterung des ganzen Firmaments erkennen kan (*De natura rerum* 1, 10, «De signatura rerum»; dt. in: Theophrast von Hohenheim, gen. Paracelsus, Sämtliche Werke, 1. Abt., 11. Bd., Berlin 1928, S. 397–400, vgl. die neudeutsche Fassung in Paracelsus, *Der Himmel der Philosophen*, Nördlingen 1988, Greno).

Auch die mittelalterliche Kultur war sich bewußt, daß «alle Körper Ähnlichkeit mit unsichtbaren Gütern haben» (Richard von St. Victor, *Beniamin maior*, Patrologia Latina 196, 90) und daß jedes Geschöpf des Universums gleichsam ein Abbild, ein Spiegel unseres irdischen und übernatürlichen Schicksals ist. Dennoch hatte das Mittelalter nie daran gedacht, diese Sprache der Dinge für eine vollkommene Sprache zu halten, bedurfte sie doch der Interpretation, der Erklärung und Kommentierung, und der didaktisch-rationale Diskurs mußte erläutern, entziffern, eindeutige Schlüssel liefern, damit man das geheimnisvolle Verhältnis zwischen Symbol und Symbolisiertem verstand. Für den Platonismus der Renaissance dagegen ist das Verhältnis zwischen den Bildern und den Ideen, auf die sie sich beziehen, direkter und intuitiver, und es wird «nicht nur die Unterscheidung zwischen Symbolisierung und Repräsentation abgeschafft, sondern sogar der Unterschied zwischen Symbol und Symbolisiertem in Zweifel gezogen» (Gombrich 1972: 242).

Magische Namen und kabbalistisches Hebräisch

Das Jahr 1492 markiert einen kapitalen Einschnitt für die europäische Kultur: Es ist nicht nur das, in dem Europa seine Durchdringung des amerikanischen Kontinents beginnt, und auch nicht nur das, in dem Spanien (und mit ihm Europa) durch die Einnahme von Granada definitiv dem islamischen Einfluß entzogen wird: In der Folge des letzteren Ereignisses vertreiben Dero Allerchristlichste Majestäten die Juden aus Spanien. Die spanischen Juden, darunter die Kabbalisten, verbreiten sich über Europa, und Europa wird von der kabbalistischen Spekulation erfaßt.

Unter dem Einfluß der Kabbala der Namen entdeckt man, daß dieselbe Übereinstimmung, die zwischen den irdischen Dingen und der Himmelswelt herrscht, auch für die Namen gilt. Für Cornelius Agrippa von Nettesheim hatte Adam, als er den Dingen ihre Namen gab, genau diese Einflüsse und Eigenschaften der himmlischen Dinge beachtet, und darum «enthalten diese Namen in sich die wunderbaren Kräfte der bezeichneten Dinge» (*De occulta philosophia* I, 70). Infolgedessen muß die Schrift der Hebräer als die heiligste aller Schriften angesehen werden, da sie die vollkommenste Entsprechung zwischen Buchstaben, Dingen und Zahlen hergestellt hat.

Giovanni Pico della Mirandola hatte die platonische Akademie Ficinos besucht und im Geist der Kultur jener Zeit begonnen, die Sprachen der antiken Weisheit zu studieren, deren Kenntnis in den Jahrhunderten des Mittelalters verlorengegangen war: das Griechische, das Arabische, das Hebräische, das Chaldäische. Pico verwirft die wahrsagerische Astrologie (*Disputatio adversus astrologos divinatores*), aber er verwirft nicht die Praktiken der astralen Magie, die eine Möglichkeit darstellen, sich dem Determinismus der Sterne zu entziehen und sie dem aufgeklärten Willen des Magiers zu unterwerfen. Wenn das Universum aus Buchstaben und Zahlen errichtet ist, kann, wer seine mathematischen Gesetze kennt, auf es einwirken – eine Dominanzhaltung gegenüber der Natur, die für Garin (1937: 162) in gewisser Weise dem Ideal Galileis verwandt ist.

1486 begegnet Pico der einzigartigen Figur des konvertierten Juden Flavio Mitridate (zu dessen Geschichte s. Secret 1964: 25 ff.), mit dem er eine intensive Zusammenarbeit beginnt. Zwar rühmt sich Pico einer gewissen Kenntnis des Hebräischen, aber um die Texte zu finden und gründlich lesen zu können, ist er auf Übersetzungen angewiesen, die Mitridate eigens für ihn anfertigt, und unter den Quellen, zu denen Pico auf diese Weise vordringt, finden wir viele Werke von Abulafia (Wirszubski 1989). Die Lektüre der Kabbalisten in Mitridates Übersetzungen hat Pico sicherlich weitergebracht, aber sie hat ihn auch in die Irre geführt – und mit ihm die ganze spätere christliche Kabbalistik. Kabbalistische Lektüre setzt nämlich voraus, daß man, um alle Strategien des Notarikon, der Gematria und der Temurah voll nutzen zu können, die entscheidenden Texte auf Hebräisch liest und versteht, und fatalerweise geht in jeder Übersetzung viel vom originalen Ton verloren. Zwar hat Mitridate oft die Originaltermini eingesetzt, aber Pico übersetzt sie für einige seiner Texte zurück ins Lateinische (auch weil damals die Drucker nicht immer hebräische Typen hatten), wodurch er die Unklarheit und das Geheimnisvolle an ihnen oft noch vergrößert. Zudem folgt Mitridate einer Unsitte, die schon bei den ersten christlichen Kabbalisten Usus war, nämlich in den hebräischen Text Präzisierungen einzufügen, die glauben machen sollten, der Autor habe die Gottesnatur Christi anerkannt. Infolgedessen kann Pico behaupten: «Es gibt keine einzige Streitfrage zwischen uns und den Juden, in der sie nicht anhand der kabbalistischen Bücher widerlegt werden könnten.»

Im Laufe seiner berühmten neunhundert *Conclusiones philosophicae, cabalisticae et theologicae*, zu denen auch 26 *Conclusiones Magicae* gehören (1486), zeigt Pico, wie das Tetragramm JHWH, der heilige Name Gottes, durch bloße Einfügung des Buchstabens *Sin* zum Namen Jesu wird. Die Beweisführung wird von allen späteren Kabbalisten wiederholt, und auf diese Weise erscheint das Hebräische, das sich allen Kombinationsstrategien fügt, denen es die kabbalistische Tradition unterzogen hat, als die wahre vollkommene Sprache.

So deutet Pico zum Beispiel im letzten Kapitel seines *Heptaplus* (1489), einer speziell der Genesis gewidmeten Untersuchung, das erste Wort der Bibel, *bereschit* («Im Anfang», bei Pico auch *beresit* oder *barascith* geschrieben) durch waghalsigste permutatorische und anagrammatische Operationen auf folgende Weise:

Ich sage etwas Wunderbares, Unerhörtes, Unglaubliches [...]. Verbinden wir den dritten Buchstaben mit dem ersten, haben wir *ab*. Fügt man dem verdoppelten ersten den zweiten hinzu, ergibt sich *bebar*. Lesen wir alle bis auf den ersten, haben wir *resit*. Verbinden wir den vierten mit dem ersten und dem letzten, haben wir *sciabat*. Nehmen wir die drei ersten in der Reihenfolge, in der sie stehen, ergibt sich *bara*. Nehmen wir die drei folgenden ohne den ersten, ergibt sich *rosc*. Lassen wir den ersten und zweiten weg und nehmen nur die beiden folgenden, haben wir *es*. Lassen wir die ersten drei weg und verbinden den vierten mit dem letzten, ist es *seth*. Nochmals, verbinden wir den zweiten mit dem ersten, ergibt sich *rab*. Nehmen wir nach dem dritten den vierten und dann den fünften, ergibt sich *hisc*; verbinden wir die zwei ersten mit den zwei letzten, haben wir *berith*. Verbinden wir den letzten mit dem ersten, so erhalten wir den zwölften und letzten Buchstaben, nämlich *thob*, durch Umkehrung des *thau* im Buchstaben *theth* mit einem Verfahren, das im Hebräischen gang und gäbe ist [...].

Ab heißt der Vater; *bebar* im Sohne und durch den Sohn (das vorangestellte Beth kann beides bedeuten); *resith* bezeichnet den Anfang; *sciabath* die Ruhe und das Ende; *bara* er schuf; *rosc* den Kopf; *es* das Feuer; *seth* das Fundament; *rab* des Großen; *hisc* des Menschen; *berith* mit dem Bündnis; *tob* mit dem Gutem; und wenn wir nun wohlgeordnet den ganzen Satz rekonstruieren, lautet er: «Der Vater im Sohne und für den Sohn, Anfang und Ende oder Ruhe, schuf den Kopf, das Feuer und das Fundament des großen Menschen mit dem guten Bündnis» (zit. nach Garin 1973: 378 f.).

Wenn Pico behauptet: «Nulla nomina, ut significativa, et in quantum nomina sunt, singula et per se sumpta, in Magico opere virtutem habere possunt, nisi sint Hebraica, vel inde proxima derivata» («Keine Nomina, wie bedeutsam sie auch sein mögen und insofern sie Nomina sind, können einzeln und für sich genommen in einem magischen Werk eine Kraft haben, wenn sie nicht hebräisch oder sehr nahe daraus abgeleitet sind», *Conclusio* 22), so gibt er uns zu verstehen, daß aufgrund der angenommenen Entsprechung zwischen adamitischer Sprache und Struktur der Welt die hebräischen Wörter als Kräfte erscheinen, das heißt als Laute, die, einmal ausgesprochen, den Gang der Ereignisse beeinflussen können.

Die Vorstellung vom Hebräischen als Sprache mit einer besonderen «Kraft» kam aus der kabbalistischen Tradition, sie erschien sowohl in der ekstatischen Kabbala (siehe zweites Kapitel) wie auch im *Sohar*, wo es heißt (I, 75 b), das ursprüngliche Hebräisch habe nicht nur im Gebet die Gedanken des Herzens ausgedrückt, sondern sei auch das einzige gewesen, das von den Mächten des Himmels verstanden wurde, und indem Gott es in der Katastrophe von Babel verwirrte, habe er verhindert, daß die aufrührerischen Turmbauer ihren Willen im Himmel vortragen und zu Gehör bringen konnten. Und gleich darauf vermerkt der Text, daß die Macht der Menschen nach der Verwirrung geschwächt worden sei, da jedes in der heiligen Sprache ausgesprochene Wort die Mächte des Himmels stärke. Man sprach also von einer Sprache, die nicht nur etwas «meinte», sondern etwas «machte», die übernatürliche Kräfte ins Werk setzte.

Wenn aber diese Sprache als wirkende Kraft und nicht als Verständigungsmittel benutzt werden sollte, dann war es nicht nötig, sie zu kennen. Für einige mußte das Hebräische zwar in seiner Grammatik studiert werden, damit man die Offenbarungen, die es überbringen konnte, verstand, für andere jedoch war es offenbarungsträchtig und wirksam gerade *weil* unverständlich, umgeben von einem «Mana», das um so sublimer erschien, je undeutlicher es für die Menschen war – klar und unverkennbar jedoch für übernatürliche Wesen.

An diesem Punkt angelangt, muß diese Sprache nicht einmal mehr authentisches Hebräisch sein. Es genügt, daß es dem Hebräischen irgendwie ähnelt. Und so bevölkert sich in der Renaissance die Welt der Magie, ob der schwarzen oder der weißen, der natürlichen oder der übernatürlichen, mit mehr oder minder semitisch klingenden Lauten wie gewissen Engelsnamen, die Pico in die Renaissancekultur eingeführt hatte und die nicht selten bereits reichlich entstellt waren, sowohl durch die lateinische Transkription als auch durch die noch ungewisse Kunst des abendländischen Typographen: Hasmalim, Aralis, Thesphsraim . . .

Agrippa von Nettesheim legt in dem Teil seiner Abhandlung *De occulta philosophia*, in dem er die zeremoniale Magie behandelt, großen Wert auf die richtige Aussprache der Gottes- und Teufelsnamen, ausgehend von dem Prinzip, daß «alle Dämonen oder Intelligenzen zwar die Sprache der Nation sprechen, der sie vorstehen, aber ausschließlich das Hebräische gebrauchen, wenn sie mit denen verkehren, die diese Muttersprache verstehen» (*De occulta phil.* III, 23). Die natürlichen Namen der Geister können, wenn sie richtig ausgesprochen werden, ihre Träger unter unseren Willen beugen:

Diese Namen [. . .] obwohl in Klang und Bedeutung unbekannt, müssen im magischen Werk [. . .] eine größere Kraft haben als die Namen mit einer Bedeutung, wenn der Geist, erstarrt vor ihrem Rätsel [. . .] im festen Glauben, einem göttlichen Einfluß zu unterliegen, sie zum Ruhme der Gottheit in ehrerbietiger Weise ausspricht, auch wenn er sie nicht versteht» (*De occ. phil.* III, 26).

Dasselbe gilt für die magischen Buchstaben und die Siegel. Wie später auch bei Paracelsus gibt es bei Agrippa allerlei pseudohebräische Alphabete, in denen mysteriöse Konfigurationen manchmal aus einer Art graphischer Abstraktion eines originären hebräischen Buchstabens erwachsen, und so entstehen

Pentakel, Talismane und Amulette, die mit (hebräischen) Bibelversen beschriftet sind und die man sich umhängt, um sich gute Geister gewogen zu machen oder böse Geister abzuschrecken.

John Dee, Magier und Astrologe Queen Elisabeths I., aber auch ein großer Gelehrter und feinsinniger Politiker, rief Engel von zweifelhafter Engelhaftigkeit mit Formeln an wie «Zizop, Zchis, Esiasch, Od, Iaod», die er «zu lesen schien, wie man hebräisch liest» («he seemeth to read as Hebrew is read», vgl. *A True and Faithful Relation*, 1659).

Im übrigen gibt es einen kuriosen Passus in einem arabisch verfaßten hermetischen Traktat, der schon im Mittelalter in lateinischer Übersetzung unter dem Namen *Picatrix* zirkulierte (III, 1, 2, s. Pingree 1986), in dem der saturnische Geist, also der melancholische, mit den hebräischen und chaldäischen Idiomen assoziiert wird. Einerseits ist Saturn das Zeichen für die Erkenntnis der geheimen und tiefen Dinge und für die Eloquenz, andererseits lassen sich aber die negativen Konnotationen des jüdischen Gesetzes nicht vermeiden, und damit werden assoziiert: schwarze Tücher, dunkle Flüsse, tiefe Brunnen und einsame Orte, dazu unter den Metallen «das Blei, das Eisen und alles Schwarze und Stinkende» (*plumbum, ferrum et omnia nigra et fetida*), die Pflanzen mit dichtem Laub sowie unter den Tieren «schwarze Kamele, Schweine, Affen, Bären, Hunde und Katzen» (*camelos nigros, porcos, simias, ursos, canes et gattos*, sic). Ein exemplarischer Passus, denn er assoziiert den saturnischen Geist, der in der Renaissance so sehr in Mode kommen wird, mit den heiligen Sprachen, aber diese mit Orten, Tieren und Praktiken, die als nekromantisch gelten.

So tönte in derselben Epoche, in der Europa sich anschickte, die neuen Wissenschaften zu erlernen, die das Antlitz der Erde verändern sollten – und oft von seiten derselben Protagonisten –, durch die Königspaläste und die eleganten Villen auf den florentinischen Hügeln ein parasemitisches Stimmengewirr, in dem sich der entschiedene Wille ausdrückte, von der Natur ebenso wie vom Übernatürlichen Besitz zu ergreifen.

Freilich liegen die Dinge nicht so einfach, denn bei anderen Autoren ermutigt die kabbalistische Mystik statt dessen eine Hermeneutik der hebräischen Texte, die nicht wenig Einfluß auf die Entwicklung der semitischen Philologie haben sollte.

Von Reuchlins *De verbo mirifico* und *De arte kabbalistica* bis zu Francesco Giorgis *De harmonia mundi* oder Galatinos *Opus de arcanis catholicae veritatis* und weiter bis zu der monumentalen *Kabbala denudata* des Barons Knorr von Rosenroth (und zu den jesuitischen Autoren, die diesen Exerzitien gegenüber mißtrauisch waren, aber sich von der Entdeckerfreude anstecken ließen) zeichnet sich eine Tradition der Wieder- und Neubeschäftigung mit den hebräischen Texten ab, die voll faszinierender exegetischer Abenteuer, numerologischer Phantasien, Mixturen aus Pythagoreismus, Neuplatonismus und Kabbalistik ist, aber nichts mehr mit der Suche nach einer vollkommenen Sprache zu tun hat. Oder anders gesagt: Die vollkommene Sprache ist da, sie ist das kabbalistische Hebräisch, aber sie ist offenbarend in dem Maße, wie sie verbirgt, verdunkelt, allegorisiert.

Die christlichen Kabbalisten sind fasziniert von einer Substanz des Ausdrucks (die hebräischen Texte), von der sie bisweilen die Form des Ausdrucks zu rekonstruieren versuchen (den Wortschatz und die Grammatik), aber bei der sie noch immer sehr wirre Ideen über die Form des von ihr ausgedrückten Inhalts haben. In Wirklichkeit zielt die Suche nach der vollkommenen Sprache darauf ab, durch neue Ausdruckssubstanzen eine noch unbekannte, formlose, an Möglichkeiten reiche Inhaltsmaterie wiederzuentdecken. Der christliche Kabbalist sucht immer nach Möglichkeiten zur Segmentierung des unendlichen Inhaltskontinuums, dessen Natur ihm jedoch entgeht. Das Verhältnis von Ausdruck und Inhalt müßte konform sein, aber die Form des Ausdrucks erscheint wie das ikonische Bild eines formlosen Inhalts, ausgeliefert an die Abdrift der Interpretation (vgl. Eco 1990).

Kabbalistik und Lullismus in den Steganographien

Zu einer einzigartigen Mischung aus Kabbalistik und Lullismus kommt es in den Studien über Geheimschriften, den sogenannten Steganographien. Stammvater dieser fruchtbaren Linie, die eine Unzahl von Beiträgen zwischen Humanismus und Barockzeit hervorbringen sollte, ist der legendäre Abt Trithemius (1462–1516). In seinen Werken finden sich keine Bezugnahmen auf Lullus, aber das liegt nur daran, daß er sich eher auf die kabbalistische Tradition bezieht. Mit ihr spekuliert Trithemius sogar ausdrücklich, indem er empfiehlt, vor jedem Versuch, eine Geheimschrift zu dechiffrieren, Engelsnamen wie Pamersiel, Padiel, Camuel oder Aseltel anzurufen.

Bei einer ersten Lektüre erscheinen diese Namen nur wie mnemotechnische Hilfsmittel oder Merkworte zum Dechiffrieren, ähnlich wie wenn Trithemius zum Dechiffrieren von Botschaften, in denen beispielsweise nur die Anfangsbuchstaben der Wörter zählen oder nur jeder zweite Anfangsbuchstabe, Texte anbietet wie «Camuel Busarcha, menaton enatiel, meran sayr abasremon ...». Aber er spielt mit viel Ambiguität zwischen Kabbala und Steganographie: Während wir es bei seiner *Polygraphie* sicher nur mit einem simplen Handbuch der Dechiffrierung zu tun haben, steht es bei seiner *Steganographie* von 1606 schon anders. Wie viele bemerkt haben (vgl. Walker 1958: 86–90, oder Clulee 1988: 137), können zwar in seinen beiden ersten Büchern die kabbalistischen Hinweise noch als rein metaphorisch aufgefaßt werden, doch in seinem dritten beschreibt er eindeutig magisch-kabbalistische Rituale, in denen Engel beschworen werden, wozu man Wachsbilder modelliert, an welche die Anrufungen zu richten sind, oder wozu man sich den eigenen Namen mit einer aus Rosensaft gemischten Tinte auf die Stirn schreibt.

In Wirklichkeit entwickelt sich die Steganographie als Chiffrier- und Dechiffriertechnik zu politischen und militärischen Zwecken. Nicht zufällig entsteht sie mit dem Aufkommen von Konflikten zwischen Nationalstaaten und floriert dann in der Epoche des Absolutismus. Aber ein Schuß Kabbalistik und Magie macht natürlich, in jener Zeit, das technische Angebot attraktiver.

Es kann also ein reiner Zufall sein, daß bei Trithemius Dechiffrierscheiben auftauchen, die nach demselben Prinzip funktionieren wie die drehbaren konzentrischen Scheiben bei Lullus. Für Trithemius haben diese Scheiben keine Such- und Entdekkungsfunktion, sondern sollen das Chiffrieren und Dechiffrieren von Texten erleichtern: In die Kreise sind die Buchstaben des Alphabets eingeschrieben, und durch Drehung der Kreise oder nur des inneren Kreises legt man fest, ob das A des äußeren

Kreises als B, als C oder als Z chiffriert werden soll (umgekehrt verfährt man beim Dechiffrieren).

Ohne Lullus kennen zu müssen, kannte Trithemius vermutlich durch seine kabbalistischen Interessen jenes Verfahren der Temurah, bei dem jeder Buchstabe eines gegebenen Wortes oder Satzes durch den entsprechenden Buchstaben des umgekehrten Alphabets ersetzt wird. Diese Methode wurde «Atbash-Sequenz» genannt und erlaubte zum Beispiel, aus dem Tetragramm JHWH die Sequenz MSPS zu gewinnen, die auch von Pico della Mirandola in einer seiner *Conclusiones cabalisticae* zitiert wird (vgl. Wirszubski 1989: 43). Doch wenn Trithemius nicht auf Lullus verweist, so tun es die späteren Steganographen. Der *Traité des chiffres* von Vigenère, 1587, ist vielleicht der steganographische Text, der am deutlichsten lullische Themen aufgreift und sie mit der Fakultätsrechnung des *Sefer Jezirah* verbindet. Aber er folgt damit nur dem zuerst von Trithemius eingeschlagenen Weg, den dann auch Della Porta in der ersten Ausgabe seines *De furtivis litterarum notis* von 1563 gegangen ist (mit breiten Variationen durch Überarbeitungen in späteren Ausgaben): Er stellt Tabellen auf, in denen er zum Beispiel die 400 Zweiergruppen auflistet, die sich aus der Kombination der 20 Buchstaben des lateinischen Alphabets ergeben (nicht 21, denn V und U zählen als ein Buchstabe), und wenn er dann zu Kombinationen von Dreiergruppen übergeht, beklagt er sich über jenes «Meer von unzähligen verschiedenen Chiffren gleich einem weiteren ganz mit Inseln übersäten Archipel [...], ein Wirrwarr, aus dem man sich schwerer befreit als aus allen Labyrinthen Kretas oder Ägyptens» (S. 193 f.). Daß diese Kombinationstafeln dann von Listen mysteriöser Alphabete begleitet werden, seien es erfundene oder vorderorientalischen Sprachen entnommene, und das Ganze mit viel Geheimnistuerei präsentiert wird, trägt dazu bei, den Mythos vom Kabbalisten Lullus in der okkultistischen Tradition noch lange am Leben zu halten.

Doch es gibt noch einen anderen Grund, aus dem die Steganographien wie Verlängerer eines Lullismus über Lullus hinaus wirken. Der Steganograph hat kein Interesse am Inhalt (und somit an der Wahrheit) der Kombinationen, die er produziert. Das Elementarsystem sieht nur vor, daß Elemente des steganographischen Ausdrucks (Kombinationen von Buchstaben oder anderen Symbolen) frei korreliert werden können (in immer neuer Weise, damit die Chiffrierung unvorhersehbar bleibt) mit Elementen des zu chiffrierenden Ausdrucks. Es handelt sich immer nur um Symbole, die andere Symbole ersetzen. Daher wird der Steganograph ermuntert, komplexe Kombinationen rein formaler Art zu versuchen, in denen das, was zählt, nur eine immer schwindelerregendere Syntax des Ausdrucks ist und jede Kombination eine ungebundene Variable bleibt.

So kann sich Gustavus Selenus in seinen *Cryptometrices et Cryptographiae Libri IX* von 1624 erlauben, eine Scheibe mit 25 konzentrischen Kreisen zu konstruieren, in denen 25 Reihen von je 24 Zweiergruppen kombiniert werden; gleich darauf präsentiert er eine Serie von Tabellen, die rund 30000 Dreiergruppen auflisten. Die kombinatorischen Möglichkeiten werden astronomisch.

Die lullische Kabbalistik

Versuchen wir nun, alle scheinbar so verstreuten Glieder der bisher behandelten kulturellen Traditionen zu versammeln, und sehen wir zu, wie sie sich auf verschiedene Weise zur Renaissance des Lullismus vereinen.

Der erste, der Lullus zitierte, war Pico della Mirandola in seiner *Apologia* von 1487. Pico konnte nicht umhin, die unmittelbaren Analogien zwischen der kabbalistischen Temurah (die er *revolutio alphabetaria* nannte) und der Lullischen Kombinatorik zu bemerken. Aber zugleich hatte er die Aufmerksamkeit, zu bemerken, daß es sich um zwei verschiedene Dinge handelte. In der Quaestio Sexta der *Apologia*, wo er darlegt, daß keine Wissenschaft besser als die Magie und die Kabbala die Gottesnatur Christi beglaubigen könne, unterscheidet Pico zwei Doktrinen, die beide nur im übertragenen Sinn (*transumptive*) kabbalistisch genannt werden könnten, nämlich zum einen die höchste Naturmagie und zum anderen Abulafias *Chochmat ha-zeruf* (die Pico als *ars combinandi* bezeichnet), welche «apud nostros dicitur ars Raymundi licet forte diverso modo procedat»: «die bei uns Kunst des Raymundus genannt wird, obwohl sie in recht anderer Weise vorgeht».

Trotz Picos Behutsamkeit wird die Verknüpfung von Lullus und Kabbala unvermeidlich. Und damit beginnt der aufregende Versuch der christlichen Kabbalisten, Lullus in kabbalistischen Begriffen zu lesen. In der Ausgabe von 1598 seiner kombinatorischen Schriften erscheint unter seinem Namen ein Werk *De auditu kabbalistico*, das nichts anderes ist als eine Transkription seiner *Ars brevis*, in die einige kabbalistische Bezugnahmen eingefügt worden sind. Das Werk soll erstmals 1518 in Venedig als «Opusculum Raimundicum» erschienen sein. Aber Thorndyke (1923ff. V: 325), der in der Vatikanischen Bibliothek eine anders betitelte und Petrus de Maynardis zugeschriebene Handschrift gefunden hat, versichert, daß die Kalligraphie aus dem fünfzehnten Jahrhundert sei. Demnach muß es sich um ein Werk aus dem späten fünfzehnten Jahrhundert handeln, das vermutlich nur Picos Anregung aufgreift und mechanisch realisiert (Scholem et al. 1979: 40f.).

Ein scharfsinniger und bizarrer Kritiker der Kabbalistik, Tommaso Garzoni di Bagnacavallo, hat das in seiner *Piazza universale di tutte le arti* (1589, S. 253) sehr wohl bemerkt und kommentiert:

Die Wissenschaft Raimondos, den wenigsten bekannt, kann mit einem unpassenden Wort noch Kabbala genannt werden. Und daher ist dieses gemeine Gerücht bei allen Gelehrten, ja in der ganzen Welt aufgekommen, daß die Kabbala alles lehre [...], und infolgedessen findet sich im Druck ein Büchlein, das jenem zugeschrieben wird (doch werden bei diesem Thema Lügen zusammengeschrieben von hier bis zu den Bergen), betitelt De Auditu Cabalistico, und das am Ende nichts anderes ist als ein allerkürzester Abriß jener Ars Magna, die ohne Zweifel er selbst abgekürzt hat in jenem anderen, das er Ars Brevis geheißen.

Als eines von vielen Beispielen könnte man jedoch Pierre Morestel zitieren, der 1621 unter dem Titel *Artis Kabbalisticae, sive Sapientiae Divinae Academia** eine bescheidene Zitatensammlung aus *De Auditu* veröffentlicht, die nichts Kabbalistisches enthält außer im Titel und zu Beginn in der Gleichsetzung von *Ars* und *Cabbala*. Dafür übernimmt Morestel aus *De Auditu* sogar noch die lächerliche Etymologie des Wortes Kabbala: «cum sit nomen compositum ex duabus dictionibus, videlicet abba, et ala. Abba enim arabice idem est quod pater latine, et ala arabice idem est quod Deus meus» [es handle sich um «ein Kompositum aus zwei Wörtern, nämlich ‹abba› und ‹ala›. Denn ‹abba› ist im Arabischen dasselbe, was ‹pater› im Lateinischen ist, und ‹ala› im Arabischen dasselbe, was ‹Deus meus› im Lateinischen»] – und somit bedeutet Kabbala laut Morestel soviel wie «Jesus Christus».

Es genügt, die Studien über christliche Kabbalistik durchzublättern, um das Klischee vom Kabbalisten Lullus mit nur winzigen Variationen überall wiederzufinden. Es ist derart verbreitet, daß Gabriel Naudé, als er seine *Apologie pour tous les grands hommes qui ont esté accuséz de magie** (1625) schreibt, den armen katalanischen Mystiker schließlich energisch gegen jeden Verdacht der Nekromantik verteidigen muß. Im übrigen werden, wie French (1972: 49) bemerkt, in der späten Renaissance die in der lullischen Kunst verwendeten Buchstaben B bis K ohnehin leicht mit arabischen Buchstaben assoziiert, die für die Kabbalisten Engelsnamen und göttliche Attribute bedeuteten.

Numerologie, magische Geometrie, Musik, Astrologie und Lullismus vermischten sich unentwirrbar, auch wegen der vielen pseudo-lullischen alchimistischen Werke, die noch hinzukamen. Außerdem konnten die kabbalistischen Namen auch in Siegel geschnitten werden, und eine ganze magisch-alchimistische Tradition hatte kreisrunde Siegel populär gemacht.

Mit Agrippa von Nettesheim tauchte dann erstmals die Möglichkeit auf, aus der Kabbala und dem Lullismus gemeinsam die reine Technik der Buchstabenkombination zu entleihen und sich ihrer zum Aufbau einer Enzyklopädie zu bedienen, die ein Bild nicht des geschlossenen mittelalterlichen Kosmos, sondern eines offenen und expandieren Kosmos beziehungsweise verschiedener möglicher Welten geben soll. Agrippas Aufsatz *In artem brevis R. Lulli* (der 1598 in der Straßburger *editio princeps* der Lullischen Schriften erscheint) macht auf den ersten Blick den Eindruck einer ziemlich treuen Wiedergabe der Prinzipien der *Ars Magna*, doch es überrascht sofort, daß in den Tabellen, die Auskunft über die vierte lullische Figur geben müßten, die Kombinationen größer an Zahl sind, da die Wiederholungen nicht vermieden werden. Agrippa scheint einen enzyklopädischen Zweck zu verfolgen und an einer innovatorischen Effizienz interessiert zu sein, nicht nur an einer dialektisch-beweiskräftigen wie Lullus. Deswegen nimmt er sich vor, die Termini seiner *Ars*, die Subjekte, Prädikate, Relationen und Regeln, unendlich wuchern zu lassen. Die Subjekte vervielfachen sich, verteilen die Termini nach ihren Spezies, Eigenschaften und Akzidentien, lassen sie mit anderen Termini spielen, mit ähnlichen, verschiedenen oder entgegengesetzten, beziehen sie auf ihre eigenen Gründe, Handlungen, Leidenschaften und Relationen.

Es genügt, ins Zentrum des Kreises, wie es in der Figur A bei Lullus geschieht, denjenigen Begriff zu setzen, den man betrachten will, und seine Beziehungen zu allen anderen zu kalkulieren. Bedenken wir dann, daß für Agrippa viele weitere Figuren mit der lullischen Kunst fremden Termini gebildet und sowohl miteinander wie mit denen von Lullus vermischt werden können, so werden die Kombinationsmöglichkeiten «praktisch unbegrenzt» (Carreras y Artau 1939: 220f.)

Dieselbe Beunruhigung spüren wir im *Aureum opus* von Valerio de Valeriis (1589), für den die *Ars* «weiterhin lehrt, die Begriffe, die Argumente und jede beliebige andere Komplexion ad infinitum zu vervielfachen, *tam pro parte vera quam falsa* [sowohl im wahren wie im falschen Teil], indem die Wurzeln mit den Wurzeln vermischt werden, die Wurzeln mit den Formen, die Stämme mit den Stämmen und die Regeln mit allen diesen Dingen und noch auf vielerlei andere Weise» («De totius operis divisione»).

Diese Autoren scheinen allerdings noch zu schwanken zwischen einer Logik der Entdeckung und einer Rhetorik, die, wenn auch mit breiter Streuung, zur Organisation eines Wissens dient, das von der Kombinatorik nicht hervorgebracht wird. Das zeigt sich auch an der *Clavis universalis artis lullianae* von Alsted (1609), einem Autor, der von Bedeutung für die Utopie einer universalen Enzyklopädie war, der auch Comenius beeinflußt hat, der aber schließlich – obwohl er sich darauf einließ, bei Lullus kabbalistische Elemente zu sehen – die Kombinatorik zur Konstruktion eines rigide gegliederten Wissenssystems benutzte, in einer Verquickung von aristotelischen, ramistischen und lullischen Anregungen gleichzeitig (vgl. Carreras y Artau 1939, II: 239–249, und Tega 1984, I, 1).

Um die lullischen Räder auf vollen Touren als Maschine zur Erzeugung einer oder mehrerer vollkommener Sprachen laufen zu lassen, mußte man erst noch den Schauder der unendlichen Zahl der Welten und (wie wir sehen werden) der möglichen Sprachen empfinden, auch der noch nicht erfundenen.

Giordano Bruno: Kombinatorik und unendliche Welten

Brunos kosmologische Vision impliziert ein unendliches Universum, dessen Peripherie (wie schon Cusanus sagte) nirgendwo ist und dessen Zentrum überall: an jedem Punkt, von dem aus der Beobachter es in seiner Unendlichkeit und substantiellen Einheit betrachtet. Zutiefst neuplatonisch, verherrlicht Brunos Weltseelenlehre einen einzigen göttlichen Hauch, ein einziges Prinzip der Bewegung, das die Unendlichkeit des Universums durchdringt und es einheitlich in der unendlichen Vielfalt seiner Formen bestimmt. Die Grundidee der unendlichen Zahl von Welten geht einher mit der, daß jede weltliche Größe zugleich als platonischer Schatten anderer idealer Aspekte des Universums dienen kann, als Zeichen, Verweis, Abbild, Emblem, Hieroglyphe oder Siegel. Natürlich auch durch den Kontrast, denn das Bild von etwas kann uns auch durch sein Gegenteil zur Einheit zurückführen. Wie Bruno in *Die heroischen Leidenschaften* schreibt: «Um die göttlichen Dinge zu betrachten, muß man die Augen öffnen durch Figuren, Gleichnisse und andere Dinge, welche die Peripatetiker unter dem Namen Phantasmen zusammenfassen, oder durch das Seiende zur Schau des Wesens vordringen, durch die Wirkungen zur Erkenntnis der Ursache» (*Degli eroici furori*, II, 4; dt. *Von den heroischen Leidenschaften*, Hamburg 1989, Felix Meiner, S. 193).

Diese Bilder, die Bruno dem Fundus der hermetischen Tradition entnimmt oder sich mit glühender Einbildungskraft selbst erfindet, sind enthüllend gerade wegen des natürlich symbolischen Verhältnisses, das zwischen ihnen und der Wirklichkeit eintritt. Und ihre Funktion ist nicht, wie in den vorausgegangenen Mnemotechniken (oder nur in geringerem Maße), die einer bloßen Gedächtnishilfe, sondern die einer Hilfe zum Verständnis, zur Vorstellung und zur Entdeckung des Wesens der Dinge und ihrer Beziehungen.

Ihre Enthüllungskraft beruht auf ihrer Herkunft aus dem Alten Ägypten: Unsere dortigen Vorfahren verehrten Katzen und Krokodile, weil «eine einfache Gottheit, die sich in allen Dingen befindet, eine fruchtbare Natur, die bewahrende Mutter des Universums, je nachdem, was man auf verschiedene Weise kommuniziert, in verschiedenen Subjekten aufleuchtet und verschiedene Namen annimmt» (*Lo spaccio della bestia trionfante*, ebda., S. 780–82).

Aber diese Bilder haben nicht nur die Fähigkeit, die Imagination anzustacheln, sie haben auch magisch-operative Kräfte im Sinne der Talismane Ficinos. Zwar ist es auch möglich, daß viele der magischen Aussagen Brunos nichts anderes sind als Metaphern, die gemäß der Sensibilität seiner Zeit auf intellektuelle Operationen verweisen sollten, oder daß die Bilder in Wirklichkeit die Funktion hatten, ihn nach intensiven Konzentrationsübungen in eine Art Trance zu versetzen (vgl. Yates 1964: 280f.), aber wir können nicht ignorieren, daß einige seiner Behauptungen über die theurgisch-operative Kraft der Siegel ausgerechnet in einem Text mit dem Titel *De Magia* auftauchen:

Auch sind nicht alle Schriften von derselben Nützlichkeit wie jene Lettern, die durch ihre Form und Konfiguration selbst auf die Dinge verweisen, weshalb es Zeichen gibt, die einander gegenseitig zugeneigt sind, sich ansehen und einander umarmen, und die zwingen uns zur Liebe; oder Zeichen, die auseinanderstreben, die so zergliedert sind, daß sie zu Haß und Trennung führen, so hart, unvollständig, zerbrochen, daß sie Ruin erzeugen; es gibt Knotenformen zum Fesseln und lose Formen zum Lösen [...]. Und diese haben keine gewisse und bestimmte Form, sondern ein jeder, je nach seiner Leidenschaft und dem Schwung seines Gemüts, während er sein Werk vollführt, sei's, daß er etwas begehrt oder etwas verabscheut, indem er es sich gebieterisch vorstellt, sich und dem Numen, als ob es anwesend wäre, ein jeder experimentiert mit gewissen Kräften, deren Erfahrung er niemals gemacht hätte durch eine Rede oder elegante Ansprache oder Schrift. Solcherart waren die besser definierten Lettern bei den Ägyptern, die sie Hieroglyphen oder heilige Buchstaben nannten [...] durch welche es ihnen gelang, mit den Göttern zu sprechen, um wunderbare Dinge zu verrichten [...]. Und wie in Ermangelung einer gemeinsamen Sprache Menschen einer Rasse nicht mit Menschen einer anderen Rasse ins Gespräch kommen und Kontakt haben können außer durch Gesten, so kann es zwischen uns und einer bestimmten Art von Numen keine Beziehung geben außer durch einige wohldefinierte Zeichen, Siegel, Figuren, Buchstaben, Gesten und andere Zeremonien. (*Opera latine conscripta*, Le Monnier, Florenz 1891, Bd. III, S. 395 ff.).

Was das ikonologische Material betrifft, das Bruno für diese Zeichen und Siegel benutzt, so finden wir Bilder, die explizit aus der hermetischen Tradition übernommen sind, wie die Sechsunddreißig Dekane des Tierkreises, neben anderen, die der mythologischen Tradition entstammen, mehr oder minder nekromantische Diagramme, die an Agrippa oder John Dee erinnern, lullische Anregungen, Tiere und Pflanzen, allegorische Figuren aus dem gemeinsamen Fundus der Embleme und Wappen ... Es handelt sich um ein Repertoire von enormer Bedeutung aus der Sicht einer Geschichte der Ikonologie, und auch hier beruhen die Modi, in denen ein bestimmtes Siegel auf eine bestimmte Idee verweisen kann, auf rhetorischen Kriterien. Die Repräsentation erfolgt durch phonetische Ähnlichkeit (das Pferd, *equus*, für den Mann *aequus*), durch Setzung des Konkreten für das Abstrakte (ein römischer Krieger für Rom), durch Ähnlichkeit der Anfangssilben (*asinus* für *asyllum* – und gewiß wußte Bruno nicht, daß dieses Verfahren, wie wir im nächsten Kapitel sehen werden, genau dasjenige war, das die alten Ägypter gewählt hatten, um ihren Hieroglyphen jedwede Natürlichkeit auszutreiben!), durch Wiederaufstieg vom Vorausgesetzten zum Folgenden, vom Akzidens zum Subjekt und umgekehrt, vom Zeichen zum Bezeichneten oder, noch einmal mit kabbalistischen Verfahrensweisen, durch Benutzung der evokativen Kraft des Anagramms oder der Paronomasie (*palatio* für *Latio*, vgl. Vasoli 1958: 285 f.).

Diese Sprache, die vollkommen für ihren Zweck ist (der Bruno vorschwebt), denn sie sollte den Schlüssel liefern, um nicht nur diese unsere Welt auszudrücken, sondern alle unendlich vielen Welten in ihrer wechselseitigen Übereinstimmung, erscheint jedoch höchst unvollkommen in ihrer semiotischen Struktur. Denn sie besteht nur aus einem immensen Wortschatz mit vagen Bedeutungen, und ihre Syntax ist bestenfalls die einer abenteuerlichen Kombinatorik. Die Entzifferung erfolgt auf der Basis assoziativer Blitzschläge, die nur ein einziger privilegierter Interpret beherrschen und explizit machen kann – aber dank der Kraft eines Stils, der sich wahrhaft heroisch in seinen Leidenschaften entfaltet, im Lateinischen ebenso wie im Italienischen, das Bruno als großer Künstler zu handhaben weiß.

Doch wenn die Verfahrensweisen noch die der vorangegangenen mnemotechnischen Rhetorik sind, ist der utopische Atem, der sie erfüllt, nun gewiß ein anderer. Wie schon bei Lullus, Cusanus und Postel und wie später auch in den mystisch-reformatorischen Bewegungen des siebzehnten Jahrhunderts (an dessen Schwelle er auf dem Scheiterhaufen sterben sollte), bildet und formt sich die glühende Hieroglyphenrhetorik Brunos mit dem Ziel, durch eine Erweiterung des Wissens eine Reform, eine Erneuerung, vielleicht eine Revolution des Wissens, der Lebensformen und sogar der politischen Ordnung in Europa zu bewirken – wofür er auf seinen unermüdlichen Wanderungen von Hof zu Hof durch Europa als Propagandist und Agitator eintrat.

Aber was uns hier interessiert, ist, zu sehen, wie und in welcher Richtung Bruno den Lullismus weiterentwickelt, und gewiß treibt ihn die Metaphysik der Unendlichkeit des Alls und der Welten dazu, die formalen und architektonischen Eigenschaften des Lullschen Ansatzes stärker herauszuarbeiten. Der Titel eines seiner mnemotechnischen Traktate (*De lampade combinatoria lulliana ad infinitas propositiones et media invenienda . . .*, 1586) nimmt mit dem Verweis auf die unendliche Zahl der verallgemeinerbaren Sätze vorweg, was im Text dann bekräftigt wird (I, IX): «Hier darf man so gut wie gar nicht auf die Eigenschaften der Termini achten, sondern allein auf die Tatsache, daß sie eine Ordnung notieren, eine Textur, eine Architektur.»

In *De umbris idearum* (1582) schlägt Bruno bewegliche konzentrische «Räder» vor, die in 150 Sektoren eingeteilt sind, damit jedes Rad 30 Buchstaben aufweisen kann, das heißt die 23 Buchstaben des lateinischen Alphabets plus sieben hebräische und griechische, die sich im lateinischen Alphabet nicht reproduzieren lassen (während zum Beispiel das griechische Alpha oder das hebräische Aleph durch das A dargestellt werden). Die einzelnen Buchstaben verweisen auf ebensoviele Bilder oder Handlungen oder Situationen, je nachdem, um welches Rad es sich handelt, wie man aus folgendem Beispiel ersehen kann, das Bruno in *De umbris* 163 gibt:

Rota 1 (Homines)	Rota 2 (Actiones)	Rota 3 (Insignia)
A Lycas	A in convivium	A cathenatus
B Deucalion	B in Lapydes	B vittatus
C Apollo	C in Pythonem	C baltheatus
(usw.)		

In dem, was Bruno die «Prima Praxis» nennt, erhält man durch Drehung des zweiten Rades Kombinationen wie CA (*Apollo in convivium*: Apollo beim Gastmahl). Dreht man auch das dritte Rad, so erhält man Kombinationen wie CAA, *Apollo in convivium cathenatus* (Apollo ist bei einem Gastmahl in Ketten gelegt worden). Und wir werden später sehen, warum Bruno hier, anders als in der «Secunda Praxis», ein viertes und ein fünftes Rad für entbehrlich hält, in denen die Mitwirkenden und die Umstände dargestellt würden.

In der «Secunda Praxis» gibt es fünf konzentrische Räder, jedes mit 150 Buchstabenpaaren vom Typus AA, AE, AI, AO, AU, BA, BE, BI, BO, BU und so weiter, jeder Buchstabe des Alphabets mit jedem der fünf Vokale gekoppelt. Diese Paare wiederholen sich unverändert in jedem der fünf Räder, aber im ersten bezeichnen sie handelnde Personen, im zweiten Handlungen, im dritten Merkmale (*insignia*), im vierten mitwirkende Personen (*adstantia*) und im fünften charakteristische Umstände (*circumstantias*).

Durch Kombination der fünf Räder kann man nun zusammengesetzte Bilder erhalten wie «Eine Frau rittlings auf einem Stier, die sich das Haar kämmt, wobei sie einen Spiegel in der linken Hand hält, während ein Jüngling mit einem grünen Vogel in der Hand dabeisteht» (*De umbris* 212, 10). Bruno spricht von Bildern «ad omnes formationes possibiles, adaptabiles» (an alle möglichen Formationen anpaßbar, *De umbris* 80) sowie von unendlichen Kombinationen, und tatsächlich wird es praktisch unmöglich, die Zahl der Sequenzen zu schreiben, die sich durch Kombination von 150 Elementen je fünf und fünf erzeugen lassen, zumal wenn man auch noch die Umkehrungen der Reihenfolge in Betracht zieht (vgl. *De umbris* 223). Schon dies allein würde genügen, die auf Unendlichkeit versessene

Kombinatorik Brunos gegenüber der von Lullus zu charakterisieren.

Rita Sturlese in ihrer kritischen Ausgabe von *De umbris* (1991) probiert jedoch eine Lesart der Räder, die sich polemisch von Frances Yates' «magischer» Lesart unterscheidet. Nach der Interpretation von Yates (1972) dienten die Silben zum Memorieren von Bildern, die dann zu magischen Zwecken verwendet wurden. Nach Sturlese sollten die Bilder an Silben erinnern, und der ganze mnemotechnische Apparat sollte durch sukzessive Kombination der Bilder an Wörter erinnern. Brunos Erfindung sollte demnach erlauben, die unendliche Menge der Wörter durch eine feste und relativ begrenzte Zahl von Bildern zu memorieren.

Man sieht sofort, daß wir, wenn es so wäre, nicht eine Kunst vor uns hätten, in welcher die Buchstabenkombinatorik auf Bilder verweist (als hätte Bruno, würden wir heute sagen, eine Maschine zur Erzeugung möglicher Bühnenbilder entworfen), sondern in der die Bilderkombinatorik auf Silbenkompositionen verweist, um mit ihnen eine unermeßliche Zahl von Wörtern nicht nur zu memorieren, sondern auch zu generieren, Wörter, die auch sehr lang und schwierig sein können wie *incrassatus* oder *permagnus*, ja sogar griechische, hebräische, chaldäische, persische, arabische Ausdrücke (*De umbris* 169) oder selten gebrauchte wissenschaftliche Termini für Kräuter, Bäume, Mineralien, Samen, Tierarten (*ibid.* 152), die sich anders nicht memorieren lassen. Die Vorrichtung würde also dazu dienen, Sprachen zu generieren, zumindest hinsichtlich ihrer Nomenklatur.

Mit anderen Worten, kombiniert Bruno die Sequenz CROCITUS, um das Bild von Pilumnus zu evozieren, der eilig auf einem Esel reitet, mit einer Binde am Arm und einem Papagei auf dem Kopf, oder komponiert er das ebengenannte Bild, um das Wort CROCITUS zu memorieren?

In der «Prima Praxis» (*De umbris* 168–172) erklärt Bruno, daß es nicht unabdingbar sei, mit fünf Rädern zu arbeiten, da es in allen bekannten Sprachen selten sei, daß man auf Silben mit fünf oder sechs Buchstaben stoße, und wenn es doch einmal vorkomme (wie in TRANS-ACTUM oder STU-PRANS), greife man auf ein bequemes Mittel zurück, das den Rekurs auf das vierte und fünfte Rad praktisch umgehe (eine Abkürzung, bei der wir uns hier nicht aufhalten wollen, aber mit der man ein paar Milliarden Möglichkeiten einsparen kann). Wenn nun die Sequenzen komplexe Bilder ausdrücken sollten, gäbe es keine Grenze für die Länge der Silben, wenn aber die Bilder Silben ausdrücken sollen, kann man deren Länge begrenzen (wenn auch nicht die ideale Komplexität ihrer Kettenkombinationen, denn wie Leibniz erinnern wird, gibt es im Griechischen ein Wort mit 31 Buchstaben), indem man die Kriterien der Ökonomie natürlicher Sprachen befolgt.

Andererseits, wenn das Grundkriterium einer Mnemotechnik darin besteht, das weniger Bekannte durch das besser Bekannte zu memorieren, dann scheint es vernünftig anzunehmen, daß Bruno die «ägyptischen» Bilder, die er der Tradition entnahm, als besser bekannt und evident betrachtete und als weniger bekannt die Wörter exotischer Sprachen, und daß mithin die Bilder zur Erinnerung an Buchstaben dienten und nicht umgekehrt. Einige Stellen in *De umbris* scheinen das ziemlich klar zu bezeugen: «*Lycas in conviviu cathenatus presentabat tibi AAA [. . .]. Medusa, cum insigni Plutonis presentabit AMO.*» («Lycas, bei einem Gastmahl in Ketten gelegt, präsentierte dir AAA [. . .]. Medusa mit den Insignien Plutos wird dir AMO präsentieren», *ibid.* 167). Die Personennamen stehen im Nominativ, also ist klar, daß die Bilder die Buchstaben präsentieren und nicht umgekehrt. Dasselbe scheint auch aus einigen Stellen des *Cantus Circaeus* hervorzugehen, in denen Bruno die (perzipierbaren) Bilder benutzt, um abstrakte mathematische Begriffe zu präsentieren, die anders nicht vorstellbar und memorierbar sind (vgl. Vasoli 1958: 284ff.)

Daß es dies war, was Bruno den lullischen Nachfahren nahegelegt haben könnte, wird auch durch die weitere Entwicklung des Lullismus angezeigt.

Unendliche Gesänge und Ausdrücke

Zwischen Lullus und Bruno erscheint das von G. P. Harsdörffer in *Mathematische und philosophische Erquickstunden* (1651, S. 516–519) vorgeschlagene Spiel, in dem 264 sprachliche Einheiten (Präfixe, Suffixe, Buchstaben und Silben) auf fünf Scheiben verteilt werden, um per Kombinatorik 97209600 deutsche Wörter zu erzeugen, auch inexistente, die zu poetisch-kreativen Zwekken benutzt werden könnten (vgl. Faust 1981: 367). Wenn dies aber für das Deutsche möglich war, warum dann nicht eine Maschine ersinnen, die imstande wäre, alle je möglichen Sprachen zu generieren?

Das Problem der Kombinatorik war 1607 von dem Mathematiker Christoph Clavius in seinem Kommentar *In Spheram Ioannis de Sacro Bosco* wiederaufgegriffen worden, der in der Diskussion über die möglichen Kombinationen der vier Primäreigenschaften (warm, kalt, trocken und feucht) bemerkt, daß sie rein mathematisch betrachtet sechs Kombinationen erlaubten. Aber da warm/kalt und trocken/feucht miteinander inkompatibel seien, ergäben sich nur die akzeptablen Kombinationen Erde (kalt und trocken), Feuer (trocken und warm), Luft (warm und feucht) und Wasser (kalt und feucht). Es ist dasselbe Problem wie bei Lullus: eine zugrundeliegende Kosmologie begrenzt die gültigen Kombinationen.

Doch Clavius scheint diese Begrenzungen überwinden zu wollen und geht daran, sich zu fragen, wie viele *dictiones* oder Ausdrücke mit den 23 Buchstaben des Alphabets produziert werden könnten (damals machte man keinen Unterschied zwischen U und V), wenn man sie in Gruppen von zwei und zwei, drei und drei und so weiter gruppierte, bis hin zu Wörtern mit dreiundzwanzig Buchstaben. Er liefert die mathematischen Formeln für diese Berechnung und macht an einem bestimmten Punkt halt, als ihm aufgeht, wie unermeßlich die Zahl der möglichen Resultate wäre, zumal wenn man auch noch die Wiederholungen mitrechnen würde.

1622 schreibt dann der Mathematiker Paul Guldin ein *Problema arithmeticum de rerum combinationibus* (vgl. Fichant 1991: 136–318), in dem er die Gesamtzahl aller mit 23 Buchstaben generierbaren Ausdrücke berechnet, unabhängig davon, ob sie einen Sinn haben und aussprechbar sind, aber ohne die Wiederholungen mitzurechnen, und kommt zu dem Ergebnis, daß die Anzahl der Wörter (von unterschiedlicher Länge zwischen zwei und dreiundzwanzig Buchstaben) mehr als sechzigtausend Milliarden Milliarden betrüge (um sie zu schreiben, bräuchte man mehr als eine Million Milliarden Milliarden Buchstaben). Um uns diese Zahl vorstellen zu können, sollten wir annehmen, wir schrieben alle diese Wörter in Registerbücher von je tausend Seiten, die Seite mit 100 Zeilen zu je sechzig Buchstaben; es wären dann 257 Millionen Milliarden solcher Bücher vonnöten; und wenn wir sie in eine Bibliothek stellen müßten – und Guldin studiert eigens deren Anlage, Größe und Benutzbarkeit –, und wir verfügten über kubische Bauten von je 432 Fuß Seitenlänge, deren jede 32 Millionen Bände aufnehmen könnte, so brauchten wir 8 052 122 350 solcher Bibliotheken. Aber welches Reich der Erde könnte so viele Gebäude fassen? Berechnen wir die auf dem ganzen Planeten verfügbare Fläche, so könnten wir lediglich 7 575 213 799 dieser Bibliotheken auf ihm unterbringen!

1636 stellt sich Pater Marin Mersenne in seiner *Harmonie universelle* dasselbe Problem, wobei er jedoch außer den *dictiones* auch die «Gesänge» (das heißt die generierbaren musikalischen Sequenzen) mit in Betracht zieht. Hier wird nun gewiß das Problem einer universalen Sprache berührt, die eine solche wäre, insofern sie potentiell alle jemals möglichen Sprachen in sich enthielte, und aus diesem Alphabet ergäben sich «mehr Millionen Vokabeln, als es Sandkörner auf der ganzen Erde gibt, obwohl es so leicht zu erlernen ist, daß man dafür keinerlei Gedächtnis benötigt, wenn man nur ein wenig Verstand hat», (Brief an Peiresc, etwa 20. April 1635; vgl. Coumet 1975 und Marconi 1992).

In *Harmonie* nimmt Mersenne sich vor, nur die im Französischen, Griechischen, Hebräischen, Arabischen, Chinesischen und jeder anderen möglichen Sprache *aussprechbaren* Wörter zu generieren, aber auch mit dieser Beschränkung verspürt er den Schauder des Unendlichen und, brunianisch, der Unendlichkeit möglicher Welten. Dasselbe geschieht auch bei den «Gesängen», die sich über einer Spanne von drei Oktaven generieren lassen, also mit zweiundzwanzig Tönen, ohne Wiederholungen (hier zeichnet sich die erste Idee der Zwölftonreihe ab). Um alle diese Gesänge zu notieren, bemerkt Mersenne, würde man mehr Ries Papier benötigen als zur Füllung des Abstandes zwischen Erde und Himmel, auch wenn jeder Bogen 720 Gesänge von je 22 Tönen enthielte und jedes Ries so zusammengepreßt würde, daß es weniger als ein Zoll dick wäre. Denn die aus 22

Tönen generierbaren Tonfolgen sind 1 124 000 727 777 607 680 000 an der Zahl, und geteilt durch die 362 880 Tonfolgen, die ein Ries enthalten könnte, erhielte man immer noch eine sechzehnstellige Zahl, während der Abstand vom Erdmittelpunkt bis zu den Sternen nur 28 826 640 000 000 Zoll betrage (*Harmonie*, S. 108). Und wollte man all diese Gesänge aufschreiben, tausend pro Tag, so brauchte man dafür 22 608 896 103 Jahre und 12 Tage.

Hier antizipieren wir – und zwar *ad abundantiam* – die schwindelerregenden Maße der Borgesschen Bibliothek von Babel, aber damit noch nicht genug. Wie Guldin bemerkt hat, wenn dies die Gegebenheiten sind, darf es uns nicht verwundern, daß es auf der Welt so viele verschiedene Sprachen gibt. Die Kombinatorik, die das Undenkbare streift, lenkt ein, um Babel zu rechtfertigen, und am Ende rechtfertigt sie es gerade dadurch, daß es ihr nicht gelingt, der Allmacht Gottes Grenzen zu setzen.

Gibt es mehr Namen oder mehr Dinge? Und wie viele Namen wären nötig, wenn man jedem Individuum mehrere Namen geben müßte, fragt sich Mersenne in *Harmonie* (II, S. 72). Und wenn Adam wirklich *alles* hätte benennen müssen, wie lange hätte sein Aufenthalt in Eden gedauert? Letztlich beschränken sich die den Menschen bekannten Sprachen darauf, die allgemeinen Ideen zu benennen, die Spezies, während man zur Benennung der Individuen allenfalls auf einen Fingerzeig rekurriert (S. 74). Und «dasselbe geschieht mit dem Fell aller Tiere und mit den Haaren der Menschen, deren jedes sich einen besonderen Namen wünscht, um von den anderen unterschieden zu werden, so daß, wenn ein Mensch 100 000 Haare auf dem Kopf und 100 000 weitere am Körper hat, 200 000 Wörter nötig wären, um sie alle zu benennen» (S. 72f.).

Um jedes Individuum zu benennen, bräuchte man somit eine künstliche Sprache, die eine adäquate Anzahl von *dictiones* generieren könnte. Und würde Gott die Individuen *ad infinitum* vermehren, so bräuchte man nur zu einem Alphabet mit größerer Buchstabenzahl überzugehen und könnte Ausdrücke generieren, um *alles* zu benennen (S. 73).

In diesem Taumel gibt es das Bewußtsein von der unendlichen Perfektibilität der Erkenntnis, durch welche der Mensch, ein neuer Adam, die Möglichkeit hat, im Laufe der Jahrhunderte all das zu benennen, was sein Urahn nicht rechtzeitig getauft hatte. Doch damit schickt eine artifizielle Sprache sich an, mit jenem Vermögen der Erkenntnis des Individuell-Einzelnen zu konkurrieren, das allein Gott gebührt (und dessen Unmöglichkeit, wie wir sehen werden, Leibniz bestätigen wird). Mersenne hatte sich gegen Kabbala und Okkultismus gewehrt, aber der kabbalistische Taumel hat ihn offenkundig verführt, und so läßt er nun die lullischen Räder auf vollen Touren laufen, unfähig, noch zu unterscheiden zwischen göttlicher Allmacht und möglicher Allmacht einer vom Menschen gelenkten perfekten Kombinationssprache, sieht er doch schließlich in *Quaestiones super Genesim* (coll. 49 und 52) in dieser Präsenz des Unendlichen im Menschen einen manifesten Beweis der Existenz Gottes.

Aber diese Fähigkeit, sich das Unendliche der Kombinatorik vorzustellen, tritt auch zutage, weil Mersenne, wie Clavius, Guldin und andere (zum Beispiel erscheint das Thema auch bei Comenius, *Linguarum methodus novissima*, 1648, III, 19), nicht mehr mit Begriffen rechnet (wie es noch Lullus tat), sondern mit bloßen Buchstabenfolgen, reinen Elementen des Ausdrucks, die von keiner Orthodoxie kontrolliert werden außer von jener der Zahl. Ohne es zu bemerken, nähern sich diese Autoren jener Idee des blinden Denkens, die mit mehr kritischem Bewußtsein von Leibniz verwirklicht werden sollte.

7. Die vollkommene Sprache der Bilder

Schon bei Platon, wie übrigens auch zuvor bei Pythagoras, gab es eine Verehrungshaltung gegenüber der altägyptischen Weisheit. Aristoteles zeigt sich in dieser Hinsicht skeptischer, und in Buch I seiner *Metaphysik*, wo er die Geschichte des antiken Wissens rekonstruiert, beginnt er direkt mit den Griechen. Die Mixtur aus Aristoteles plus Christentum mußte dem Mittelalter eine ziemlich desinteressierte Haltung gegenüber der altägyptischen Tradition einflößen, und so taucht diese denn auch nur in marginalen Texten wie den alchimistischen vom Typus *Picatrix* auf, während man eine beinahe höfliche Erwähnung der Ägypter als Erfinder der Geometrie und der Astronomie bei Isidor von Sevilla finden kann, der daran erinnert, wie die ursprünglichen hebräischen Buchstaben später zu den griechischen wurden und wie dann Isis, die Königin der Ägypter, sie in Griechenland fand und in ihr Land importierte (*Etymologiarum* I, III, 5).

Die Renaissance dagegen könnte man – um den Titel eines Buches von Baltrušaitis (1967) zu verwenden – unter das Zeichen der «Suche nach Isis» stellen, denn Isis gilt nun als Repräsentantin eines Ägypten, aus dem alle originäre Weisheit kommt, unter Einschluß natürlich auch der einer ersten heiligen Schrift, die das Wesen alles Göttlichen auszudrücken vermag. Es ist die neuplatonische Tradition (zu deren größtem Restaurator Ficino wird), die Ägypten wieder an die erste Stelle setzt.

Plotin hatte geschrieben (*Enneaden* V, 8, 5–6):

> Die ägyptischen Weisen [...] benutzen, um die Dinge klug zu bezeichnen, nicht gezeichnete Buchstaben, die sich zu Reden und Sätzen reihen und Laute und Wörter darstellen; sondern sie zeichnen Bilder, deren jedes sich auf eine bestimmte Sache bezieht, und skulpieren sie in ihre Tempel [...]. Jedes eingeschnittene Zeichen ist daher eine Weisheit, eine Wissenschaft, eine wirkliche Sache, die mit einem Schlage erfaßt worden ist [...].

Ähnlich erklärte Iamblichos in *De mysteriis Aegyptiorum*, die Ägypter hätten, indem sie die Natur des Universums und die

Schöpfung der Götter imitierten, mittels Symbolen verborgene mystische Intentionen ans Licht gebracht.

Die Einleitung des *Corpus Hermeticum* (das nun von Ficino zusammen mit genau diesen neuplatonischen Texten veröffentlicht wird) steht ganz im Zeichen Ägyptens, denn ägyptisch ist die Weisheit des Hermes Trismegistos.

Die *Hieroglyphica* des Horapollo

Im Jahre 1419 erwirbt der florentinische Edelmann Cristoforo de' Buondelmonti auf der Insel Andros eine griechische Handschrift, die sofort das Interesse von Gelehrten wie Ficino erregt: Es handelt sich um die *Hieroglyphica* von Horapollo oder Horus Apollo (*Horapóllonos Neiloùs Hieroglyphikà*), einen griechischen Text, verfaßt von einem Autor, der sich selbst als Ägypter (Nilote) bezeichnet, und ins Griechische übersetzt von einem gewissen Philippos. Obwohl der Text sofort für uralt gehalten wurde, neigt man heute dazu, ihn als eine späthellenistische Kompilation zu betrachten, ja ihn sogar erst ins fünfte Jahrhundert unserer Zeitrechnung zu datieren. Wie wir sehen werden, erwecken einige Stellen den Eindruck, der Autor habe eine exakte Vorstellung von der Natur der Hieroglyphen gehabt, aber da zu seiner Zeit die Kenntnis der altägyptischen Schrift sicher längst verlorengegangen war, kann man allenfalls annehmen, daß er sich an älteren Texten orientierte.

Die *Hieroglyphica* waren ursprünglich keine illustrierte Handschrift (Illustrationen erschienen erst in späteren Ausgaben wie in der lateinischen Übersetzung von 1514, die von Dürer illustriert worden war, aber auch die erste italienische Übersetzung von 1547 hatte noch keine Illustrationen). Es handelt sich um eine Reihe sehr kurzer Kapitel, in denen zum Beispiel erklärt wird, daß die Ägypter das Alter dadurch bezeichneten, daß sie die Sonne und den Mond darstellten oder den Monat mit einem Palmzweig. Es folgt eine kurze Erklärung des Symbolwerts der Abbildung und bisweilen auch eine Liste der polysemischen Werte desselben Bildes. So bezeichne der Geier zum Beispiel die Mutter, das Sehen, das Ende einer Sache, die Kenntnis der Zukunft, das Jahr, den Himmel, die Barmherzigkeit, Minerva und

Juno oder auch zwei Drachmen. Manchmal bestehe die Hieroglyphe auch aus einer Zahl, zum Beispiel werde die Lust durch die Zahl 16 ausgedrückt, weil dies das Alter sei, in dem beim Menschen die sexuelle Aktivität beginne, und der Beischlaf (der eine von zwei Personen geteilte Lust impliziere) werde durch zweifache Setzung derselben Zahl 16 ausgedrückt.

Die Reaktion in den Kreisen der humanistischen Philosophen war prompt: Die Hieroglyphen wurden als Werk des göttlichen Hermes Trismegistos angesehen und als unerschöpfliche Quelle der Weisheit befragt.

Um zu begreifen, warum der Text des Horapollo so mächtig einschlug, muß man sich vergegenwärtigen, von welch geheimnisvollen ägyptischen Zeichen er berichtete. Er handelte von der Hieroglyphenschrift, deren letztes heutigen Ägyptologen bekanntes Beispiel aus der Zeit des Theodosius stammt, aus dem Jahre 394 n. Chr. Doch wenn dieser letzte hieroglyphische Text immerhin noch einige Ähnlichkeiten mit den dreitausend Jahre älteren Texten aufwies, hatte sich die zu jener Zeit in Ägypten gesprochene Sprache gründlich verändert, und als Horapollo schrieb, war die Kenntnis der Hieroglyphen längst verlorengegangen.

Die ägyptische Schrift

Die Hieroglyphenschrift besteht aus zunächst sicher ikonisch gewesenen Zeichen, von denen einige leicht zu erkennen sind (der Geier, die Eule, der Stier, die Schlange, das Auge, der Fuß, der sitzende Mann mit einer Schale in der Hand); andere sind bereits stilisiert (wie das geblähte Segel, der mandelförmige Mund, die Zickzacklinie als Zeichen für Wasser), und einige haben, zumindest für das uneingeweihte Auge, eine nur sehr entfernte Ähnlichkeit mit der Sache, die sie darstellen sollen, wie das kleine Quadrat als Zeichen für Sitz, das Zeichen für gefalteten Stoff oder der Halbkreis als Zeichen für Brot. All diese Zeichen waren zunächst Bildzeichen, sogenannte *Ideogramme*, die das Dargestellte abbildeten, wenn auch nicht unbedingt durch «reine Ikonik», sondern durch Mechanismen einer rhetorischen Substitution (das geblähte Segel steht für «Wind», der sitzende Mann mit der Schale für «trinken», das Kuhohr für «verstehen», der Hundekopf für den Gott Thot und verschiedene mit ihm assoziierte Tätigkeiten wie «schreiben» oder «zählen»).

Da jedoch nicht alles bildlich dargestellt werden kann, haben die Ägypter sich damit beholfen, dieselben Zeichen als einfache Lautzeichen oder *Phonogramme* zu benutzen. Mit anderen Worten, um etwas zu bezeichnen, dessen Name mit einem bestimmten Laut begann, benutzten sie das Bild eines Gegenstandes, dessen Name mit demselben Laut begann, und wenn sie einen Vokal oder Konsonanten oder auch eine ganze Silbe eines fremden Wortes ausdrücken wollten, bedienten sie sich eines hieroglyphischen Zeichens, das irgendein Objekt *ausdrückte* oder *darstellte*, dessen Name in der gesprochenen Sprache, im Ganzen oder in seinem ersten Teil, den Laut des betreffenden Vokals oder Konsonanten oder der Silbe enthielt (so stand zum Beispiel das Bild des Mundes, der im Ägyptischen *ro* hieß, für den griechischen Konsonanten P, vgl. Champollion, *Lettre à M. Dacier*, S. 11 f.). Es ist schon kurios: Während für die hermetische Theorie der hieroglyphischen Sprache der Name das Wesen der Sache darstellen sollte, diente in Wahrheit die Sache (beziehungsweise ihr Bild) dazu, den Klang des Namens darzustellen.

Doch in der Epoche, als Europa sich für die Hieroglyphen interessierte, war die Kenntnis der altägyptischen Schrift schon mehr als tausend Jahre verloren. Um die Entzifferung der Hieroglyphen in Angriff nehmen zu können, hätte man ein so glückliches Ereignis wie den Fund eines zweisprachigen Lexikons benötigt. Bekanntlich fand man kein solches Lexikon, aber wenigstens einen dreisprachigen Text, den berühmten Stein von Rosette (aus der Stadt Raschid im Nildelta, wo er 1798 von einem französischen Soldaten gefunden wurde, um dann aber nach dem Scheitern des napoleonischen Ägyptenfeldzugs ins Britische Museum zu gelangen), beschriftet mit einem Gedenktext in Hieroglyphisch, Demotisch (einer Kursivschrift, die sich im letzten Jahrtausend v. Chr. gebildet hatte und vorwiegend für Verwaltungszwecke benutzt wurde) und Griechisch. Über Reproduktionen des Steins arbeitend, gelang es dem jungen Franzosen Jean François Champollion, die Grundlagen für die Entzifferung der Hieroglyphenschrift zu legen, die er in seiner *Lettre à M. Dacier relative à l'alphabet des Hiéroglyphes phonétiques* am 17. September 1822 veröffentlichte. Champollion hatte entdeckt, daß eine bestimmte Zeichengruppe, die von einem «Kartusche» genannten ovalen Ring umschlossen wurde, aufgrund ihrer Position im hieroglyphischen Text dem im griechischen Text vorkommenden Namen Ptolemäus entsprechen mußte, er hatte zwei Kartuschen verglichen, die aus demselben Grund die Namen Ptolemäus und Cleopatra enthalten mußten (also ΠΤΟΛΟΜΑΙΟΣ und ΚΛΟΠΑΤΡΑ), hatte die Buchstaben identifiziert, die den beiden Namen gemeinsam sind (Π, Τ, Ο, Λ, Α), und hatte festgestellt, daß ihnen tatsächlich dieselben Hieroglyphen entsprachen, die also denselben Lautwert haben mußten. Von diesem Moment an war es ihm möglich gewesen, auch den Lautwert der übrigen Zeichen in der Kartusche zu bestimmen.

Mit Champollions Entdeckung ist freilich noch nichts über eine Reihe von Phänomenen gesagt, die uns helfen, die Situation des Horapollo zu verstehen. Die Eroberer Ägyptens, zuerst die Griechen und dann die Römer, hatten dem Land ihren Handel, ihre Techniken und ihre Götter aufgezwungen, und die spätere Christianisierung Ägyptens hatte das Volk am Nil dann endgültig von seinen Traditionen entfernt. Die Hieroglyphenschrift wurde nur noch von den Tempelpriestern benutzt, die weltabgeschieden die Monumente ihrer erlöschenden alten Kultur pflegten, letzte Reste einer verlorenen Wissensform und Identität.

So geschah es, daß sie ihre Schrift, die nun nicht mehr praktischen Zielen diente, sondern reines Initiationsinstrument geworden war, allmählich immer komplizierter machten. Man spielte jetzt mit den Möglichkeiten einer Schrift, die sich im doppelten Register des Phonetischen und des Ideographischen bewegte. Um beispielsweise den Namen des Gottes Ptah zu schreiben, gab man zuerst oben das P phonetisch mit dem Ideogramm des Himmels (p[t]) wieder, dann darunter das H mit dem Bild des Gottes Heh, der die Arme zum Himmel erhebt, und darunter schließlich das T mit dem Ideogramm der Erde (ta). Aber das Ganze erinnerte auch daran, daß Ptah ursprünglich die Erde vom Himmel getrennt hatte. Nun tendierte dieses

System visueller Evokationen, die sich den Umstand zunutze machten, daß ein und derselbe Laut durch verschiedene Hieroglyphen dargestellt werden konnte, immer mehr zu einem erfinderischen Spiel, zu einer Art Kombinatorik und Permutation kabbalistischer Prägung, die mit den Bildern betrieben wurde und nicht mit den Lauten. Um den dargestellten Begriff (der phonetisch zu lesen war) bildete sich eine Aura von Mit- und Nebenbedeutungen, eine Art Basso ostinato von Suggestionen, die zusammenwirkten, um das semantische Feld des Begriffes selbst zu erweitern. In dieser Atmosphäre verstärkte sich immer mehr die Überzeugung, daß die antiken Texte verborgene Wahrheiten und verlorene Geheimnisse enthielten (Sauneron 1957: 123–27).

Die hieroglyphische Sprache mußte somit in den Augen der letzten Priester einer Kultur, die immer mehr in Vergessenheit sank, als eine vollkommene Sprache erscheinen – nur daß sie gerade denen als solche erschien, die sie bloß lesend interpretierten, nicht denen, die zufällig noch imstande waren, sie zu sprechen (Sauneron 1982: 55f.)

Nun können wir verstehen, worauf sich Horapollo bezog: auf eine semiotische Tradition, deren Schlüssel verlorengegangen war und von der er zwar sowohl den phonetischen wie auch den ideographischen Aspekt irgendwie erfaßte, aber ohne sie recht unterscheiden zu können, undeutlich und bloß vom Hörensagen. Oft hält er Lösungen für kanonisch, die nur von einigen wenigen Schreibern in einer bestimmten historischen Phase verwendet wurden. Yoyotte (1955: 87) hat gezeigt, daß er, wenn er zum Beispiel behauptete, die Ägypter hätten den Vater durch einen Skarabäus dargestellt, wohl daran dachte, daß einige Schreiber der Spätzeit, um den Laut *it* («Vater») darzustellen, die normalerweise für *t* benutzte Hieroglyphe durch den Skarabäus ersetzten, der in der privaten Kryptographie der 18. Dynastie für das T im Gottesnamen ATUM stand.

Die heutige Ägyptologie diskutiert die Frage, ob Horapollo, wenn er zu Anfang erklärt, die Ägypter hätten die Ewigkeit durch die Bilder der Sonne und des Mondes dargestellt, an zwei Ideogramme der Spätzeit dachte, mit denen die Lautfolgen *r' nb* («jeden Tag») und *r trwj* («zu allen Zeiten», also «immer») wiedergegeben wurden, oder ob er sich darauf bezog, daß in einigen alexandrinischen Wandreliefs die beiden Ideogramme schon direkt die Ewigkeit darstellten (in welchem Falle das Symbol jedoch nicht mehr ägyptisch wäre, sondern aus vorderasiatischen, vielleicht hebräischen Quellen käme). An anderen Stellen scheint Horapollo auch tradiertes Wissen mißverstanden zu haben. So behauptet er, um das gesprochene Wort zu bezeichnen, habe man eine Zunge und ein blutunterlaufenes Auge gemalt. Nun gibt es eine Wurzel *mdw* («sprechen»), in deren Schriftbild ein Stock erscheint, und die Wortwurzel *d̠d* («sagen»), die mit einer Schlange geschrieben wurde. Horapollo oder seine Quelle könnten beides fälschlich als Zunge gedeutet haben. Oder es heißt, der Lauf der Sonne im Moment der Wintersonnwende sei durch zwei stehende Füße dargestellt worden, während man nur das Zeichen der zwei gehenden Beine kennt, das als Determinativ für Verben der Bewegung diente, weshalb es auch Wörter wie «stehenbleiben», «aufhören» oder «eine Reise unterbrechen» begleitete. Die Behauptung, es beziehe sich auf den Lauf der Sonne, ist eine freie Erfindung des Horapollo.

Des weiteren behauptet Horapollo, um das Land Ägypten zu bezeichnen, habe man ein glühendes Räucherbecken über einem Herzen dargestellt. Nun haben die Ägyptologen zwar in einem Königsbeinamen zwei Zeichen identifiziert, die ein brennendes Herz darstellen, aber es scheint nicht, daß sie je zur Bezeichnung Ägyptens benutzt worden sind. Dagegen hat sich herausgestellt, daß ein Glutbecken mit einem Herzen darüber für einen Kirchenvater wie Cyrillus von Alexandrien die Bedeutung «Wut» hatte (vgl. van der Walle/Vergote 1943).

Dieser letzte Hinweis bringt uns auf eine andere Spur: Aller Wahrscheinlichkeit nach ist der zweite Teil der *Hieroglyphica* das Werk des Übersetzers Philippos, und in diesem Teil gibt es ganz offenkundige Bezugnahmen auf die späthellenistische Tradition des *Physiologus* und all der anderen Bestiarien, Herbarien und Lapidarien, die von ihm abstammen, eine Tradition, die nicht nur in der ägyptischen Kultur wurzelt, sondern auch in sehr alten asiatischen und später griechischen und lateinischen Überlieferungen.

Nehmen wir als Beispiel den Fall des Storches. Wenn die *Hieroglyphica* den Storch präsentieren, heißt es:

Wie [dargestellt wird] der seinen Vater liebt:

Wenn wir den bezeichnen wollen, der seinen Vater liebt, zeichnen wir einen Storch. Denn er, der von seinen Eltern genährt worden ist, trennt sich niemals von ihnen, sondern bleibt bei ihnen bis in ihr Alter, um sie mit seiner Liebe und seiner Ehrerbietung zu belohnen.

Tatsächlich steht im hieroglyphischen Alphabet ein ähnliches Tier (aus phonetischen Gründen) als Zeichen für «Sohn», aber in I, 85 weist Horapollo denselben Begriff einem Wiedehopf zu (was darauf hinweist, daß er verschiedene Traditionen synkretistisch vermischt), der bereits im *Physiologus* angeführt wird und zuvor auch schon bei diversen antiken Autoren wie Aristophanes und Aristoteles sowie bei patristischen Autoren wie Basilius vorkommt. Aber zurück zum Storch.

Die *Emblemata* von Andrea Alciati (1531) nehmen sicher verschiedene Hinweise aus den *Hieroglyphica* auf, und so finden wir dort auch den Storch, der, wie erklärt wird, seine Jungen mit leckeren Gaben nährt und auf dem Rücken die müden Leiber seiner Eltern trägt, denen er Nahrung mit dem Schnabel anbietet. Das Bild, das dieses Emblem in der Ausgabe von 1531 begleitet, zeigt einen fliegenden Vogel, der einen anderen auf dem Rücken trägt, doch in späteren Ausgaben (zum Beispiel von 1621) erscheint statt dessen ein Vogel, der einen Wurm im Schnabel zu seinen Jungen trägt, die mit weit aufgerissenen Schnäbeln im Nest auf ihn warten.

Alciatis Kommentare verweisen auf die oben zitierte Stelle der *Hieroglyphica*, aber wie unschwer zu sehen, ist dort weder von der Ernährung der Kleinen noch vom Transport der Eltern die Rede. Statt dessen taucht das Thema in einem Text aus dem vierten Jahrhundert n.Chr. auf, nämlich dem *Hexaemeron* von Basilius (VIII, 5).

Was man in den *Hieroglyphica* finden konnte, war also der europäischen Kultur im Prinzip schon bekannt. Eine Reise aus der Renaissance zurück auf der Spur der Störche hält uns in der Tat einige schöne Überraschungen bereit. Im *Bestiarium von Cambridge* (12. Jahrhundert) steht zu lesen, daß die Störche eine exemplarische Liebe zu ihrer Nachkommenschaft hegen und sie «mit solcher Hingabe und Beharrlichkeit ausbrüten, daß sie die Federn verlieren vom ständigen Liegen. Für die Zeit, die sie der Pflege und Aufzucht ihrer Sprößlinge widmen, werden sie später von ihren Kindern belohnt, die sich um die Pflege der Eltern kümmern.» Das dazugehörige Bild zeigt einen Storch mit einem Frosch im Schnabel, offenkundig für seine Jungen. Aber das *Bestiarium von Cambridge* übernimmt den Gedanken von Isidor von Sevilla, der sich mehr oder minder in denselben Worten ausdrückt (*Etymologiarum* XII, vii). Woher konnte Isidor die Geschichte haben? Von Basilius, wie wir gesehen haben, und von Ambrosius (*Hexaemeron* V, 16, 53); oder auch von Celsus (zitiert von Origenes in *Contra Celsum* IV, 98) oder von Porphyrius (*De absentia* III, 23, 1). Und diese hatten als Quelle die *Naturalis Historia* von Plinius dem Älteren (X, 32).

Zweifellos konnte Plinius eine ägyptische Tradition wiederholen, wenn Aelianus (im 2.–3. Jahrhundert n.Chr., aber ohne die Stelle nach Plinius zu zitieren) behaupten konnte: «Die Störche werden bei den Ägyptern verehrt, weil sie ihre Eltern ernähren und ehren, wenn sie alt sind» (*De natura animalium* X, 16). Doch wenn man weiter zurückgeht, entdeckt man denselben Gedanken auch bei Plutarch (*De solertia animalium* 4), bei Cicero (*De finibus bonorum et malorum* II, 110), bei Aristoteles (*Historia animalium* IX, 7, 612b 35), bei Platon (*Alkibiades* 135 E), bei Aristophanes (*Die Vögel* 1355) und schließlich auch bei Sophokles (*Elektra* 1058). Nichts spricht dagegen, daß auch Sophokles eine ältere ägytische Tradition wiederholt hat, auf jeden Fall aber kannte das Abendland die moralisierende Storchengeschichte sehr gut und hatte keinen Grund, sich über die Enthüllung in den *Hieroglyphica* zu wundern. Im übrigen scheint es, daß die Storchsymbolik semitischer Herkunft ist, bedenkt man, daß der Name im Hebräischen soviel heißt wie «der die Kinderliebe hat».

Aus der Sicht eines heutigen Kenners der mittelalterlichen und antiken Kultur scheint das Büchlein des Horapollo daher kaum sehr verschieden von den Bestiarien, die in den Jahrhunderten vor ihm zirkulierten, außer daß er den traditionellen Zoo um ein paar ägyptische Tiere wie den Skarabäus oder den Ibis erweitert und die moralisierenden Kommentare oder Verweise auf die heilige Geschichte wegläßt.

Man kann nicht sagen, daß die Menschen der Renaissance nicht bemerkt hätten, daß sie traditionelles und als solches bereits bekanntes Material vor sich hatten. Pierio Valeriano läßt in seiner Schrift *Hieroglyphica sive de sacris Aegyptiorum aliarumque gentium literis** (1556) keine Gelegenheit aus, die Autorität von Horapollos Hieroglyphen mit ausführlichen Zitaten antiker und christlicher Quellen zu untermauern. Doch anstatt Horapollo im Licht der Tradition zu lesen, liest er die Tradition im Licht Horapollos.

In *Delle Imprese** von Giulio Cesare Capaccio (1592), wo fortwährend griechische und lateinische Schriftsteller zitiert werden, ist es offensichtlich, daß der Autor alles sehr gut zu verwerten weiß, was die Tradition ihm zur Verfügung stellt, doch er verwertet es nach der ägyptischen Mode. Man kann jene Bilder, die aus Jahrhunderten und Aberjahrhunderten abendländischer Geschichte zu uns kommen, nicht mehr verstehen, ohne sie zu Reserven verborgener Bedeutungen zu machen, «was man in Wahrheit nicht tun kann ohne Beachtung der Hieroglyphen» (*senza l'osservatione Ieroglifica*, carta 4r), am besten durch Vermittlung eines zeitgenössischen Textes wie der *Monas Hieroglyphica* jenes «Giouanni Dee da Londino», den wir als John Dee aus London kennen (s. das nächste Kapitel).

Wir haben von «Neubeschäftigung» mit einem Text (oder Komplex von Texten) gesprochen, der als solcher nicht geändert worden ist. Was also war anders geworden? Ein semiotischer Zwischenfall hatte sich ereignet, der, so paradox er in seinen Wirkungen war, in seiner Dynamik sehr leicht zu erklären ist. Wir haben eine *Aussage* (den Text des Horapollo), die sich nur wenig von anderen schon bekannten Aussagen unterscheidet und dennoch von der humanistischen Kultur gelesen wird, als handle es sich um eine unerhörte Neuheit. Dies kann geschehen, weil die öffentliche Meinung diese Aussage jetzt *einem anderen Aussagesubjekt zuschreibt.* Nicht die Aussage ändert sich, sondern das Subjekt, dem sie zugeschrieben wird – und natürlich *ändert sich damit ihre Rezeption*, die Art ihrer Interpretation.

Altbekannte Bilder bekommen, sobald sie nicht mehr als Erbe einer christlichen (oder heidnischen) Tradition erscheinen, sondern als direkte Hinterlassenschaft altägyptischer Götter, einen ganz anderen Sinn als den, welchen sie in den moralisierenden Bestiarien hatten. Die Bezugnahmen auf die Heilige Schrift, die nun fehlen, werden durch Anspielungen auf eine vage Religiösität voll mysteriöser Verheißungen ersetzt, und der

Erfolg des Buches ergibt sich gerade aus dieser Polysemie. Die Hieroglyphen werden als *initiatische Symbole* gesehen.

Als *Symbole* und somit als Ausdrücke, die auf einen verborgenen, unbekannten, vieldeutigen und geheimnisvollen Inhalt verweisen. Für Athanasius Kircher ist das Symbol – im Unterschied zur Mutmaßung, die uns erlaubt, von einem offenbaren Symptom auf seine sichere Ursache zu schließen – «die bezeichnende Note (*nota significativa*) eines verborgeneren Geheimnisses, was heißt, daß es die Natur des Symbols ist, unsere Seele mittels einer Ähnlichkeit zum Verständnis von etwas zu bringen, das sehr verschieden von dem ist, was uns durch unsere äußeren Sinne nahegebracht wird, und dessen Eigenschaft darin besteht, verhüllt oder versteckt zu sein unter dem Schleier eines obskuren Ausdrucks [...]. Es ist nicht aus Worten gebildet, sondern drückt sich allein durch Noten, Buchstaben, Figuren aus» (*Obeliscus Pamphilius*, II, 5, S. 114–20).

Als *initiatische* Symbole schließlich, weil das Faszinosum der ägyptischen Kultur darauf beruht, daß das von ihr versprochene Wissen im unergründlichen und unentschlüsselbaren Bezirk eines Rätsels eingeschlossen ist, um es der profanen Neugier des niederen Volks zu entziehen. Mehr noch, weil das Hieroglyphische, wie Kircher in Erinnerung ruft, etwas Heiliges symbolisiert (und so gesehen sind alle Hieroglyphen Symbole, was jedoch nicht umgekehrt gilt) und weil seine Kraft sich eben dem Umstand verdankt, daß es unerreichbar für die Profanen ist.

Kirchers Ägyptologie

Im siebzehnten Jahrhundert war der Stein von Rosette noch nicht bekannt, und so mußte sich Athanasius Kircher ohne ihn an seine Entzifferung der Hieroglyphen machen. Er beging den beim Wissensstand seiner Zeit nur allzu erklärlichen Irrtum, zu glauben, daß *alle* hieroglyphischen Zeichen als Ideogramme zu lesen seien, und infolgedessen war seine Rekonstruktion vollkommen falsch. Dennoch wurde er zum Vater der Ägyptologie, so wie Ptolemäus zum Vater der Astronomie wurde, obwohl die ptolemäische Hypothese irrig war, denn im Versuch, eine irrige Hypothese mit den Fakten in Einklang zu bringen, sammelte Kircher Beobachtungsmaterial, schrieb Dokumente ab und lenkte die Aufmerksamkeit der wissenschaftlichen Welt auf das Thema der Hieroglyphen. Dabei arbeitete Kircher nicht mit den phantasievollen Rekonstruktionen der bei Horapollo genannten Tiere, sondern studierte direkt die echten Hieroglyphen und ließ sich Kopien davon machen. Auch in diese Rekonstruktion, die sich in prächtigen und künstlerisch faszinierenden Tafeln niederschlägt, haben sich freilich zahllose Elemente der Phantasie eingeschlichen, und nicht selten werden hochstilisierte Hieroglyphen visuell in schwelgerische Barockformen übersetzt. Aber selbst Champollion hatte den Obelisken auf der Piazza Navona mangels einer direkten Besichtigung anhand der Rekonstruktion von Kircher studiert, und obwohl er sich über die Ungenauigkeit vieler Rekonstruktionen beklagte, gewann er doch interessante und exakte Ergebnisse aus ihnen.

Schon 1636 hatte Kircher in seinem *Prodromus Coptus sive Aegyptiacus** (dem 1643 eine *Lingua Aegyptiaca restituta** gefolgt war) die Beziehungen zwischen der koptischen Sprache und einerseits dem Ägyptischen, andererseits dem Griechischen erkannt, und schon dort deutet er die Möglichkeit an, daß sämtliche orientalischen Religionen, einschließlich derer des Fernen Ostens, nichts anderes sein könnten als mehr oder minder degenerierte Versionen der hermetischen Mysterien.

Mehr als ein Dutzend Obelisken lagen in verschiedenen Teilen Roms herum, und seit den Zeiten Papst Sixtus' V. hatte man angefangen, einige davon zu restaurieren. 1644 wird Papst Innozenz X. aus der Familie Pamphili gewählt, deren Palazzo an der Piazza Navona stand. Der Pontifex hatte Bernini mit dem Brunnen der vier Flüsse betraut, den man heute dort bewundern kann, und hatte sich entschieden, den Brunnen mit dem Obelisken von Domitian zu krönen, zu dessen Restauration Pater Kircher eingeladen wurde.

Zum Abschluß dieser Arbeiten brachte Kircher 1650 das Werk *Obeliscus Pamphilius* heraus und wenige Jahre später die vier Bände seines *Oedipus Aegyptiacus* (1652–54), eine umfassende Untersuchung über Geschichte, Religion, Kunst, Politik, Grammatik, Mathematik, Mechanik, Medizin, Alchimie, Magie und Theologie des Alten Ägypten, verglichen mit denen aller anderen orientalischen Kulturen, von den chinesischen Ideogrammen bis zur jüdischen Kabbala und zur Sprache der indischen Brahmanen. Überdies stellt das Werk auch eine typographische Höchstleistung dar, denn es hatte das Schneiden neuer Drucktypen für zahlreiche orientalische Schriften erforderlich gemacht – unter anderem beginnt es mit einer Reihe von Widmungen an den Kaiser, die in Griechisch, Lateinisch, Italienisch, Spanisch, Französisch, Portugiesisch, Deutsch, Ungarisch, Tschechisch, Illyrisch, Türkisch, Hebräisch, Syrisch, Arabisch, Chaldäisch, Samaritanisch, Koptisch, Äthiopisch, Armenisch, Persisch, Indisch und Chinesisch abgefaßt sind. Aber Kircher rückt darin nicht von den Schlußfolgerungen seines vorangegangenen Buches ab (ebensowenig wie in seinen beiden folgenden Büchern, *Obelisci Aegyptiaci nuper inter Isaei Romani rudera effossi interpretatio hieroglyphica**, 1666, und *Sphinx mystagoga*, 1676).

Tatsächlich streift Kircher die Intuition, daß einige der häufigsten Hieroglyphen etwas mit phonetischen Werten zu tun haben könnten, denn er zeichnet ein (ziemlich phantasievolles) Alphabet von 21 Hieroglyphen, aus deren Form er durch sukzessive Abstraktionen die Buchstaben des griechischen Alphabets hervorgehen lassen will. So schließt er zum Beispiel aus der Figur eines Ibis, der den Hals so weit hinunterbeugt, daß der Kopf zwischen den Füßen erscheint, diese Form könnte das griechische Alpha in der Majuskelform (A) hervorgebracht haben. Dazu sei es gekommen, weil die hieroglyphische Bedeutung des Ibis «Guter Geist» gewesen sei, was im Griechischen zu «Agathodaimon» werde; aber es werde dazu durch Vermittlung des Koptischen, dank welcher man den Anfangsbuchstaben des Wortes immer mehr mit der Form der ursprünglichen Hieroglyphe gleichgesetzt habe. Ähnlich sollten die gespreizt auf den Boden gestellten Beine des Ibis das Meer ausdrücken beziehungsweise die einzige Form, in der die Ägypter das Meer gekannt hätten, nämlich das Delta der Nilmündung. Das Wort *delta* sei beim Übergang ins Griechische unverändert geblieben, und daher habe der Buchstabe Delta im Griechischen die Form eines Dreiecks.

Die Überzeugung, daß die Hieroglyphen etwas Natürliches *zeigten*, hindert Kircher daran, den richtigen Weg zu finden. Er schreibt eher späteren Kulturen jene Kurzschlußverbindung zwischen Zeichen und Laut zu, die in Wirklichkeit schon im

Innern der Hieroglyphenschrift stattgefunden hatte. Schließlich unterscheidet er nur mühsam zwischen den Lauten und den sie repräsentierenden Buchstaben, so daß ihm seine anfängliche Intuition zu einem Schlüssel wird, um die Entstehung der sukzessiven Alphabete zu erklären und nicht die phonetische Natur der Hieroglyphen zu begreifen.

Nach dieser einleitenden Untersuchung richtet Kircher jedoch seine Aufmerksamkeit auf die mystische Bedeutung der Hieroglyphen, deren Erfindung er ohne Zögern dem Hermes Trismegistos zuschreibt. All das mit einem entschiedenen Willen zur Nicht-Aktualität, denn zu der Zeit, als er schrieb, hatte Isaac Casaubon bereits seit einigen Jahrzehnten bewiesen, daß das gesamte *Corpus Hermeticum* nicht weiter als bis in die ersten Jahrhunderte unserer Zeitrechnung zurückreichen konnte. Kircher, ein Mann mit einer wahrhaft außergewöhnlichen Bildung, konnte das unmöglich nicht wissen, aber er ignorierte es willentlich und blieb seinen hermetischen Voraussetzungen treu – oder jedenfalls seinem Geschmack am Außerordentlichen und Wunderbaren.

Daher eine Reihe von Hieroglyphenentzifferungen, über die heutige Ägyptologen nur lächeln können. So werden zum Beispiel auf Seite 557 des *Obeliscus Pamphilius* die Bilder in einer Kartusche, numeriert von 20 bis 24, von Kircher wie folgt gelesen: «Der Verursacher aller Fruchtbarkeit und Vegetation ist Osiris, dessen Zeugungskraft den heiligen Mophtha vom Himmel herab in sein Reich bringt.» Dieselbe Figurengruppe liest Champollion (*Lettre à M. Dacier*, S. 29) – und zwar genau anhand der Zeichnungen Kirchers – wie folgt: «ΑΟΤΚΡΤΛ [= Autokrat, Imperator], Sohn der Sonne und Herrscher der beiden Kronen ΚΗΣΡΣ ΤΜΗΤΕΝΣ ΣΒΣΤΣ [Kaisaros Domitianus Augustus]». Die Differenz ist beachtlich, zumal wenn man bedenkt, daß Kircher dem mysteriösen Mophtha, dargestellt durch das Bild eines Löwen, viele Seiten mystischer Exegese widmet, auf denen er ihm zahlreiche Eigenschaften zuschreibt, während für Champollion der Löwe (oder die Löwin) einfach den Buchstaben L bedeutet.

Ähnlich findet sich auf Seite 187 von Band III des *Oedipus* eine lange Analyse einer Kartusche, die auf dem Lateran-Obelisken erscheint, und Kircher liest daraus eine komplexe Argumentation über die Notwendigkeit, sich der Wohltaten des göttlichen Osiris und des Nils durch heilige Zeremonien zu versichern, indem man die Kette der mit den Tierkreiszeichen verbundenen Geister aktiviert. Die heutigen Ägyptologen lesen in der betreffenden Kartusche schlicht und einfach den Namen des Pharaos Apries.

Kirchers Chinesisch

Im 5. Kapitel haben wir gesehen, daß es auch Leute gab, die an das Chinesische als Sprache Adams dachten. Kircher lebte in einer Epoche, in der die Expansion nach Osten einen hohen Intensitätsgrad erreichte und Spanier, Portugiesen, Engländer, Holländer, später auch Franzosen mit ihren Flotten die Küsten Indiens, die Sundainseln, China und Japan erreichten. Aber mehr noch als die Kaufleute bewegten sich die jesuitischen Missionare auf den Spuren jenes Paters Matteo Ricci, der schon am Ende des vorausgegangenen Jahrhunderts, ausgezogen, den Chinesen die Ideen der europäischen Kultur zu bringen, mit vertieften Kenntnissen über die chinesische Kultur zurückgekehrt war. Bereits 1585 hatte Juan Gonzáles de Mendoza in seiner *Historia de las cosas más notables, ritos y costumbres del gran reino de la China** die chinesischen Schriftzeichen im Druck reproduziert. 1615 war dann die Ausgabe von Pater Matteo Riccis *De christiana expeditione apud Sinas ab Societate Iesu suscepta** erschienen, in der klargestellt wurde, daß es im Chinesischen ebenso viele Schriftzeichen wie Wörter gebe, und die dennoch auf der Internationalität dieser Schrift insistierte, da sie nicht nur für die Chinesen leicht erlernbar sei, sondern auch für die Japaner, Koreaner, Cochinchinesen und Formosaner – und wir werden noch sehen, wie stark diese Entdeckung Bacons Suche nach einem «realen Charakter» beeinflussen sollte. 1627 veröffentlichte der Franzose Jean Douet eine *Proposition présentée au Roy, d'une escriture universelle, admirable pour ses effets, très utile à tous les hommes de la terre**, in der das chinesische Modell als Beispiel für eine internationale Sprache genannt wird.

Zur gleichen Zeit werden Informationen über die – wohl piktographischen – Schriften der altamerikanischen Kulturen gesammelt. Wenngleich durchsetzt mit widersprüchlichen Interpretationsversuchen, ist davon in der *Historia natural y moral de las Indias** von José de Acosta (1590) die Rede sowie in der *Relación de las cosas de Yucatán** von Diego de Landa, die im sechzehnten Jahrhundert geschrieben, wenn auch erst im achtzehnten veröffentlicht wurde, während 1609 die *Commentarios reales que tratan del origine de los Yncas** von Garcilaso de la Vega erscheinen. Viele der ersten Reisenden hatten unter anderem berichtet, daß die Kontakte mit den Eingeborenen anfangs durch Gesten erfolgten, und das hatte ein Interesse für die vermeintliche Universalität der Gebärdensprache geweckt. In diesem Sinne stellte sich die Universalität der Gesten an die Seite der Idee von der Universalität der Bilder (vgl. als einen der ersten einschlägigen Traktate Giovanni Bonifacios *L'arte de' cenni**, 1616, sowie allgemein zu diesem Thema Knox 1990).

Kircher verfügte durch die Berichte seiner jesuitischen Mitbrüder über ein unvergleichliches ethnographisches und linguistisches Material (s. Simone 1990 zu dieser «Linguistik der Jesuiten» oder «des Vatikans»). Er hatte sich schon im *Oedipus* vage für das Chinesische interessiert und behandelt praktisch dieselben Themen, nur noch elliptischer, in seinem 1667 erschienenen Werk *China monumentis quà Sacris quà Profanis, nec non variis Naturae et Artis Spectaculis, aliarum rerum memorabilis argumentis illustrata**. Dieses Werk ist jedoch eher eine Abhandlung über Ethnographie und Kulturanthropologie, die anhand der Berichte, die ihm von den Missionaren des Ordens gesandt worden waren, mit prächtigen und zum Teil dokumentarischen Illustrationen, sämtliche Aspekte des Lebens der Chinesen, ihrer Kultur und ihrer Natur beschreibt, ihrer Literatur und Schrift aber nur den sechsten und letzten Teil widmet.

Kircher nimmt an, die Geheimnisse der Hieroglyphenschrift seien von Noahs Sohn Ham nach China gebracht worden, und in seinem 1675 erschienenen Buch *Arca Noe* (S. 210ff.) identifiziert er Ham mit Zarathustra, dem Erfinder der Magie. Doch die Schriftzeichen der Chinesen waren für ihn kein zu lösendes Rätsel oder Geheimnis wie die ägyptischen Hieroglyphen. Es handelte sich um eine zu seiner Zeit noch in Gebrauch befindliche Schrift, deren Schlüssel offen zutage lag. Wie konnte man eine völlig verständliche Schrift als heilig und als Vehikel okkulter Mysterien betrachten?

Kircher bemerkt, daß die chinesischen Schriftzeichen ein ikonisches Fundament haben, aber er bemerkt zugleich auch, daß es sich um eine sehr stilisierte Ikonik handelt, in der sich die Spur der ursprünglichen Ähnlichkeit schon fast verloren hat. Nachzeichnend beziehungsweise recht phantasievoll rekonstruierend entwirft er Bilder von Fischen und Vögeln, die am Ursprung der gewöhnlichen Ideogramme gestanden haben könnten, bemerkt, daß die Ideogramme nicht Buchstaben oder Silben, sondern Begriffe ausdrücken, und merkt an, daß man, wollte man unser ganzes Wörterbuch in ihre Sprache übersetzen, so viele verschiedene Schriftzeichen benötigte, wie es Wörter gibt (*Oedipus* III, S. 11). Danach macht er sich Gedanken darüber, wieviel Gedächtnis ein chinesischer Weiser brauche, um all jene Schriftzeichen zu kennen und zu behalten.

Warum hatte er sich die Frage nach dem Gedächtnis nicht auch schon bei den ägyptischen Hieroglyphen gestellt? Weil eben dort das Schriftzeichen seine allegorische und metaphorische Kraft durch das erhielt, was für Kircher ein unmittelbar enthüllendes Verhältnis war: Die Hieroglyphen «involvierten bildliche Gesamtkonzepte» (*integros conceptos ideales involvebant*). Aber mit diesem *involvere* meinte Kircher genau das Gegenteil dessen, was wir beim Gedanken an die ikonische Unmittelbarkeit eines Piktogramms meinen würden, nämlich die intuitive Entsprechung zwischen einem Schriftzeichen (sagen wir der Sonne) und der entsprechenden Sache.

Deutlich wird das, wenn wir uns ansehen, um wieviel niedriger er die altamerikanischen Schriftzeichen bewertete (*Oedipus* I, Syntagma V): Sie erschienen ihm unmittelbar piktographisch, gut zur Darstellung von Personen und Ereignissen, aber bloße Gedächtnisstützen, wenn es um die Angabe einzelner Größen geht, und unfähig zu geheimen Offenbarungen (*Oedipus* IV, S. 28; zur Inferiorität der altamerikanischen Schriften vgl. auch Brian Walton, *In Biblia polyglotta prolegomena*, 2.23).

Was die chinesische Ideographie angeht, so ist sie der altamerikanischen Piktographie gewiß überlegen, da sie auch abstrakte Begriffe ausdrücken kann, aber sie ist für Kirchers Geschmack entschieden zu eindeutig entzifferbar (auch wenn sie geistvolle

Kombinationen hervorbringen kann, vgl. *Oedipus* III, S. 13 f.). Wohingegen die Ägypter im Skarabäus nicht das Tier gesehen hätten, sondern die Sonne, und nicht die materielle Sonne, welche die sinnlich greifbare Welt erleuchte, sondern die archetypische Sonne der intelligiblen Welt. Im englischen siebzehnten Jahrhundert wird man die chinesische Schrift exemplarisch finden, da in ihr jedem Element der Ausdrucksebene eine semantische Einheit der Inhaltsebene entspricht, aber gerade deswegen empfindet Kircher sie als geheimnislos. Es scheint, als wolle er sagen, sie repräsentiere immer nur einzelne Begriffe, während die Hieroglyphen ganze «Texte» beförderten, komplexe Portionen eines unendlich interpretierbaren Inhalts.

Das chinesische Schriftzeichen hat für Kircher – er wird es auch in seinem Buch *China* wiederholen – nichts Hieratisches an sich und dient nicht dazu, dem Profanen abgründige Wahrheiten zu verbergen, sondern ist Instrument des gewöhnlichen kommunikativen Austauschs. Nützlich in ethnologischer Hinsicht, um ein Volk zu verstehen, an dem der Orden so interessiert ist, gehört es doch nicht zum hehren Kreis der heiligen Sprachen. Was die altamerikanischen Zeichen angeht, so sind sie für ihn nicht nur platt referentiell, sondern offenbaren auch die diabolische Natur eines Volkes, das jede Spur von archaischer Weisheit verloren hat.

Ägypten als Kultur existiert nicht mehr (und als zu eroberndes Land kann Europa es noch nicht denken): In seiner geopolitischen Inkonsistenz respektiert, wird es zum hermetischen Phantom erkoren und als solches von der christlich-abendländischen Weisheit als ihr eigener tiefster Ursprung genommen. China ist eine andere Welt, mit der man verhandeln muß, eine respektable politische Macht und eine ernsthafte kulturelle Alternative, deren tiefe Fundamente die Jesuiten freigelegt haben: «Die Chinesen, die moralisch und tugendsam sind, wenn auch heidnisch, haben, als sie die in der hieroglyphischen Schrift enthaltenen und enthüllten Wahrheiten vergessen hatten, die Ideographie zu einem neutralen und abstrakten Kommunikationsmittel konvertiert, und das läßt vermuten, daß ihre Konversion ein leicht zu realisierendes Unterfangen ist» (Pellerey 1992b: 521). Amerika hingegen ist zu eroberndes Land, und mit Götzendienern, die ihre Schrift so wenig entwickelt haben, verhandelt man nicht: Man *bekehrt* sie, indem man jede Spur ihrer originären Kultur auslöscht, da diese heillos von götzendienerischen Einflüsterungen verseucht ist. «Die Dämonisierung der altamerikanischen Kulturen findet hier eine linguistische und theoretische Rechtfertigung» (*ibid.*).

Kirchers Ideologie

Zurück zu den ägyptischen Hieroglyphen: Sicher ist Kircher nicht dafür zu tadeln, daß er eine grammatologische Struktur nicht verstanden hatte, zu der niemand in seiner Zeit den Schlüssel besaß. Aber man muß die Ideologie erkennen, die ihn dazu gebracht hat, seine Irrtümer ins Gigantische zu vergrößern. Und wie richtig bemerkt worden ist: «Nichts drückt den Doppelcharakter der Forschung Kirchers besser aus als die Allegorie auf dem Frontispiz seines *Obeliscus Pamphilius*: Sie zeigt nebeneinander das hellerleuchtete Bild der ‹Philomatia›, der Hermes alle Mysterien erklärt, und die beunruhigende Geste des Harpokrates, der verborgen im Schatten der Kartusche die Profanen abweist» (Rivosecchi 1982: 57).

Die hieroglyphischen Konfigurationen werden so zu einer Art halluzinatorischer Versuchsanordnung, in der man alle möglichen Interpretationen zusammenfließen lassen kann. Rivosecchi gibt zu bedenken, daß dieser Rahmen Kircher erlaubte, eine Unzahl aktueller Themen zu behandeln, von der Astrologie bis zur Alchimie und zur Magie, und zugleich all diese Ideen einer uralten Tradition zuzuschreiben, in der er die Vorformen des Christentums fand. Freilich spielte in dieser hermeneutischen Bulimie auch der erlesen barocke Geist Kirchers eine Rolle, seine Lust an den großen Licht- und Spiegeltheatern oder an den ausgefallenen museographischen Sammlungen, in denen er seinen Sinn für das Mißgebildete und das Unglaubliche ausleben konnte (wie in jener extraordinären *Wunderkammer*, die das «Museo Kircheriano» im Collegium Romanum bis zu seiner Schließung dargestellt hatte). Nur so erklärt sich die Widmung an Kaiser Ferdinand III., die den dritten Band seines *Oedipus aegytiacus* eröffnet:

Ich entfalte vor deinen Augen, o Allerheiligster Cäsar, das vielgestaltige Reich des Hieroglyphischen Morpheus: ein Theater mit einer immensen Vielfalt von Monstren, und es sind nicht nackte Monster der Natur, sondern so prächtig mit den rätselhaften Chimären einer uralten Weisheit geschmückte, daß ich hier darauf vertraue, es möchten die gewitzten Geister unermeßliche Wissensschätze darin aufspüren, nicht ohne Vorteil für die Literatur. Hier der Hund von Bubastis, der Saitische Löwe, der Widder von Mendes, das Krokodil mit seinem gräulich aufgerissenen Rachen, sie alle entdecken unter dem Schattenspiel der Bilder die verborgenen Bedeutungen der Gottheit, der Natur, des Geistes der Antiken Weisheit. Hier die dürstenden Dipsoden, die virulenten Vipern, die schlauen Ichneumone, die grausamen Flußpferde, die ungeheueren Drachen, die Kröte mit geblähtem Bauch, die Schnecke mit gedrehter Muschel, die haarige Raupe und zahllose Gestalten, sie alle zeigen die wunderbar geordnete Kette, die sich in den Sakrarien der Natur entfaltet. Es präsentieren sich hier tausend exotische Arten von Dingen, verwandelt in andere und wieder andere Dinge durch die Metamorphose, konvertiert zu menschlichen Figuren und von neuem rückverwandelt in sich selbst in wechselseitiger Verflechtung, die Wildheit mit der Menschheit und diese mit der kunstvollen Gottheit; und schließlich die Gottheit, die, um es mit Porphyrius zu sagen, durch das ganze Universum läuft, die mit allen Wesen ein monströses Ehebündnis eingeht; wo nun, erhaben durch das gescheckte Antlitz, den Hundenacken erhebend, der Cynocephalus sich zeigt, und der schändliche Ibis und der Sperber, eingehüllt in gespornte Maske [. . .] und wo noch verführerisch lockend mit jungfräulicher Gestalt, unter der Schale des Skarabäus, sich verbirgt der Stachel des Skorpions [*dies und anderes mehr, aufgezählt über ganze vier Seiten!*] betrachten wir in diesem pantomorphen Naturtheater, ausgebreitet vor unseren Augen, unter dem allegorischen Schleier einer okkulten Bedeutung.

Dies ist noch ein Geist, der sich mit der mittelalterlichen Vorliebe für die enzyklopädische Aufzählung und die *Libri Monstruorum* verbindet (die übrigens in und seit der Renaissance in «wissenschaftlicheren» Formen wiederkehrt, etwa in den medizinischen Werken von Ambroise Paré, den naturkundlichen Werken von Ulisse Aldrovandi, den Monstersammlungen von Fortunio Liceti und der *Physica curiosa* des Kircherianers Gaspar Schott), verschränkt mit einem fast borrominianischen Sinn für schwindelerregende Asymmetrien oder für das ästhetische Ideal, das den Bau der mit mythologischen *Rocailles* ausgeschmückten Grotten in vielen Gärten der Zeit dominiert.

Doch jenseits dieser religiös-hermetischen Komponente entdeckt Rivosecchi einen anderen Aspekt der Kircherschen Ideologie. In einem Universum, das unter dem Zeichen einer mächtigen antiken Sonnengottheit steht, wird der Mythos von Osiris zur Allegorie der mühsamen Suche nach Stabilität in der Welt am Ende des Dreißigjährigen Krieges, in den Kircher sich direkt hineingezogen fand. In diesem Sinne muß vielleicht sogar die Widmung an Ferdinand III., die jeden Band des *Oedipus aegyptiacus* eröffnet, in der gleichen Weise gelesen werden wie ein Jahrhundert zuvor die Appelle von Guillaume Postel zum heilenden Eingriff des französischen Königshauses, die analogen Appelle von Giordano Bruno, Campanellas Verherrlichung eines Sonnenkönigtums, die der Herrschaft Ludwigs XIV. präludierte, oder auch die Berufungen auf das Goldene Zeitalter, die wir im Kapitel über die heilige Sprache der Rosenkreuzer behandeln werden. Wie alle großen Utopisten der Epoche träumt auch der Jesuit Kircher von einer Neuordnung des zerrissenen Europa unter einer stabilen Monarchie, und als guter Deutscher, aber wie auch bereits Dante, wendet er sich an den deutschen Kaiser. Noch einmal, wie schon bei Lullus, wenn auch in derart veränderten Modi, daß die Analogie fast verschwindet, wird die Suche nach der vollkommenen Sprache zum Instrument der Herstellung einer neuen Eintracht, nicht nur in Europa, sondern auf dem ganzen Planeten. Beim Studium der exotischen Sprachen geht es ihm nicht so sehr darum, deren Vollkommenheit wiederzufinden, als den Missionaren des Ordens zu zeigen, «wie man diejenigen zur Lehre Christi zurückbringen kann, die durch teuflische Bosheit von ihr abgebracht worden sind» (Vorwort zu *China*, aber auch *Oedipus* I, I, S. 396–98).

Noch in *Turris Babel** – immerhin Kirchers letztem Werk – wird die Geschichte von der Verwirrung der Sprachen nur heraufbeschworen, um erneut zu versuchen, «eine grandiose Universalgeschichte [zu entwerfen], die alle Verschiedenheiten in ein einheitliches Projekt der *Assimilation* an die christliche Lehre aufnimmt [...]. Die in alle vier Winde zerstreuten Völker der Welt werden vom Jesuitischen Turm herab zu einer neuen sprachlichen und ideologischen Wiedervereinigung aufgerufen» (Scolari 1983: 6).

Tatsächlich hatte Kircher, obwohl auf Mysterien versessen und ehrlich fasziniert von den exotischen Sprachen, gar kein wirkliches Bedürfnis nach einer vollkommenen Sprache der Eintracht, um die Welt zu vereinen, denn er glaubte, daß sein gutes gegenreformatorisches Latein durchaus in der Lage sei, jenes Maß an evangelischer Wahrheit zu befördern, das genügte, um die Menschen zu Brüdern zu machen. Er hat nie die Ansicht vertreten, daß nicht bloß das chinesische, sondern sogar die heiligen Sprachen der Hieroglyphen und der kabbalistischen Permutation selbst jemals wieder mit Gewinn gesprochen werden könnten. In seiner rückwärtsgewandten Suche hat Kircher sein Glück zwischen den verehrten antiken Ruinen der toten Sprachen gefunden, aber nie daran gedacht, sie könnten wieder lebende Sprachen werden. Allenfalls hat er von ihnen als von mystischen Chiffren geschwärmt, die nur Eingeweihten zugänglich sind, und um das bißchen von ihnen zu verbreiten, das genügte, um ihre fruchtbare Undurchdringlichkeit vorzuführen, schien es ihm nötig, sie mit einem gigantischen Kommentar zu versehen. Doch als Barockmensch unter Barockmenschen, und wie er in jedem seiner Bücher zeigt (in denen er vielleicht mehr Sorgfalt auf die korrekte Ausführung der Tafeln als auf die Abfassung der oft zusammengestoppelten und repetitiven Texte legt), *gelingt es ihm nie wirklich, anders als in Bildern zu denken* (vgl. Rivosecchi 1982: 114). Vielleicht bleibt sein aktuellstes Werk, sicher das populärste, jene *Ars magna lucis et umbrae** von 1646, in der er die Welt des Visuellen in allen ihren Verästelungen und Tiefen erforscht und uns nicht nur einige seiner wissenschaftlich interessantesten Intuitionen mitteilt, sondern sogar schemenhaft die photo- und kinematographischen Techniken antizipiert.

Die spätere Kritik

Rund ein Jahrhundert später nimmt Vico als sicher an, daß die erste Form von Sprache sich durch Hieroglyphen ausgedrückt habe, das heißt durch lebende Bilder oder Metaphern, und er betrachtet als hieroglyphische Ausdrucksformen auch gewisse Pantomimen und szenische Rebusse wie zum Beispiel jenes, in welchem der Skythenkönig Idanthyrsus, als Darius der Ältere ihm den Krieg erklärt hatte, «fünf dinghafte Worte» zur Antwort gab, nämlich: einen Frosch, eine Maus, einen Vogel, eine Pflugschar und einen Bogen. Der Frosch bedeutete, daß er im Skythenlande geboren war, so wie die Frösche, wenn es im Sommer regnet, von der Erde geboren werden; die Maus bedeutete, daß er «wie eine Maus da, wo er geboren war, sich sein Haus gebaut, das heißt seinen Stamm gegründet hatte»; der Vogel bedeutete, daß er «ebenda seine Auspizien hatte, das heißt, wie wir gleich sehen werden, daß er keinem andern untertan war als Gott»; die Pflugschar bedeutete, daß er sich das Land durch Kultivierung zu eigen gemacht hatte, und der Bogen schließlich bedeutete, «daß er in Skythien die höchste Waffengewalt besaß, so daß er es zu verteidigen wissen werde» (*Scienza Nuova*, II, 2.4, 435).

Dennoch hatte diese hieroglyphische Sprache für Vico nicht die Merkmale der Vollkommenheit, sondern die des hohen Alters und der Ursprünglichkeit, da sie für ihn die Sprache des Zeitalters der Götter war. Und jedenfalls wollte sie seiner Meinung nach weder zweideutig noch geheim sein, denn «hier muß man sich freimachen von jener falschen Meinung, es seien die Hieroglyphen von Philosophen erfunden worden, um darin ihre Mysterien einer tiefen und geheimen Weisheit zu verbergen, wie man dies von den ägyptischen geglaubt hat. Denn es war ein allgemeines und natürliches Bedürfnis aller ersten Völker, durch Hieroglyphen zu sprechen» (*ibid.*).

Dieses «Sprechen durch Dinge» war menschlich, natürlich und auf gegenseitige Verständigung gerichtet. Es war ein poetisches Sprechen, das nicht umhin konnte, sich gleichzeitig von der symbolischen Sprache der Heroen und von der «epistolären» Sprache des Handels zu lösen (welch letztere «gedacht werden muß als aus freier Übereinkunft hervorgegangen, infolge dieser immerwährenden Eigentümlichkeit: daß es das Recht der Völker ist, ihre gewöhnlichen Sprachen zu sprechen und zu schreiben», *ibid.* 439). So kommt es, daß die hieroglyphische Sprache – die als Sprache der Götter «fast gänzlich stumm und nur sehr wenig artikuliert» war (*ibid.* 446), reduziert zum Vorhof der heroischen Sprache, bestehend aus Bildern, Metaphern, Gleichnissen und Vergleichungen, «die dann in der artikulierten

Sprache [der Menschen] das ganze Arsenal der poetischen Sprache bilden» (*ibid.* 438) –, daß diese Sprache nun ihre sakrale und initiatische Aura verliert, um zwar Modell für jenes vollkommene Sprechen zu werden, das der künstlerische Gebrauch der Sprachen darstellt, doch ohne die gewöhnlichen Sprachen der Menschen ersetzen zu wollen.

In dieselbe Richtung zielen auch andere Kritiker im achtzehnten Jahrhundert. Für Nicolas Fréret (*Reflexions sur les principes généraux de l'art d'écrire*, 1718) stellen die Hieroglyphen ein archaisches Mittel dar, und kaum viel weiterentwickelt als die mexikanischen Schriften findet sie William Warburton in *The divine legation of Moses* (1737–41). Wie wir schon im Zusammenhang mit der im selben Jahrhundert geübten Kritik am Monogenetismus gesehen haben, denkt man jetzt an eine phasenweise Entwicklung der Schriften, von den Piktographien (die Objekte darstellen) über die Hieroglyphen (die Qualitäten und Passionen darstellen) bis zu den Ideogrammen als abstrakter und willkürlicher Darstellung von Ideen. Die Unterscheidung ist diejenige Kirchers, aber die Reihenfolge hat sich geändert, und das Hieroglyphische wird nun nicht länger als originäre Sprache betrachtet.

Rousseau schreibt zwar (in seinem *Essai sur l'origine des langues*, 1781), «je gröber die Schrift, desto älter die Sprache», aber er gibt zu verstehen, daß er auch meint, je älter die Sprache, desto gröber die Schrift. Um Wörter und Sätze mit konventionellen Schriftzeichen repräsentieren zu können, muß man erst abwarten, bis die Sprache sich voll ausgebildet hat und bis ein ganzes Volk von allgemeingültigen Gesetzen regiert wird, und die Alphabetschrift wird erst von handeltreibenden Völkern erfunden, die Reisen machen und verschiedene Sprachen sprechen müssen. Die Alphabetschrift stellt ein höheres Stadium dar, denn mehr als das Wort zu repräsentieren, analysiert sie es, und hier zeichnet sich eine Analogie zwischen dem universalen Äquivalent, den das Geld darstellt, und der universalen Äquivalenz der alphabetischen Zeichen ab (vgl. Derrida 1967: 242 und Bora 1989: 40).

Auf dieselben Gedanken berufen sich die *Encyclopédie*-Artikel «Écriture», «Symbole», «Hiéroglyphe», «Écriture des Égyptiens» und «Écriture Chinoise», die dem Chevalier de Jaucourt anvertraut worden waren. Jaucourt ist sich bewußt, daß die Hieroglyphenschrift (die er für gänzlich ikonisch hielt) das Wissen einer kleinen Kaste von Priestern vorbehielt, weshalb die Rätselhaftigkeit der Hieroglyphen (die für Kircher ein Ruhmestitel war) an einem bestimmten Punkt deren Umwandlung in die konventionelleren Formen des Hieratischen und Demotischen verlangte. Besser als seine Vorgänger versucht Jaucourt, verschiedene Arten von Hieroglyphenschrift zu unterscheiden, und zwar auf rhetorischer Basis. Ein paar Jahrzehnte zuvor ist der *Traité des tropes* von Du Marsais erschienen (1730), in dem die möglichen Werte, die ein Begriff durch rhetorische Prozeduren einschließlich der Analogie annehmen kann, eingegrenzt und kodifiziert werden. Daher gibt Jaucourt nun jede hermetische Interpretation auf, unterscheidet die emblematischen Schriften nach rhetorischen Kriterien (im «kurialen» Hieroglyphisch schreibe man, indem man einen Teil für das Ganze setze, im «tropologischen» Hieroglyphisch ersetze man etwas durch etwas anderes nach Kriterien der Ähnlichkeit), und so gelingt es ihm, nachdem er die hieroglyphische Mechanik derart auf eine rhetorische Mechanik reduziert hat, auch das unendliche Wegschlittern des Sinns in den Griff zu bekommen, das nun als Produkt einer von der ägyptischen Priesterkaste ins Werk gesetzten Mystifikation angeprangert wird.

Ägyptischer Weg und chinesischer Weg

Obwohl die Bilder noch heute allgemein als ein Kommunikationsmittel gelten, das die sprachlichen Grenzen zu überwinden vermag, ist es zwischen dem «ägyptischen Weg» und dem «chinesischen Weg» zu einem klaren Bruch gekommen. Der ägyptische Weg gehört zur Kunstgeschichte: Wir halten gemalte Bilder oder filmische Sequenzen für «Texte» mit der Fähigkeit, Gefühle oder Eindrücke zu kommunizieren, die eine verbale Sprache nicht adäquat wiedergeben kann (als würde man versuchen, einem Blinden die Mona Lisa zu beschreiben). Diese «Texte» kommunizieren einen vielfachen Sinn und lassen sich nicht auf einen universalen Code reduzieren, denn die Regeln der Darstellung (und der Erkennbarkeit) einer ägyptischen Wandmalerei, einer arabischen Miniatur, eines Gemäldes von Turner oder eines Comics sind nicht dieselben.

Auf der anderen Seite hat man, wenn man mit Bildern einen universalen Code entwickeln wollte, auf Ideogramme zurückgegriffen (zum Beispiel das Verkehrszeichen «Keine Durchfahrt» vor Einbahnstraßen) oder auf Piktogramme (wie die Bilder, die in Flughäfen auf Ankunft, Abflug, Restaurant oder Toiletten hinweisen). Dabei kann sich der Bildercode als einfacher *Substitutionscode* präsentieren (wie bei den Flaggensignalen der Seeleute, in denen jede Flaggenkombination auf einen Buchstaben des Alphabets verweist) oder als parasitär abhängig von den Inhalten der natürlichen Sprachen, wie bei der gelben Flagge als Zeichen für «Epidemie an Bord» (vgl. Prieto 1966). Visuelle Sprachen in diesem Sinne sind indes auch die Gebärdensysteme der Taubstummen oder der Trappistenmönche, desgleichen die der hinduistischen Händler, der Zigeuner oder der Diebe, und Substitutionscodes für den verbalen Code sind auch die Buschtrommel- oder Pfeifsignalsprachen mancher afrikanischen Stämme (vgl. La Barre 1964). So nützlich sie in bestimmten Erfahrungsbereichen sind, beanspruchen diese Sprachen doch keineswegs, «vollkommene Sprachen» zu sein (in die man zum Beispiel auch ein philosophisches Werk übersetzen könnte).

Das Problem ist, daß eine Sprache durch Bilder gewöhnlich auf der Überzeugung beruht, ein Bild stelle die Eigenschaften der dargestellten Sache dar, aber da die Eigenschaften einer Sache viele sind, kann man immer einen Gesichtspunkt finden, unter dem sich das Bild als irgendeiner von ihnen ähnlich beurteilen läßt.

Man denke nur an den Status der Sprache der Bilder in einer Form von semiotischem System (wenn nicht von richtiger Sprache), die durch die Jahrhunderte stets dominant geblieben ist und eine besondere Blüte gerade in jener Zeit gehabt hat, als das Abendland sich für vollkommene visuelle Sprachen interessierte, nämlich die Mnemotechniken oder Gedächtniskünste (Rossi 1960, Yates 1966).

Ein mnemotechnisches System errichtet auf der Ausdrucksebene eine Reihe von *loca* (richtige Orte im räumlichen Sinne, wie die Zimmer eines Gebäudes oder Paläste, Straßen und

Plätze einer Stadt), um darin Bilder aufzunehmen, die zum selben ikonographischen Bereich gehören und die Funktion von lexikalischen Einheiten haben; sodann verteilt es auf der Inhaltsebene die *res memorandae*, die zu erinnernden Dinge, die ihrerseits in einem logisch-begrifflichen System organisiert sind. So gesehen ist ein mnemotechnisches System ein semiotisches System.

Zum Beispiel in Werken wie dem *Congestorius artificiosae memoriae** von Johannes Romberch (1520) oder den *Artificiosae memoriae fundamenta** von Johannes Paepp (1619) wird das System der grammatikalischen Fälle dadurch memoriert, daß man es mit menschlichen Körperteilen assoziiert. Wir haben nicht nur ein System, das ein anderes System ausdrückt, die beiden Ebenen sind auch konform: Es ist keine arbiträre Zuweisung, wenn der Nominativ mit dem Kopf assoziiert wird, der Akkusativ mit der Brust, die Schläge empfangen kann, der Genitiv und der Dativ mit den Händen, die etwas in Besitz nehmen oder anbieten, und so fort.

Ein mnemotechnisches Bild müßte, um problemlos auf den entsprechenden Inhalt zu verweisen, diesen nach einem Kriterium der Ähnlichkeit nahelegen. Aber die Mnemotechniken finden kein einheitliches Kriterium der Korrelation, denn die benutzten Kriterien der Ähnlichkeit sind dieselben, die auch schon die Übereinstimmung der Signaturen mit ihrem *Signatum* etabliert hatten. Wenn wir zurückblättern, was Paracelsus über die Sprache des Stammvaters Adam gesagt hatte (siehe oben S. 128), so können wir feststellen, daß in einem Fall der Name aufgrund einer morphologischen Ähnlichkeit gegeben wird, aus der sich die Tugend herleitet, während er in einem anderen Fall aufgrund der Tugend gegeben wird, die sich jedoch keineswegs in der Form ausdrückt. In anderen Fällen handelt es sich weder um morphologische Ähnlichkeit noch um Kausalbeziehung, sondern um eine Schlußfolgerung aus Symptomen, wie im Falle des Hirschgeweihs, aus dessen Enden das Alter des Hirsches erschlossen werden kann.

Ebenfalls im Zusammenhang mit Signaturen hatte Della Porta erklärt (*Phytognomonica*, 1583, III, 6), daß gefleckte Pflanzen, die das Fell gefleckter Tiere imitierten, deren Vermögen besäßen – so sei zum Beispiel die gefleckte Rinde der Weißbirke, die den Star imitiere, «deswegen» gut gegen Eiterausschlag, und Pflanzen mit Schuppen wie bei den Schlangen seien gut gegen Reptilien (III, 7). Mithin «signiert» die morphologische Ähnlichkeit im einen Fall eine Allianz und im anderen eine heilbringende Feindschaft zwischen Pflanze und Tier. Taddeus Hageck (*Metoscopicorum libellus unus*, 1584, S. 20) nennt unter den Pflanzen, die gut für die Lungen seien, zwei Arten von Flechten, aber die eine davon erinnert an die Form der gesunden Lunge, die andere (die gefleckt und borstig ist) an die der ulzerierten, während eine dritte Pflanze, die mit kleinen Löchern übersät ist, dadurch zeigt, daß sie die Poren öffnen kann. Es handelt sich also um drei ganz verschiedene Beziehungen: Ähnlichkeit mit dem gesunden Organ, Ähnlichkeit mit dem kranken Organ und Ähnlichkeit mit der therapeutischen Wirkung der betreffenden Pflanze.

Die Mnemotechniken betreffend, will Cosma Rosselli in seinem *Thesaurus artificiosae memoriae* (1579) an einem bestimmten Punkt darlegen, wie die Figuren, wenn man sie einmal aufgestellt hat, sich auf die zu memorierenden Dinge anwenden lassen, und er weiß, daß er zu diesem Zweck klären muß, «quomodo multis modis, aliqua res alteri sit similis», also wie jedes Ding – aus einem bestimmten Blickwinkel – einem anderen ähnlich sein kann (S. 107). Und im neunten Kapitel des zweiten Teils seines Werkes versucht er, die Kriterien, nach denen die Bilder den Dingen entsprechen können, folgendermaßen zu systematisieren:

– durch Ähnlichkeit, unterteilt in Ähnlichkeit in der Substanz (der Mensch als mikrokosmisches Abbild des Makrokosmos) und in der Quantität (die zehn Finger für die zehn Gebote), durch Metonymie und Antonomasie (Atlas für die Astronomen oder die Astronomie, der Bär für den aufbrausenden Menschen, der Löwe für den Stolz, Cicero für die Rhetorik):
– durch Homonymie: der Hund für das Sternbild Hund;
– durch Ironie und Gegensatz: der Hohlkopf für den Weisen;
– durch Spuren: der Fußabdruck für den Wolf oder der Spiegel, in dem sich Titus bewundert, für Titus;
– durch Namen in verschiedener Aussprache: sanum für sane;
– durch Namensähnlichkeit: Arista für Aristoteles;
– durch Gattung und Art: Leopard für Tier;
– durch heidnische Symbole: Adler für Jupiter

– durch Völker: die Parther für die Pfeile, die Skythen für die Pferde, die Phönizier für das Alphabet;
– durch Tierkreiszeichen: das Zeichen für das Sternbild;
– durch das Verhältnis zwischen Organ und Funktion;
– durch gemeinsames Akzidens: der Rabe für den Neger;
– durch Hieroglyphe: die Ameise für die Vorsehung.

Giulio Camillo Delminio (dessen *Idea del Theatro*, 1550, als Projekt eines perfekten Mechanismus zur Erzeugung rhetorischer Sätze verstanden worden ist) spricht im selben Zusammenhang zwanglos von Ähnlichkeit durch morphologische Züge (der Zentaur für die Reitkunst), durch Handlung (zwei kämpfende Schlangen für die Kriegskunst), durch mythologische Nachbarschaft (Vulkan für die Künste des Feuers), durch die Ursache (die Seidenraupe für die Kunst der Bekleidung), durch die Wirkung (der geschundene Marsias für das Schlachthaus), durch das Verhältnis von Regierendem zu Regierten (Neptun für die nautischen Künste), durch das Verhältnis zwischen Handelndem und Handlung (der sein Urteil fällende Paris für das Gericht), durch Antonomasie (Prometheus für den schaffenden Menschen), durch vektorielle Ikonik (der den Pfeil in den Himmel schießende Herkules für die Wissenschaft, die zu den himmlischen Dingen vordringt) und durch Schlußfolgerung (Merkur mit einem Hahn für den Handel).

Die rhetorische Natur dieser Verfahrensweisen ist leicht zu erkennen, und nichts wird konventioneller geregelt als durch eine rhetorische Figur. Die Mnemotechniken (und die Lehre von den Signaturen) setzen keineswegs die Prinzipien einer «natürlichen Sprache» der Bilder aufs Spiel. Aber die scheinbare Natürlichkeit dieser komplexen Manöver mußte diejenigen faszinieren, die auf der Suche nach einer vollkommenen Sprache der Bilder waren.

Die Forschungen über die Gebärdensprache als Interaktionsweise gegenüber exotischen Völkern, im Verein mit dem Streben nach einer universalen Sprache der Bilder, mußte die vielfältigen Forschungsansätze über die Erziehung der Stummen und Taubstummen beeinflussen, die im siebzehnten Jahrhundert einsetzen (vgl. Salmon 1972: 68–71). 1620 schreibt der Spanier Juan Pablo Bonet eine *Reducción de las letras y arte para enseñar a hablar los mudos**, und fünfzehn Jahre später verbindet Mersenne

(*Harmonie universelle* II) die Frage mit der der universalen Sprache. Für John Bulwer (*Chirologia*, 1644) entgeht man mit einer Gebärdensprache der babylonischen Sprachverwirrung, denn sie war die ursprüngliche Sprache der Menschheit. George Dalgarno (s. Kapitel 11) versichert, daß sein Projekt ein praktisches Mittel zur Erziehung der Taubstummen liefern werde, und kommt in seinem *Didascalocophus* (1680) erneut auf das Thema zurück, ein Projekt von John Wallis beschäftigt 1662 einige Debatten der Royal Society, und man spricht darin von systematischer Ordnung der Begriffe und somit von universaler Charakteristik als bestem Mittel.

Im achtzehnten Jahrhundert wird das Problem mit größerem sozialen Eifer und pädagogischen Interesse erneut diskutiert (und Spuren davon finden sich sogar noch in einem Werk, das in Wahrheit andere Absichten verfolgte, nämlich in Diderots *Lettre sur l'éducation des sourds et muets* von 1751). So polemisiert der französische Taubstummenlehrer Abbé de l'Épée (*Institutions des sourds et muets par la voie des signes méthodiques*, 1776) gegen die daktylologische Methode, die schon damals, wie heute, die Buchstaben des Alphabets durch Hand- und Fingerzeichen ersetzte. Daß diese Methode den Taubstummen dazu diente, innerhalb einer selben Bezugssprache miteinander zu kommunizieren, interessierte ihn ziemlich wenig, denn im Innersten war er auf die Idee einer vollkommenen Sprache fixiert. Er lehrte die Taubstummen zwar, französisch zu schreiben, aber vor allem wollte er eine visuelle Sprache benutzen, um ihnen nicht Buchstaben oder Wörter beizubringen, sondern Begriffe, und er war von seiner Sache so überzeugt, daß er glaubte, eines Tages könne seine Taubstummensprache sogar als universale Sprache taugen.

Sehen wir uns an, wie er die Bedeutung des Satzes «ich glaube» zu vermitteln gedachte (und wie er vorbringt, daß die Methode auch zur Verständigung zwischen Sprechern verschiedener Sprachen taugen könnte):

Zunächst mache ich das Zeichen der ersten Person Singular, indem ich mit dem Zeigefinger der rechten Hand auf mich selbst deute, die Spitze zur Brust gerichtet. Dann führe ich den Finger an die Stirn, deren konkaver Teil als Sitz meines Geistes gilt, das heißt meines Denkvermögens, und mache das Zeichen für «ja». Danach mache ich dasselbe

Zeichen, während ich den Finger auf jenen Teil des Körpers lege, der gewöhnlich als Sitz dessen angesehen wird, was wir in der geistigen Ordnung das Herz nennen [...]. Ich mache noch einmal das Zeichen «ja» auf dem Mund, während ich die Lippen bewege [...]. Schließlich lege ich die Hände auf meine Augen und zeige, indem ich das Zeichen «nein» mache, daß ich nichts sehe. Am Ende bleibt mir nur noch, das Zeichen für Präsens zu machen [der Abbé hatte eine Reihe von Gesten entwickelt, die durch ein- oder zweimaliges Deuten nach hinten über die Schulter oder nach vorne die verbalen Tempi angaben], und ich schreibe «ich glaube» (S. 80f.).

Bedenkt man das oben Ausgeführte, so ist klar, daß die von dem guten Abbé erdachten Gesten und visuellen Situationen auf vielerlei Weise interpretiert werden konnten, wenn nicht andere Mittel eingriffen (das geschriebene Wort, das vereinbarte Hand- oder Fingerzeichen), um die unvermeidliche Polysemie der Bilder zu *verankern*.

Es ist bemerkt worden, daß die wahre Grenze der Ikonogramme darin liegt, daß Bilder zwar die Form oder die Funktion einer Sache ausdrücken können, sich aber schwer tun, wenn sie Handlungen, verbale Tempi, Adverbien oder Präpositionen ausdrücken sollen. Worth (1975) hat einen Aufsatz mit dem Titel «Pictures can't say ‹Ain't›» geschrieben, in dem er darlegt, daß ein Bild nicht die Nichtexistenz des von ihm Dargestellten ausdrücken kann. Gewiß ist es möglich, einen visuellen Code mit graphischen Operatoren festzulegen, die «Existenz/Nichtexistenz», «Vergangenheit/Zukunft» oder «Konditionalität» bedeuten. Aber damit wäre man noch in parasitärer Weise abhängig vom semantischen Universum einer verbalen Sprache, genau wie bei den «universalen Charakteristiken», die wir in Kapitel 10 behandeln werden.

Eine der Grenzen visueller Sprachen scheint gerade darin zu liegen, daß sie mehrere Bedeutungen gleichzeitig ausdrücken können; wie Goodman (1968) bemerkt hat, kann die bildliche Darstellung eines Menschen bedeuten, 1.) daß ein Exemplar der menschlichen Gattung gezeigt werden soll, 2.) daß eine bestimmte Person mit diesem bestimmten Aussehen bezeichnet werden soll, 3.) daß präzisiert werden soll, daß diese bestimmte Person in diesem Kontext und in diesem Moment so und so gekleidet ist, und so weiter. Natürlich kann die Bedeutung der bildlichen Aussage durch den Titel eingegrenzt werden, aber auch damit wäre man wieder parasitär abhängig von einem verbalen Mittel.

Viele visuelle Alphabete sind auch in modernen Zeiten vorgeschlagen worden; unter den jüngsten nennen wir die *Semantographie* von Bliss, das *Safo* von Eckardt, das *Picto* von Janson und das *LoCoS* von Ota. Aber es handelt sich (wie Nöth 1990: 277 bemerkt) um reine Pasigraphien (mit denen wir uns in einem anderen Kapitel beschäftigen werden) und nicht um richtige Sprachen, meistens dem Modell historisch existierender Sprachen nachgebildet. Viele von ihnen sind lediglich lexikalische Codes ohne grammatische Komponente. Das neue *Nobel* von Milan Randić sieht 20000 visuelle Lemmata vor, mit der Möglichkeit verschiedener intuitiver Kombinationen; zum Beispiel eine Krone und ein Pfeil, der auf die fehlende obere Seite eines Quadrates zeigt, bedeutet «Abdankung» – wobei das Quadrat für «Papierkorb» steht; zwei Beine bedeuten «gehen», und zusammen mit dem Kopulazeichen «mit» bedeuten sie «begleiten». Wir haben es mit einer simplifizierten Form von Hieroglyphen zu tun, die in jedem Fall die Kenntnis einer doppelten Reihe von Konventionen voraussetzt: einer ersten, um den primären Zeichen unzweideutige Bedeutungen zuzuweisen, und einer zweiten, um den Kombinationen unzweideutigen Sinn zu geben.

Jedes dieser vorgeschlagenen rein visuellen Systeme präsentiert sich somit als 1.) Segment einer artifiziellen Sprache, 2.) mit *quasi* internationaler Ausdehnung, 3.) geeignet zu sektoriell begrenztem Gebrauch, 4.) bar aller kreativen Möglichkeiten, da andernfalls ihre rigoros denotative Kraft verloren ginge, 5.) ohne eine Grammatik mit der Fähigkeit, eine unbestimmte oder unendliche Folge von Sätzen zu generieren, 6.) ungeeignet zur Entdeckung vom Neuem, da jedes Ausdruckselement stets einem zuvor festgelegten und schon bekannten Inhalt entspricht. Es gäbe nur *ein* System mit breitester Einsetzbarkeit und Verständlichkeit, nämlich das der Film- und Fernsehbilder, das unbestritten als eine «Sprache» gilt, die überall auf der Erde verstanden wird. Aber auch dieses weist einige Nachteile gegenüber den natürlichen Sprachen auf: Es bleibt unfähig, den größten Teil der philosophischen Begriffe sowie eine lange Reihe abstrakter Überlegungen auszudrücken, es ist nicht gesagt, daß es wirklich universell verständlich ist, sei's auch nur in seinen grammatikalischen Regeln der Montage, und schließlich wäre es zwar eine bequeme Kommunikationsform, was die Rezeption betrifft, aber eine höchst unbequeme für die Produktion. Die Vorteile der verbalen Sprache liegen in der Leichtigkeit ihrer Ausführung. Wer dagegen, um einen Apfel zu bezeichnen, ihn erst mit einer Kamera aufnehmen müßte, befände sich in der gleichen Lage wie jene von Jonathan Swift verspotteten Weisen, die beschlossen hatten, nur noch durch das Vorzeigen der gemeinten Dinge zu sprechen, weshalb sie gezwungen waren, riesige Säcke mit sich herumzuschleppen.

Bilder für Besucher aus dem All

Das für die Zukunft einer Sprache der Bilder entmutigendste Dokument ist vielleicht der 1984 von Thomas A. Sebeok verfaßte Bericht für das amerikanische Office of Nuclear Waste Isolation und eine Reihe weiterer Institutionen, die beauftragt waren, Vorschläge zur Lösung eines Problems zu machen, das von der U. S. Nuclear Regulatory Commission aufgeworfen worden war. Die amerikanische Regierung hatte einige Wüstenzonen der Vereinigten Staaten ausgewählt, um darin (in vielen Hundert Metern Tiefe) nuklearen Abfall zu begraben. Das Problem war nicht so sehr, die Zone vor unbedachtem Eindringen heute zu schützen, sondern die Tatsache, daß die Abfälle noch in zehntausend Jahren radioaktiv sein werden. Große Reiche und blühende Zivilisationen sind in weit kürzeren Zeiträumen untergegangen, wir haben gesehen, daß einige Jahrhunderte nach dem Ende der letzten Pharaonen die ägyptischen Hieroglyphen unverständlich geworden waren, und es könnte sein, daß die Erde in zehntausend Jahren so große Umwälzungen erlitten hat, daß sie von Populationen bewohnt wird, die wieder barbarisch geworden sind, und nicht nur das, sie könnte sogar von Bewohnern anderer Planeten besucht werden. Wie kann man nun diesen Besuchern aus dem All mitteilen, daß die betreffende Zone gefährlich ist?

Sebeok hat sofort jede Form von verbaler Kommunikation ausgeschlossen, desgleichen elektrische Zeichen, da sie von konstanter Energiezufuhr abhängig wären, Geruchsbotschaften, da sie von kurzer Dauer sind, sowie jede Form von Ideogrammen, die nur aufgrund präziser Übereinkunft erkennbar sind. Aber auch die piktographischen Sprachen geben Anlaß zu ernsten Zweifeln. Man kann zwar der Meinung sein, daß jedes Volk einige elementare Figuren versteht (die menschliche Gestalt, Tierskizzen etc.), aber Sebeok präsentiert ein Bild, bei dem unmöglich zu entscheiden ist, ob die dargestellten Individuen kämpfen, tanzen, jagen oder sonst irgendeine erkennbare Tätigkeit verrichten.

Eine Lösung wäre, Zeitabschnitte von jeweils drei Generationen festzulegen (ausgehend von der Überlegung, daß sich die Sprache in jeder beliebigen Zivilisation vom Großvater zum Enkel nicht wesentlich ändert) und durch entsprechende Instruktionen dafür zu sorgen, daß die Warnungen am Ende jedes Abschnitts neuformuliert werden, um sie den semiotischen Konventionen der Zeit anzupassen. Aber diese Lösung setzt genau jene soziale und territoriale Kontinuität voraus, die der Auftrag in Frage stellte. Eine andere Lösung wäre, die Gefahrenzone mit Warnbotschaften aller Art, in jeder Sprache und jedem semiotischen System zu überhäufen, in der Hoffnung auf die statistische Möglichkeit, daß wenigstens eines dieser Systeme den künftigen Besuchern verständlich bleibt: Wenn auch nur ein einziges Segment einer einzigen Botschaft entzifferbar bliebe, würde die Redundanz des Ganzen für die künftigen Besucher eine Art Stein von Rosette darstellen. Auch diese Lösung setzt freilich ein Minimum an kultureller Kontinuität voraus.

Bliebe also nur, eine Art Priesterkaste zu instituieren, gebildet aus Atomwissenschaftlern, Anthropologen, Linguisten, Psychologen, die sich durch Kooptation über die Jahrhunderte fortpflanzt und die Kenntnis der Gefahr am Leben hält, indem sie Mythen, Legenden und Aberglauben kreiert. Mit der Zeit würden sich die Angehörigen dieser Kaste verpflichtet fühlen, etwas weiterzugeben, dessen exakte Kenntnis sie verloren haben, und so könnten in ferner Zukunft, auch in einer wieder barbarisch gewordenen Horde, unpräzise, aber wirksame Tabus fortbestehen.

Es ist schon kurios: Wenn zwischen mehreren möglichen universalen Sprachen gewählt werden muß, bleibt als letzte Lösung eine des «narrativen» Typs, die genau das wiederholt, was de facto in den vergangenen Jahrtausenden geschehen ist. Nach dem Verschwinden der Ägypter, nach dem Verschwinden der Inhaber einer ursprünglichen, vollkommenen und heiligen Sprache hat sich der Mythos von ihr perpetuiert, als Text ohne Code oder mit verlorengegangenem Code, aber fähig, uns in einem Wachzustand zu halten im verzweifelten Bemühen um eine Entzifferung.

8. Die magische Sprache

Im siebzehnten Jahrhundert hoffte man auf eine allgemeine Reform des Wissens, der Lebensformen und des religiösen Empfindens in einem Klima außerordentlicher spiritueller Erneuerung, beherrscht von der Idee eines unmittelbar bevorstehenden Goldenen Zeitalters (nach dem bereits eines der Werke Guillaume Postels betitelt war). Dieses Klima einer Erwartung durchzog in verschiedenen Formen sowohl das katholische wie das protestantische Lager: Es bilden sich Projekte idealer Republiken, von Campanella bis Andreae, und Bestrebungen nach einer universalen Monarchie (wir haben schon von Postels Utopie gesprochen, andere dachten an Spanien, die Protestanten an ein Germanisches Reich). Es scheint, als hätte Europa, gerade während im Dreißigjährigen Krieg Konflikte aufloderten, die von nationalistischen Aspirationen, religiösem Haß und ersten Ausprägungen der modernen Staatsräson geschürt wurden, eine Vielzahl mystischer Geister hervorgebracht, die von der universalen Eintracht träumten (vgl. De Mas 1982).

In diesem Klima erscheint 1614 eine anonyme Schrift unter dem Titel *Allgemeine und General Reformation der gantzen weiten Welt*, deren erster Teil (wie sich später herausstellt) eine deutsche Version der Satire *Ragguagli di Parnaso* (1612–13) von Traiano Boccalini ist. Der letzte Teil ist ein Manifest, betitelt *Fama Fraternitatis R. C.*, in dem die mysteriöse Bruderschaft der Rosenkreuzer ihre Existenz offenbart und Auskunft über ihre Geschichte sowie ihren mythischen Gründer Christian Rosenkreutz gibt. Ein Jahr darauf, 1615, erscheint, zusammengebunden mit der deutsch verfaßten *Fama*, ein zweites, diesmal lateinisch geschriebenes Manifest, betitelt *Confessio fraternitatis Rosae Crucis. Ad eruditos Europae** (barockdt. Fassung in Yates 1972, dt., Anhang; neuhochdt. Fassung in Wehr 1980).

Das erste Manifest gibt dem Wunsche Ausdruck, daß auch in Europa eine Gesellschaft entstehen möge, welche die Regierenden dazu erziehe, alles zu lernen, «was Gott dem Menschen zu wissen zugelassen» (Yates 1972: 250). Beide Manifeste insistieren auf dem geheimen Charakter der Bruderschaft und auf dem Umstand, daß ihre Mitglieder sich nicht zu erkennen geben dürfen. Um so zweideutiger muß daher der Appell am Ende der *Fama* anmuten, der alle Gelehrten Europas auffordert, mit den Verfassern des Manifests in Kontakt zu treten: «Obwohl weder wir noch unsere Versammlung bisher unsere Namen genannt haben, werden wir unverzüglich die Meinung aller erfahren, gleich, in welcher Sprache sie ausgedrückt wird; auch soll keinem, der seinen Namen wird angeben, daraus ein Nachteil erwachsen, wenn er sich mit unsereinem entweder mündlich oder, falls ihm dies je bedenklich erscheinet, schriftlich austauscht [...]. Es soll auch unser Gebäude (selbst wenn es hunderttausend Menschen von nah gesehen hätten) der gottlosen Welt unzugänglich, unzerstört, unbesichtigt und gar wohl verborgen bleiben.» (vgl. Yates 1972: 258; Wehr 1980: 58).

Fast unmittelbar darauf werden überall in Europa Appelle an die Rosenkreuzer geschrieben. Fast niemand behauptet, sie zu kennen, niemand bekennt sich zu ihnen, aber alle geben irgendwie zu verstehen, daß sie mit ihrem Programm voll übereinstimmen. Dabei legen einige übergroße Bescheidenheit an den Tag, wie der Leibarzt Kaiser Rudolfs II., Michael Maier, der in seiner Schrift *Themis aurea* (1618) versichert, daß die Bruderschaft zwar real existiere, aber daß er selbst zu unbedeutend sei, um ihr jemals angehört zu haben. Freilich gehört es, wie Yates bemerkt, zum gewohnten Verhalten der Rosenkreuzer, nicht nur zu beteuern, daß sie keine Rosenkreuzer seien, sondern auch, daß sie noch niemals einen Angehörigen der Bruderschaft zu Gesicht bekommen hätten.

Als dann 1623 in Paris Plakate auftauchen – natürlich anonyme –, auf denen mitgeteilt wird, daß die Rosenkreuzer ihr Hauptquartier an die Seine verlegt hätten, löst die Nachricht wüste Polemiken aus, und sie werden als Satansanbeter verteufelt. Descartes, der auf einer Reise nach Deutschland – wie es heißt – versucht haben soll, mit den Rosenkreuzern in Kontakt zu treten (aber vergeblich), wird bei der Rückkehr nach Paris verdächtigt, der Bruderschaft anzugehören, und zieht sich mit einem meisterhaften Kunstgriff aus der Affäre: Da einer verbreiteten Ansicht zufolge die Rosenkreuzer unsichtbar waren, läßt er sich bei vielen öffentlichen Gelegenheiten sehen und widerlegt so die Gerüchte über ihn (siehe A. Baillet, *Vie de Monsieur Descartes*, 1693). Ein gewisser Heinrich Neuhaus veröffentlicht 1623 (nach einer ersten lateinischen Fassung, die 1618 in Danzig erschien) ein *Advertissement pieux et utile des frères de la Rose-Croix**, worin er sich fragt, ob es sie gebe, wer sie seien und woher sie ihren Namen hätten, und er schließt mit dem bemerkenswerten Argument: «Gerade daß sie ihre Namen wechseln und verbergen, daß sie ihr Alter verschleiern, daß sie nach eigenem Bekenntnis daherkommen, ohne sich kenntlich zu machen, erlaubt keinem Logiker zu verneinen, daß sie notwendig in natura existieren müssen» (S. 5).

Es würde lange dauern, wollte man die Fülle jener Bücher und Schriften versammeln, die sich gegenseitig widersprechen und bei denen es sogar vorgekommen sein soll, daß ein und derselbe Autor unter zwei verschiedenen Pseudonymen einmal für und einmal gegen die Rosenkreuzer geschrieben hat (vgl. Arnold 1955, Edinghoffer 1982). Aber das zeigt uns, wie gespannt die Lage gewesen sein mußte, wenn ein simpler und in Wahrheit ziemlich obskurer und zweideutiger Appell zur geistigen Erneuerung der Menschheit genügte, um die paradoxesten Reaktionen auszulösen, als hätten alle nur auf ein entscheidendes Ereignis gewartet, auf eine erlösende Initiative aus einem anderen Bereich als dem der offiziellen Kirchen beider Seiten. Es war ja sogar die Meinung vertreten worden, daß die Jesuiten, die zu den schärfsten Gegnern der Rosenkreuzer gehörten, in Wahrheit die Rosenkreuzer erfunden hätten, um Elemente katholischer Spiritualität in die protestantische Welt einzuschleusen (siehe die anonyme Schrift *Rosa Jesuitica* von 1620).

Schließlich, letzter paradoxer Aspekt der Geschichte (und sicherlich ihr bezeichnendster): Der schwäbisch-protestantische Pfarrer Johann Valentin Andreae und alle seine Tübinger Freunde, die sofort verdächtigt worden waren, die Autoren der Manifeste gewesen zu sein, verbrachten ihr restliches Leben damit, die Sache entweder abzustreiten oder sie als bloßen Studentenjux zu verharmlosen.

Es ist nur natürlich, daß man, wenn man sich an die Gelehrten aller Länder wendet, um ihnen eine neue Wissenschaft vorzuschlagen, entsprechend dem Geist der Zeit auch die Annahme einer vollkommenen Sprache vorschlagen müßte. Nun ist tatsächlich in den Manifesten von einer solchen Sprache die Rede, aber ihre Vollkommenheit fällt zusammen mit ihrer Verschwiegenheit (*Fama*, S. 287). In der *Confessio* wird mitgeteilt, die ersten vier Gründer der Bruderschaft hätten eine magische Sprache und Schrift geschaffen, und weiter heißt es (Hervorhebungen von mir):

Wenn dies (was jetzt nur wenigen bekannt ist und geheimgehalten wird, als ein Ereignis, das erst noch eintreten muß, *symbolisch ausgedrückt durch Zahlen und Zeichnungen*) von den Fesseln des Geheimnisses befreit und öffentlich dargetan wird und sich durch das ganze Universum verbreitet, dann wird unsere Posaune öffentlich mit hellem Ton und lautem Getöse erschallen [...]. Diese bedeutsamen *signacula* des göttlichen Rates können dies lehren wollen: daß man sich, außer den Entdeckungen des menschlichen Ingeniums, der *geheimen Schrift* widmen muß, damit das Buch der Natur allen Menschen zugänglich und offen erkennbar werde [...]. Diese *Charaktere und Lettern*, die Gott da und dort in die Heiligen Schriften der Bibel hat eingefügt, die hat er auch der wunderbaren Schöpfung des Himmels und der Erde sowie allen Tieren ganz deutlich aufgeprägt [...]. Aus diesem geheimen Code haben wir *unsere magische Schrift* entlehnt und unsere neue Sprache geschaffen, die das Wesen aller Dinge auszudrücken und darzutun vermag [...]. Wenn wir in anderen Sprachen nicht so beredt sind, wissen wir, daß diese kein Echo der Sprache unserer Urväter Adam und Henoch darstellen, sondern verderbt worden sind durch die babylonische Sprachverwirrung (vgl. Yates 1972: 262–65; Wehr 1980: 66–70).

Einige Hypothesen

Nach Ormsby-Lennon (1988) – der mit «rosenkreuzerischer Linguistik» ein Klima meint, das die deutsche und angelsächsische Welt des siebzehnten Jahrhunderts durchzog und dessen Echo wir sogar noch in den Vorschlägen der Erfinder wissenschaftlicher Sprachen wie Dalgarno und Wilkins finden können – ist die rosenkreuzerische Lehre von der magischen Sprache undenkbar ohne die Theorie der Signaturen, wie sie bei Jakob Böhme auftaucht, einem Mystiker von großem Einfluß auf die spätere europäische Kultur, der mit Sicherheit in den Kreisen der deutschen Rosenkreuzer bekannt war und durch eine Reihe von Übersetzungen, die sich bis ins achtzehnte Jahrhundert erstreckte, auch in die Kreise der angelsächsischen Theosophen eingedrungen ist. Wie Webster in seiner Streitschrift *Academiarum examen* von 1654 festhält, sind Böhmes Ideen «von der höchst erleuchteten Bruderschaft der Rosenkreuzer anerkannt und adaptiert worden» (S. 26f.).

Für Böhme (der den Begriff der Signatur von Paracelsus entlehnt) hat jedes Element der Natur in seiner Form einen offensichtlichen Hinweis auf seine verborgenen Eigenschaften. In Form und Figur jeder Sache ist ihre Kraft eingeschrieben, und selbst die Eigenschaften eines Menschen werden durch die Form seines Gesichts enthüllt (mit evidenter Bezugnahme auf die Tradition der Physiognomik). Es gibt nichts Geschaffenes in der Natur, dessen innere Form nicht äußerlich in Erscheinung träte, denn jene Kraft ist sozusagen innen am Werk, um sich außen zu zeigen. So kann der Mensch zur Erkenntnis des innersten Wesens gelangen. Dies ist «die Sprache der Natur, in der jedes Ding von seinen eigenen Eigenschaften spricht» (*Signatura rerum* I, 1622).

Es scheint allerdings, daß die Thematik der Signaturen bei Jakob Böhme die traditionellen Bahnen der Naturmagie verläßt, um zur Metapher einer mystisch überhöhten Sicht zu werden, die überall nach den Spuren einer allesdurchdringenden göttlichen Kraft sucht. Im übrigen hatte sein Mystizismus selbst schon immer die Formen eines Kontaktes mit Elementen der materiellen Welt angenommen, die plötzlich aufleuchten und sich als offenbarende Epiphanie des Unsichtbaren erweisen: Das mystische Urerlebnis, das ihn in seiner Jugend entscheidend geprägt hatte, war die Vision eines Zinngefäßes gewesen, das in den Strahlen der Sonne erglänzte, und diese Vision war ihm zu einem Borgesschen «Aleph» geworden, einem privilegierten Ort, an dem er das Licht Gottes in allen Dingen erblickte.

Von «Natursprache» ist bei Böhme auch in seinem Alterswerk *Mysterium Magnum* (1623) die Rede, aber hier spricht er von ihr als von einer «sensualischen» Sprache, die als noch ungeformte und wesenhafte die Sprache der ganzen Schöpfung war, in der Adam die Dinge benannte:

Da alle Völker haben in Einer Sprache geredet, da haben sie einander verstanden; als sie sich aber der sensualischen Sprache nicht wollten gebrauchen, so ist ihnen der rechte Verstand erloschen, denn sie führeten die Geister der sensualischen Sprachen in eine äußerliche grobe Form [...]. Kein Volk verstehet mehr die sensualische Sprache, und die Vögel in Lüften und die Thiere im Walde verstehen sie nach ihrer Eigenschaft. Darum mag der Mensch denken, wes er beraubet ist, und was er in der Wiedergeburt soll wieder bekommen, obwohl nicht allhier auf Erden, jedoch in der geistlichen Welt; denn in der sensualischen Sprache reden alle Geister miteinander, sie brauchen keine andere Sprache, denn es ist die Natursprache (*Mysterium magnum, oder Erklärung über das erste Buch Mosis*, Cap. 35, 58–60; zit. nach *Sämmtliche Werke*, Leipzig 1843, V, S. 261 f.)

Doch mit dieser Sprache kann Böhme schwerlich die Sprache der Signaturen gemeint haben. Es ist gewiß nicht die Form der natürlichen Dinge, auf die sich die Geister in einer anderen Welt beziehen werden, und Böhme kann nicht an die Sprache der Signaturen gedacht haben, wenn er behauptet (ibid., 36, 7), daß die sensualische Sprache, in welcher Adam die Dinge benennen konnte, dieselbe Sprache wie jene sei, die der Heilige Geist den Aposteln zu Pfingsten gewährte, als diese mit einemmal «aus der eröffneten sensualischen Zungen in Einer Sprache alle Sprachen» zu sprechen vermochten. Dieses Vermögen sei es gewesen, das in der babylonischen Sprachverwirrung verlorengegangen sei, doch werde man zu ihm zurückkehren müssen, wenn die Zeit reif ist und wir Gott in der Fülle der sensualischen Sprache erblicken. Hier haben wir es mit der Sprache der zungenrednerischen Verzückung zu tun.

Böhmes sensualische Sprache, die schon die Sprache Adams war, ähnelt sehr viel mehr jener adamitischen Sprache, von der Reuchlin in *De verbo mirifico* (II, 6) erklärte, in ihr manifestiere sich eine «schlichte, reine, unverdorbene, heilige, kurze und schlüssige Rede [...], in welcher Gott mit den Menschen und die Menschen mit den Engeln persönlich *und nicht durch Dolmetscher* von Angesicht zu Angesicht sprechen [perhibentur coram, *et non per interpretem*, facie ad faciem], so wie es der Freund mit dem Freunde zu tun pflegt» (Hervorhebung von mir). Oder sie ähnelt auch jener Sprache der Vögel, in der Adam mit den Vögeln der Luft und den Tieren auf dem Felde sprach (und sie benannte). Nach dem Sündenfall ist diese Sprache der Vögel dann, der Tradition zufolge, erneut dem Salomo offenbart worden, der sie an die Königin von Saba weitergab und später auch an den pythagoreischen Wundertäter Apollonios von Tyana (vgl. Ormsby-Lennon 1988: 322f.).

Einen weiteren Hinweis auf die Sprache der Vögel finden wir in den *Empires du Soleil* von Cyrano de Bergerac (im Kapitel «Histoire des oiseaux»; zum Thema Cyrano und die Sprachen vgl. Erba 1959: 23ff.), wo der Reisende einem wunderbaren Vogel begegnet (mit grünem Schwanz, blauschimmerndem Bauch, purpurnem Kopf und einer goldenen Krone), der «singend zu sprechen» anhebt, so daß der Reisende alles genau versteht, was der Vogel zu ihm sagt, als spräche er in seiner Sprache. Und angesichts der Überraschung des Reisenden erklärt ihm der Vogel:

> Wie bei euch einige so erleuchtet waren, daß sie unsere Sprache verstanden und sprachen, Leute wie Apollonios von Tyana, Anaximander und Äsop und viele andere mehr, deren Namen ich übergehe, weil ihr noch nie von ihnen gehört habt, so gibt es auch bei uns einige, die eure Sprache verstehen und sprechen. Doch wie man Vögeln begegnet, die keinen Piep sagen, anderen, die tschilpen und wieder anderen, die sprechen können, so begegnet man auch noch perfekteren, die alle Arten von Sprachen benutzen.

Waren es Praktiken der Glossolalie, zu denen die Manifeste der Rosenkreuzer die Gelehrten Europas aufriefen? Und warum dann die Anspielung auf eine «geheime Schrift», die «symbolisch durch Zahlen und Zeichnungen ausgedrückt» werde? Warum die Verwendung von Termini wie «Charaktere und Lettern», die in jener Epoche auf andere Diskussionen verwiesen, im Zusammenhang mit einer Suche nach alphabetischen Buchstaben, die das Wesen der Dinge auszudrücken vermögen?

Die magische Sprache John Dees

Robert Fludd schreibt in seiner Verteidigung der Rosenkreuzer *Apologia compendiaria Fraternitatem de Rosea Cruce suspicionis et infamiis maculis aspersam, veritatem quasi Fluctibus abluens et abstergens** (1616), die Brüderschaft praktiziere die kabbalistische Magie, die lehre, wie man die Engel anrufe, und das erinnert sowohl an die Steganographie des Trithemius wie auch an die mehr oder minder nekromantischen Praktiken von John Dee, den viele Autoren für den wahren Inspirator der rosenkreuzerischen Spiritualität halten.

Im Verlauf seiner Anrufungen der Engel, die zitiert werden in *A true and faithful relation of what passed for many yeers between Dr. John Dee [...] and some spirits** (1659: 92), steht Dee an einem bestimmten Punkt vor einer Offenbarung des Erzengels Gabriel über eine heilige Sprache, und es scheint, als benutze Gabriel die inzwischen altbekannten Begriffe über die Primordialität des adamitischen Hebräisch (in dem «every word signifieth the quiddity of the substance»). Der Text geht weiter mit vielen Seiten, auf denen Beziehungen zwischen Engelsnamen, Zahlen und Geheimnissen des Universums ausgedrückt werden, und das ganze Buch ist ein Beispiel dafür, wie man pseudohebräische Formeln benutzen kann, um magische Künste zu betreiben.

Aber diese *True and faithful relation* stammt von Méric Casaubon, der angeklagt worden war, er habe all diese Dokumente (unvollständig) ausgegraben, um Dee zu diffamieren. Es wird uns gewiß nicht wundern, wenn wir hören, daß ein Magier der Renaissance unter anderem auch zu Praktiken der Beschwörung neigte, aber sicher ist, daß Dee, wenn er uns ein Beispiel für Chiffrierung oder für mystische Sprache geben will, dazu andere Mittel benutzt.

Als er das Werk schreibt, das ihn am berühmtesten gemacht hat, die 1564 veröffentlichte *Monas Hieroglyphica**, scheint er ein Alphabet geometrisch-visueller Zeichen zu entwickeln, das nichts mit dem Hebräischen zu tun hat. Es läßt eher daran denken, daß er in seiner reichhaltigen Bibliothek auch Manuskripte von Lullus besaß, und viele seiner kabbalistischen Experimente mit hebräischen Buchstaben erinnern an den Gebrauch der Buchstaben in der lullischen Kombinatorik (vgl. French 1972: 49ff.).

Die *Monas* wird gemeinhin als ein alchimistisches Werk angesehen. Dabei erscheint sie eher, wenn auch verflochten mit alchimistischen Hinweisen, als eine Art Erkundung und Darlegung der kosmischen Beziehungen, ausgehend von der Betrachtung und Erklärung ihres eigenen Grundsymbols, das auf dem Kreis und der Geraden beruht, insofern beide aus einem Punkt hervorgehen. In diesem Bild (s. Fig. 4) ist die

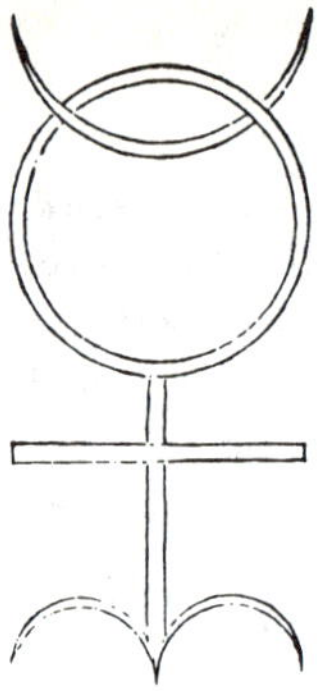

Figur 4

Sonne der Kreis, der um den Punkt der Erde rotiert, während ein Halbkreis, der die Sonnenbahn schneidet, den Mond darstellt.

Sonne und Mond ruhen auf einem umgedrehten Kreuz, in dem sich das ternäre Prinzip darstellt (zwei Geraden, die durch ihren Schnittpunkt verbunden sind) sowie das quaternäre Prinzip (die vier rechten Winkel, die sich im Kreuzungspunkt der Geraden bilden). Mit einiger Mühe erkennt Dee auch ein oktonäres Prinzip, und aus der Verbindung von ternärem und quaternärem kann er eine offene Manifestation des septenären gewinnen. Summiert man die vier ersten Zahlen, so erhält man auch das denäre Prinzip, und so geht es weiter in einer Art generativer Höher- und Höherdrehung aller arithmetischen Größen. Aus jedem dieser Prinzipien lassen sich dann leicht die vier zusammengesetzten Elemente (warm, kalt, feucht und trocken) und andere astrologische Offenbarungen ableiten.

In dieser Weise, und das für 24 Theoreme, läßt Dee seine anfängliche Figur eine Reihe von Rotationen, Dekompositionen, Inversionen und Permutationen vollführen, als bilde er Anagramme aus einer Reihe hebräischer Buchstaben; und indem er gleichzeitig numerologische Analysen durchführt und dabei auch Anfangs- oder Schlußaspekte seiner Figur in Betracht zieht, wirkt er auf sie ein, indem er die drei grundlegenden Verfahren der Kabbala auf sie anwendet: das Notarikon, die Gematria und die Temurah. Damit erlaubt die Monade, wie in jeder numerologischen Spekulation, die Enthüllung jedes kosmischen Geheimnisses.

Doch die Monade erlaubt auch die Erzeugung alphabetischer Buchstaben, und über diesen Punkt verbreitet sich Dee ausgiebig in seinem einleitenden Widmungstext, wo er an die «Grammatiker» appelliert, sie mögen anerkennen, daß in seinem Werk «die Gründe für die Form der Buchstaben, für ihre Stelle und Situation in der Reihenfolge des Alphabets, ihre diversen Verbindungen, ihren Zahlenwert und viele andere Dinge (die im primären Alphabet der drei Sprachen betrachtet werden müssen) dargelegt werden». Die Erwähnung der drei Sprachen verweist uns wieder auf Postel (der mit Dee Beziehungen unterhielt) und auf jenes Collège des Trois Langues, an das er berufen worden war. In seiner Schrift *De originibus* von 1553 hatte Postel zum Beweis der Primordialität des Hebräischen daran erinnert, daß jede «Demonstration» der Welt aus dem Punkt, der Linie und dem Dreieck komme und daß nicht nur die Buchstaben auf geometrische Figuren reduziert werden können, sondern sogar auch die Laute; in *De Foenicum litteris* hatte er eine ungefähre Gleichzeitigkeit von Spracherwerb und Erfindung des Alphabets vertreten (und derselbe Gedanke, der freilich schon alt ist, wird zum Beispiel von einem kabbalisierenden Glottogonisten wie Thomas Bang in seinem *Coelum orientis*, 1657, S. 10 aufgegriffen).

Dee scheint das Thema zu den äußersten Konsequenzen zu treiben. Im selben Widmungstext verkündet er: «Diese alphabetische Lektüre birgt große Geheimnisse», und «die ersten mystischen Lettern der Hebräer, der Griechen und der Römer sind von einem einzigen Gott geformt und den Sterblichen übergeben worden [...], so daß alle Zeichen, die sie repräsentieren, aus Punkten, Linien und Kreisen hervorgehen, die nach einer wunderbaren und überaus klugen Kunst disponiert sind.» Und während man angesichts seiner Eloge der dem hebräischen Jod zugrundeliegenden Geometrie nicht umhin kann, an das Dantesche «I» zu denken, sieht man sich unwillkürlich auch an die lullische Tradition mit ihrer Suche nach einer generativen Matrix aller je möglichen Sprachen erinnert; zumal wenn Dee diese seine buchstabengenerierende Maschine feiern möchte als eine «wirkliche Kabbala [...], die göttlicher als die Grammatik ist».

Clulee (1988: 77–116) hat diese Ansätze weiterentwickelt, und gezeigt, daß die *Monas* sich als Darlegung eines Schriftsystems präsentiert, das mit präzisen Regeln ausgestattet ist und in dem jedes Zeichen sich auf eine Sache bezieht. In diesem Sinne wäre die Sprache der *Monas* auch den Regeln der Kabbala überlegen, da diese dazu verhilft, die Dinge so zu analysieren, *wie sie gesagt* (oder geschrieben) werden, während die Monade erlaubt, die Dinge so zu bezeichnen, *wie sie sind*. Dank ihrer universalen Anwendungsmöglichkeit erlaubt sie, die Sprache Adams wiederzufinden oder neu zu erfinden. Für Clulee scheint Dee, wenn er Punkte, Linien und Kreise benutzt, sich auf die graphische Konstruktion alphabetischer Buchstaben zu beziehen, wie sie von den Künstlern der Renaissance geübt wurde, wenn sie mit Zirkel und Lineal arbeiteten. Durch eine einzige Vorrichtung ließen sich demnach nicht nur alle Bedeutungen generieren, sondern auch alle Alphabete der Welt. Den traditionellen Grammatikern und selbst den jüdischen Kabbalisten war es nicht gelungen, die Form der Buchstaben, ihre Position und Reihenfolge im Alphabet zu erklären, sie kannten die wahren Ursprünge der Zeichen und Charaktere nicht, und darum konnten sie auch nicht die Universale Grammatik erkennen, die sowohl dem Hebräischen wie dem Griechischen wie dem Lateinischen zugrunde lag. «Was Dee gefunden zu haben scheint [...], war ein Begriff von Sprache als umfangreichem Symbolsystem und exegetische Techniken, mit denen durch Manipulation der Symbole Bedeutungen generiert werden können» (Clulee 1988: 95).

Diese Interpretation scheint durch einen Autor bestätigt zu werden, der in allen Bibliographien fehlt; unseres Wissens wird er nur von Leibniz zitiert und sogar mit einer gewissen Breite behandelt (in seiner ungedruckten *Epistolaris de Historia Etymologica Dissertatio*, ca. 1712, vgl. Gensini 1991 und Schulenburg 1973: 1, Anm. 1, und 64, Anm. 204). Es handelt sich um Johannes Petrus Ericus, der 1697 eine *Anthropoglottogonía sive Humanae Linguae Genesis** veröffentlicht hatte, in der er die Abstammung aller Sprachen, einschließlich des Hebräischen, vom Griechischen vertrat. Aber 1686 hatte er auch ein *Principium philologi-*

*cum, in quo vocum, signorum et punctorum tum et literarum maxime ac numerorum origo** veröffentlicht, in dem er sich ausdrücklich auf John Dees *Monas Hieroglyphica* bezog, um aus dieser Matrix, immer dem Griechischen Vorrang gebend, sämtliche Alphabete und Zahlensysteme aller Sprachen abzuleiten. In einem fraglos komplexen Verfahren geht er von den ersten Tierkreiszeichen aus, setzt sie in der Monade zusammen, diskutiert die Frage, wie Adam den Tieren Namen geben konnte, die deren Laute zu reproduzieren vermochten, und entwickelt eine recht zuverlässige Phonologie, indem er die Buchstaben unterscheidet nach solchen *per sibilationem per dentes* (durch Zischen durch die Zähne), *per tremulationem linguae* (durch Flatternlassen der Zunge), *per contractionem palati* (durch Kontraktion des Gaumens), *per compressionem labrorum* (durch Zusammenpressen der Lippen) und *per respirationem per nares* (durch Atmung durch die Nase). Wonach er den Schluß zieht, daß Adam die Vögel mit vokalischen Lauten benannt habe, die Landtiere mit halbvokalischen und die Fische mit stummen. Aus dieser elementaren Phonetik deduziert er die musikalischen Töne sowie die sieben Buchstaben, mit denen sie traditionell bezeichnet werden und aus denen sich die Figur der *Monas Hieroglyphica* herleitet. Sodann zeigt er, wie man, indem man die Zeichen dieser Monade rotieren läßt (also letztlich, indem man sie anagrammatisiert), alle Buchstaben der bekannten Alphabete erhält.

Die Fortdauer dieser Tradition von Postel bis Ericus zeigt, daß die magische Sprache der Rosenkreuzer, wenn denn die Rosenkreuzer sich auf die Lehre von Dee bezogen (ein Geheimnis, das jedoch unergründlich bleiben muß, da nach ausdrücklichem Eingeständnis ihrer Verteidiger niemand jemals einen Rosenkreuzer gesehen hat), eine generative Matrix aller Sprachen der Welt sein konnte – zumindest auf alphabetischer Ebene – und somit auch aller Weisheit der Welt.

Wenn es so war, wäre man über jede Idee von universaler Grammatik hinausgegangen, um nicht nur von einer Grammatik ohne syntaktische Strukturen zu träumen, sondern sogar (wie Demonet 1992: 404 bemerkt) von einer «Grammatik ohne Wörter», einer schweigenden Kommunikation, die mit der Kommunikation der Engel verwandt wäre und der Idee des hieroglyphischen Symbols à la Kircher sehr nahe käme. Also auch hier wieder eine vollkommene Sprache, die jedoch nur insofern vollkommen ist, als sie auf einem enthüllenden, geheimen und initiatischen Blitzschlag beruht.

Perfektion und Verschwiegenheit

Es mag uns rührend erscheinen, daß die Suche nach einer vollkommenen, weil universalen Sprache zur Konzeption von Sprachen mit extrem begrenzter und für kleinste Kreise reservierter Anwendung führt. Aber es ist eine unserer «demokratischen» Illusionen zu glauben, Vollkommenheit ginge Hand in Hand mit Universalität.

Um Ansätze wie die Kirchersche Ägyptologie oder die der heiligen Sprachen rosenkreuzerischer Prägung in ihrem angemessenen Rahmen zu sehen, muß man immer bedenken, daß sich die Wahrheit für die hermetische Tradition nicht nach ihrer universellen Verständlichkeit definiert, sondern daß für sie eher der begründete Verdacht besteht, es sei, was wahr ist, der großen Mehrheit unbekannt und nur wenigen vorbehalten (vgl. Eco 1990).

Hier zeigt sich der grundlegende Unterschied zwischen der hermetisch-neuplatonisch-gnostischen Welt der späten Antike (und dann des Hermetismus der Renaissance), den wir noch im gegenreformatorischen Katholizismus Kirchers fortleben sehen, und der christlichen Botschaft, die während der Jahrhunderte des Mittelalters unangefochten triumphiert hatte. Das mittelalterliche Christentum sprach von einem Heil, das besonders den Demütigen verheißen war und keine schwierige Erkenntnis verlangte; alle konnten das Wesentliche begreifen, um sich zu retten. Die mittelalterliche Didaktik verringerte das Maß an Mysterium und Unverständlichkeit, das mit der Offenbarung einhergeht, die ihrerseits zu Formular, Gleichnis, jedermann verständlichem Bild reduziert wurde. Die Wahrheit war daher *effabilis*, sagbar, und somit öffentlich. Das hermetische Denken hingegen denkt an ein kosmisches Drama, das nur eine Aristokratie des Wissens verstehen kann, die die Hieroglyphen des Universums zu entziffern vermag. Die Wahrheit zeigt sich gerade darin, daß sie *ineffabilis* ist, unsagbar, sie ist vielschichtig und mehrdeutig, sie lebt von der *coincidentia oppositorum* und kann nur durch initiatische Offenbarungen ausgedrückt werden.

Warum also sollte dann, in dieser kulturellen Atmosphäre, das Perfektionskriterium einer Sprache ihre «Öffentlichkeit» sein? Wer das nicht versteht, versteht auch nicht, warum die Kryptographen einerseits ihre Werke Großherzögen widmeten, die mit militärischen Kampagnen und politischen Intrigen beschäftigt waren, und andererseits zugleich versuchten, ihren Chiffriertechniken eine religiöse Aura zu geben. Mag sein, daß dies alles nichts anderes war als eine neue Erscheinungsform der natürlichen Heuchelei des Jahrhunderts, das durchdrungen war von jenem Hang zur Simulierung, zur Täuschung und zur Maskierung, der einen so interessanten Teil der barocken Kultur darstellt.

Man weiß nicht, ob das seinerzeit so berühmte Büchlein *Breviarium politicorum secundum rubricas Mazarinicas** (1648) authentische Gedanken des Kardinals Mazarin enthält oder Ergebnis einer verleumderischen Erfindung ist, aber gewiß spiegelt es das Bild des großen französischen Politikers in seiner Zeit. Und gerade im Kapitel über «Lesen und Schreiben» empfiehlt es folgendes:

> Wenn es dir widerfährt, daß du an einem vielbesuchten Ort schreiben mußt, leg ein schon beschriebenes Blatt auf dein Pult, als ob du es abschreiben müßtest. Und laß es offen und jedermann sichtbar liegen. Das Blatt aber, auf das du tatsächlich schreibst, laß ebenfalls auf dem Pult liegen, doch so geschützt, daß nur die eine Zeile der Abschrift zu sehen ist, die lesen mag, wer sich neben dich stellt. Was du indessen geschrieben hast, das decke mit einem Buch zu oder mit einem anderen Stück Papier oder auch mit einem Blatt, das wie das erste gehalten wird, aber näher an der Schrift [...]. Spare nicht mit geheimen Stoffen, um deine Feder ihnen anzupassen sowie ebenfalls deine Hand (auch wenn du keine Chiffren verwendest), und diese seien so beschaffen, daß ein jeder sie lesen und behalten kann, ganz wie Trithemius sie in seiner Polygraphie beschreibt. Und noch besser verbergen diese die Bedeutungen, wenn von anderer Hand geschrieben. Andernfalls, wenn die Chiffren nicht erkennbar sind, wecken sie Argwohn und Eingriffe; auch wenn sie nicht so gemacht sind, wie sie gemacht werden sollen (*Breviario dei politici*, ed. Giovanni Macchia, Mailand 1981, Rizzoli, S. 39f.)

Es kommt also vor, daß der Mystiker über vollkommene und heilige Sprachen schreibt, aber dabei komplizenhaft dem Politiker zuzwinkert, der sie als geheime Sprachen verwendet; und daß der Kryptograph dem Politiker seine Kryptographien als Chiffriercodes verkauft – und somit als Mittel zur Macht- und Herrschaftsausübung –, während sie für ihn, den hermetischen Denker, Mittel zum Aufstieg in übernatürliche Wirklichkeiten sind.

Der Mann, der lange (und für viele noch heute) im Verdacht stand, die Rosenkreuzer-Manifeste wenn nicht verfaßt, so doch mindestens inspiriert zu haben, nämlich der lutheranische Mystiker Johann Valentin Andreae, Autor von Utopien à la Bacon und Campanella wie *Christianopolis* (1619), spickt seine Werke mit verschlüsselten Ausdrücken. Edighoffer (1982: 175 ff.) hat bemerkt, daß einige Werke, die mit Sicherheit von Andreae stammen, wie die *Chymische Hochzeit Christiani Rosencreutz* von 1616, viele verschlüsselte Ausdrücke enthalten, auch aus Achtung vor dem Prinzip «Arcana publicata vilescunt» [Aufgedeckte Geheimnisse verlieren an Wert], weshalb man seine Perlen nicht vor die Säue werfen darf. Desgleichen benutzt Andreae auch reichlich verschlüsselte Ausdrücke in seiner zehn Jahre währenden Korrespondenz mit seinem Gönner, dem Herzog August von Braunschweig, wozu Edighoffer bemerkt, das sei nicht weiter verwunderlich, wenn man bedenkt, daß diese Briefe während des Dreißigjährigen Krieges verschickt worden waren und auch politische Betrachtungen enthielten; aber auch bei Briefen religiösen Inhalts konnte der Unterschied damals minimal und die Gefahr genauso groß sein.

Angesichts dieser Praktiken, die wir «privat» nennen könnten, kommen einem die öffentlichen Beteuerungen der Rosenkreuzer über die Notwendigkeit einer geheimen Sprache zwecks Instauration einer universalen Reform noch zweideutiger vor. So zweideutig, daß sie vermuten lassen, was nicht nur die moderne Geschichtsschreibung insinuiert hat, sondern was auch die mutmaßlichen Verfasser der Manifeste immer wieder gesagt haben: daß es sich bei der ganzen Sache um einen Scherz gehandelt hat, um ein Spiel, ein literarisches Pastiche, in dem nach Art eines Studentenulks divergierende Elemente zusammengemischt worden sind, um einige Zeitgeistströmungen auf den Arm zu nehmen: die Suche nach der adamitischen Sprache, den Traum von einer sensualischen Sprache, das vage Streben nach Glossolalie, die Kryptographien, die kabbalistischen Sprachen . . . Mit einem Wort: alles. Und da sie daher eben alles enthielten, konnten die Rosenkreuzer-Manifeste – wie es in geheimnisfixierten und vom Mysterium besessenen Kreisen immer geschieht –, leidenschaftlich gelesen und paranoischen Deutungen unterzogen werden, in denen jeder fand, was er schon immer wußte oder suchte oder finden wollte.

9. Die Polygraphien

Die Steganogaphien dienten zur Chiffrierung von Nachrichten und stellten daher eine Garantie der Geheimhaltung dar. Doch ein Apparat zur Codifizierung kann auch einer zur *Decodifizierung* von verschlüsselten Botschaften werden. Und von da ist der Weg nicht weit bis zu einem anderen Schluß: Wenn eine gute Steganographie lehren kann, eine verschlüsselte Botschaft in Klarschrift zu lesen, dann müßte sie auch eine unbekannte Sprache zu lernen erlauben.

Als Trithemius seine *Polygraphia* schrieb, die nicht zufällig vor seiner *Steganographia* veröffentlicht wurde und nicht deren sinistren Ruf genießt, wußte er sehr wohl, daß einer, der kein Latein kann, mit seinem System in kurzer Zeit lernen könnte, in jener Geheimsprache Sätze zu bilden (vgl. Buch VI, S. 38, der Ausgabe Straßburg 1660). Und Mersenne bemerkte genau zu Trithemius' *Polygraphia*: «Das dritte Buch enthält eine Kunst, mit der auch ein Laie, der nur seine Muttersprache kennt, in zwei Stunden das Lateinische lesen, schreiben und verstehen lernen kann» (*Quaestiones celeberrimae in Genesim*, 1623, S. 471). Die Steganographie erscheint also gleichzeitig als ein Mittel zur Chiffrierung von Botschaften, die in einer bekannten Sprache formuliert worden sind, und als ein Schlüssel zur Dechiffrierung unbekannter Sprachen.

Normalerweise ersetzt eine chiffrierte Botschaft nach einem gleichbleibenden Schlüssel die Buchstaben eines «in Klarschrift» geschriebenen Textes (der in einer auch dem Empfänger bekannten Sprache verfaßt worden ist) durch andere Buchstaben, die ein Code nach einer bestimmten Regel liefert. Es genügt also beispielsweise festzustellen, welcher Buchstabe im chiffrierten Text am häufigsten vorkommt, und die Vermutung liegt nahe, daß er für den häufigsten Buchstaben einer bestimmten Sprache steht. Man muß nur noch auf die richtige Sprache tippen oder mehrere Sprachen probieren, und das Spiel ist gelaufen. Natürlich wird das Problem komplexer, wenn bei jedem neuen Wort der Botschaft die Transkriptionsregel wechselt. Hat man zum Beispiel eine Tabelle wie diese:

ABCDEFGHILMNOPQRSTUVZ
BCDEFGHILMNOPQRSTUVZA
CDEFGHILMNOPQRSTUVZAB
DEFGHILMNOPQRSTUVZABC
EFGHILMNOPQRSTUVZABCD
FGHILMNOPQRSTUVZABCDE
GHILMNOPQRSTUVZABCDEF
HILMNOPQRSTUVZABCDEFG
ILMNOPQRSTUVZABCDEFGH und so weiter

und kennt man den Schlüssel (zum Beispiel CEDO), so weiß man: Für das erste Wort benutzt man das dritte Alphabet, nach dem A durch C, B durch D, C durch E und so weiter ersetzt werden, für das zweite Wort nimmt man das fünfte Alphabet, in dem A durch E ersetzt wird und so weiter, für das dritte Wort nimmt man das vierte Alphabet, in dem A durch D ersetzt wird, und so weiter. Aber auch in diesen Fällen, selbst wenn man eine Tabelle mit einundzwanzigmal verschobenen Alphabeten hat, mit rückwärts zu lesenden Alphabeten, mit alternierenden Buchstaben usw., ist die Lösung nur eine Frage der Zeit.

Heinrich Hiller nimmt sich in seinem Buch *Mysterium artis steganographicae novissimum** (1682) vor, die Entschlüsselung nicht nur jeder chiffrierten Botschaft zu lehren, sondern auch jeder in Latein, Deutsch, Italienisch und Französisch geschriebenen Botschaft, indem er genau von der statistischen Häufigkeit der Buchstaben und Diphthonge in den verschiedenen Sprachen ausgeht. John Falconer schreibt 1685 eine *Cryptomensis Patefacta: or the art of secret information disclosed without a key,* also eine Kunst, die geheime Information ohne einen Schlüssel zu enthüllen, in der er behauptet: «Wer einmal die Regeln zur Entzifferung einer Sprache begriffen hat, kann wirklich und ohne jede Einschränkung in wenigen Stunden von jeder Sprache soviel erlernen, wie er benötigt, um sie zu chiffrieren» (A7v).

Kirchers Polygraphie

Kirchers *Polygraphia nova et universalis ex combinatoria arte detecta** ist später als seine ägyptologischen Werke entstanden, aber Pater Athanasius hatte sich mit dieser Art von Universalsprache auch schon vorher beschäftigt, und so liegt es auf der Hand, daß er mit gleicher Leidenschaft sowohl den Weg des hieroglyphischen Geheimnisses wie den der polygraphischen Öffentlichkeit ging. Es ist in der Tat bezeichnend, daß Kircher im selben Band zuerst eine Polygraphie beschreibt, das heißt eine internationale Sprache, die allen offen steht, und dann im Kielwasser von Trithemius eine Steganographie, also eine Geheimsprache zur Chiffrierung von Botschaften. Was uns als eine paradoxe Verquickung erscheint, ist jedoch für Kircher ein fast natürlicher Zusammenhang zwischen den beiden Vorgehensweisen. Er beginnt sein Buch mit einem arabischen Sprichwort: *Si secretum tibi sit, tege illud, vel revela*, «Wenn du ein Geheimnis hast, verbirg es oder decke es auf.» Die Entscheidung war gar nicht so selbstverständlich, wenn man bedenkt, daß derselbe Kircher in seinen ägyptologischen Werken genau den Mittelweg gewählt hatte, nämlich ein verbergendes Sagen, ein Anspielen ohne offenzulegen. Im übrigen zeigt die zweite Hälfte des Titels, daß Kircher auch an die lullische Kombinatorik dachte (entgegen der Meinung von Knowlson 1975: 107f.)

In der enthusiastischen Vorrede, die der Autor an Kaiser Ferdinand III. richtet, feiert er die Polygraphie als eine «Reduzierung aller Sprachen auf eine» (*linguarum omnium ad unam reductio*). Durch sie könne einer, «auch wenn er nichts anderes als seine Volkssprache kann, mit jedem beliebigen Angehörigen jedweder Nationalität brieflich korrespondieren». Die Polygraphie präsentiert sich mithin als eine *Pasigraphie*, das heißt als Projekt einer nur geschriebenen Sprache beziehungsweise einer internationalen Schrift, deren Umsetzung in verbale Sprache nicht vorgesehen ist.

Auf den ersten Blick erscheint das Werk als ein fünfsprachiges Wörterbuch in zwei Versionen, A und B. Nach Kirchers Ansicht (S. 7) wäre es richtig gewesen, es für die *linguae doctrinales omnibus communes* zu konzipieren, also die allen gemeinsamen Bildungssprachen, nämlich das Hebräische, Griechische, Lateinische, Italienische, Französische, Spanische, Deutsche, Böhmische, Polnische, Litauische, Ungarische, Holländische, Englische und Irische, sowie darüber hinaus für das Nubische, Äthiopische, Ägyptische, Kongolesische, Angolanische, Chaldäische, Arabische, Armenische, Persische, Türkische, Tatarische, Chinesische, Mexikanische, Peruanische, Brasilianische und Kanadische. Doch offenbar fühlte er sich einer so gigantischen Unternehmung nicht gewachsen, oder vielleicht sah er auch die Möglichkeit, daß die missionarische Expansion und die anschließende Kolonisierung ihm die Aufgabe sehr vereinfachen würden, indem sie viele dieser exotischen Sprachen auf bloße Restbestände für Anthropologen reduzierten und den mexikanischen Ureinwohnern das Spanische, den kanadischen das Französische, den brasilianischen das Portugiesische und den übrigen bekehrten Götzendienern allerlei *Pidgins* und andere *linguae francae* auferlegten. Bemerkenswert ist der Verzicht auf das Englische, das noch nicht als wichtige Verkehrssprache angesehen wurde; noch geiziger meinte Becher in seinem *Character* (s. u. S. 210), das Französische genüge für Italien, Spanien, England und Portugal.

Beide Wörterbücher listen je 1228 Begriffe auf, deren Wahl nach empirischen Kriterien erfolgt ist (Kircher hat die Wörter aufgenommen, die ihm die gebräuchlichsten zu sein schienen).

Das Wörterbuch A, das zum Chiffrieren dient, folgt einer ersten alphabetischen Ordnung für die gewöhnlichen Nomina und Verben, dann beginnt es erneut in alphabetischer Ordnung mit den Namen von Regionen, Städten, Personen sowie den Adverbien und Präpositionen, schließlich führt es gesondert die Konjugationen von *sein* und *haben* auf. Jede Kolonne ist einer der fünf ausgewählten Sprachen gewidmet und folgt ihrer alphabetischen Ordnung. Es gibt also keine semantische Entsprechung zwischen den fünf auf gleicher Höhe stehenden Termini. Neben jedem lateinischen Wort steht eine zweigliedrige Ordnungszahl in aufsteigender Ordinal- und Kardinalreihe: Die römische Ziffer verweist auf die Tabelle des Wörterbuchs B, die arabische auf das spezifische Wort. Ein gleichartiges Zahlenpaar steht auch neben den Wörtern der anderen Sprachen, aber ohne geordnete Abfolge.

Folgendermaßen sehen die beiden ersten Zeilen der ersten Tabelle aus:

Latein	Italienisch	Spanisch	Französisch	Deutsch
abalienare I.1	astenere I.4	abstenir I.4	abstenir I.4	abhalten I.4
abdere I.2	abbracciare II.10	abbraçar II.10	abayer XII.35	abschneiden I.5

Das Lateinische ist die Parameter–Sprache: Die Ordnungszahlen neben den Wörtern der anderen Sprachen verweisen auf die Nummer, die das lateinische Synonym in der alphabetischen Ordnung des Lateinischen hat. Will man also das lateinische Wort *abdere* chiffrieren, so schreibt man *I.2*; um das französische *abstenir* zu chiffrieren, schreibt man *I.4* (und die Ordnungszahl *I.4* entspricht in der lateinischen Kolonne dem Wort *abstinere*).

Der Empfänger der so verschlüsselten Botschaft greift zum Wörterbuch B, das in 32 mit römischen Ziffern numerierte Tabellen aufgeteilt ist, während die arabischen Ziffern innerhalb der Tabellen die Kolonnen in aufsteigender Reihe numerieren. Die Aufteilung in 32 Tabellen impliziert keine Aufteilung in logische Klassen: Nur die lateinische Kolonne ist sowohl alphabetisch wie auch nach aufsteigenden Zahlen geordnet, die Kolonnen der anderen Sprachen folgen nicht der alphabetischen Ordnung, sondern nur jener der Zahlen. Deshalb stehen auf den horizontalen Linien gleichbedeutende Wörter nebeneinander und haben alle dieselbe arabische Ordnungszahl. Zum Beispiel:

abalienare 1	alienare 1	estrañar 1	estranger 1	entfremden 1
abdere 2	nascondere 2	esconder 2	musser 2	verbergen 2

Wenn also ein Deutscher die Botschaft *I.2* erhält, sucht er in Wörterbuch B den Terminus 2 in der Tabelle I, geht dann in die deutsche Kolonne und erfährt, daß der Absender ihm «verbergen» sagen wollte. Wollte er wissen, wie dasselbe auf spanisch heißt, würde er «esconder» finden.

Aber ein einfaches Lexikon genügt nicht, und so etabliert Kircher 44 Zeichen (*notae*), um Tempus, Modus und Numerus der Verben anzugeben, sowie 12 für die Deklination der Substantive. Zum Verständnis des folgenden Beispiels sei gesagt, daß der Nominativ mit einem N bezeichnet wird, und die dritte Person Singular des Perfekts geben wir (vereinfachend) mit einem

D an. Hier also ein Beispiel für einen nach diesem Verfahren chiffrierten Satz: XXVII.36N (*Petrus*) XXX.21N (*noster*) II.5N (*amicus*) XXIII.8D (*venit*) XXVIII.10 (*ad*) XXX.20 (*nos*): «Unser Freund Peter ist zu uns gekommen.»

Kircher preist seine Erfindung überschwenglich: Allein mit dem Chiffrierbuch könne man sich in jeder Sprache ausdrükken, wenn man nur die eigene beherrsche, und mit dem Dechiffrierbuch könne man einen Text, der in einer fremden Sprache abgefaßt worden ist, in der eigenen Sprache verstehen. Aber das System biete noch einen weiteren Vorteil: Wenn man einen unverschlüsselten Text in einer unbekannten Sprache erhalte, könne man in Buch A die Ordnungszahlen der unbekannten Wörter heraussuchen, zu Buch B übergehen und die entsprechenden Wörter in der eigenen Sprache finden.

Abgesehen von seiner Lückenhaftigkeit setzt das System voraus, daß jede Sprache auf die Grammatik des Lateinischen reduziert werden kann; auf der anderen Seite würde ein nach den Prinzipien der deutschen Syntax chiffrierter Text recht kuriose Ergebnisse zeitigen, wenn man ihn Wort für Wort ins Französische übersetzte.

Kircher stellt sich nicht die Frage, ob, wenn man diese Wort-für-Wort-Übersetzung nach der syntaktischen Ordnung der Ausgangssprache vornimmt, das Ergebnis in der Zielsprache sehr korrekt erscheint; er vertraut sozusagen auf den guten Willen des Empfängers. Nach Lektüre der *Polygraphia* schrieb jedoch sein spanischer Mitbruder Juan Caramuel y Lobkowitz im August 1663 einen chiffrierten Brief an Kircher, um ihm zu seiner schönen Erfindung zu gratulieren (Mss. Chigiani f. 59v, Bibliotheca Apostolica Vaticana, vgl. Casciato *et. al.* 1986, tav. 5), und da er im Wörterbuch der Namen den Namen Athanasius nicht fand, verfuhr er nach dem Prinzip, in einem solchen Fall den nächstverwandten Terminus zu wählen, und sprach seinen Dominus und Amicus (mit dem Zeichen des Vokativs) als *Anastasia* an. Der Brief erscheint an einigen Stellen lesbar, an anderen steht zu vermuten, daß Caramuel sich beim Nachschlagen im Wörterbuch vertan hat, denn es gibt Passagen, bei denen, wollte man sie ins Lateinische umschreiben, etwas herauskäme wie: «Dominus (+ Vokativ) Amicus (+ Vokativ) multum sal (+ Vokativ) Anastasia a me (+ Akkusativ) ars (+ Akkusativ) ex illius (+ Ablativ) discere posse (+ 2. Person Plural Futur Aktiv), non est loqui vel scribere sub lingua (+ Ablativ) communis (+ Ablativ)», was übersetzt eine Botschaft im Stil der «Ich–Tarzan–du–Jane–Sprache» ergäbe, nämlich etwas wie: «O Herr Freund, viel Salz, Anastasia. Von mich Kunst aus ihm (?) lernen werdet können, nicht ist sprechen oder schreiben unter gemeinsamer Sprache.»

Beck und Becher

Kaum viel anders erscheint *The universal character, by which all the nations of the world may understand one another's conceptions, reading out of one common writing their own mother tongues** von Cave Beck, 1657. Man braucht sich nur folgende Chiffrierung anzusehen:

	Ehre	deinen	Vater	und	deine	Mutter
leb	2314	p	2477	&	pf	2477

Das *leb* bezeichnet den Imperativ Plural, und der Geschlechtsunterschied zwischen «dein» und «deine» wird durch ein *f* für feminin angegeben, was erlaubt, ein und denselben Ausdruck («Erzeuger») für Vater und Mutter zu nehmen. Beck versucht, seiner Pasigraphie eine *Pasilalie* beizugeben, das heißt eine Reihe von Ausspracheregeln, nach denen das oben zitierte Gebot etwa so klingen würde: *leb totreónfo pee tofosénsen and pif tofosénsen.* Doch um den Satz aussprechen zu können, müßte man die Bedeutung der Zahlen auswendig wissen.

Zwei Jahre vor Kirchers *Polygraphia* (doch wie wir sehen werden, zirkulierten Kirchers Ideen bereits in handschriftlicher Form) hatte Joachim Becher sein Projekt *Character pro notitia linguarum universali* veröffentlicht (1661; wegen eines anderen Titels auf dem Vorsatzblatt wird das Buch manchmal auch als *Clavis convenientiae linguarum* zitiert). Sein Ansatz ist nicht sehr verschieden von demjenigen Kirchers, nur daß Becher einerseits ein fast zehnmal so umfangreiches lateinisches Wörterbuch (zehntausend Wörter) zusammengestellt und andererseits auf die Wörterbücher der anderen Sprachen verzichtet hat, um die Ausführung dem bereitwilligen Leser zu überlassen. Wie bei

Kircher sind Nomina, Verben und Adjektive zusammengestellt, mit Anhängen für die Personen- und Ortsnamen.

Jedes Wort hat eine arabische Ordnungszahl (um *Zürich* zu schreiben, braucht man die Zahl *10283*); eine zweite arabische Zahl verweist auf eine Tafel der Konjugationen (die auch Zahlen für Komparative, Superlative und Adverbialbildungen enthält) und eine dritte auf eine Tafel der Flexionen). Die Widmung am Anfang des Buches («Inventum Eminentissimo Principi» usw.) schreibt sich *4442. 2770:169:3. 6753:3* und ist zu lesen als «Inventum eminens (+ Superlativ + Dativ Singular) princeps (+ Dativ Singular)».

Fatalerweise kommt Becher jedoch der Verdacht, es könnten vielleicht nicht alle Völker die arabischen Zahlen lesen, und so ersinnt er nun, um sie visuell darzustellen, ein graphisches System von grotesker Kompliziertheit und totaler Unlesbarkeit. Einige Autoren haben voreilig behauptet, es sei den chinesischen Ideogrammen ähnlich, aber das ist nicht wahr. Tatsächlich haben wir nur ein System zur Angabe von Zahlen durch Punkte und Striche an diversen Stellen einer Grundfigur. Die Zahlenwerte rechts und in der Mitte verweisen auf das lexikalische *item*, diejenigen im linken Bereich auf die Liste der grammatikalischen Morpheme. Das ist alles. Außer daß eine Notation wie die in Fig. 5 gezeigte sich über volle vier Tafeln dieses Tenors hinzieht:

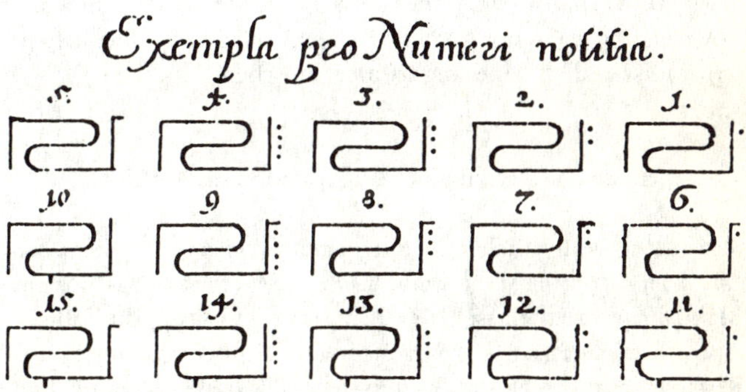

Figur 5

Gaspar Schott hat im Kapitel «Mirabilia graphica» seiner *Technica curiosa* (1664) versucht, das Bechersche System zu verbessern, indem er die graphische Darstellung der Zahlen vereinfachte und auch Teillexika in anderen Sprachen beifügte. Er schlägt eine in acht Kästchen unterteilte Tabelle vor, in welcher die horizontalen Linien Einer, Zehner, Hunderter und Tausender repräsentieren; die rechten Kästchen beziehen sich auf grammatikalische Morpheme und die linken auf lexikalische Einheiten. Ein Punkt bedeutet eine Einheit, ein Strich fünf Einheiten. Demnach sind die Zeichen in Fig. 6 zu lesen als *23.1 15.15 35.4* = *Das Pferd frißt den Hafer.*

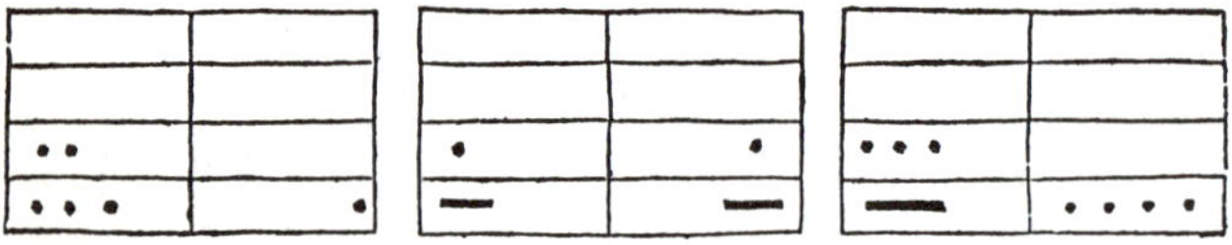

Figur 6

So unpraktikabel dieses System für menschliche Wesen erscheint, antizipiert es jedoch Praktiken der Computerübersetzung, wie sie Heilmann (1963) und De Mauro (1963) angeregt haben. Betrachten wir Bechers Pseudo–Ideogramme als Instruktionen für elektronische Schaltkreise, die der Maschine vorschreiben, welchen Suchweg sie in ihrem «Gedächtnis» zurücklegen soll, um das richtige Wort zu finden und auszudrucken, so haben wir eine Vorrichtung zur Wort-für-Wort-Übersetzung zwischen zwei Sprachen (mit allen Mißlichkeiten, selbstverständlich, eines derart mechanischen Vorgehens).

Erste Ansätze zu einer Organisation des Inhalts

Schon 1660 vermutlich hatte Kircher ein *Novum hoc inventum quo omnia mundi idiomata ad unum reducuntur** verfaßt, das nur im Manuskript erhalten ist (Mss. Chigiani I, vi, 225, Bibliotheca Apostolica Vaticana; s. Marrone 1986). Schott behauptet, daß Kircher sein Projekt auf Wunsch des Kaisers geheimhalten mußte, da dieser es für sich allein gebrauchen wollte.

Das *Novum inventum* erscheint noch recht unvollständig, es besteht aus einer sehr elementaren Grammatik und einem Wörterbuch mit 1620 Wörtern. Was es interessanter als die *Polygra-*

phia macht, ist der Versuch, eine Liste von 54 Grundkategorien aufzustellen, die mit Hilfe von Ikonogrammen oder Piktogrammen bezeichnet werden können, ähnlich denen, wie sie heute auf Flughäfen und Bahnhöfen üblich sind – mal zeigen sie einen Gegenstand wie einen kleinen Kelch, mal sind sie rein geometrisch (Rechteck, Dreieck, Kreis), einige sind auch oberflächlich von den ägyptischen Hieroglyphen inspiriert. Im übrigen ist das Kriterium das der Polygraphie: Das Ikonogramm übernimmt den Wert der römischen Ziffer, während eine arabische Zahl das spezielle Wort bezeichnet. So bedeutet zum Beispiel das Quadrat der Elemente mit der Zahl 4 das Wasser als Element, während das Wasser als trinkbare Flüssigkeit durch das Ikonogramm des Kelches (Klasse der Getränke) gefolgt von der Zahl 3 ausgedrückt wird.

Das Projekt hat zwei interessante Aspekte. Der erste ist, daß in diesem System versucht wird, die Polygraphie mit einem hieroglyphischen Lexikon zu verschmelzen, so daß die Sprache der Hieroglyphen theoretisch benutzt werden könnte, ohne in eine natürliche Sprache übersetzt zu werden. Liest man «Quadrat + 4», so weiß man, daß die so bezeichnete Sache ein Element ist, und liest man «Kelch + 3», so weiß man, daß es sich um etwas Trinkbares handelt. In einem gewissen Sinne würde sowohl Kirchers Polygraphie wie auch Bechers *Character* erlauben, Übersetzungen anzufertigen, ohne die Bedeutung der Wörter zu kennen, während das *Novum inventum* eine nicht ganz mechanische Kenntnis der Philosophie voraussetzt: Um das Wort *Wasser* chiffrieren zu können, muß man bereits wissen, daß es sich um ein Element handelt – eine Information, die das Wort in der natürlichen Sprache nicht von sich aus gibt.

Sir Thomas Urquhart, der zwei Werke über eine Art Polygraphie veröffentlicht hatte (*Ekskybalauron*, 1652, und *Logopandecteision*, 1653), gab zu bedenken, daß die alphabetische Ordnung zwar eine gänzlich zufällige gewesen wäre, daß aber die Ordnung nach Kategorien das Auffinden des gesuchten Terminus sehr erschwert hätte.

Der zweite interessante Aspekt des Kircherschen Projekts ist zweifellos der Versuch, eine Tafel mit Grundbegriffen unabhängig von den einzelnen Sprachen aufzustellen. Aber die 54 Kategorien des *Novum inventum* stellen eine bemerkenswert inkongruente Liste dar: Sie enthält Entitäten göttlicher, engelhafter und himmlischer Art neben Elementen, Menschen, Tieren, Pflanzen, Mineralien, dazu die Prinzipien und andere abstrakte Begriffe der lullischen *Ars*, aber auch Getränke, Kleider, Gewichte, Zahlen, Stunden, Städte, Speisen, Familien, Aktivitäten wie Sehen oder Geben, Adjektive, Adverbien und die Monate des Jahres. Vielleicht hat die Schwierigkeit, ein kohärentes Kategoriensystem zu errichten, Kircher dazu gebracht, die Idee aufzugeben und sich dem weniger anspruchsvollen Verfahren der *Polygraphia* zuzuwenden.

Zur Inkongruenz der Klassifizierung gab es indes schon einen Präzedenzfall. Schott betrachtet Kircher als den Pionier der Polygraphien, dabei berichtet er selbst ausführlich über ein sicherlich älteres Werk, nämlich aus dem Jahre 1653. Es handelt sich um das Projekt eines anderen spanischen Jesuiten, «dessen Namen ich vergessen habe» (S. 483), der in Rom ein einzelnes Blatt vorgelegt haben soll, das ein *Artificium* präsentierte beziehungsweise einen *Arithmeticus Nomenclator, mundi omnes nationes ad linguarum et sermonis unitatem invitans. Authore linguae (quod mirere) Hispano quodam, vere, ut dicitur, muto**. Der anonyme Spanier muß vor Kircher geschrieben haben, denn dessen *Novum inventum* ist Papst Alexander VII. zugeeignet, der erst 1655 auf den pontifikalen Thron kam. Über den Anonymus, der eine Pasigraphie verfaßt hatte, weil er de facto stumm war, berichtet Schott in *Technica curiosa*, aber schon in *Joco-seriorum naturae et artis sive magiae naturalis centuriae tres** von 1655 hatte er ihn erwähnt. Tatsächlich soll der Anonymus ein gewisser Pedro Bermudo (1610–1648) gewesen sein, weshalb auch die letzten Worte im Titel seines Werkes ein Wortspiel mit seinem Namen darstellen könnten, bedenkt man, daß Bermudo im Kastilischen fast wie *Ver-mudo* ausgesprochen wird (s. Cenal 1946).

Es ist nicht sicher, ob man sich auf Schotts Beschreibung verlassen kann, denn auch in seiner Beschreibung von Bechers System hat er es perfektioniert und Erweiterungen hinzugefügt, die von Kirchers Werk inspiriert waren. Jedenfalls hatte das *Artificium* Schott zufolge die Liste der Wörter in jeder Sprache auf 44 Grundklassen reduziert, von denen jede zwanzig bis dreißig numerierte Termini enthielt. Auch hier bezeichnete im Chiffrierverfahren eine römische Ziffer die Klasse und eine arabische den

Terminus. Anstelle der Zahlen habe das System, berichtet Schott, auch den Gebrauch von anderen Zeichen zugelassen, aber die Zahlen seien am besten geeignet gewesen, da sie von jedem Angehörigen jedes Volkes leicht hätten erlernt werden können.

Für die grammatikalischen Morpheme (Numerus, Tempus, Deklinationen) wurden hier ebenso komplizierte Notierungen wie bei Becher benutzt, so daß zum Beispiel die arabische Zahl gefolgt von einem Akut den Plural bedeutete, gefolgt von einem Gravis dagegen eine Besitzangabe («nota possessionis»); mit einem darübergesetzten Punkt bezeichnete sie das Verb im Präsens, mit einem nachgesetzten Punkt bezeichnete sie den Genitiv, und zur Unterscheidung zwischen Vokativ und Dativ mußte man im einen Fall fünf, im anderen sechs Punkte hintereinander abzählen. Für ein Wort wie «Krokodil» hätte man also *XVI.*2 schreiben müssen (Klasse der Tiere + Krokodil), aber um eine Mehrzahl von Krokodilen anzusprechen («O ihr Krokodile!»), hätte man *XVI'* ..... schreiben müssen. Mit Punkten davor, danach und darüber, diversen Akzenten und anderen diakritischen Zeichen erscheint das System äußerst unpraktisch, wenn nicht unpraktikabel. Was uns jedoch auch hier interessiert, ist die Liste der 44 Klassen. Es lohnt die Mühe, sie aufzuzählen, mit nur einigen wenigen Beispielen in Klammern:

1. Elemente (Feuer, Wind, Rauch, Asche, Inferno, Purgatorium und Erdmittelpunkt). 2. Himmlische Größen (Sterne, Blitze, Regenbogen etc.). 3. Geistige Größen (Gott, Jesus, Rede, Meinung, Verdacht, Seele, Stratagem oder Phantom). 4. Weltliche Größen (Kaiser, Adel, Plebejer). 5. Kirchliche Größen. 6. Kunstgriffe (Maler, Matrosen). 7. Instrumente. 8. Affekte (Liebe, Gerechtigkeit, Wollust). 9. Religion. 10. Sakramentale Konfession. 11. Gericht. 12. Armee. 13. Medizin (Arzt, Hunger, Klistier). 14. Häßliche Tiere. 15. Vögel. 16. Reptilien und Fische. 17. Teile von Tieren. 18. Gerätschaften. 19. Speisen. 20. Getränke und andere Flüssigkeiten (Wein, Bier, Wasser, Butter, Wachs, Harz). 21. Kleider. 22. Seidengewebe. 23. Wollstoffe. 24. Segeltücher und andere Textilien. 25. Nautica und Aromen (Schiff, Zimt, Anker, Schokolade). 26. Metalle und Münzen. 27. Diverse Artefakte. 28. Steine. 29. Juwelen. 30. Bäume und Früchte. 31. Öffentliche Orte. 32. Maße und Gewichte. 33. Zahlen. 34. Zeit. 35–42. Nomina, Adjektive, Adverbien und so weiter. 43. Personen (Vornamen, Anreden wie Hochwürdigster Herr Kardinal). 44. Wanderschaft (Heu, Straße, Räuber).

Über die mangelnde Logik dieser Einteilung in Klassen wird sich der junge Leibniz in seiner *Dissertatio de arte combinatoria* (1666) amüsieren.

Die unausweichliche Inkongruenz jeder möglichen Liste wird das geheime Übel sein, an dem auch die philosophisch beschlagensten und avanciertesten Projekte apriorisch-philosophischer Sprachen, die wir im nächsten Kapitel behandeln werden, unweigerlich kranken. Und ebendies wird sich Jorge Luis Borges bewußt machen, wenn er in seinem Essayband *Otras inquisiciones* [dt. jetzt *Inquisitionen*] über «Die analytische Sprache von John Wilkins» schreibt (die er nur aus zweiter Hand kennt, wie er selber zugibt). Sofort wird ihm die Unlogik der Klasseneinteilungen auffallen – er diskutiert explizit die Unterteilung der Steine –, und genau hier wird er jene chinesische Klassifizierung erfinden, die dann Michel Foucault 1966 an den Anfang seines Buches *Les mots et les choses* [dt. *Die Ordnung der Dinge*] stellen sollte: In einer altchinesischen Enzyklopädie mit dem Titel «Himmlischer Warenschatz wohltätiger Erkenntnisse» seien die Tiere, so Borges, in folgende Kategorien eingeteilt worden: «a) dem Kaiser gehörige, b) einbalsamierte, c) gezähmte, d) Milchschweine, e) Sirenen, f) Fabeltiere, g) streunende Hunde, h) in dieser Klassifizierung enthaltene, i) sich wie toll gebärdende, j) unzählige, k) mit feinstem Kamelhaarpinsel gezeichnete, l) und so weiter, m) die den Wasserkrug zerbrochen haben, n) die von weitem wie Fliegen aussehen.»

Woraus Borges schließt, daß es keine Klassifizierung des Universums gibt, die nicht willkürlich und bloße Mutmaßung wäre. Am Ende unseres panoramatischen Überblicks über die philosophischen Sprachen werden wir sehen, daß sich dieser dramatischen Feststellung schließlich auch Leibniz fügen mußte.

10. Die apriorisch-philosophischen Sprachen

Mit den apriorisch-philosophischen Sprachen gelangen wir (nicht im chronologischen Sinne, aber im theoretischen) zu einem Paradigmenwechsel. War für die bisher genannten Autoren die Suche nach der vollkommenen Sprache von tief religiösen Strebungen inspiriert, so geht es den Autoren, mit denen wir uns nun befassen werden, eher um eine philosophische Sprache, die dazu dienen soll, all jene *idola* auszurotten, die den menschlichen Geist vernebelt und vom wissenschaftlichen Fortschritt abgehalten haben.

Nicht zufällig kommen die meisten Projekte einer universalen Sprache in diesen Jahren gerade von den britischen Inseln. Es handelt sich nicht nur um ein Symptom der expansionistischen Tendenzen Englands; es gibt auch eine religiöse Motivation, nämlich die Ablehnung des Lateinischen (das fatalerweise noch immer die Verkehrssprache der Gelehrten ist), in dem man die Sprache der katholischen Kirche sieht; hinzu kommen die Schwierigkeiten, die englische Wissenschaftler mit einer Sprache haben, die von ihrer eigenen so weit abweicht. Charles Hoole unterstreicht die «häufigen Sarkasmen der Ausländer», die «sich lustig machen über das verbreitete Unvermögen der Engländer (die doch einmal recht gute Wissenschaftler waren), Latein zu sprechen» (vgl. Salmon 1972: 56).

Aber es gibt auch kommerzielle Gründe (und sogar schon das Problem, den Austausch auf der Internationalen Frankfurter Messe zu erleichtern) sowie solche schulischer Art (man denke nur an die Schwierigkeiten der englischen Orthographie, besonders als sie noch um einiges unregelmäßiger als heute war, vgl. Salmon 1972: 51–69). In dieser Epoche werden die ersten Experimente mit Sprachunterricht für Taubstumme gemacht, und mit diesem Thema wird sich auch Dalgarno beschäftigen. Cave Beck schreibt in seinem Buch *The universal Character* (1657), die Suche nach einer universalen Sprache werde der Menschheit beim Handeltreiben zugute kommen und ihr ersparen, viel

Geld für Dolmetscher auszugeben. Zwar fügt er dann fast wie aus Pflicht hinzu, daß eine universale Sprache auch zur Verbreitung des Evangeliums taugen würde, aber nachdem er zuvor vom Handel gesprochen hat, drängt sich der Eindruck auf, daß auch die missionarische Tätigkeit eine Form der Expansion Europas in die neu eroberten Territorien ist, und ein Thema, das Beck und andere Theoretiker der Epoche umtreibt, ist jene Gebärdensprache, in der die Erforscher ferner Länder die ersten kommunikativen Kontakte mit «Eingeborenen» gehabt hatten. Schon 1527 hatte der spanische Conquistador Alvaro Nuñez Cabeza de Vaca in einem Bericht über seine Erkundungszüge in Mexiko die Schwierigkeit erwähnt, mit Bevölkerungen zu verhandeln, die tausend verschiedene Dialekte sprächen, so daß man sich nur mit einer Gebärdensprache aus der Verlegenheit ziehen könne. Das Frontispiz des Buches von Beck zeigt einen Europäer, der sein Werk einem Inder, einem Afrikaner und einem Indianer überreicht, der sich mit erhobener Hand dafür bedankt.

Im wissenschaftlichen Bereich wird das Bedürfnis immer dringender, adäquate Nomenklaturen für neue Entdeckungen auf dem Gebiet der Physik und anderer Naturwissenschaften zu finden, um den symbolisch-allegorischen Vagheiten der früheren alchimistischen Sprache zu entgehen. Dalgarno spricht in seiner *Ars signorum* (1661: «To the reader») gleich zu Beginn von der Notwendigkeit einer Sprache, die das Maß an Redundanzen, Anomalien, Mißverständlichkeiten und Ambiguitäten verringert, und präzisiert, dies werde der Verständigung zwischen den Völkern nur nützen können und die Philosophie von den Krankheiten der Sophismen und der Wortstreitereien heilen. Mit anderen Worten, man betrachtet jetzt gerade das, was bei den heiligen Sprachen als eine Kraft angesehen wurde, als einen Mangel, nämlich ihre Vagheit und ihren Symbolreichtum.

Bacon

Der Erneuerer der wissenschaftlichen Methode, Francis Bacon, interessiert sich nur am Rande für die vollkommene Sprache, aber diese seine Randbemerkungen haben für ihn eine beachtliche philosophische Relevanz. Einer der Angelpunkte seiner Philosophie ist die Zerstörung der *idola*, das heißt jener falschen Ideen, die wir entweder aus unserer spezifischen und individuellen menschlichen Natur haben oder aus den überlieferten philosophischen Dogmen oder auch – und damit sind wir bei den *idola fori* oder Trugbildern des Marktes, die uns näher angehen – aus der Art, wie wir die Sprache gebrauchen. «Die Wörter werden den Dingen nach dem Verständnis der Menge zugeordnet. Daher knebelt schlechte und törichte Zuordnung der Wörter den Intellekt in außerordentlicher Weise» (*Novum Organum* I, 43). Die *idola*, die sich uns durch die Wörter aufdrängen, «sind entweder Namen von Dingen, die es nicht gibt [. . .], oder sind Namen von existierenden Dingen, aber konfuse, schlecht definierte und auf übereilte und unangemessene Weise aus den Dingen abstrahierte» (*Novum Organum* I, 60). Ein konfuser Begriff ist zum Beispiel der des Feuchten, der vielerlei heißen kann, nämlich: «was leicht um einen anderen Körper herumfließt, was nicht klar bestimmbar ist und nicht zusammenhält, was leicht nach allen Richtungen hin entweicht, was sich leicht zerteilt und zerstreut oder leicht vereinigt und sammelt, was leicht fließt und in Bewegung gebracht werden kann, was sich leicht einem anderen Körper anschmiegt und ihn naß macht, was leicht in den Zustand der Flüssigkeit übergeht und sich auflöst» (*ibid.*). Man muß also, wenn man wissenschaftlich sprechen will, zunächst eine Therapie der Sprache vornehmen.

Diese Idee einer Sprachtherapie wird besonders in der angelsächsischen Philosophie einen zentralen Platz einnehmen. So erinnert Hobbes im *Leviathan* (1651, IV) daran, daß den verschiedenen Gebrauchsweisen der Sprache ebensoviele Arten des Mißbrauchs entsprechen, wenn nämlich die Menschen ihre Gedanken falsch registrieren aufgrund der Unbeständigkeit der Wortbedeutungen, wenn sie die Wörter metaphorisch gebrauchen, das heißt in anderem als dem gewöhnlichen Sinn, wenn sie mit den Wörtern behaupten, etwas zu wollen, was sie nicht wollen, oder wenn sie die Wörter benutzen, um einander Leid zuzufügen. Und Locke wird in Buch III seines *Essay concerning human understanding* (1690, IX) über die Unvollkommenheit der Wörter erklären:

Da die Wörter willkürliche und gleichgültige Zeichen irgendwelcher Ideen sind, kann der Mensch beliebige Wörter verwenden, um für sich persönlich seine Ideen zu bezeichnen; und es wird ihnen keinerlei Unvollkommenheit anhaften, solange er nur immer dasselbe Zeichen für dieselbe Idee verwendet [...]. Da der Hauptzweck der Sprache beim Kommunizieren der ist, daß man verstanden wird, eignen sich die Wörter für diesen Zweck nicht gut [...], wenn ein Wort beim Hörer nicht dieselbe Idee erweckt, die es im Geiste des Redners darstellt.

Für Bacon können die Zeichen von zweierlei Art sein: *ex congruo* (der Sache entsprechend, wir würden sagen: ikonisch und motiviert) wie die Hieroglyphen, die Gesten und die Embleme, die in gewisser Weise die Eigenheiten der bezeichneten Sache reproduzieren; oder *ad placitum*, beliebig, also arbiträr und konventionell. Dennoch kann ein konventionelles Zeichen als «Sachcharakter» (*real character*, im Sinne eines der bezeichneten Sache angemessenen Zeichens) definiert werden, wenn es sich aus eigener Kraft nicht auf einen äquivalenten Laut, sondern *direkt auf die Sache oder den entsprechenden Begriff* bezieht: «Characteres quidam Reales, non Nominales; qui scilicet nec literas, nec verba, sed res et notiones exprimunt» (die Zeichen sind gleichsam reale, nicht nominale, die weder Buchstaben noch Wörter, sondern Dinge und Begriffe ausdrücken, *De augmentis*, VI, 1). Sach- oder Realcharaktere in diesem Sinne sind Bacon zufolge die chinesischen Schriftzeichen, die Begriffe darstellen, ohne dabei, wie er meint, irgendeine Ähnlichkeit mit dem bezeichneten Gegenstand aufzuweisen. Offensichtlich hat Bacon im Gegensatz zu Kircher die vage Ikonik der chinesischen Schriftzeichen nicht bemerkt, aber diesen Mangel an Sensibilität teilt er mit anderen Autoren. Auch Wilkins wird anmerken, daß diese Zeichen, abgesehen von den Schwierigkeiten und Perplexitäten, die sie hervorriefen, nicht danach aussähen, als gäbe es irgendeine Ähnlichkeit zwischen ihrer Form und der von ihnen dargestellten Sache (*Essay towards a Real Character*, 1668, S. 451). Ein wahrscheinlicher Grund für diese unterschiedlichen Einschätzungen dürfte sein, daß Kircher über Informationen aus erster Hand von seinen Ordensbrüdern in China verfügte und daher von den chinesischen Ideogrammen mehr erfaßte, als es den englischen Gelehrten möglich war, die ihre Kenntnisse nur aus indirekten Quellen hatten.

Für Bacon sind diese Ideogramme jedenfalls Zeichen, die sich unmittelbar auf einen Begriff beziehen, ohne Vermittlung durch eine verbale Sprache: Chinesen und Japaner sprächen verschiedene Sprachen und benennten daher die Dinge mit verschiedenen Namen, aber sie verwendeten die gleichen Ideogramme und könnten daher, wenn sie schrieben, einander gegenseitig verstehen.

Wie Lodwick sagen wird: Wenn man beschlösse, das Zeichen «o» per Übereinkunft für «Himmel» zu benutzen, so würde sich dieses *Sachzeichen* von einem *Lautzeichen* unterscheiden,

> denn es bezeichnet nicht den Laut oder das Wort «Himmel», sondern das, was wir Himmel nennen und die Lateiner *coelum* etc., so daß dieses Zeichen, ist es einmal angenommen, als Himmel gelesen wird, ohne daß man sich fragt, wie die Lateiner dieselbe Sache genannt haben mögen [...]. Ein analoges Beispiel haben wir in den Zahlenzeichen 1, 2, 3, die nicht die vielen Laute bezeichnen, mit denen verschiedene Völker in ihren vielerlei Sprachen die Zahlen ausdrücken, sondern den gemeinsamen Begriff, in dem jene verschiedenen Völker übereinstimmen (Ms. Sloane 897 f 32r, zit. bei Salmon 1972).

Bacon dachte nicht an ein Schriftzeichen, das ein Abbild der bezeichneten Sache liefert oder gar ihr Wesen enthüllt; sein *Character* ist ein konventionelles Zeichen, das sich jedoch auf einen präzisen Begriff bezieht. Sein Problem bestand darin, ein Alphabet der Grundbegriffe zu konstituieren, und in diesem Sinne war sein 1622 zusammengestelltes *Abecedarium Novum Naturae*, das im Anhang seiner *Historia naturalis et experimentalis* figurieren sollte, ein Versuch zur Indexierung des Wissens, der nichts mit dem Projekt einer vollkommenen Sprache zu tun hatte (vgl. Blasi 1992 und Pellerey 1992a). Dennoch inspirierte es spätere Theoretiker, daß er beispielsweise beschlossen hatte, Buchstaben des griechischen Alphabets mit einem Index des Wissens zu verknüpfen, so daß *α* bedeutete «denso et raro», *ε* «de volatile et fixo», *εεε* «de naturali et monstruoso» und *ooooo* «de auditu et sono».

Comenius

In diesem intellektuellen Klima macht sich der Einfluß von Comenius oder Jan Amos Komenský bemerkbar. Ein kurioser Einfluß, denn Comenius, Mitglied der Böhmischen Brüdergemeinde, eines mystischen Zweigs der hussitischen Reformation, bewegte sich – wenn auch nicht ohne Konflikte – im Milieu der rosenkreuzerischen Spiritualität (wie sein um 1623 in Tschechisch geschriebenes Buch *Labyrinth der Welt* bezeugt), und er war von einer religiösen Spannung erfüllt, die wenig Gemeinsames mit den wissenschaftlichen Bestrebungen der englischen Kreise zu haben schien. Doch über derlei kulturelle Austauschbeziehungen hat uns Frances Yates (1972; 1979) zur Genüge belehrt, und so stehen wir einmal mehr vor einer kuriosen und komplexen Kulturgeographie, in der die Geschichte der vollkommenen Sprache nur eines von vielen Kapiteln ist (vgl. Rossi 1960, Bonerba 1992, Pellerey 1992a: 41–49).

Comenius' Bestrebungen liegen auf der Linie der pansophischen Tradition, aber das Streben nach Pansophie stand bei ihm im Dienst eines pädagogischen Bemühens. In seiner *Didactica magna* von 1657 propagiert er eine Reform des Schulunterrichts, da er die Erziehung der Jugend als ersten Schritt zu einer politischen, gesellschaftlichen und religiösen Reform ansieht. Der Lehrende muß den Schülern Bilder liefern, die sich ihren Sinnen und ihrer Einbildungskraft einprägen, und darum muß er ihnen die sichtbaren Dinge vor Augen führen, die hörbaren zu Gehör bringen, die riechbaren vor die Nase setzen, die schmeckbaren dem Geschmackssinn und die berührbaren dem Tastsinn zugänglich machen.

In *Janua linguarum* (1631), einem Lehrbuch für den Lateinunterricht, bemüht sich Comenius darum, dem Schüler ein unmittelbar visuelles Verständnis der Dinge zu geben, von denen die Rede ist, und zugleich versucht er, die elementaren Begriffe, auf die die Wörter verweisen, nach einer bestimmten Logik der Ideen zu ordnen (Weltschöpfung, Elemente, Reiche der Steine, Pflanzen und Tiere – in der *Didactica magna* gibt es Bezugnahmen auf das Baconsche Unternehmen einer Organisation des Wissens). Desgleichen versucht er in seinem *Orbis sensualium pictus quadrilinguis* von 1658, in vier Sprachen ein illustriertes Verzeichnis aller grundlegenden Dinge der Welt und des menschlichen Handelns aufzustellen, und er verschiebt sogar die Publikation des Werkes, um bessere Stiche zu erhalten (die nicht nur ornamental sein sollten, wie es in vielen Werken der Epoche vorkam), eine Bild-Enzyklopädie in offenkundig ikonischem Verhältnis zu den dargestellten Dingen, deren verbale Namen nur als Titel, Erklärungen oder Zusätze erscheinen sollten; dem Buch wird sogar ein Alphabet vorangestellt, in dem jedem Buchstaben das Bild desjenigen Tieres beigefügt ist, dessen Laut an den des Buchstabens erinnert, wobei Comenius einen Sinn für die onomatopöische Beziehung zwischen Sprache und Tierlaut bezeigt, der stark an die Phantasien von Harsdörffer über die deutsche Sprache erinnert. Denn «die Krähe krechzet, cornix cornicatur, la cornacchia gracchia, la Corneille gazoüille», oder auch «die Schlange zischet, Serpens sibilat, il Serpe fsschia (sic), le Serpent siffle».

Eine detaillierte Kritik der Mängel natürlicher Sprachen entwickelt Comenius in seinem *Pansophiae Christianae liber III* (1639–40), in dem er eine Sprachreform fordert, die mit den rhetorischen Schnörkeln als ständiger Quelle von Mehrdeutigkeiten Schluß macht und den Sinn der Wörter klar fixiert, indem sie für jedes Ding nur *einen* Namen benutzt und den Wörtern ihren ursprünglichen Sinn wiedergibt. Vorschriften für eine künstliche Universalsprache finden sich auch in seiner *Via lucis* von 1668, in der die Pansophie nicht mehr bloß eine pädagogische Methode ist, sondern sich zu einer utopischen Vision verdichtet, worin ein Weltkonzil einen Zustand der Vollkommenheit herbeiführt, in welchem man eine philosophische Sprache namens «Panglossia» spricht. Da diese Schrift bereits vor 1641 verfaßt worden ist, als Comenius, auf der Flucht vor dem Dreißigjährigen Krieg durch Europa irrend, nach London gelangt, wird sie höchstwahrscheinlich als Manuskript in den englischen Bildungskreisen zirkuliert sein (vgl. zum Beispiel Cram 1989).

In *Via lucis* skizziert Comenius eine Universalsprache (ohne sie jemals in extenso zu konstruieren), die imstande sein soll, die politischen und strukturellen Grenzen des Lateinischen zu überwinden. Diese neue Sprache soll so beschaffen sein, daß «der Wortschatz, aus dem sie besteht, die Zusammensetzung des Wirklichen widerspiegelt, daß die Wörter eine klar definierte, univoke Bedeutung haben, daß jeder Inhalt seinen Ausdruck hat und umgekehrt und daß die Inhalte nicht Phantasieprodukte sind, sondern die wirklich existierenden Dinge und keines mehr» (Pellerey 1992a: 48).

Dies also ist das Paradox: Ein rosenkreuzerisch inspirierter Utopist, der nach einer Pansophie sucht, in der alle Dinge miteinander verbunden sind gemäß der Harmonie einer «unbeweglichen Wahrheit», so daß sie zu einer unermüdlichen Gottsuche führen; der aber, da er nicht glaubt, eine vollkommene Ursprache wiederfinden zu können, und weil er aus pädagogischen Gründen eine wirksame künstliche Methode braucht, einige Grundlinien jener Suche nach einer philosophischen Sprache entwirft, die dann das Werk von englischen Utopisten sehr viel diesseitigerer Inspiration sein sollte.

Descartes und Mersenne

Ungefähr zur gleichen Zeit wird das Problem einer Begriffszeichensprache auch in Frankreich diskutiert, aber im skeptischen Sinne. 1629 schickt Pater Mersenne an Descartes das Projekt einer «nouvelle langue» eines gewissen des Vallées. Bei Tallemant des Réaux (*Les historiettes*, 1657, cap. 2, «Le Cardinal de Richelieu») erfahren wir, daß es sich um einen sehr sprachbegabten Advokaten handelte, der eine «langue matrice» gefunden haben wollte, «die ihm erlaubte, alle anderen Sprachen zu verstehen». Richelieu habe ihn gebeten, sein Projekt drucken zu lassen, aber er habe erwidert, für die Verbreitung eines so großen Geheimnisses wolle er eine Pension bekommen. «Der Kardinal schlug es ihm ab, und das Geheimnis wurde mit des Vallées begraben.»

In einem Brief an Mersenne schreibt nun Descartes am 20. November 1629, was er von des Vallées' Vorschlag hält. Für jede Sprache müsse man die Bedeutung der Wörter sowie eine Grammatik erlernen. Für die Bedeutung der Wörter genüge ein gutes Wörterbuch, aber die Grammatik sei schwer zu erlernen. Würde man freilich eine Grammatik kreieren, die frei wäre von den Unregelmäßigkeiten der durch langen Gebrauch abgenutzten natürlichen Sprachen, so wäre das Problem lösbar. Derart vereinfacht, würde diese Sprache urtümlich im Vergleich zu den anderen erscheinen, die wie Dialekte von ihr anmuten würden. Und hätte man erst einmal elementare Namen für Tätigkeiten fixiert (deren Namen in den anderen Sprachen dann Synonyme wären wie *aimer* und *philein*), so brauchte man nur noch Suffixe anzufügen, um beispielsweise das entsprechende Substantiv zu erhalten. Infolgedessen könnte man daraus ein universal benutzbares Schriftsystem ableiten, in dem jeder Elementarbegriff mit einer Zahl versehen würde, die auf die Synonyme in den diversen natürlichen Sprachen verwiese.

Es bliebe jedoch das Problem der für diese Begriffe zu wählenden Laute, da manche Laute für das eine Volk angenehm und leicht aussprechbar und für ein anderes unangenehm sind. Diese Laute wären sodann schwer zu erlernen: Wenn einer sich für die Elementarbegriffe der Synonyme in seiner eigenen Sprache bediente, würde er von anderen Völkern nicht verstanden, es sei denn, er drückte sich schriftlich aus; und wenn er dann den ganzen Wortschatz erlernen müßte, wäre es eine große Mühe, und daher sei nicht einzusehen, warum man nicht eine schon weitbekannte internationale Sprache wie das Latein benutzen sollte.

Hätte Descartes nur dies gesagt, so hätte er lediglich ein paar Ideen wiederholt, die damals gerade im Schwange waren, und die Probleme der Polygraphien vorhergesehen, und beim Gedanken an die Steganographien und damit an die Tradition Trithemius', versteht man gewisse Vorbehalte Descartes' gegenüber geheimen Sprachen, die nur gut seien «pour lire des mystères et des révélations». Doch an dieser Stelle macht sich Descartes bewußt, daß das wahre Problem ein anderes ist. Um die Elementarbegriffe nicht nur erlernen, sondern auch behalten zu können, müßten sie einer Ordnung der Ideen oder Gedanken entsprechen, die nach der gleichen Logik aufgebaut wäre wie die Ordnung der Zahlen (die man ja nicht alle einzeln erlernen muß, sondern durch Reihung zu generieren lernt). Das Problem koinzidiert jedoch mit dem einer *wahren* Philosophie, die fähig sein müßte, ein System der *klaren und deutlichen Ideen* zu definieren. Wenn jemand imstande wäre, alle einfachen Gedanken zu numerieren, aus denen sich alle jemals denkbaren Gedanken generieren ließen, und wenn er dann jedem ein bestimmtes Schriftzeichen zuwiese, so könnten wir diese Mathematik des Denkens ebenso artikulieren, wie wir es mit den Zahlen tun – während die Wörter unserer Sprache auf konfuse Gedanken verweisen. Doch an diesem Punkt schreibt Descartes:

Nun glaube ich zwar, daß solch eine Sprache möglich ist und daß man die Wissenschaft finden kann, von der sie abhängt und mittels derer die

Bauern dann besser werden über die Wahrheit urteilen können, als es heutzutage die Philosophen tun. Aber ich kann mir nicht vorstellen, wie sie jemals in Gebrauch kommen soll: Sie setzt große Veränderungen in der Ordnung der Dinge voraus, und es müßte erst die ganze Welt ein irdisches Paradies werden, was man nur im Land der Romane erwarten kann.

Wie man sieht, stellte sich Descartes dieselben Probleme wie Bacon, nur hatte er nicht die Absicht, sie frontal anzupacken. Seine Bemerkungen sind von gesundem Menschenverstand geprägt, und obwohl er zu der Zeit, als er dieses schrieb, noch nicht seine Bestimmung der «klaren und deutlichen Ideen» vorgenommen hatte, wie er es später im *Discours de la méthode* tun sollte, wissen wir, daß er auch später nie daran gedacht hat, ein System oder eine Grammatik der Ideen so zusammenhängend zu entwickeln, daß man darauf eine vollkommene Sprache errichten könnte. Zwar liefert er eine Liste von Elementarbegriffen (*notiones primitivae*) in seinen *Principia Philosophiae* (I, XLVIII), und es sind fortdauernde Substanzen (Ordnung, Zahl, Zeit und so weiter), aber nichts deutet darauf hin, daß sich aus dieser Liste ein System der Ideen ableiten ließe (vgl. Pellerey 1992a: 25–41; Marconi 1992).

Die englische Debatte über Charakter und Züge

Anno 1654 schreibt John Webster sein *Academiarum examen*, eine Attacke auf die akademische Welt, der er vorwirft, sich nicht mit der nötigen Aufmerksamkeit um das Problem einer universalen Sprache zu kümmern.

Auch Webster war, wie viele andere im damaligen England, von Comenius und seinem Ruf nach einer universalen Sprache beeinflußt worden. Daher wünscht er sich die Entstehung «einer Hieroglyphischen, Emblematischen, Symbolischen und Kryptographischen Lehre» und verweist auf die Nützlichkeit der algebraischen und allgemein mathematischen Charaktere: «Die Zahlenzeichen, die wir Figuren und Ziffern nennen, die Planetarischen Charaktere, die Zeichen für die Minerale und viele andere Dinge in der Chemie, sie alle werden, obwohl sie immer dieselben sind und nie variieren, dennoch von allen Völkern Europas verstanden, und wenn sie gelesen werden, spricht sie ein jeder in der Sprache oder im Dialekt seines Landes aus» (S. 24f.).

Webster scheint hier zu wiederholen, was diverse Autoren im Gefolge der ersten Vorschläge Bacons gesagt haben (siehe zum Beispiel das Bekenntnis zum Glauben an die Möglichkeit und die segensreiche Wirkung eines «universalen Charakters» – im Sinne einer umfassenden Begriffszeichenschrift – in Gerhard Vossius' *De arte grammatica*, 1635, 1.41). Aber Leute, die sich in jenen wissenschaftlichen Kreisen bewegen, aus denen später die Royal Society hervorgehen sollte, wittern hier einen Appell an die hieroglyphischen Sprachen, deren Verfechter Kircher war; und tatsächlich denkt Webster an «eine Sprache der Natur im Gegensatz zur institutionellen Sprache der Menschen» (vgl. Formigari 1970: 37).

Seth Ward antwortet 1654 zur Verteidigung der akademischen Welt mit einer Schrift *Vindiciae academiarum* (die von Wilkins eingeleitet wird), in der er die mystischen Neigungen seines Gegners anprangert (vgl. Slaughter 1982: 138ff.). Er erklärt sich zwar nicht direkt ablehnend gegenüber der Suche nach einem Realcharakter und räumt ein, daß dieser nach dem Vorbild der Algebra konstruiert werden müßte, in der, wie zuerst von Viète (im 16. Jahrhundert) und dann von Descartes vorgeschlagen, die Buchstaben des Alphabets als Symbole für allgemeine Größen stehen. Aber es ist evident, daß der Charakter, an den Ward denkt, nicht derjenige ist, den sich Webster zu wünschen scheint.

Ward präzisiert, daß der von ihm gemeinte Realcharakter das verwirklichen müßte, was die Kabbalisten und die Rosenkreuzer vergeblich in der hebräischen Sprache und in den adamitischen Namen der Dinge suchten. Wilkins setzt in seiner Einleitung noch eins drauf und wirft Webster vor, ein leichtgläubiger Fanatiker zu sein, und wenn er zwölf Jahre später seinen *Essay* schreibt, von dem wir noch ausführlich sprechen werden, wird er (im einleitenden «Brief an den Leser») noch weitere verächtliche Pfeile auf Webster abschießen, ohne ihn beim Namen zu nennen.

Gewiß gab es irgendwo etwas Gemeinsames zwischen den Zielvorstellungen der Mystiker und denen der «Wissenschaftler»; im achtzehnten Jahrhundert ist das Wechselspiel der gegenseitigen Beeinflussungen sehr komplex, auch zwischen Autoren, die einander von feindlichen Ufern bekämpfen, und oft sind die Wechselbeziehungen zwischen philosophischen Sprachen, Neo-Lullismus und Rosenkreuzertum hervorgehoben worden (vgl. Ormsby-Lennon 1988; Knowlson 1975; und natürlich Yates und Rossi). Aber eine Position wie die von Ward, mit einer Schützenhilfe wie der von Wilkins, qualifiziert sich als laizistisch im Vergleich zu allen vorangegangenen Suchen nach einer adamitischen Sprache. Um es noch einmal zu sagen: Hier wird nicht mehr daran gedacht, eine verschwundene Ursprache wiederzufinden, hier geht es darum, eine neue, künstliche Sprache zu schaffen, die sich an philosophischen Prinzipien orientiert und mit rationalen Mitteln zu leisten vermag, was die heiligen Sprachen aller Spielarten, die immer gesucht und nie vollständig gefunden wurden, nicht zu liefern vermochten. In allen heiligen und primordialen Sprachen – jedenfalls wie sie vorgeschlagen worden sind – haben wir stets ein Zuviel an Inhalt vorgefunden, das sich mit den Mitteln des Ausdrucks nie ganz erfassen ließ. Jetzt dagegen wird nach einer wissenschaftlichen (oder philosophischen) Sprache gesucht, in der sich durch einen unerhörten Akt von *impositio nominum* eine vollkommene Übereinstimmung zwischen Ausdruck und Inhalt verwirklichen soll.

Männer wie Ward und Wilkins bewerben sich sozusagen um die Rolle eines neuen Adam, in direkter Konkurrenz mit den Spekulationen der Mystiker; andernfalls wäre nicht zu erklären, warum Wilkins in seinem «Brief an den Leser» zu Beginn des *Essay* klarstellt, daß seine philosophische Sprache dazu beitragen könnte, «einige unserer heutigen Differenzen in der Religion zu klären, indem sie viele schlimme Irrtümer demaskiert, die sich unter affektierten Ausdrücken verbergen; Irrtümer, die, sobald sie erst einmal philosophisch aufgeklärt und entsprechend der wahren und natürlichen Bedeutsamkeit der Wörter ausgedrückt worden sind, sich als Haltlosigkeiten und Widersprüche erweisen werden» (B1r).

Dies ist eine Kriegserklärung an die Tradition, die Verheißung einer anderen Therapie der sprachlichen Krämpfe, ein erstes Manifest jener skeptisch-analytischen Strömung echt britischen Schlages, die im zwanzigsten Jahrhundert aus der sprachlichen

Analyse ein Instrument zur Widerlegung vieler metaphysischer Konzepte machen wird.

Trotz einiger lullischer Einflüsse ist es unzweifelhaft, daß man sich in diesen Kreisen mit einem Augenmerk auf das aristotelische Klassifizierungssystem bewegt, und Wards Vorschlag qualifiziert sich sofort im oben skizzierten Sinne: Die neue «charakteristische» oder Begriffszeichensprache muß sich, außer mit Realcharakteren, mit einem Kriterium der Zusammensetzung aus Elementar- oder Grundzügen versehen, wobei «es klar ist, da die Wörter einfache Begriffe bezeichnen oder solche, die sich in einfache Begriffe auflösen lassen, daß, wenn man alle Arten von einfachen Begriffen identifizieren und ihnen Symbole zuweisen würde, diese im Vergleich extrem wenige wären [...], und das Kriterium ihrer Zusammensetzung wäre leicht erkennbar, auch die mit der kompliziertesten Zusammensetzung wären unmittelbar verständlich und würden sämtliche Elemente, aus denen sie zusammengesetzt sind, direkt dem Auge darbieten, mithin das Wesen der Dinge offenbaren» (*Vindiciae*, S. 21).

Elementarbegriffe und Organisation des Inhalts

Um Charaktere konstruieren zu können, die unmittelbar auf Begriffe verweisen (wenn nicht auf die von diesen Begriffen reflektierten Dinge), müssen zwei Bedingungen erfüllt werden: 1.) die Identifikation von *elementaren* Begriffen und 2.) die Organisation dieser Begriffe in einem System, das ein Modell der Organisation des Inhalts darstellt. Man versteht nun, warum diese Sprachen als «philosophisch» und «apriorisch» definiert worden sind. Es bedarf der Identifikation und Organisation einer Art von «Grammatik der Ideen», die unabhängig von den natürlichen Sprachen ist und folglich *a priori* postuliert werden muß. Erst wenn diese Organisation des Inhalts in den Grundlinien definiert worden ist, kann man Zeichen erfinden, die sie auszudrücken vermögen. Daher gilt, wie Dalgarno sagen wird: *Die Arbeit des Philosophen muß der des Linguisten vorausgehen.*

Um Zahlen zu erfinden, die Wörter ausdrücken (wie es in den Polygraphien geschieht), braucht man sich nur an die gegebene Liste der Wörter einer Sprache zu halten. Anders steht es, wenn man Zeichen erfinden will, die sich auf Dinge oder Begriffe beziehen: Man braucht eine Liste dieser Dinge und Begriffe. Und da im Gegensatz zur Anzahl der Wörter in einer natürlichen Sprache die Zahl der benennbaren Dinge (von den physisch vorhandenen über die Vernunftwesen bis zu den Akzidenzien aller Ordnungen und Grade) potentiell unendlich ist, heißt Auseinandersetzung mit dem Problem einer Begriffszeichenschrift nicht nur Auseinandersetzung mit dem doppelten Problem eines Inventars, das sowohl *allumfassend* als auch irgendwie *begrenzt* sein soll, sondern es muß auch geklärt und festgelegt werden, welche Dinge und Begriffe allgemeingültiger als andere sind, um dann zur Definition der von ihnen abgeleiteten Begriffe nach einem Prinzip der *Zusammensetzung aus Grundzügen* überzugehen. Die Gesamtheit aller in einer Sprache ausdrückbaren Inhalte muß definiert werden als eine Reihe von «molekularen» Aggregationen, die sich auf Zusammensetzungen aus semantischen *Atomen* oder *Grundzügen* reduzieren lassen.

Gliedert man zum Beispiel semantische Grundzüge wie TIER, CANIDE und FELIDE auf, so lassen sich mit nur drei Grundzügen die Inhalte von vier Ausdrücken analysieren:

	TIER	CANIDE	FELIDE
Hund	+	+	—
Wolf	+	+	—
Tiger	+	—	+
Katze	+	—	+

Figur 7

Aber die Grundzüge, die den Inhalt analysieren, müßten Größen außerhalb der analysierten Sprache sein: Der Grundzug CANIDE dürfte nicht mit dem *Wort* «Canide» identisch sein. Die Grundzüge müßten translinguistische, übersprachliche, in gewissem Sinne naturwüchsige Größen sein. Oder sie müssen als solche *postuliert* werden, wie wenn man dem Computer ein Wörterbuch eingibt, in dem jedes Wort einer Sprache sich auf Grundzüge reduzieren läßt, die der Programmierer *gesetzt* hat. Es bleibt jedoch das Problem, diese Grundzüge zu identifizieren und ihre Zahl zu begrenzen. Versteht man die Elementarbegriffe (oder *Primitiva*, wie sie die Sprachwissenschaftler nennen) als «einfache» Begriffe, so hat man das Problem nur verschoben, denn unglücklicherweise ist es recht schwierig, einen einfachen Begriff zu definieren. Für einen gewöhnlichen Sprecher ist der Begriff «Mensch» einfacher, im Sinne von leichter verständlich, als der Begriff «Säugetier», während «Säugetier» einer der Züge sein müßte, die den Begriff «Mensch» konstituieren; und wie bemerkt worden ist (Rey-Debove 1971: 194 ff.), ist es für ein Wörterbuch sehr viel leichter, Termini wie *Infarkt* zu definieren als Verben wie *machen*.

Man könnte sagen, daß die Elementarbegriffe von unserer Welterfahrung abhängen beziehungsweise (wie Russell 1940 vorschlägt), daß sie «Objektwörter» sind, deren Bedeutung wir durch Ostension oder direkte Anschauung erlernen, so wie ein Kind die Bedeutung der Lautfolge *rot* lernt, wenn es entdeckt, daß sie mit den diversen Vorkommensweisen des Phänomens «rot» assoziiert wird. Das Gegenteil wären dann «Wörterbuchwörter», die durch andere Wörter des Wörterbuchs definiert werden können, wie zum Beispiel *Antarktis* oder *unumgänglich*. (Russell ist übrigens der erste, der die Ungenauigkeit des Kriteriums bemerkt hat, denn er räumt ein, daß *Pentagramm* zwar für die Mehrheit der Sprecher ein Wörterbuchwort ist, aber für ein Kind, das in einem Zimmer mit Pentagramm-Dekor an den Wänden aufwüchse, ein Objektwort wäre).

Oder man könnte sagen, daß die Elementarbegriffe angeborene Ideen platonischer Art seien. Diese Position wäre philosophisch makellos, nur ist es nicht einmal Platon gelungen, in befriedigender Weise zu klären, welches die angeborenen allgemeinen Ideen sind und wie viele es davon gibt. Entweder gibt es für jede natürliche Gattung eine (und dann müßte es neben einer «Pferdhaftigkeit» auch eine «Schnabeltierhaftigkeit» geben), oder es gibt nur einige wenige, sehr viel abstraktere Ideen (wie das Eine und die Vielen, das Gute, die mathematischen Begriffe), aber dann kann man durch Zusammensetzung solch abstrakter Grundzüge weder ein Pferd noch ein Schnabeltier definieren.

Nehmen wir also an, es bildet sich ein System von Elementarbegriffen, das durch dichotomische oder binäre Disjunktionen organisiert ist, dergestalt, daß es dank der Systembeziehung zwischen seinen Termini nicht anders als endlich sein kann und uns erlaubt, jeden anderen Terminus oder korrespondierenden Begriff zu definieren. Ein gutes Beispiel für ein solches System ist das der wechselseitigen Verschränkung von Unter- und Oberbegriffen, das uns die Lexikographen bieten. Es ist hierarchisch organisiert, und zwar in der Form eines *Baumes aus binären Disjunktionen*, das heißt, je zwei Unterbegriffen entspricht ein Oberbegriff, und jedes Oberbegriffspaar bildet seinerseits die Unterbegriffsebene eines höheren Oberbegriffs und so weiter. Am Ende, so viele Begriffe auch ineinander verschränkt sein mögen, kann der Baum nicht anders, als sich zu einem höchsten und letzten Oberbegriff zu verjüngen.

Das obige Beispiel würde folgenden Baum ergeben:

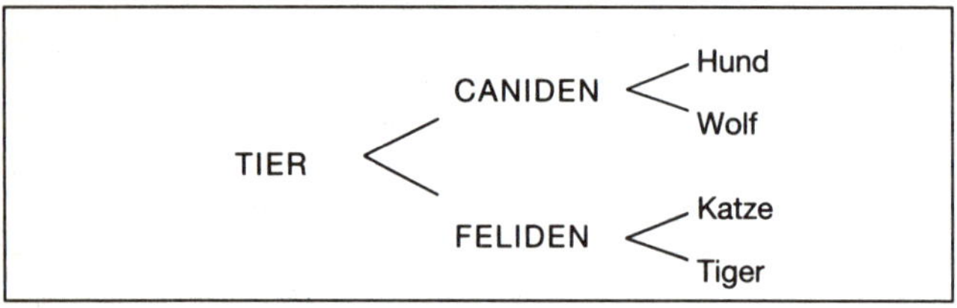

Figur 8

Eine Struktur dieser Art könnte einige semantische Phänomene erklären, die nach Ansicht vieler zeitgenössischer Autoren auf einer Definition des Inhalts in Kategorien eines *Wörterbuches* und nicht einer *Enzyklopädie* beruhen, in dem Sinne, daß der Inhalt auf der Basis von metasprachlichen Primitiva analysiert wird und nicht anhand von Daten des Weltwissens (wie es der Fall wäre, wenn einer sagt, daß Tiger große gelbe Katzen mit braunen Streifen auf dem Fell sind). Die Grundzüge wären demnach *analytisch*, das heißt solcherart, daß sie notwendige Bedingung zur Definition des Inhalts sind (eine Katze ist notwendigerweise Felide und Tier, und es wäre widersinnig zu sagen, «eine Katze ist kein Tier», denn der Grundzug TIER gehört analytisch zur Definition von «Katze»); und es wäre möglich, analytische Urteile von den synthetischen oder gegenständlichen zu unterscheiden, die sich auf außersprachliche oder enzyklopädische

Kenntnisse stützen: Aussagen wie «Tiger fressen Menschen» sind vom Weltwissen abhängig, denn sie werden nicht durch die Struktur des Wörterbuchs autorisiert.

Allerdings würde diese Struktur nicht nur den Unterschied zwischen Katze und Tiger nicht zu definieren erlauben, sondern nicht einmal den zwischen Canide und Felide. Es müssen also *Differentiae* in die Klassifizierung eingeführt werden. Aristoteles hat in seinen Studien über die Definition – auf die zurückgeht, was dann in der mittelalterlichen Tradition als «Baum des Porphyrios» bekannt war (weil aus der *Eisagoge* des Neuplatonikers Porphyrios übernommen) und was als unersetzbares Modell auch noch in der Kultur der englischen Projekteure eines *real character* weiterlebte – die Meinung vertreten, man habe dann eine gute Definition, wenn man, um das Wesen einer Sache zu charakterisieren, solche Attribute zusammenstellt, daß am Ende, obwohl jedes einzelne Attribut über das zu definierende Objekt hinausgreift, alle zusammen genau auf es zutreffen (*Analytica posteriora* II 96a, 35). Jede Gattung wurde bei ihm durch zwei Differentiae geteilt, die ein Gegensatzpaar bildeten. Jede Gattung plus eine ihrer *trennenden* Differentiae ging in die Konstitution der untergeordneten Art ein, die sich durch die nächste Gattung und ihre *konstitutive* Differentia definierte.

Daher hätte in unserem Beispiel der Baum des Porphyrios den Unterschied zwischen Mensch und Gott (verstanden als Naturkraft) und zwischen Mensch und Tier so definiert, wie in Fig. 9 zu sehen, wo die in Majuskeln gesetzten Termini Gattungen und Arten bezeichnen, die kursiven dagegen *differentiae specificae* oder besondere Eigenschaften, die nur in einer Spezies vorkommen. Wie man sieht, erlaubt der Baum, den Menschen

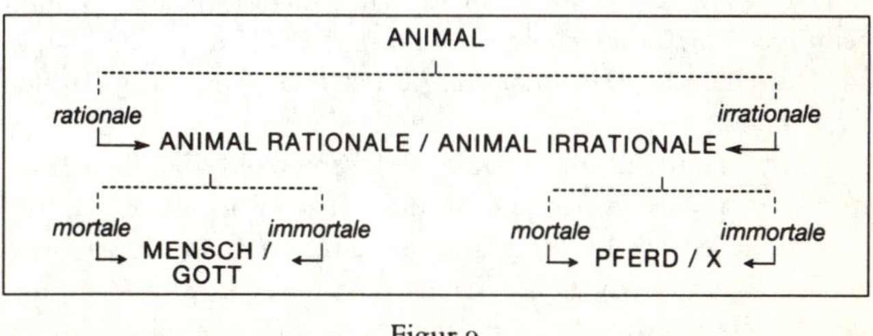

Figur 9

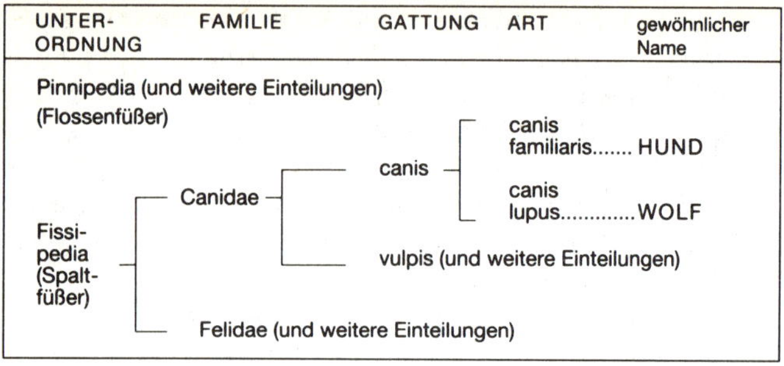

Figur 10: Klasse Säugetiere, Unterklasse Plazentalier,
Ordnung Fleischfresser

als ein *animal rationale mortale* zu definieren, ein sterbliches und vernunftbegabtes Lebewesen, und diese Definition ist als hinreichend erachtet worden, da es kein sterbliches und vernunftbegabtes Lebewesen geben kann, das nicht Mensch wäre, und umgekehrt.

Leider wäre es in dieser Unterteilung noch nicht möglich zu sagen, in welchem Sinne «Pferd», «Hund» und «Wolf», «Katze» und «Tiger» sich unterscheiden, solange man nicht weitere Unterscheidungsmerkmale einführt. Außerdem sieht man, daß, obwohl die Differentiae specificae nur in einer Spezies vorkommen sollten, in diesem Baum einige von ihnen, wie «sterblich/unsterblich», unter zwei Spezies vorkommen, und an diesem Punkt wird es schwierig zu entscheiden, ob sie·sich innerhalb des Baumes noch weiter reproduzieren, wenn man nicht nur Hund und Katze unterscheiden wollte, sondern auch lila und rosa, Diamant und Saphir, Engel und Teufel.

Die moderne Zoologie operiert mit dichotomischen Unterteilungen. Sie unterscheidet Hund und Wolf, Katze und Tiger mittels einer Dichotomisierung nach taxonomischen Größen oder Taxa.

Aber die moderne Zoologie weiß sehr wohl, daß ihre Taxonomie zwar *klassifiziert*, aber weder *definiert* noch gar das Wesen der Dinge ausdrückt: Sie präsentiert ein System der Klasseneinschließung, in dem die niederen Knoten per Implizierung mit den höheren verbunden sind (wenn etwas ein *canis familiaris* ist, kann es nicht umhin, auch ein *canis*, ein Canide und ein Spaltfüßer zu sein). Aber die Termini «Canidae» und «Spaltfüßer» funktionieren als Elementarbegriffe im Bereich der zoologischen Klassifizierung, ohne Primitiva in semantischer Hinsicht zu sein. Der Zoologe weiß, daß er beim Stichwort «Canidae» eine Reihe gemeinsamer Eigenschaften der Familie aufzählen muß und beim Stichwort «Fleischfresser» eine Reihe gemeinsamer Eigenschaften der Ordnung, so wie er auch weiß, daß der nicht-elementare Begriff «Säugetier» ungefähr soviel bedeutet wie «lebendgebärendes Tier, das seine Jungen mit dem Sekret der Milchdrüsen ernährt».

Es ist ein Unterschied, ob der Name einer Substanz designativ ist (also die Gattung bezeichnet, der die Substanz angehört) oder ob er diagnostisch ist, das heißt transparent und autodefinitorisch. Wenn es in den Klassifizierungen von Linné (*Species plantarum*, 1753) die beiden zur selben Gattung gehörigen Arten «Arundo calamogrostis» und «Arundo arenaria» gibt, so bezeugen ihre designativen Namen die gemeinsame Zugehörigkeit zur Gattung Schilfrohr (Arundo) und markieren zugleich einen Unterschied (calamogrostis/arenaria); aber die Eigenschaften der Pflanzen werden anschließend diagnostisch geklärt, indem präzisiert wird, daß der Arundo calamogrostis «calycibus unifloris, culmo ramoso» ist, also einblütig an den Kelchen und ästig am Halm, während der Arundo arenaria «calycibus unifloris, foliis involutis, mucronato-pungentibus» ist, also ebenfalls einblütig, aber mit nach innen gedrehten Blättern und stechender Spitze (vgl. Slaughter 1982: 80). Die zu dieser Beschreibung gebrauchten Begriffe sind jedoch nicht mehr pseudo-elementar wie die der Metasprache der Taxa, sondern solche der gewöhnlichen Sprache, die zu diagnostischen Zwecken benutzt wird.

Für die Projekteure apriorischer Sprachen hätte dagegen jedes Element des Ausdrucks unzweideutig alle Eigenschaften der bezeichneten Sache ausdrücken müssen. Dieser Widerspruch ist es, der die in den folgenden Kapiteln dargestellten Projekte charakterisiert.

11. George Dalgarno

Die *Ars signorum* von George Dalgarno (1661) läßt sich schwer einer detaillierten Kritik unterziehen. Seine Tafeln sind, anders als bei Wilkins, summarisch, und der Text ist im exemplifizierenden Teil sehr kryptisch, manchmal widersprüchlich und fast immer hochgradig allusiv. Obendrein ist Dalgarnos Buch ausgerechnet da voller Druckfehler, wo er Beispiele für Realcharaktere gibt, und wenn man bei dieser Art von Sprachen auch nur einen einzigen Buchstaben falsch setzt, ändert sich gleich der Sinn des Ganzen (nebenbei: die hohe Druckfehleranfälligkeit ist ein Indiz für die schwierige Handhabung dieser Sprachen, auch auf seiten ihrer Erfinder).

Dalgarno war ein schottischer Schulmeister, der den größten Teil seines Lebens in Oxford als Lehrer an einer *Private Grammar School* verbrachte. Er stand in Kontakt mit allen Oxforder Gelehrten der Epoche, und die Tafel der Danksagungen zu Beginn seines Buches nennt Personen wie Ward, Lodwick und Boyle, auch Wilkins. Gewiß hatte Wilkins Kontakt mit Dalgarno, als er seinen *Essay* vorbereitete (der sieben Jahre später erschien), und hatte ihm die Entwürfe seiner Tafeln gezeigt. Aber Dalgarno hatte sie zu kompliziert gefunden und einen anderen Weg gewählt, der ihm einfacher vorkam. Als Wilkins ihn dann mehr über sein Projekt wissen ließ, äußerte Dalgarno den Verdacht, er sei plagiiert worden. Ein ungerechter Vorwurf, denn Wilkins hat faktisch verwirklicht, was Dalgarno lediglich versprochen hatte, und im übrigen war Dalgarnos Projekt schon mehrfach in den Jahren zuvor antizipiert worden. Aber Wilkins war jetzt gekränkt, und in der Einleitung seines *Essay*, wo er zahlreichen Anregern und Mitarbeitern Dank sagt, erwähnt er Dalgarno nicht (außer einmal indirekt als «another person», b2r).

Auf jeden Fall nahmen die Oxforder Kreise das Projekt von Wilkins ernster: Im Mai 1668 setzte die Royal Society eine Kommission ein, die seine möglichen Anwendungen untersuchen sollte, und berief als Mitglieder Robert Hooke, Robert Boyle,

Christopher Wren und John Wallis. Man weiß zwar nichts über konkrete Ergebnisse jener Untersuchung, aber in der späteren Tradition, von Locke bis zu den Autoren der *Encyclopédie*, wird Wilkins durchweg als Autor des bemerkenswertesten Projekts zitiert. Vielleicht der einzige, der Dalgarno eine respektvollere Beachtung widmete, war Leibniz, der in einem seiner Enzyklopädie-Entwürfe fast wörtlich Dalgarnos Liste der Wesenheiten reproduziert (vgl. Rossi 1960: 272).

Allerdings war Dalgarno kein Angehöriger der Universität, während Wilkins zum innersten Kreis der Royal Society gehörte, in der er den Posten des Sekretärs bekleidete, so daß er in jeder Hinsicht mehr Rat, Unterstützung und Ansehen genoß.

Dalgarno geht von der Erkenntnis aus, daß eine Universalsprache zwei klar unterschiedene Aspekte vorsehen muß: eine Klassifizierung des Wissens, die der Philosoph vorzunehmen hat (Inhaltsebene), und eine Grammatik, welche die Schriftzeichen so organisiert, daß sie sich auf Dinge und Begriffe beziehen, die in dieser Klassifizierung festgelegt worden sind (Ausdrucksebene). Da er selbst Grammatiker ist, deutet er die Prinzipien der Klassifizierung nur eben an, in der Hoffnung, daß andere sie vollenden mögen.

Dafür stellt er sich sofort dem Problem einer Sprache, die nicht nur geschrieben, sondern auch gesprochen werden kann. Er kennt Descartes' Zweifel an der Möglichkeit, ein System zu konzipieren, daß für Menschen mit verschiedenen Aussprachen akzeptabel erscheint, und beginnt daher sein Werk mit einer phonetischen Analyse, in der er diejenigen Laute identifiziert, die am ehesten dem menschlichen Stimmbildungsapparat adäquat erscheinen. Die Buchstaben, die er für seine Zeichensprache benutzen wird, deren Wahl auf den ersten Blick willkürlich und von keinem Kriterium geleitet scheint, sind in Wahrheit diejenigen, die seines Erachtens am leichtesten für alle Menschen aussprechbar sind. Auch in der Syntagmatik seiner Zeichenwörter kümmert er sich um die Aussprechbarkeit, indem er darauf achtet, daß in ihnen regelmäßig ein Konsonant und ein Vokal abwechseln, und indem er verbindende Diphthonge einfügt, die rein euphonische Funktion haben – womit zwar die Aussprache leichter, aber die Identifizierung des Zeichens um so schwieriger wird.

Sodann stellt er sich das Problem der Elementarbegriffe und hält dafür, daß sie nach Gattung, Art und spezifischem Unterschied deduziert werden könnten, auch weil eine dichotomische Unterteilung sehr hilfreich für das Gedächtnis ist (S. 29). Seine Unterteilung sieht keine negativen Unterscheidungskriterien vor (aus logisch-philosophischen Gründen, die er auf S. 30ff. darlegt), sondern nur positive.

Das Ehrgeizige an Dalgarnos Projekt ist (wie übrigens auch an dem von Wilkins), daß seine Klassifizierung nicht nur die natürlichen Gattungen bis hinein in die kleinsten Verschiedenartigkeiten von Pflanzen und Tieren betreffen soll, sondern sogar die Artefakte und Akzidenzien, ein Versuch, den die aristotelische Tradition nie gemacht hat (vgl. Shumaker 1982: 149).

Bei der Entscheidung über sein Kompositionskriterium vertritt Dalgarno eine ziemlich mutige Ansicht, nämlich daß eine Substanz nichts anderes sei als ein Aggregat von akzidentellen Eigenschaften (S. 44). Wie in Eco 1984 (2.2.4 und 2.2.5) gezeigt worden ist, war dies eine fast unvermeidliche Konsequenz der porphyrischen Klassifizierung, aber die aristotelische Tradition hatte verzweifelt versucht, diese Konsequenz zu ignorieren. Dalgarno stellt sich der Frage, räumt aber ein, daß die Zahl der Akzidenzien unendlich ist. Andererseits stellt er fest, daß auch die Zahl der niederen Arten zu groß ist (er veranschlagt sie auf 4000 bis 10000), und das ist vermutlich auch der Grund, warum er die Ratschläge von Wilkins verworfen hatte, der auf eine Klassifizierung von nur wenig mehr als 2000 Arten kam. Dalgarno fürchtet, daß man bei einem solchen Vorgehen am Ende nur noch das hat, was übrig bleiben würde, wenn man einen Leichnam in winzige Teile zerstückelte, so daß es nicht mehr möglich wäre, Petrus von Jakobus zu unterscheiden (S. 33).

Im Bemühen, die Anzahl der Elementarbegriffe einzudämmen, entscheidet Dalgarno sich daher zur Konzeption von Tafeln, in denen *grundlegende Gattungen* aufgeführt werden, deren Zahl er auf 17 reduziert, sowie *intermediäre Gattungen* und *Arten*. Zur Abgrenzung dieser drei Ebenen führen die Tafeln weitere Disjunktionen ein, und der Begriffszeichensprache gelingt es auch, sie zu benennen (so werden zum Beispiel die blutvollen Tiere als *NeiPTeik* bezeichnet und die Vierbeiner als *Neik*), aber die geläufigen Namen berücksichtigen nur die Buchstaben für die Gattung, die Zwischengattung und die Art (man beachte, daß die mathematischen Größen unter den konkreten Körpern erscheinen, da angenommen wird, daß Größen wie Punkt und Linie schließlich auch Formen sind).

Fig. 11 auf der folgenden Seite zeigt eine partielle Reproduktion der Tafeln (es werden nur zwei Unterteilungen bis zum Ende verfolgt: die der Unpaarhufer und die der Hauptsächlichen Leidenschaften). Die 17 grundlegenden Gattungen werden in halbfetten Kapitälchen aufgeführt und mit 17 Großbuchstaben bezeichnet. Dieselben Buchstaben werden als Minuskeln benutzt, um die Zwischengattungen und die Arten zu bezeichnen. Außerdem benutzt Dalgarno drei «dienende» Buchstaben: das *R* als Zeichen für Gegensatz (wenn *pon* die Liebe ist, steht *pron* für den Haß), das *V*, um anzugeben, daß die vorangegangenen Buchstaben als Zahlen zu lesen sind, und das *L* zur Angabe des Mittelwerts zwischen zwei Extremen.

Aus dem Konkret-Körperlich-Physischen (*N*) gehen diejenigen Tiere hervor, die sich durch Unterteilungen, die weder Gattungen noch Arten sind und daher durch keine Buchstaben bezeichnet werden, in solche der Luft, des Wassers und des Landes aufteilen. Unter den Landtieren (*k*) gibt es solche mit ganzem Huf (η), die wir heute Unpaarhufer nennen würden. An diesem Punkt stößt Dalgarno auf Unterarten, die sich nicht weiter unterteilen lassen, und registriert das Pferd, den Elefanten, das Maultier und den Esel.

Von den Akzidenzien (*E*) betrifft das Sensitive (*P*) unter anderem die Hauptsächlichen Leidenschaften (*o*). Diese werden in einer nicht-dichotomischen Liste aufgeführt; die Bewunderung wird durch die Buchstabenfolge *pom* charakterisiert, weil *p* sich auf die Gattung, *o* auf die Zwischengattung und *m* auf die Ordnungszahl in der Liste dieser Leidenschaften bezieht.

Merkwürdig ist, daß bei den Tieren die Zwischengattung durch den dritten Buchstaben angegeben wird und die Art durch den Vokal an der zweiten Stelle, während es bei den Akzidenzien umgekehrt ist. Dalgarno macht auf diese Merkwürdigkeit aufmerksam, ohne sie zu erklären (S. 52), und die Gründe waren wohl solche des Wohlklangs, obwohl nicht klar ist, warum nicht auch die Zwischengattungen der konkreten Wesen durch Vokale und die Arten durch Konsonanten bezeichnet wer-

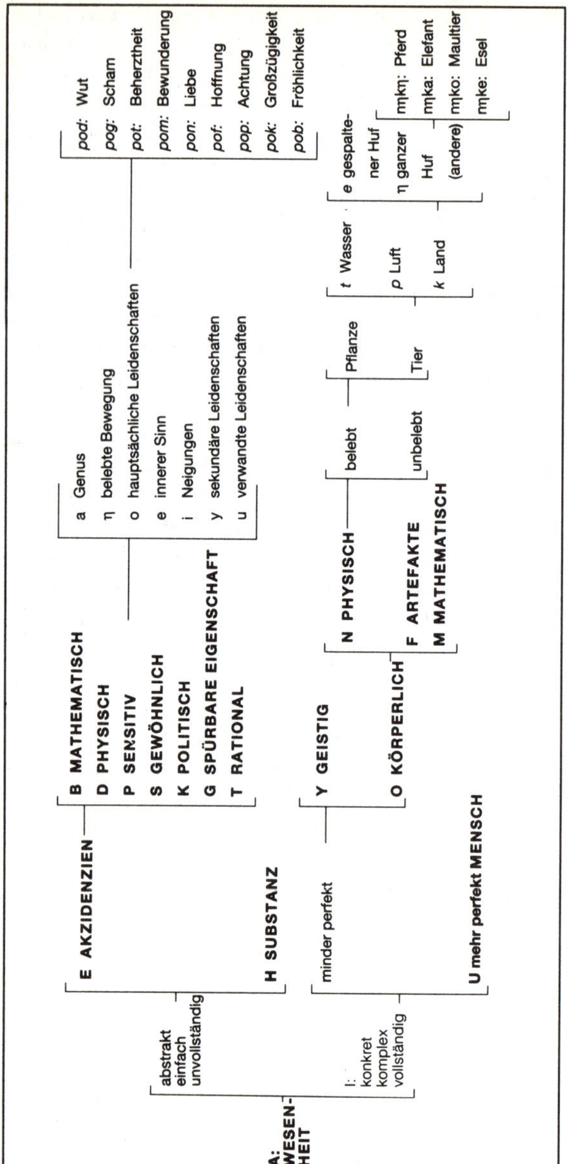

A: WESEN-HEIT
abstrakt einfach unvollständig
I: konkret komplex vollständig
E AKZIDENZIEN
H SUBSTANZ
minder perfekt
U mehr perfekt MENSCH
B MATHEMATISCH
D PHYSISCH
P SENSITIV
S GEWÖHNLICH
K POLITISCH
G SPÜRBARE EIGENSCHAFT
T RATIONAL
Y GEISTIG
O KÖRPERLICH
a Genus
η belebte Bewegung
o hauptsächliche Leidenschaften
e innerer Sinn
i Neigungen
y sekundäre Leidenschaften
u verwandte Leidenschaften
pod: Wut
pog: Scham
pot: Beherztheit
pom: Bewunderung
pon: Liebe
pof: Hoffnung
pop: Achtung
pok: Großzügigkeit
pob: Fröhlichkeit
N PHYSISCH
F ARTEFAKTE
M MATHEMATISCH
belebt
unbelebt
Pflanze
Tier
t Wasser
p Luft
k Land
e gespalte-ner Huf
η ganzer Huf
(andere)
mkη: Pferd
mka: Elefant
mko: Maultier
mke: Esel

Figur 11

den sollten, so daß ein einheitliches Kriterium durchgehalten worden wäre.

Das Problem ist jedoch ein anderes. Daß die Unpaarhufer *Nηk* heißen, ist durch die Unterteilung begründet, daß der Elefant *a* sein soll, ist dagegen eine willkürliche Entscheidung. Aber nicht die Willkürlichkeit der Entscheidung ist problematisch, sondern der Bedeutungsunterschied zwischen den drei ersten Buchstaben und dem letzten: Während *Nηk* bedeutet «jenes Landwesen, das ein Tier ist, da etwas Belebtes, das seinerseits etwas Physisches Konkretes ist» – die Unterteilung klassifiziert und erklärt damit in gewisser Weise das Wesen der Sache –, bedeutet das auslautende *a* lediglich «das, was die Nummer *a* in der Liste der Unpaarhufer hat und *Elefant* genannt wird». Desgleichen bedeutet das *m* in *pom* für Bewunderung lediglich «das, was die Ordnungszahl *m* in der Liste jener hauptsächlichen Leidenschaften hat, die sensitive Akzidenzien sind, und was den Namen *Bewunderung* trägt». Weil Dalgarno die Dichotomisierung nicht bis zu den letzten Spezies durchführt, sieht er sich gezwungen, all jene letzten Spezies, von denen das Wörterbuch spricht, einfach alphabetisch (oder quasi) aufzulisten.

Dalgarno weist darauf hin (S. 42), daß dieses bloß auflistende Verfahren immerhin eine Gedächtnishilfe für jene ist, die sich den definitorischen Namen nicht merken wollen. Tatsächlich gibt es am Ende des Buches ein Lateinisch-Philosophisches Lexikon, in dem die philosophischen Charaktere vieler lateinischer Wörter aufgeführt werden, und am Ende dieses Lexikons gibt es eine spezielle Sektion über die physischen Konkreta. Daraus kann man schließen, daß eine Definition der letzten Spezies zwar vorgesehen war, es aber bei sehr vielen Spezies – da das Lexikon nur Beispiele gibt – dem Sprecher überlassen bleiben sollte, sich den passenden Namen selbst aus den Tafeln abzuleiten.

Manche Beispiele scheinen taxonomisch präzise zu sein. So wenn der Knoblauch als *nebgnn agbana* bezeichnet wird, was Slaughter (1982: 150) folgendermaßen zerlegt: n = *concretum physicum*, e = *in radice*, b = *vesca*, g = *qualitas sensibilis*, h = *sabor*, n = *pingue*, a = *partes annuae*, g = *folium*, b = *accidens mathematicum*, a = *affect. prima*, n = *longum*. Aber das heißt, wie Slaughter kommentiert (S. 152), «die Tafeln klassifizieren und benennen nur bis zu einem bestimmten Punkt; das Lexikon liefert die restlichen Definitionen, aber keine Klassifizierung.» Dalgarno hatte es nicht für nötig gehalten, bis zur detaillierten Klassifizierung der komplexen Wesen vorzudringen, aber um eine Definition zu geben, braucht man eine Klassifizierung. Das Resultat ist, daß die Entscheidung, wie die komplexen Wesen zu klassifizieren und mithin zu benennen sind, sozusagen der Eigeninitiative des Benutzers der Sprache überlassen bleibt.

Es scheint also, daß eine Sprache, die erdacht worden ist, um eindeutige Definitionen zu liefern, sich statt dessen der sprachlichen Kreativität ihrer Benutzer ausliefert. Hier zum Beispiel einige Vorschläge von Dalgarno selbst (wir teilen die Wurzeln durch Schrägstriche ab, um die Namen leichter analysierbar zu machen):

Pferd = *Nηk/pot* = Tier mit ganzen Hufen + beherzt [aber warum gilt das nicht auch für den Elefanten?]
Maultier = *Nηk/sof/pad* = Tier mit ganzen Hufen + beraubt + Geschlecht
Kamel = *nek/braf/pfar* = Vierbeiner mit gespaltenen Hufen + Höcker + Rücken
Königsschloß = *fan/kan* = Haus + König
abstinent = *sof/praf/emp* = beraubt + trinken + adjektivisch
stammelnd = *grug/shaf/tin* = Krankheit [Gegenteil von *gug* = Gesundheit] + Behinderung + sprechen
Evangelium = *tib/sηb* = lehren + Lebensweise

Überdies gibt Dalgarno zu, daß es für ein und denselben Sachverhalt aus verschiedener Sicht verschiedene Namen geben kann. So kann der Elefant sowohl *Nηksyf* heißen (Unpaarhufer + Superlativ) als auch *Nηkbeisap* (Unpaarhufer + mathematisches Akzidens + architektonische Metapher für Rüssel).

Hinzu kommt das Problem der Memorisierung so komplizierter Termini, denn es ist klar, daß man sich den Bedeutungsunterschied zwischen *Nηke* und *Nηko* weniger leicht merken kann als den zwischen *Esel* und *Maultier*. Dalgarno schlägt alte Mnemotechniken vor: Merkwörter wie für den Eßtisch, der *fran* heißt, *FRANce* und für den Pflug, der *flan* heißt, *FLANders*. So wird der Sprecher gezwungen, neben der philosophischen Sprache auch noch den mnemotechnischen Code zu lernen.

Während also Wortschatz und Wortbildung von außergewöhnlicher Schwierigkeit sind, schlägt Dalgarno zum Ausgleich eine sehr einfache Grammatik und Syntax vor. Von den klassischen grammatikalischen Kategorien behält er bloß noch das Nomen bei. Es bleiben einige Zeichenwörter für die Pronomen (ich = *lal*, du = *lêl*, er = *lel* etc.), und im übrigen werden Adjektive, Adverbien, Komparative und sogar Verbalformen durch Suffixe von den Nomina abgeleitet. Wenn *sim* «gut» heißt, heißt *simam* «sehr gut» und *simab* «besser». Von *pon*, «Liebe», kommt *pone*, «Liebhaber», *pono*, «geliebt», und *ponomp*, «liebenswert». Bei den Verben meint Dalgarno sogar, daß allein die Kopula jedes Problem der Prädikation lösen könne; «wir lieben» könne in vier Bestandteile aufgelöst werden, nämlich: «wir + Präsens + Kopula + liebend» (S. 65). Man beachte, daß die Idee, jedes Verb sei auf Kopula plus Adjektiv bzw. Partizip reduzierbar, schon im dreizehnten Jahrhundert unter den sogenannten «Modisten» umging, danach von Campanella in seiner *Philosophia rationalis* (1638) vertreten wurde und letzten Endes auch von Wilkins akzeptiert sowie dann von Leibniz aufgegriffen werden sollte.

Was die Syntax betrifft (vgl. Pellerey 1992c), so hat Dalgarno das Verdienst, mit den Deklinationen aufgeräumt zu haben, die in anderen philosophischen Sprachen noch am Modell des Lateinischen festhaltend überlebten. In Dalgarnos Sprache zählt nur die Reihenfolge der Wörter: Das Subjekt muß vor dem Verb stehen und das Objekt danach, der Ablativus absolutus löst sich in einer Umschreibung auf, die mit Zeitbestimmungen wie *cum*, *post*, *dum* operiert, der Genitiv wird ersetzt entweder durch eine adjektivische Form oder durch eine Zugehörigkeitsformel (*shf* = «gehören»). Shumaker (1982: 155) weist darauf hin, daß ähnliche Formen im Pidgin-Englisch existieren, wo man für «die Hand des Meisters» nicht *master's hand* sagt, sondern *hand-belong-master*.

So vereinfacht, scheint die Sprache auf den ersten Blick etwas Rohes zu haben, aber Dalgarno hegt ein tiefes Mißtrauen in die rhetorische Eleganz und ist überzeugt, daß allein die logische Struktur den Sätzen eine eigene strenge Schönheit verleiht. Im übrigen reserviert er dem Verfahren der Wortzusammensetzung jene Merkmale der Schönheit, Eleganz und Klarheit, die ihn dazu bringen, seine Sprache mit dem Griechischen zu vergleichen, der philosophischen Sprache *par excellence*.

Ein Zug muß noch erwähnt werden, den es bei Dalgarno ebenso wie bei Lodwick und bei Wilkins gibt und der besonders von Frank (1979: 65 ff.) hervorgehoben worden ist: Indem er den Partikeln wie den Suffixen oder Präfixen die Funktion reserviert, die Substantive in andere grammatikalische Kategorien zu verwandeln und also ihre Bedeutung zu ändern, aber Präpositionen wie *per*, *trans*, *praeter*, *supra*, *in* und *a* unter die mathematischen Akzidenzien rechnet – also zu den vollwertigen Nomina –, tendiert Dalgarno dazu, «eine allesumfassende Grammatik zu postulieren, die auch alles oder fast alles das mit umfaßt, was die Tradition der grammatischen Sphäre zugewiesen hatte». Mit anderen Worten, es verschwindet die klassische Unterscheidung zwischen *kategorematischen* Termini, die eine selbständige Bedeutung haben, und *synkategorematischen* Termini, deren Bedeutung vom syntaktischen Kontext abhängt (beziehungsweise, es verschwindet die logische Unterscheidung zwischen Variabeln, die in Bedeutungen verankert werden können, und bloßen Bindegliedern). Es ist dies eine Tendenz, die im Gegensatz zu dem zu stehen scheint, was das moderne logische Denken vertreten hat, aber die sich bestimmten aktuellen Tendenzen der Semantik annähert.

12. John Wilkins

Wilkins hatte sein Projekt erstmals 1641 in seinem Buch *Mercury* skizziert, in dem er sich aber noch hauptsächlich mit Geheimsprachen befaßte. 1668 legt er mit seinem *Essay towards a Real Character, and a Philosophical Language* das vollständigste aller Systeme vor, die im siebzehnten Jahrhundert für eine universal benutzbare artifizielle philosophische Sprache eintreten.

»The variety of Letters is an appendix to the Curse of Babel« (die Vielfalt der Schriften ist ein Anhang zum Fluch von Babel, S. 13). Nachdem er sich gebührend vor der hebräischen Sprache verbeugt sowie einen historischen Abriß der Sprachentwicklung nach Babel gegeben hat (in dem er auf S. 4 sogar die keltoskythische Hypothese erwähnt, die wir im 5. Kapitel behandelt haben) und nachdem er die Verdienste seiner Vorgänger gewürdigt und seinen Mitarbeitern gedankt hat, die ihm geholfen haben, die Klassifizierungen und das abschließende Wörterbuch zu erstellen, geht Wilkins daran, eine Sprache zu kreieren, die auf Realcharakteren beruht und »für jedes Volk in seiner eigenen Sprache lesbar ist« (S. 13).

Er beginnt mit der Feststellung, daß die meisten älteren Projekte versucht hätten, die Liste der *Characters* oder charakterisierenden Termini aus dem Wörterbuch einer bestimmten Sprache abzuleiten, anstatt sich an die Natur der Dinge zu halten und an jene allgemeinen Begriffe, auf die sich die ganze Menschheit einigen könnte. Daher kann sein Projekt nicht umhin, zunächst eine Art kolossaler Sichtung des Wissens vorzunehmen, um die allen vernunftbegabten Wesen gemeinsamen Elementarbegriffe zu identifizieren. Trotzdem haftet seinem Projekt nichts Platonisches im Sinne der lullischen »Principia« an: Wilkins sichtet und ordnet sowohl die allgemeinen Ideen wie auch das empirische Wissen in der Überzeugung, es müßten, wenn alle sich über die Idee Gottes einig sind, auch alle sich ebenso über die botanische Klassifizierung seines Kollegen John Ray einig sein.

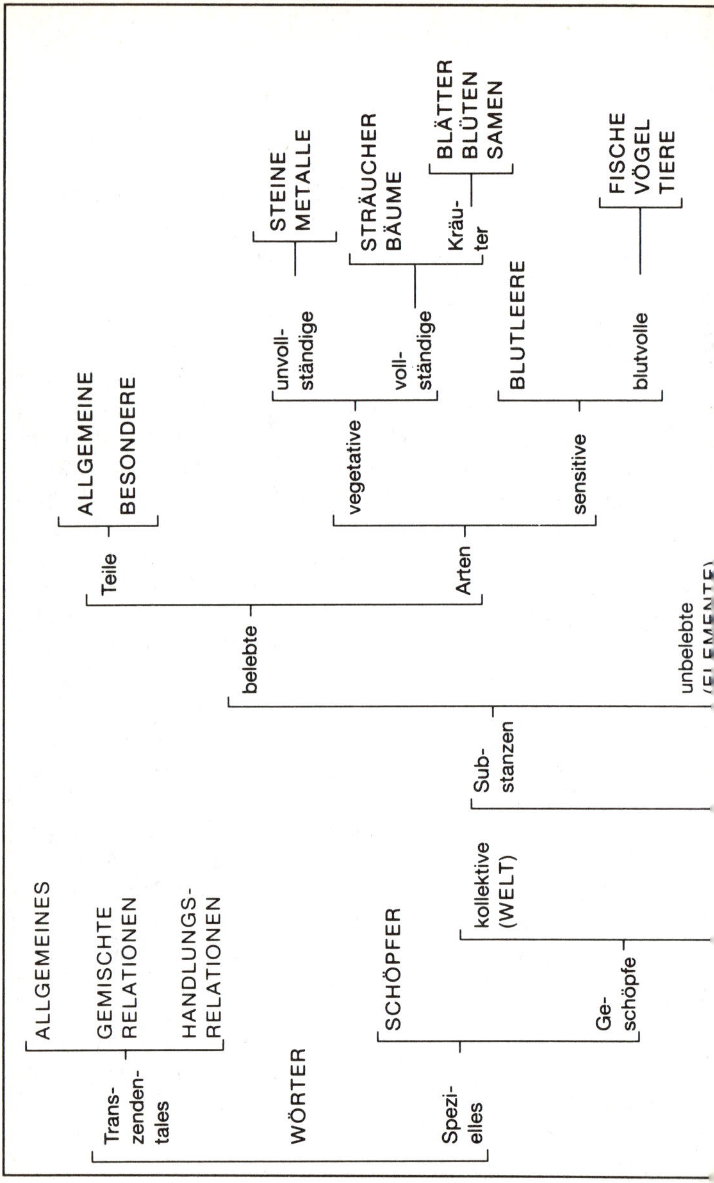
WÖRTER
Trans-zenden-tales
Spezi-elles
ALLGEMEINES
GEMISCHTE RELATIONEN
HANDLUNGS-RELATIONEN
SCHÖPFER
Ge-schöpfe
kollektive (WELT)
Sub-stanzen
belebte
unbelebte
Teile
Arten
ALLGEMEINE
BESONDERE
vegetative
sensitive
unvoll-ständige
voll-ständige
BLUTLEERE
blutvolle
STEINE
METALLE
STRÄUCHER
BÄUME
Kräu-ter
BLÄTTER
BLÜTEN
SAMEN
FISCHE
VÖGEL
TIERE

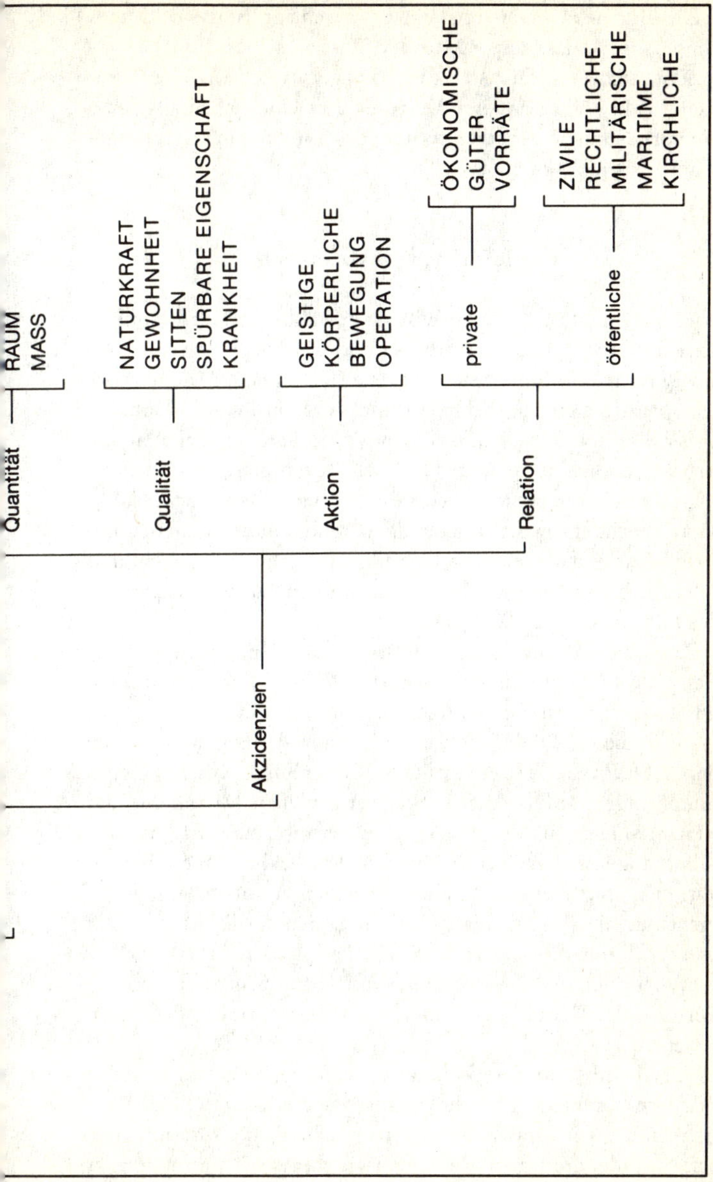

Figur 12: Allgemeine Begriffe

Das Bild des Universums, daß er vorschlägt, ist das Bild eines Universums, das dem Oxforder Wissen seiner Epoche entspricht, und er befaßt sich nicht im geringsten mit dem Problem, daß Völker anderer Kulturen (die doch ebenfalls seine Universalsprache benutzen sollten) das Universum anders organisiert haben könnten.

Die Tafeln und die Grammatik

Wie es aussieht, ist das von Wilkins gewählte Verfahren ähnlich dem der aristotelischen Tradition und des Porphyrischen Baumes (Fig. 12). Er nimmt sich vor, eine Tafel mit 40 *Major Genus's* (Hauptgattungen) zu etablieren und sie dann in 251 besondere *Differences* zu unterteilen, um daraus 2030 *Species* abzuleiten (die paarweise auftreten). In Fig. 13 wird exemplarisch und ohne allzu viele Verzweigungen dargestellt, wie er von der Gattung Tiere, nachdem er sie in lebendgebärende und eierlegende unterteilt hat und die lebendgebärenden in solche mit ganzem und solche mit gespaltenem Huf und mit Pfoten, zur Klassifizierung des Hundes und des Wolfes gelangt.

Zur Rechtfertigung der summarischen Knappheit unserer Beispiele sei darauf hingewiesen, daß Wilkins' Tafeln zusammen gut 270 Seiten seines mächtigen Foliobandes füllen.

Nach diesen Tafeln, die das Universum des Sagbaren umreißen, läßt Wilkins eine «natürliche» (oder philosophische) Grammatik folgen, auf deren Grundlage er dann jene Morpheme und Markierungen für die abgeleiteten Termini etabliert, die den Übergang von den Grundformen zu den Deklinationen, Konjugationen, Suffixen und anderen Zeichen erlauben, aus denen nicht nur die verschiedenen Artikulationen der Rede abgeleitet werden können, sondern auch die Periphrasen, durch welche sich – immer und ausschließlich mit Grundbegriffen – andere Termini des Wörterbuchs einer natürlichen Sprache definieren lassen.

An diesem Punkt ist Wilkins in der Lage, seine auf Realcharakteren beruhende Sprache vorzuschlagen. Sie zerfällt in Wirklichkeit in zwei Sprachen: a) in eine geschriebene, zusammengesetzt aus Ideogrammen, die irgendwie chinesisch anmuten, aber

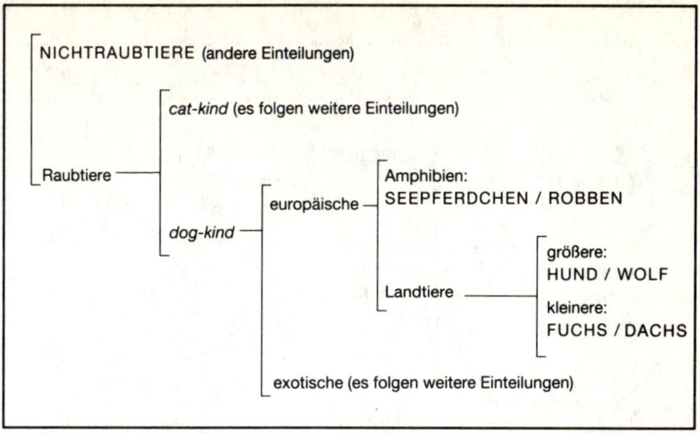

Figur 13: Lebendgebärende Tiere mit Pfoten

sich nicht aussprechen lassen, und b) in eine zum Sprechen bestimmte. Es muß von zwei Sprachen gesprochen werden, da die alphabetische Notation, die zum Sprechen bestimmt ist, zwar denselben Kombinationskriterien wie die ideographische gehorcht, aber von dieser so verschieden ist, daß sie eigens gelernt werden muß. Faktisch ist die phonetische Sprache auch als Begriffsschrift die klarere.

Die Realcharaktere

Fig. 14 zeigt die realcharakteristischen Zeichen, die Wilkins den 40 Gattungen zuweist, sowie die distinktiven Zeichen, die zur Angabe der *Differences* und der *Species* dienen. Wie man sieht, werden letztere durch verschieden angewinkelte kleine Striche an den Enden der horizontalen Linie bezeichnet, die jedem realcharakteristischen Zeichen zugrundeliegt. Andere Zeichen, die ebenfalls ziemlich schwer zu lesen sind, markieren Gegensätze, grammatikalische Formen, Kopula, Adverbien, Präpositionen, Konjunktionen und so fort, wie wir es auch schon in anderen Systemen gesehen haben. Des weiteren sieht das System, wie gesagt, auch eine Aussprache der Charaktere vor. Figur 15 zeigt die Tafel, die für die einzelnen Gattungen Kombinationen

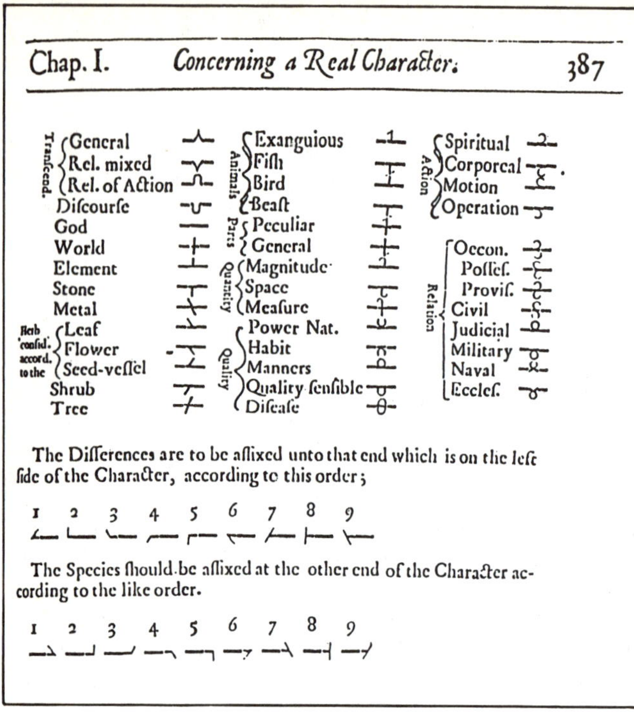

Chap. I. *Concerning a Real Character.* 387

Transcend. General, Rel. mixed, Rel. of Action
Discourse
God
World
Element
Stone
Metal
Herb consid. accord. to the Leaf, Flower, Seed-vessel
Shrub
Tree

Animals Exanguious, Fish, Bird, Beast
Parts Peculiar, General
Quantity Magnitude, Space, Measure
Quality Power Nat., Habit, Manners, Quality sensible, Disease

Action Spiritual, Corporeal, Motion, Operation
Relation Occon., Possess., Provis., Civil, Judicial, Military, Naval, Eccles.

The Differences are to be affixed unto that end which is on the left side of the Character, according to this order;

1 2 3 4 5 6 7 8 9

The Species should be affixed at the other end of the Character according to the like order.

1 2 3 4 5 6 7 8 9

Figur 14

aus jeweils einem Konsonanten und einem Vokal etabliert, während die Differenzen durch die Konsonanten B, D, G, P, T, C, Z, S und N ausgedrückt werden und die Spezies dadurch, daß man den Konsonanten einen der sieben Vokale (plus zwei Diphthonge) anfügt. Als Beispiel gibt Wilkins das folgende:

Wenn (De) Element bedeutet, muß (Deb) die erste Differenz bedeuten; welche (gemäß den Tafeln) das Feuer ist; und (Deb) wird dann die erste Spezies bezeichnen, welche die Flamme ist. (Det) ist die fünfte Differenz unter dem Genus, welche der Aufgehende Meteor ist; (Detα) die erste Spezies, nämlich der Regenbogen; (Deta) die zweite, nämlich der Halo.

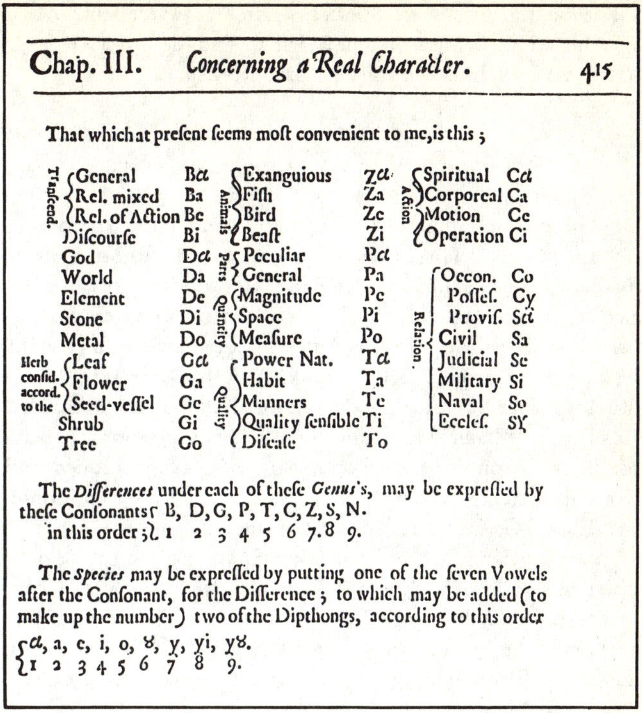

Chap. III. Concerning a Real Character. 415

That which at present seems most convenient to me, is this;

Transcend.	General	Bα	Animals	Exanguious	Zα	Action	Spiritual Cα
	Rel. mixed	Ba		Fish	Za		Corporeal Ca
	Rel. of Action	Be		Bird	Ze		Motion Ce
	Discourse	Bi		Beast	Zi		Operation Ci
	God	Dα	Parts	Peculiar	Pα		
	World	Da		General	Pa	Relation	Occon. Co
	Element	De	Quantity	Magnitude	Pe		Possess. Cy
	Stone	Di		Space	Pi		Provis. Sα
	Metal	Do		Measure	Po		Civil Sa
Herb consid. accord. to the	Leaf	Gα	Quality	Power Nat.	Tα		Judicial Se
	Flower	Ga		Habit	Ta		Military Si
	Seed-vessel	Ge		Manners	Te		Naval So
	Shrub	Gi		Quality sensible	Ti		Eccles. Sγ
	Tree	Go		Disease	To		

The *Differences* under each of these *Genus's*, may be expressed by these Consonants B, D, G, P, T, C, Z, S, N.
in this order; 1 2 3 4 5 6 7. 8 9.

The *Species* may be expressed by putting one of the seven Vowels after the Consonant, for the Difference; to which may be added (to make up the number) two of the Dipthongs, according to this order
α, a, e, i, o, 8, y, yi, y8.
1 2 3 4 5 6 7 8 9.

Figur 15

Und so sieht dann die erste Zeile des *Vaterunser* in realcharakteristischen Zeichen aus:

Figur 16

Das erste Zeichen ganz links steht für das Possessivpronomen der ersten Person Plural, das zweite ist durch den Charakter der «Ökonomischen Relationen» [im Sinne von «häuslichen Beziehungen»] gegeben. Der kleine nach rechts geneigte Strich am linken Ende verweist auf die erste Differenz (Beziehungen der Blutsverwandtschaft) und der kleine aufrechte Strich am rechten Ende auf die zweite Spezies, «Direkter Aszendent» (Aussprache). Die beiden ersten Zeichen sind demnach «Unser Vater» zu lesen und «*Hai coba*» auszusprechen.

Das Wörterbuch: Synonyme, Periphrasen, Metaphern

Die Sprache sieht eine Liste von 2030 Elementarbegriffen oder Artennamen vor. Diese Namen umfassen nicht nur Substantive für natürliche Gattungen oder Artefakte, sondern auch für Beziehungen und Handlungen, und aus ihnen leiten sich die Verben in der Form Kopula plus Adjektiv oder Partizip ab (wie bei Dalgarno wird «ich liebe» durch «ich bin liebend» ausgedrückt). Überdies erlauben die grammatikalischen Partikel den Ausdruck verbaler Modi und Tempi für «sein» und «haben» sowie von Pronomen, Artikeln, Ausrufen, Präpositionen und Konjunktionen, während die akzidentellen Differenzen Numerus, Kasus, Genus und Komparative ausdrücken.

Eine so geringe Anzahl von Elementarbegriffen reicht allerdings nicht aus, um alle je möglichen Diskurse wiederzugeben. Daher liefert Wilkins am Ende des *Essay* ein Wörterbuch der englischen Sprache mit rund 15 000 Begriffen. Für diejenigen, die nicht Elementarbegriffen entsprechen, werden die Ausdrucksmodalitäten angegeben.

Das erste Kriterium ist das *Synonym*. Das Wörterbuch enthält für alle jene Begriffe, für die es keine Spezies in den Tafeln gibt, ein oder mehrere mögliche Synonyme. Für *Result* zum Beispiel werden *Event*, *Summe* und *Illation* vorgeschlagen, ohne jedoch anzugeben, in welchem Kontext welches Synonym am besten geeignet ist. In anderen Fällen, zum Beispiel bei *Corruption*, ist die Liste der möglichen Synonyme sehr lang, weil es sich je nach dem Kontext um Verderbtheit, Zerstörung, Verwöhnung, Verführung, Verfall oder Verwesung handeln kann. Bisweilen führt die Art, wie das Wörterbuch (oder auch die Tafel der Spezies selbst) Listen von Synonymen aufstellt, zu lächerlichen Ergebnissen, etwa wenn sich die Synonymenreihe «Schachtel-Kommode-Truhe-Schrank-Sarg-Tisch» ergibt.

Das zweite Kriterium ist die *Periphrase*. Das Wörterbuch registriert den Begriff «Abtei», aber da in den Tafeln kein entsprechender Charakter (und keine Spezies) vorkommt, während «Kollegium» und «Mönch» existieren, wird «Abtei» mit *Colledge of Monks* wiedergegeben.

Das dritte Kriterium wird durch die sogenannten *Transcendental Particles* gegeben. Getreu seinem Vorschlag einer semantischen Komponentenanalyse nach elementaren Zügen schreibt Wilkins, daß ein besonderer Charakter für «Kalb» nicht nötig sei, da man den Terminus durch Kombination von «Rind» und «jung» erhalten könne, desgleichen lasse sich «Löwin» durch den Begriff «Löwe» plus Femininzeichen gewinnen. Daher entwickelt er in der Grammatik ein System von «Transzendentalen Partikeln» (und verwandelt es dann, im Teil über die Schrift und Aussprache der Charaktere, in ein System von Signalen), die die Bedeutung des Charakters, dem sie beigefügt werden, erweitern oder verändern. Die Liste berücksichtigt acht Klassen für eine Gesamtheit von 48 Partikeln, aber das Kriterium ihrer Zusammenstellung ist nicht sehr systematisch. Wilkins bezieht sich auf die lateinische Grammatik, die über Endungen verfügt (mit denen sich Ausdrücke wie *lucesco*, *aquosus* oder *homunculus* bilden lassen), über Suffixe wie *-tim* und *-genus* (mit denen man Wörter wie *gradatim* oder *multigenus* bilden kann), über Formen zur Ortsangabe (daher *vestiarium*) oder zur Angabe des Handelnden (daher *arator* etc.). Einige dieser Partikeln sind sicher grammatikalischer Art (zum Beispiel die schon zitierten, die ein Maskulin in ein Feminin verwandeln oder ein ausgewachsenes Wesen in ein junges). Aber derselbe Wilkins bezieht sich auch auf Kriterien der Rhetorik und zitiert Metaphern, Synekdochen und Metonymien, und tatsächlich sind die Partikeln der Kategorie des *Metaphorical-Like* nichts anderes als Markierungen zur rhetorischen Interpretation. So hat man, wenn man die Partikel *like* mit dem Begriff «Wurzel» verbindet, den Begriff «ursprünglich», und wenn man sie mit «Licht» verbindet, den Begriff «evident». Andere Partikeln scheinen sich auf die Relationen Ursache-Wirkung, Inhalt-Gefäß oder Funktion-Aktivität zu beziehen, für die Wilkins folgende Beispiele gibt:

like + Fuß = Sockel
like + Blut = Karmesin
Ort + Metall = Erzader

Offizier + Marine = Admiral
Artist + Stern = Astronom
Stimme + Löwe = brüllen/Gebrüll

Dies ist, was die Präzision seiner Sprache betrifft, sicher der schwächste Teil seines Projekts. So betont er denn auch selbst, als er eine lange Liste von Beispielen für den korrekten Gebrauch dieser Partikeln gibt, daß es sich eben nur um Beispiele handle. Daher sei die Liste offen, und ihre Erweiterung hänge ganz von der Erfindungsgabe des Sprechers ab (S. 318).

Freilich ist nicht zu ersehen, wie sich Ambiguität vermeiden lassen soll, wenn der Sprecher einmal die Freiheit hat, diese *Transcendental Particles* jedem beliebigen Terminus anzuhängen. Andererseits muß auch bemerkt werden, daß, wenn die Anwesenheit dieser Partikeln ein Ambiguitätsrisiko darstellt, ihre Abwesenheit umgekehrt festlegt, daß der betreffende Ausdruck wortwörtlich zu verstehen ist, ohne jede Möglichkeit eines Mißverständnisses. In diesem Sinne ist Wilkins' Sprache sicherlich strenger als die von Dalgarno, gerade weil man in letzterer jeden Begriff so lesen müßte, als ob er durch eine «transzendentale Partikel» markiert wäre.

Tatsache ist, daß Wilkins hier einen Riß zwischen seiner Rolle als Autor einer *philosophischen Grammatik* und seiner Rolle als Erfinder einer *apriorisch-philosophischen Begriffszeichensprache* sichtbar werden läßt. Daß er in der philosophischen Grammatik den figürlichen und rhetorischen Aspekt berücksichtigt, ist ihm als Verdienst zuzuschreiben; daß dieser Aspekt sich in die Begriffszeichensprache einschleicht, beeinträchtigt deren Präzision und Fähigkeit, die Ambiguität der gewöhnlichen Sprache zu reduzieren – bedenkt man, daß Wilkins sogar beschließt, mythologische Wesen wie Sirenen, Phönixe, Greife und Harpyien sowohl aus den Tafeln wie aus dem Wörterbuch zu beseitigen, da sie nicht existierten und höchstens als Eigennamen von Individuen benutzt, also in natürlicher Sprache geschrieben werden könnten (zur Analogie mit ähnlichen Sorgen bei Autoren wie Russell vgl. Frank 1979: 160).

Andererseits gibt Wilkins zu, daß seine Sprache unfähig erscheint, kleine Verschiedenheiten zum Beispiel von Speisen und Getränken zu benennen, wie unterschiedliche Arten von Weintrauben, Marmeladen, Tee, Kaffee und Schokolade. Natürlich erklärt er, das Problem müsse durch Umschreibungen gelöst werden, aber die Gefahr ist, daß es dann so zugeht wie in jenen lateinisch abgefaßten Dokumenten des Vatikans, in denen Videokassetten als *sonorarum visualiumque taeniarum cistellulae* und Werbefachleute als *laudativis nuntiis vulgatores* auftauchen. Dabei würde das Lateinische, wenn man wollte und einige Härten in Kauf nähme, immerhin noch die Erfindung von Neologismen wie *videocapsulae* und *publicitarii* zulassen (vgl. Bettini 1992), während die philosophische Sprache von Wilkins keine Neologismen erlaubt. Es sei denn, die Liste der Elementarbegriffe wäre *offen*.

Eine offene Klassifizierung?

Die Klassifizierung *muß* offen sein, denn Wilkins räumt ein (unter anderem einer Anregung von Comenius in *Via lucis* folgend), daß es, um sie wirklich adäquat zu machen, der Arbeit eines Kollegiums von Wissenschaftlern über einen recht langen Zeitraum bedürfte, und er regt diesbezüglich eine Zusammenarbeit in der Royal Society an. Er weiß also, daß er nur einen ersten, noch mancher Revision bedürftigen Ansatz umrissen hat, und behauptet nicht, ein fertiges System entwickelt zu haben.

Nach den Charakteren zu urteilen, gibt es nur neun Zeichen oder Buchstaben zur Angabe sowohl der Spezies wie der Differenzen, so daß der Eindruck entstehen könnte, in jeder Gattung dürfe es lediglich neun Arten geben. Offenbar hat aber Wilkins die Zahl der Arten nicht aus ontologischen Gründen begrenzt, sondern nur aus solchen der mnemotechnischen Effizienz, denn einerseits merkt er an, daß die Zahl der Spezies nicht definitiv begrenzt sei, und zum anderen geht aus den Tafeln hervor, daß zum Beispiel die Doldengewächse zehn an der Zahl sind und die «Nichtstaudenförmigen Verticillaten» sogar siebzehn (während andere Gattungen nur sechs Arten haben).

Sodann erklärt Wilkins, daß in solchen Fällen, um eine höhere Zahl als neun auszudrücken, auf graphische Mittel rekuriert werden müsse. Vereinfacht gesagt handelt es sich darum, in der gesprochenen Sprache die Buchstaben L oder R nach dem ersten Konsonanten einzufügen, um anzugeben, daß man von der zweiten oder dritten Neunergruppe spricht. So ist beispielsweise *Gαpe* die Tulpe (dritte Spezies der vierten Differenz der Gattung «Nach Blättern klassifizierte Kräuter»), und infolgedessen ist *Glαpe* der Bärenlauch, da mit einem *l* an zweiter Stelle das *e* am Ende nicht 3, sondern 12 bedeutet.

Hier aber sehen wir uns genötigt, einen kuriosen Zwischenfall zu rechtfertigen. In dem soeben gegebenen Beispiel haben wir den Wilkinsschen Text (S. 415) korrigieren müssen, da er zwar in gutem Englisch von Tulpe und Lauch spricht, aber sie als *Gαde* und *Glαde* bezeichnet. Es handelt sich offensichtlich um einen Druckfehler, denn *Gαde* bezeichnet (überprüft man es in den Tafeln) das Malz. Aber das Problem liegt nicht so sehr darin, daß, während man in der natürlichen Sprache phonetisch leicht zwischen *Tulpe* (*tulip*) und *Malz* (*malted barley*) unterscheiden kann, in der philosophischen Sprache die beiden Termini sowohl graphisch wie phonetisch leicht zu verwechseln sind, so daß ohne sorgfältige Kontrolle der Tafeln jeder typographische oder phonetische Fehler unweigerlich ein semantisches Mißverständnis erzeugt. Das Problem liegt vielmehr darin, *daß man in einer Begriffszeichensprache gezwungen ist, für jedes Ausdruckselement einen Inhalt zu finden.* Da eine «charakteristische» oder Begriffszeichensprache nicht wie die natürlichen Sprachen auf einer doppelten Gliederung beruht (in der bedeutungslose Laute sich kombinieren, um bedeutungstragende Syntagmen zu erzeugen), führt bereits eine minimale Veränderung an der Laut- oder Schriftform zu einem anderen Sinn.

Der Nachteil entspringt gerade dem, was die Stärke des Systems ausmachen sollte, nämlich seinem Kriterium einer *Zusammengesetztheit aus atomischen Zügen*, aus der sich ein totaler *Isomorphismus* zwischen Ausdruck und Inhalt ergibt.

Die Flamme heißt *Debα*, weil das *α* eine Spezies des Elements Feuer bezeichnet, aber wenn man das *α* durch *a* ersetzt und somit *Deba* erhält, bedeutet die neue Kombination «Komet». Die Charaktere sind arbiträr gewählt, aber ihre Zusammensetzung spiegelt die Zusammensetzung der Dinge wider, so daß wir, «indem wir Charaktere und Namen der Dinge erlernten, zugleich über ihre Natur belehrt würden» (S. 21).

Daraus ergibt sich die Frage, wie man etwas ganz Neues, noch nie Dagewesenes benennen soll. Nach Frank (1979: 80) würde Wilkins' System, beherrscht von der Vorstellung einer schon lange und definitiv prästabilierten Großen Kette des Seins, eine dynamische Sicht der Sprache ablehnen, da die Sprache zwar noch unbekannte Spezies benennen könnte, aber nur innerhalb des ihr zugewiesenen Systems von Charakteren. Man kann dagegen einwenden, daß es genügen würde, die Tafeln ein wenig zu modifizieren und eine neue Spezies einzuführen, aber Voraussetzung ist die Existenz einer sprachlichen Autorität, die uns ermächtigt, Neues zu «denken». In Wilkins' Sprache ist der Neologismus zwar nicht unmöglich, aber sicherlich schwerer zu realisieren als in den natürlichen Sprachen (vgl. Knowlson 1975).

Zum Ausgleich könnte man die These erwägen, daß Wilkins' Sprache Entdeckungen erlaubt oder jedenfalls zu Entdeckungsreisen ermuntert. Denn wenn man zum Beispiel *Deta* (Regenbogen) in *Dena* verwandelt, entdeckt man, daß diese Buchstabenfolge auf die erste Spezies der neunten Differenz der Gattung Element verweisen würde, daß aber diese neunte Differenz in den Tafeln nicht registriert ist. Eine metaphorische Interpretation wäre nicht möglich, da sie durch eine «Transzendentale Partikel» autorisiert werden müßte; hier würde also die Formel ganz unzweideutig auf eine Spezies verweisen, die sich an einem bestimmten Punkt der Klassifizierung befinden müßte, auch wenn sie sich dort nicht befindet.

An welchem Punkt? Das wüßten wir, wenn die Tafeln etwas Ähnliches wie das periodische System der chemischen Elemente darstellen würden, in dem auch die leeren Stellen eines Tages gefüllt werden könnten. Aber die rigoros quantitative Sprache der Chemie sagt uns, welches spezifische Gewicht und welche Atomzahl das unbekannte Element haben müßte. Die Wilkinssche Formel dagegen sagt nur, daß sich die Spezies an einem bestimmten Punkt der Klassifizierung befinden müßte, aber sie sagt uns nicht, welche Charaktermerkmale sie hätte noch warum sie sich gerade dort befinden müßte.

Die Sprache erlaubt also keine Entdeckungen, weil es ihr an einem rigorosen Klassifizierungssystem fehlt.

Die Grenzen der Klassifizierung

Wilkins' Tafeln gehen von einer Klassifizierung in 40 Gattungen aus und gelangen durch 251 Differenzen zur Definition von 2030 Arten. Doch wenn die Einteilung dichotomisch vorgehen müßte wie in der aristotelischen Klassifizierung, in der jede Gattung zwei trennende Differentiae hat, die auf der nächstunteren Ebene zwei Arten konstituieren, aber so, daß das, was für die übergeordnete Gattung Art ist, für die untergeordnete Art zur Gattung wird, müßte man mindestens 2048 Arten erhalten (plus eine höchste Gattung und 1025 Zwischengattungen) und ebenso viele Differenzen. Wenn die Rechnung nicht aufgeht, ist klar, daß man, wenn man aus den 41 in den Tafeln dargestellten besonderen Bäumen einen allgemeinen Baum rekonstruieren würde, keine durchgehend dichotomische Struktur erhielte.

Der Grund dafür ist, daß Wilkins Substanzen zusammen mit Akzidenzien klassifiziert, und da die Zahl der Akzidenzien unendlich ist (wie schon Dalgarno gesehen hatte), kann man sie nicht hierarchisch staffeln. Zudem muß Wilkins Grundbegriffe platonischer Art, wie Gott, Welt oder Baum, zusammen mit Getränken wie Bier klassifizieren, dazu politische Rollen, militärische und kirchliche Begriffe, das ganze begriffliche Universum eines englischen Bildungsbürgers im siebzehnten Jahrhundert.

Man braucht nur noch einmal Fig. 12 auf S. 246f. anzusehen, um zu bemerken, daß die Akzidenzien sich in fünf Unterkategorien teilen, von denen jede drei bis fünf Gattungen umfaßt. Es gibt drei Unterteilungen der Kräuter und drei der Transzendentalen Dinge. Eine dichotomische Struktur erlaubt, die Anzahl der im Spiel befindlichen Größen zu kontrollieren, jedenfalls wenn man einmal die Obergrenze der Verschachtelung festgelegt hat, doch wenn man nur an einem einzigen Bifurkationsknoten *drei* Unterteilungen zuläßt, gibt es keinen Grund mehr, warum ihre Zahl nicht unendlich sein soll. Das System ist potentiell offen für neue Entdeckungen, aber es setzt der Zahl der Elementarbegriffe keine Grenze.

Wenn Wilkins zu den letzten Differenzen gelangt, gliedert er sie in Paare. Aber er ist der erste, der bemerkt, daß diese Paare sich nach Kriterien bilden, die mehr denen der Mnemotechniken ähneln («for the better helping of the memory», S. 22) als einem strengen Oppositionskriterium. Er sagt zwar, daß die Paare, die aus Gegensätzen bestehen, nach einfacher oder doppelter Opposition zusammengestellt sind. Aber diejenigen, die nicht aus Gegensätzen bestehen, sind nach Affinitäten zusammengestellt. Und Wilkins gibt offen zu, daß seine Entscheidungen recht strittig sind und daß er oftmals die Differenzen in anfechtbarer Weise zu Paaren zusammengestellt habe, «because I knew not to provide for them better» (S. 22).

So bringt zum Beispiel in der ersten Gattung, dem Transzendental Allgemeinen, die dritte Differenz, das heißt die Verschiedenheit, als zweite Spezies die Güte und ihr Gegenteil, die Bosheit hervor; aber die zweite Differenz, die Ursache, generiert als dritte Spezies das Exemplarische, das sich vom Typischen trennt, ohne daß deutlich wird, welches Verhältnis zwischen diesen beiden Begriffen besteht: sicher keines der Gegensätzlichkeit oder des Widerspruchs, aber auch wenn man diese Disjunktion in Begriffen von Affinität liest, wirkt das Kriterium schwach und wie *ad hoc* erfunden.

Unter den Akzidenzien der Privaten Relation finden wir in der Spezies «Ökonomische Relation» sowohl Verwandtschaftsverhältnisse, in denen unklar definierte Begriffspaare wie Vorfahre/Nachkomme, Bruder/Stiefbruder oder Junggeselle/Jungfrau auftreten (wobei das englische *celibate* sowohl den Junggesellen wie die ledige Frau umfaßt, während sich *virgin* nur auf die weibliche Kondition zu beziehen scheint), wie auch Tätigkeiten, die sich auf intersubjektive Verhältnisse wie Führen/Verführen oder Verteidigen/Desertieren beziehen. Unter den privaten Relationen erscheinen auch die Vorräte, bei denen wir Begriffspaare wie Butter/Käse finden, aber auch solche wie Schlachten/Kochen und Kasten/Korb.

Letztlich betrachtet Wilkins anscheinend, wie auch Frank bemerkt, verschiedene Arten von Opposition, die in den natürlichen Sprachen vorkommen, als substantiell gleichwertig: Oppositionen durch Antinomie (gut/böse), durch Komplementarität (Ehemann/Ehefrau), durch Umkehrung (kaufen/verkaufen), durch Relativität (oben/unten, größer/kleiner), durch Reihung (Montag/Dienstag/Mittwoch ...), durch hierarchische Stufung (Zentimeter/Meter/Kilometer), durch Antipodizität

(Süden/Norden), durch Orthogonalität (Westen/Osten), durch vektoriale Umkehrung (abreisen/ankommen).

Nicht zufällig hat sich Wilkins wiederholt auf die mnemotechnischen Vorteile seiner Sprache berufen. Den traditionellen Mnemotechniken hat er nicht nur einige Effekte abgeschaut, sondern auch einige Mechanismen entlehnt. Er paart die Begriffe nach Kriterien der Opposition, der Metonymie oder der Synekdoche, je nachdem, wie es ihm seinen mnemotechnischen Praktiken gerade am besten zu entsprechen scheint. Rossi (1960: 252) erinnert an eine Klage von John Ray, der sich darüber beschwerte, nachdem er für Wilkins die botanischen Tafeln angefertigt hatte, daß er gezwungen gewesen sei, nicht den Geboten der Natur zu folgen, sondern den Erfordernissen einer – wir würden sagen: fast «szenographischen» – Regelmäßigkeit, die mehr denen der großen mnemotechnischen Theater glichen als denen der heutigen wissenschaftlichen Taxonomien.

Unklar ist auch, was die Unterteilungen sein sollen, die im Baum der Gattungen (Fig. 12) mit Kleinbuchstaben geschrieben sind. Es dürften keine Differenzen sein, denn die kommen erst in den folgenden Tafeln ins Spiel, um innerhalb jeder der 40 Gattungen festzulegen, wie die verschiedenen Arten von ihnen abhängen. Sie könnten so etwas wie Über-Gattungen sein, aber wie man sieht, erscheinen einige von ihnen in Form von Adjektiven und erinnern stark an jene, die in der aristotelischen Tradition Differentiae waren, wie zum Beispiel die Unterteilung belebt/unbelebt. Nehmen wir an, es sind Pseudo-Differenzen. Aber wenn die Sequenz «Substanzen + unbelebt = ELEMENTE» noch dem aristotelischen Kriterium entspricht, verhält es sich nicht so am anderen Pol der Disjunktion, wo die belebten Substanzen sich weiter in Teile und Arten aufspalten, die Arten in vegetative und sensitive, die vegetativen in vollständige und unvollständige, und erst am Ende dieser Teilungslinie zeichnen sich Gattungen ab. Oder nimmt man eine gegebene Disjunktion (zum Beispiel das Begriffspaar SCHÖPFER/Geschöpfe), so stellt der eine Pol eine Gattung für sich dar, während der andere als Pseudo-Differenz fungiert, um nach mehreren Disjunktionen weitere Gattungen zu erzeugen. Und man beachte, daß in der Triade STRÄUCHER, BÄUME, KRÄUTER der dritte Terminus im Unterschied zu den beiden ersten nicht eine Gattung ist, sondern abermals eine Über-Gattung (oder Pseudo-Differenz), die dazu dient, drei untergeordnete Gattungen zu unterscheiden.

Wilkins bekennt (S. 289), daß er es schön fände, wenn jede Differenz eine eigene *Transcendental Denomination* haben könnte, aber die Sprache biete nicht genügend Termini. Außerdem gibt er zu, daß eine wohldefinierte Differenz imstande wäre, wirklich die unmittelbare Form auszudrücken, die allem das Wesen gibt. Aber die Formen seien noch großenteils unbekannt, und so müsse man sich damit begnügen, Definitionen von Eigenschaften und Umständen zu geben.

Versuchen wir besser zu verstehen, worum es geht. Will man zum Beispiel den Hund vom Wolf anhand ihrer Begriffszeichen unterscheiden, so weiß man zunächst nur, daß der Hund, *Zita*, «erstes Glied des ersten spezifischen Paares der fünften Differenz der Gattung Tiere» ist und der Wolf, *Zitas*, sein Gegenteil innerhalb des Paares (das *s* bezeichnet den spezifischen Gegensatz). Doch auf diese Weise informiert uns das Begriffszeichen nur über die Position des Hundes in einem allgemeinen System der Tiere (die, wie aus Fig. 12 zu ersehen, zusammen mit den Vögeln und Fischen zu den «blutvollen sensitiven belebten Substanzen» gehören). Es sagt uns nichts über die physische Beschaffenheit des Hundes, und es liefert uns keinerlei Informationen, die uns erlauben, einen Hund zu erkennen und ihn von einem Wolf zu unterscheiden.

Erst wenn man die einzelnen Tafeln studiert, erfährt man, daß 1.) die lebendgebärenden Tiere mit Beinen Füße mit Zehen haben; 2.) die Raubtiere gewöhnlich sechs scharfe Schneidezähne und zwei lange Hauer zum Festhalten der Beute haben; 3.) die Hundeartigen (*dog-kind*) einen länglichen Kopf haben und sich dadurch von den Katzenartigen (*cat-kind*) unterscheiden, bei denen der Kopf runder ist; und 4.) die größeren unter den Hundeartigen sich unterteilen in «häusliche zahme» und «wilde, den Schafen feindliche», und erst hier begreift man den Unterschied zwischen Hund und Wolf.

Die Gattungen, Arten und Differenzen «taxonomisieren» also, daß heißt, sie klassifizieren, aber sie definieren nicht die Eigenschaften, an denen wir das Objekt erkennen, und deshalb muß man auf die beigegebenen Kommentare zurückgreifen.

Für die aristotelische Tradition genügte es, den Menschen als ein sterbliches und vernunftbegabtes Lebewesen zu definieren. Nicht so für Wilkins, der in einer Epoche lebt, in der man die physisch-biologische Natur der Dinge zu entdecken sucht; er muß wissen, worin die morphologischen und Verhaltensmerkmale des Hundes liegen. Aber seine Organisation in Tafeln erlaubt ihm nicht, es anders auszudrücken als durch zusätzliche Eigenschaften und Umstände, die in natürlicher Sprache ausgedrückt werden müssen, da die «charakteristische» Sprache keine Formeln besitzt, um sie hinreichend klarzumachen. Wilkins' Sprache scheitert genau bei der Realisierung des Programms, das sie sich vorgenommen hat, nach dem wir «indem wir Charaktere und Namen der Dinge erlernten, zugleich über ihre Natur belehrt würden» (S. 21).

Wenn man hier einwendet, daß Wilkins sich gleichsam in der Art eines Pioniers darauf beschränkt habe, Taxonomien wie die in Fig. 10 gezeigte moderne zu konstruieren, muß daran erinnert werden (wie es Slaughter getan hat), daß er Ansätze zu einer vorwissenschaftlichen Taxonomie mit Aspekten einer Populärtaxonomie (*folk taxonomy*) vermischt hat. Es ist ein Fall von Populärtaxonomie, wenn wir heute Knoblauch und Zwiebel als Gemüse und eßbare Pflanzen klassifizieren und Lilien als Blumen, während sie aus botanischer Sicht allesamt Liliazeen sind. In gleicher Weise gelangt Wilkins zu den Caniden, indem er zuerst einem morphologischen, dann einem funktionalen und schließlich einem geographischen Kriterium folgt.

Was also ist jenes *Zita*, das uns so wenig über die Natur des Hundes sagt und uns, wenn wir mehr wissen wollen, zwingt, die Tafeln durchzustudieren? Um es in Computerbegriffen auszudrücken, es funktioniert wie ein *Pointer*, der Zugang zu den im Speicher enthaltenen Informationen verschafft – Informationen, für die das Begriffszeichen selber keineswegs durchlässig ist. Der Benutzer, der die «charakteristische» Sprache als natürliche Sprache benutzen wollte, müßte bereits alle diese Informationen im Gedächtnis gespeichert haben, um das Begriffszeichen zu verstehen. Das genau aber ist es, was man auch von dem verlangt, der statt *Zita* eben *Hund*, *dog*, *chien*, *cane* oder *perro* sagt.

Daher negiert im Grunde die Masse an enzyklopädischer Information, die dem Aufbau der Tafeln nach angeblichen Elementarbegriffen unterliegt, das Merkmal der Zusammengesetztheit aus Grundzügen, das sich in Wilkins' Begriffszeichensprache zu realisieren schien. Die Elementarbegriffe sind nicht elementar. Die Wilkinsschen Spezies entstehen nicht nur aus der Zusammensetzung von Gattungen und Differenzen, sondern sind außerdem *Namen*, die als Haken benutzt werden, um enzyklopädische Definitionen an ihnen aufzuhängen. Aber auch die Gattungen und Differenzen sind keine Elementarbegriffe, da auch sie nur durch enzyklopädische Beschreibungen identifiziert werden können. Gewiß sind sie keine angeborenen Ideen oder intuitiv erlernbaren Begriffe, denn mag man als solche auch die Idee Gottes oder der Welt betrachten, läßt sich dasselbe doch kaum von den Maritimen oder Kirchlichen Relationen sagen. Sie sind keine Elementarbegriffe, denn wenn sie es wären, müßten sie von Natur aus undefinierbar und undefiniert sein, während die Gesamtheit der Tafeln nichts anderes tut, als sie durch Ausdrücke der natürlichen Sprache zu definieren.

Hätte Wilkins' Klassifizierungsbaum logische Konsistenz, so müßte man ohne Ambiguitäten als analytisch wahr annehmen können, daß die Gattung der Tiere den Begriff der «belebten Substanz» impliziert und «belebte Substanz» den Begriff der «distributiven Geschöpfe». Aber diese Verhältnisse treten nicht immer ein. So dient zum Beispiel die Opposition «vegetativ/sensitiv» in der Tafel der Gattungen dazu, STEINE und BÄUME zu identifizieren (und hat einen ungewissen Status), doch sie erscheint von neuem in der Tafel der Welt und taucht dort sogar gleich zweimal auf (siehe die halbfett gesetzten Termini in Fig. 17 auf der nächsten Seite).

Somit könnte man in der Wilkinsschen Logik annehmen, daß das, was nach Fig. 12 vegetativ ist, notwendigerweise belebtes Geschöpf ist, aber nach Fig. 17 gehört es notwendigerweise sowohl zur geistigen Welt als auch zu der des Körperlich-Irdischen.

Offensichtlich werden diese verschiedenen Größen (seien sie nun Gattungen oder Arten oder was auch immer) jedesmal, wenn sie wieder in einer Tafel erscheinen, unter einem anderen Aspekt betrachtet. Aber dann haben wir es nicht mehr mit einer Organisation des Universums zu tun, für die jede Größe unwiderruflich durch den Ort definiert ist, den sie im allgemeinen Baum

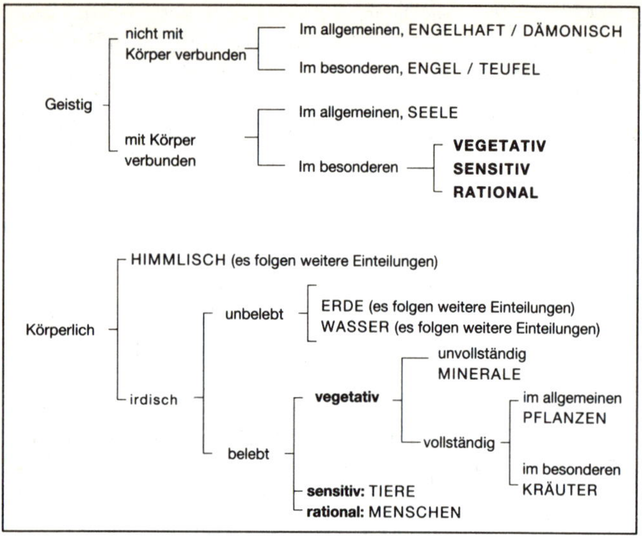

Figur 17: Aus der Tafel der Welt

der Dinge einnimmt; im Gegenteil, die Unterteilungen sind wie die Kapitel einer großen Enzyklopädie imstande, ein und dasselbe Objekt unter verschiedenen Gesichtspunkten zu betrachten.

Konsultiert man die Tafel «Ökonomische Relationen», so findet man, daß – unter den Spezies – die Verteidigung als Gegenteil der Desertation auftritt, aber in der Tafel «Militärische Relationen» findet man dieselbe Verteidigung als Gegenteil des Angriffs. Zwar wird Verteidigung als ökonomische Relation (und Gegenteil der Desertation) mit *Coco* bezeichnet, während sie als militärische Aktion (und Gegenteil von Angriff) *Siba* heißt, und zwei verschiedene Charakterbezeichnungen deuten auf zwei verschiedene Dinge. Aber handelt es sich wirklich um zwei verschiedene Dinge oder nicht eher um zwei verschiedene *Betrachtungsweisen* ein und derselben Sache? Verteidigung als ökonomische Relation und Verteidigung als militärische Relation haben immerhin etwas miteinander gemeinsam. Es handelt sich beide Male um eine Kriegshandlung, und zwar in beiden Fällen um eine defensive, nur wird sie einmal als vaterländische Pflicht betrachtet und das andere Mal als Reaktion auf eine feindliche Offensive. Mithin ergibt sich etwas wie eine Querverbindung zwischen entfernten Verzweigungen ein und derselben Pseudo-Dichotomie, aber an diesem Punkt ist der Baum kein Baum mehr, sondern ein *Netz*, in dem es vielerlei Verbindungen und Verknüpfungen, aber keine hierarchischen Beziehungen gibt.

Der Zeichentheoretiker Joseph-Marie Degérando hat Wilkins in seinem Buch *Des signes* (1800) vorgeworfen, er habe ständig Klassifizierung und Einteilung verwechselt:

> Die Einteilung (*division*) unterscheidet sich von der Klassifizierung dadurch, daß letztere sich auf die inneren Eigenschaften der Objekte gründet, die sie zu verteilen sucht, während erstere sich nach bestimmten Zielen reguliert, auf die wir diese Objekte beziehen. Die Klassifizierung teilt die Ideen nach Gattungen, Arten und Familien auf, die Einteilung in mehr oder minder ausgedehnte Regionen. Die Methoden der Botanik sind Klassifizierungen; die Geographie wird durch Einteilungen gelehrt; und wer ein deutlicheres Beispiel wünscht: Wenn eine Armee in Schlachtordnung antritt, jede Brigade unter einem Brigadegeneral, jedes Bataillon unter einem Bataillonskommandeur und jede Kompanie unter einem Hauptmann, so ist dies das Bild einer Einteilung; wenn der Zustand dieser Armee auf einer Stammrolle dargestellt wird, wo zuerst die Offiziere aller Grade aufgeführt sind, dann die Unteroffiziere und danach die einfachen Soldaten, dann ist dies das Bild einer Klassifizierung (IV, S. 399f.).

Degérando denkt zweifelsohne an den Begriff der idealen Bibliothek bei Leibniz und an die Struktur der *Encyclopédie* (von der wir noch sprechen werden), das heißt an ein Kriterium zur Unterteilung der Materialien nach der Bedeutung, die sie für uns haben. Doch eine Einteilung nach dem praktischen Gebrauch folgt Kriterien, die nicht dieselben sein können, die zur Suche nach einem metaphysisch begründeten System der Elementarbegriffe führen.

Wilkins' Hypertext

Und wenn der Defekt des Systems nun gerade Ausdruck seiner prophetischen Kraft wäre? Es scheint fast, als hätte Wilkins dunkel nach etwas gestrebt, was wir erst heute benennen können: Vielleicht wollte er einen *Hypertext* konstruieren.

Ein Hypertext ist ein Computerprogramm, das jeden «Knoten» oder Bestandteil seines Repertoires durch eine Vielzahl innerer Verweise mit einer Vielzahl anderer Knoten verbindet. Man kann einen Hypertext über die Gattung der Tiere konzipieren, der ausgehend von «Hund» auf eine allgemeine Klassifizierung der Säugetiere abzielt und den Hund in einen Baum von *Taxa* einfügt, der auch die Katze, das Rind und den Wolf umfaßt. Aber man kann mit derselben Methode auf ein Repertoire an Informationen über die Eigenschaften und Gewohnheiten des Hundes verweisen. Wählt man dagegen eine andere Bezugsordnung, so kann man zu einer Sammlung der verschiedenen Rollen des Hundes in verschiedenen Geschichtsepochen gelangen (der Hund im Neolithikum, der Hund in der Feudalzeit usw.) oder zu einer Liste der Bilder des Hundes in der Kunstgeschichte. Vielleicht war es dies, was Wilkins vorschwebte, als er daran dachte, den Begriff der «Verteidigung» sowohl in bezug auf die Pflichten des Bürgers als auch auf die militärische Strategie zu betrachten.

Sollte es so gewesen sein, würde sich vieles von dem, was in seinen Tafeln und seinem System widersprüchlich erscheint, als vollkommen logisch erweisen, und Wilkins wäre der Pionier einer flexiblen und vielschichtigen Organisation des Wissens gewesen, die sich im nächsten Jahrhundert und in den folgenden durchsetzen sollte. Wenn dies aber sein Projekt war, ist nicht mehr von einer vollkommenen Sprache zu sprechen, sondern von Modalitäten, in denen sich unter vielerlei Aspekten ausdrücken läßt, was uns die natürlichen Sprachen zu sagen erlauben.

13. Francis Lodwick

Lodwick hat vor Dalgarno und Wilkins geschrieben, seine Arbeit war beiden bekannt, und Salmon (1972: 3) bezeichnet ihn als den Autor des ersten publizierten Entwurfs einer auf Universalcharakteren basierenden Sprache. Das schmale Büchlein *A Common Writing* ist 1647 erschienen, und *The Groundwork or Foundation laid (or so intended) for the Framing of a New Perfect Language and a Universal or Common Writing** ist von 1652.

Lodwick war Kaufmann und kein Gelehrter, wie er selber demütig bekennt, und Dalgarno lobt zwar gönnerhaft seinen Versuch (*Ars signorum*, S. 79), fügt aber hinzu: «Allerdings ist auch wahr, daß er die seinem Vorhaben angemessenen Kräfte nicht besaß, denn er war ein Mann des Gewerbes, außerhalb der Schulen erzogen.» Er suchte auf unterschiedlichen Wegen nach einer Sprache, die nicht nur den internationalen Austausch beflügeln, sondern auch ein leichtes Erlernen des Englischen ermöglichen sollte. Zu diesem Zweck machte er zu verschiedenen Zeiten verschiedene Vorschläge, ohne je ein vollständiges System zu errichten. Gleichwohl enthält der Vorschlag in seinem originellsten Werk (*A Common Writing*, kaum dreißig Seiten) einige singuläre Züge, die ihn von den Autoren seiner Zeit unterscheiden und zum Vorläufer einiger Tendenzen der heutigen lexikalischen Semantik machen.

Das Projekt sieht, jedenfalls in der Theorie, eine Serie von drei numerierten Verzeichnissen vor, deren Funktion darin bestehen soll, von den Wörtern der englischen Sprache auf die Charaktere zu verweisen und von diesen auf die neuen Termini; was aber das Projekt von den Polygraphien unterscheidet, ist die Art des Lexikons der Charaktere. Es soll nämlich die Zahl der Termini des Verzeichnisses dadurch verringern, daß mehrere Termini auf dieselbe Wurzel (*Radix*) zurückgeführt werden. In Fig. 18 ist zu sehen, wie Lodwick, nachdem er eine Wurzel für die Handlung *to drink* ausgemacht hat, dieser Wurzel ein arbiträres Zeichen zuweist und dann eine Reihe von grammatika-

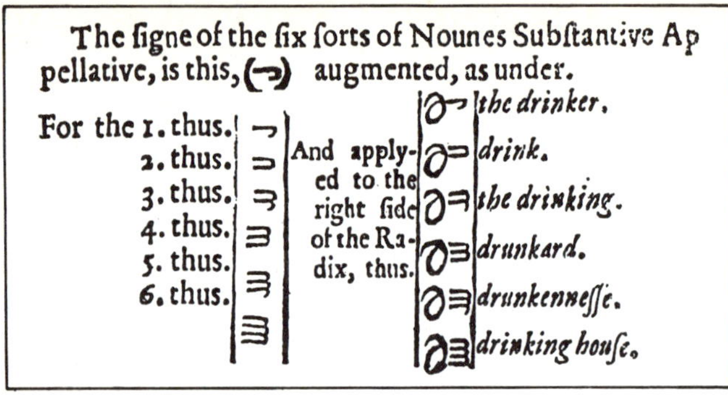

Figur 18

lischen «Noten» festlegt, die den Handelnden (*the drinker*), die Handlung (*drink*), das Objekt (*the drinking*), die «Inklination» (*drunkard*), deren Abstraktion (*drunkenesse*) und den Ort des Geschehens (*drinking house*) angeben.

Lodwick hat also die originelle Idee, nicht von den Substantiven auszugehen (den Nomina oder Namen von Individuen und Gattungen, wie es in der aristotelischen Tradition noch bis zu seiner Zeit üblich war), sondern von *Handlungsmustern*, und er bevölkert dann diese Handlungsmuster mit Akteuren beziehungsweise mit jenen Figuren, die wir heute Aktanten nennen würden, das heißt mit abstrakten Rollen, die sich dann mit Namen von Personen oder Dingen oder Orten verknüpfen lassen als Handelnde, Gegen-Handelnde, Objekte der Handlung und so weiter.

Zur Gestaltung seiner Charaktere greift Lodwick oft auf mnemotechnische Kriterien zurück und bemüht sich, Formen zu wählen, die an den Anfang des Wortes im Englischen erinnern (für *drink* nimmt er eine Art Delta, für *love* eine Art L), dazu erfindet er allerlei Punktierungen und Zusatzzeichen, die vage ans Hebräische erinnern, und schließlich, wie Salmon nahelegt, entlehnt er vermutlich aus der Algebra seiner Zeit die Idee, die Zahlen durch Buchstaben zu ersetzen.

Zur Festlegung seines aufs Nötigste reduzierten Inventars an Wurzeln entwirft Lodwick sodann eine philosophische Grammatik, in der auch die grammatikalischen Kategorien semantische Verhältnisse ausdrücken. Derivative und Morpheme werden in gleicher Weise zu Kriterien der Sparsamkeit, um alle grammatikalischen Kategorien auf Handlungskomponenten zu reduzieren.

Das Lexikon der Charaktere erschiene so schon recht schmal neben einem Verzeichnis der Wörter einer natürlichen Sprache, und Lodwick tut alles, um es noch weiter zu reduzieren: Er leitet aus den Verben die Adjektive und die Adverbien ab, er benutzt die Wurzel *love*, um das personale Objekt (*the beloved*) und den Modus (*lovingly*) zu erzeugen, er leitet das Adjektiv «sauber» aus der Verbalwurzel «säubern» (*to kleanse*) ab, indem er ihr ein spezielles «Erklärungszeichen» beigibt (mit dem erklärt wird, daß die im Verb bezeichnete Handlung am Objekt vorgenommen worden ist).

Lodwick muß feststellen, daß es bei vielen Adverbien nicht möglich ist, sie auf Handlungen zu reduzieren, ebenso bei den Präpositionen, den Interjektionen und den Konjunktionen, die durch besondere Zeichen an den Wurzeln dargestellt werden. Er rät dazu, Eigennamen in der natürlichen Sprache zu schreiben. Ein besonderes Problem stellen ihm jene Namen, die wir heute als solche der «natürlichen Gattungen» bezeichnen würden, und er weiß sich nicht anders zu helfen, als sie in einer Extraliste zusammenzustellen, womit freilich die Hoffnung schwindet, das Lexikon auf eine sehr kleine Zahl von Wurzeln reduzieren zu können. Aber Lodwick versucht, auch die Liste der natürlichen Gattungen noch zu verringern. So hält er es beispielsweise für möglich, Nomina wie *hand*, *foot* und *land* auf Verbalwurzeln wie *to hand*, *to handle*, *to foot* und *to land* zu reduzieren. An anderer Stelle greift er auf die Etymologie zurück und reduziert *king* auf die archaische Verbalwurzel *to kan*, die angeblich sowohl «erkennen» als auch «können» bedeutet, wozu er anmerkt, daß auch im Lateinischen *rex* von *regere* abgeleitet werden könne und daß man mit einem einzigen Begriff sowohl den (englischen) König wie den (deutschen) Kaiser bezeichnen könne, einfach indem man zur Wurzel K den Namen des Landes angebe.

Wo er keine Verbalwurzel finden kann, versucht er wenigstens, mehrere Nomina auf eine einzige Wurzel zu reduzieren, wie er es für *child*, *calfe*, *puppy* und *chikin* vorschlägt, was die Jungen verschiedener Tierarten sind (dieselbe Operation nimmt auch Wilkins vor, aber indem er den schwerfälligen Apparat der «Transzendentalen Partikeln» bemüht), und er betont, daß die Reduzierung auf eine einzige Wurzel auch durch Handlungsmuster erfolgen kann, die zueinander in einem Analogieverhältnis stehen (wie *to see* und *to know*) oder in einem der Synonymie (wie *to lament* und *to bemoane*) oder in einem der Opposition (wie *to curse* und *to bless*) oder die mit derselben Substanz zu tun haben (so könnten zum Beispiel die Verben *to moisten*, *to wet*, *to wash* und sogar *to baptize* auf ein Handlungsmuster reduziert werden, das die Benetzung eines Körpers vorsieht). Alle diese Ableitungen würden dann durch entsprechende Noten bezeichnet.

Das Projekt wird nur knapp umrissen, und das Notierungssystem ist schwierig, aber Lodwick gelingt es, mit einer Liste von nur 16 Wurzeln (*to be*, *to make*, *to speake*, *to drinke*, *to love*, *to kleanse*, *to come*, *to begin*, *to create*, *to light*, *to shine*, *to live*, *to darken*, *to comprehend*, *to send* und *to name*) den Anfang des Johannes-Evangeliums zu transkribieren («Im Anfang war das Wort, und das Wort war bei Gott ...»), wobei er «Anfang» von *to begin* ableitet, «Gott» von *to be*, «das Wort» von *to speak* und «alles» von *to create*.

Eine Grenze seines Unternehmens besteht darin, daß er, so wie andere Polygraphen die Allgemeingültigkeit des Lateinischen vorausgesetzt haben, nun seinerseits eine Allgemeingültigkeit des Englischen voraussetzt, wobei er jedoch die englische Grammatik auf der Basis von Kategorien behandelt, die noch das Lateinische durchklingen lassen. Aber er löst sich entschlossen von dem beengenden aristotelischen Modell, das ihn wie seine Vorgänger gezwungen hätte, eine wohlgeordnete Hierarchie von Gattungen und Arten zu errichten, denn keine vorangegangene Tradition hatte festgelegt, daß die Fülle der Verben hierarchisiert werden müsse wie die Fülle der aristotelischen Wesenheiten.

Wilkins hat sich Lodwicks Idee in einer Tafel seines *Essay* (S. 311) angenähert, die den Präpositionen der Bewegung gewidmet ist und in der die Gesamtheit der Präpositionen auf eine Reihe von Positionen (und möglichen Handlungen) eines Körpers in einem *nicht hierarchisierten* dreidimensionalen Raum reduziert wird (Fig. 19), aber er hatte nicht den Mut, das Prinzip auf das ganze Inhaltssystem auszudehnen.

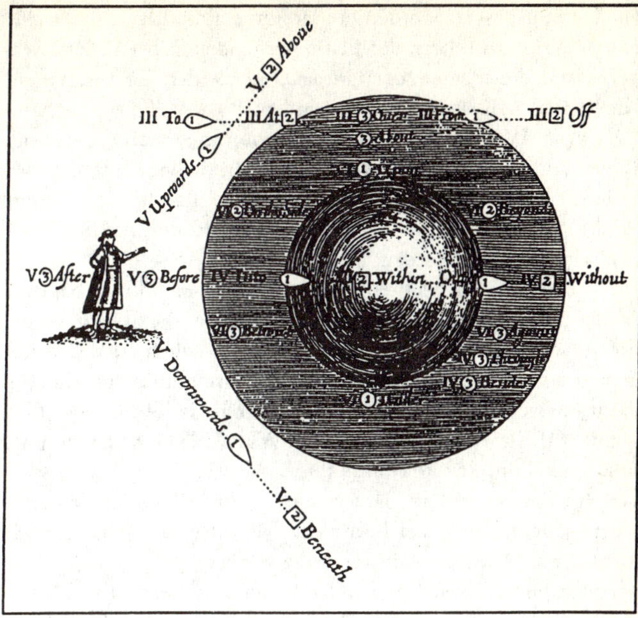

Figur 19

Unglücklicherweise sind auch die elementaren Handlungsbegriffe bei Lodwick nicht zwangsläufig Elementarbegriffe oder Primitiva. Sicher lassen sich einige Positionen und Haltungen unseres Körpers im Raum identifizieren, die unmittelbar und allgemein verständlich sind, wie «aufstehen» oder «sich hinlegen», aber Lodwicks sechzehn verbale Wurzeln sind keineswegs solcher Art, und daher könnte man ihm dasselbe entgegenhalten, was Degérando gegen Wilkins vorbringen sollte: Man könne nicht einmal eine so selbstverständliche Vorstellung wie «gehen» als elementar bezeichnen. Zwar lasse sie sich in Begriffen der *Bewegung* definieren, aber die Idee der Bewegung erfordere als ihre Komponenten die Ideen des *Ortes*, der *Existenz an diesem bestimmten Ort*, einer *beweglichen Substanz*, die den betreffenden Ort besetzt hält, und eines *zeitlichen Moments*, der den Übergang markiert; und damit nicht genug, müßten bei einer Bewegung zumindest der *Aufbruch*, der *Übergang* und die *An-*

kunft vorausgesetzt werden; außerdem sei die Idee eines *Handlungsprinzips* im Innern der sich bewegenden Substanz zu erwägen sowie die Idee einiger *Gliedmaßen*, die den Körper tragen, «denn rutschen, kriechen etc. sind nicht dasselbe wie gehen» (*Des signes* IV, 395); auch müßte angenommen werden, daß die Bewegung sich auf dem *Erdboden* abspielt, da wir sonst statt des Gehens ein Schwimmen oder ein Fliegen hätten. Und an diesem Punkt müßten auch die Ideen des Erdbodens und der Gliedmaßen weiter zerlegt werden.

Es sei denn, wir wählten die elementaren Handlungsbegriffe *ad hoc*, wie zwischensprachliche Konstrukte, die als Parameter für maschinelle Übersetzungen dienen; so haben zum Beispiel Schank und Abelson (1977) eine Repräsentationssprache für Computer entwickelt, die auf elementaren Handlungsbegriffen wie PROPEL, MOVER, INGEST, ATRANS, EXPEL beruht, mit denen komplexere Handlungen wie «essen» analysiert werden (beispielsweise in Sätzen wie «John ißt einen Frosch», worin jedoch – wie bei Lodwick – die Idee «Frosch» sich als nicht in ein Handlungsmuster zerlegbar erwies).

Auf ähnliche Weise versucht man in einigen Semantiken heute nicht mehr so sehr, von der Definition eines Begriffs wie «Käufer» auszugehen, um dann zur Definition von «Kaufen» zu gelangen, sondern entwirft eher typische Handlungsabfolgen, die definieren, welche Beziehungen eintreten, wenn ein Subjekt A einem Subjekt B eine Summe Geldes gibt und dafür eine Ware erhält: Es ist klar, daß durch diese Abfolge nicht nur der Käufer definiert werden kann, sondern auch der Verkäufer, der Akt des Kaufens und der des Verkaufens, die Begriffe Verkauf und Preis und so weiter. Eine solche typische Abfolge wird in der Künstlichen Intelligenz als «Rahmen» (*frame*) definiert, da sie einem Computer ermöglicht, aus gegebenen Informationen Schlüsse zu ziehen (wenn A ein Käufer ist, wird er die und die Handlungen verrichten, wenn er sie nicht verrichtet, ist er kein Käufer; wenn A eine Ware von B annimmt und ihm kein Geld dafür gibt, kauft er sie nicht, und so weiter).

Nach anderen zeitgenössischen Forschungsansätzen ließe sich das Verb *to kill* wie folgt darstellen: *Xs cause (Xd change in (– live Xd)) + (animated Xd) & (violent Xs)*. Soll heißen: Wenn ein Subjekt *s* gewalttätig handelt, um in einem Subjekt *d*, das ein belebtes Wesen ist, eine Zustandsänderung vom Leben zum Tod zu bewirken, dann tötet es. Wollte man aber das Verb *to assassinate* darstellen, so müßte man *Xd* außer dem Zeichen für «belebtes Wesen» auch ein Zeichen für «politische Persönlichkeit» beigeben.

Es ist bezeichnend, daß Wilkins in seinem Wörterbuch den Begriff *assassin* zwar vorsieht und auf das Synonym *murther* verweist (das irrtümlich als vierte Spezies der dritten Differenz der Gattung Judiziäre Relationen bezeichnet wird, während es in Wahrheit die fünfte Spezies ist), sich aber beeilt, ihn durch eine natursprachliche Umschreibung einzugrenzen («specially, under pretence of Religion»). Die apriorisch-philosophische Sprache ist eben nicht in der Lage, allen Feinheiten der natürlichen Sprache zu folgen.

Lodwicks Projekt dagegen könnte, entsprechend vervollständigt, für «politischen Mord» das Zeichen für «töten» nehmen und ihm eine Note für das Milieu und die Umstände beifügen, um so auf einen Akt der Tötung zu verweisen, der sich in der politischen oder religiösen Welt abspielt.

Lodwicks Sprache erinnert an jene, die Borges in seiner Erzählung «Tlön, Uqbar, Orbis Tertius» (*Ficciones*, 1944) beschrieben hat, in der man nicht durch Zusammenballung von substantivischen Wurzeln vorgeht, sondern nur zeitliche Abläufe ausdrückt, weshalb es zum Beispiel kein Substantiv für «Mond» gibt, sondern nur ein Verb «monden». Sicher hat Borges Wilkins gekannt, wenn auch nur aus zweiter Hand, aber wahrscheinlich wußte er nichts von Lodwick. Bestimmt aber dachte er – und es ist nicht auszuschließen, daß auch Lodwick es tat – an die Stelle im *Kratylos* (396a-b), wo Platon zur Untermauerung der Theorie vom «motivierten» Ursprung der Namen Beispiele dafür gibt, daß Wörter nicht eine Sache repräsentieren, sondern den Ursprung oder das Ergebnis einer Handlung. So beruhe etwa die seltsame Differenz zwischen dem Nominativ und dem Genitiv des Namens *Zeus-Dios* darauf, daß der Name ursprünglich ein Syntagma war, mit dem die übliche Tätigkeit des Königs der Götter ausgedrückt wurde: *di' hoòn zen*, «der, durch welchen das Leben gegeben wird».

Gerade um den Krämpfen einer lexikalischen Definition nach Gattung, Art und Differenz zu entgehen, versuchen viele semantische Theorien heute, die Bedeutung eines Begriffs durch eine Reihe von *Instruktionen* oder Prozeduren zu bestimmen, durch welche wir die Möglichkeiten ihrer Anwendung verifizieren. Doch bereits Charles Sanders Peirce hatte an einer seiner charakteristischsten Stellen (*Collected Papers*, 2.330) eine lange und komplexe Erklärung des Begriffs «Lithium» gegeben, in der diese Substanz nicht nur durch ihre Position in der periodischen Tafel der Elemente und durch ihre Atomzahl definiert wird, sondern auch durch die Beschreibung der Operationen, die man durchführen muß, um eine Probe davon zu gewinnen.

Lodwick war nicht bis zu diesem Punkt gelangt, aber sein Projekt verstieß kühn gegen eine zählebige Tradition, die auch in den folgenden Jahrhunderten nicht absterben sollte, nämlich die Annahme, daß im Prozeß der Sprachentstehung die Nomina vor den Verben gekommen sein mußten (im übrigen bekräftigte die gesamte aristotelisch-scholastische Diskussion die Idee des Vorrangs der Substanzen, die eben durch Nomina ausgedrückt wurden und deren Handlungen erst anschließend prädiziert wurden).

Erinnern wir uns, was im 5. Kapitel über die Tendenz aller Theoretiker einer vollkommenen Sprache gesagt worden war, sich vor allem auf eine Nomenklatur zu stützen. Noch im achtzehnten Jahrhundert schreibt Vico (*Scienza nuova seconda*, II, 2.4), die Tatsache, daß die Nomina vor den Verben entstanden seien, werde nicht nur durch die Struktur des Satzes bewiesen, sondern auch durch die Tatsache, daß die Kinder sich, außer durch Interjektionen, zuerst durch Nomina ausdrückten und erst später durch Verben; und Condillac behauptet (*Essai sur l'origine des connaissances humaines*, 82), die Sprache sei «lange Zeit ohne andere Wörter als die Nomina geblieben». Stankiewicz (1974) hat gezeigt, daß eine andere Orientierung sich erstmals im *Hermes* von Harris (1751, III) gebildet hat, dann bei Monboddo (*Of the Origins and Progress of Language*, 1773–1792) und dann schrittweise durch Herder, der in seiner Abhandlung *Vom Geist der Ebräischen Poesie* (1787) schreibt, das Nomen beziehe sich auf die Dinge in lebloser Weise, während das Verbum die Dinge in Aktion versetze, und das rege die Sinne an. Ohne der von Stankiewicz durchgeführten Linguistik des Verbums in jedem Punkt folgen zu müssen, kann man ihm darin zustimmen, daß es im Zeichen einer Neubewertung des Verbums war, in dem die vergleichende Grammatik der Verfechter der indoeuropäischen Hypothese antrat, und «in diesem Punkt folgten sie der Tradition der Sanskrit-Grammatiker [. . .], die die Wörter aus Verbalwurzeln ableiteten» (1974: 176). Um mit einem Protest von De Sanctis zu schließen: In einer Diskussion über die Ansprüche der philosophischen Grammatiken kritisierte er die traditionellen Versuche (die wir bei Dalgarno und Wilkins gesehen haben), das Verb auf Nomen plus Adjektiv zu reduzieren, mit den Worten: «‹Ich liebe› ist nicht dasselbe wie ‹ich bin liebend› [. . .]. Die Autoren philosophischer Grammatiken haben, als sie die Grammatik auf Logik reduzierten, den volitiven Aspekt des Denkens übersehen» (Francesco De Sanctis, *Teoria e storia della letteratura*, ed. Croce, Laterza, Bari 1926, 1, 39f.).

Mithin erweist sich auch Lodwicks Utopie als ein erster schüchterner, ungehörter Hinweis auf einige Probleme, die für die späteren sprachwissenschaftlichen Debatten zentral werden sollten.

14. Von Leibniz zur Encyclopédie

Leibniz hatte 1678 eine *Lingua Generalis* verfaßt (abgedruckt in Couturat 1903), worin er vorschlug, nachdem man den ganzen Wissensstoff in einfache Ideen zerlegt und diese Ur- oder Grundideen mit Nummern versehen habe, die Nummern durch Buchstaben wiederzugeben, und zwar so, daß die Ziffern mit Konsonanten und die Dezimaleinheiten mit Vokalen geschrieben werden, nach folgendem Muster:

1 b	2 c	3 d	4 f	5 g	6 h	7 l	8 m	9 n
Einer a	Zehner e	Hunderter i	Tausender o	Zehntausender u				

Um also beispielsweise die Zahl 81 374 auszudrücken, schreibt man *Mubodilefa*. Da aber der Vokal nach der Ziffer in jedem Fall ihren Status angibt, ist die Reihenfolge egal, so daß dieselbe Zahl auch durch *Bodifalemu* ausgedrückt werden kann.

Das läßt vermuten, Leibniz habe an eine Sprache gedacht, in der man sich mit Lautgebilden wie *bodifalemu* oder *gifeha* (= 546) verständigen sollte, so wie sich die Sprecher von Dalgarnos oder Wilkins' Sprachen mit Lautgebilden wie *Nekpot* oder *Deta* verständigen müßten.

Andererseits hatte sich Leibniz auch sehr um eine andere Form von sprechbarer Sprache gekümmert, die mehr oder weniger dem an der Schwelle unseres Jahrhunderts von Giuseppe Peano erfundenen *Latino sine flexione* ähnelte: ein Latein, das eine drastische Vereinfachung und Regulierung der Grammatik vorsah, mit nur einer einzigen Deklination und einer einzigen Konjugation, Abschaffung von Genus und Numerus, Gleichsetzung von Adjektiv und Adverb sowie Reduzierung der Verben auf Kopula + Adjektiv oder Partizip.

Wollte man das Projekt beschreiben, das Leibniz sein ganzes Leben lang umkreist hatte, so müßte man zweifellos von einem immensen philosophisch-linguistischen Gebäude sprechen, das vier Grundpfeiler vorsah: 1.) die Festlegung eines Systems von Elementarbegriffen, organisiert in einem Alphabet des Denkens oder einer allgemeinen Enzyklopädie; 2.) die Ausarbeitung einer Idealgrammatik, für die sein vereinfachtes Latein ein Beispiel war, zu dem ihn wahrscheinlich die von Dalgarno vorgeschlagenen grammatikalischen Vereinfachungen inspiriert hatten; 3.) eventuell die Aufstellung einer Reihe von Regeln für die Aussprechbarkeit der Charaktere; 4.) ein Lexikon von Realcharakteren, anhand derer sich eine Rechnung durchführen ließe, die den Sprecher automatisch dazu bringen würde, wahre Sätze zu formulieren.

In Wahrheit lag jedoch, wie es scheint, die wirkliche Leistung von Leibniz im vierten Punkt des Projekts – und in der Tatsache, daß er schließlich jeden Versuch aufgegeben hatte, die anderen drei Punkte zu realisieren. Leibniz hatte kein besonderes Interesse an einer Universalsprache à la Wilkins und Dalgarno (obwohl er von ihren Büchern sehr beeindruckt war), und mehr als einmal hat er das auch klar zu verstehen gegeben; so schreibt er zum Beispiel in einem Brief an Oldenburg (Gerhardt 1875, VII: 11–14), daß seine Idee einer Allgemeinen Charakteristik oder Begriffszeichenschrift (*Characteristica universalis*) sich gründlich unterscheide von den Ideen all jener, die eine universale Schrift nach dem Modell der chinesischen begründen wollten oder eine philosophische Sprache ohne Ambiguität zu konstruieren versuchten.

Auf der anderen Seite war Leibniz immer fasziniert von der Vielfalt und Ausdrucksfülle der natürlichen Sprachen gewesen, deren Stämmen und Abstammungslinien er so viele Studien gewidmet hat, und da er nicht glaubte, daß es jemals möglich sein werde, eine adamitische Sprache zu identifizieren (geschweige denn, zu ihr zurückzukehren), hatte er schließlich genau jene *confusio linguarum*, die andere Autoren zu eliminieren trachteten, als etwas Positives gefeiert (vgl. Gensini 1990; 1991).

Am Ende war er überzeugt, daß jedes Individuum eine eigene Sicht des Universums hat (wie es seine Monadenlehre verlangte), als würde eine Stadt je nach der Position des Betrachters dargestellt. Für einen, der eine solche philosophische Position vertritt, scheint es in der Tat schwierig, alle Menschen dazu bringen zu wollen, das erstarrte Universum durch einen Raster aus ein für allemal konstruierten Gattungen und Arten zu sehen, der keine Rücksicht auf die Besonderheiten, auf die unterschiedlichen Blickwinkel, auf den Geist jeder einzelnen Sprache nimmt.

Nur *ein* Motiv hätte Leibniz dazu bringen können, nach einer universalen Kommunikationsform zu suchen, nämlich seine irenistische Leidenschaft, seine Utopie eines Welt- und Religionsfriedens, die ihn mit Lullus und Cusanus und Postel verband. In der Epoche, in der seine Vorläufer und Korrespondenten in England an eine Universalsprache dachten, die vor allem den Handel und das Reisen erleichtern sollte, noch vor dem wissenschaftlichen Austausch, finden wir bei Leibniz eine religiöse Inspiration, die wir bei Kirchenmännern wie Bischof Wilkins vergeblich suchen: Leibniz – der im Hauptberuf nicht Akademiker, sondern Diplomat war, Berater des Hofes und letztlich Politiker – trat für eine Wiedervereinigung der Kirchen ein (sei's auch in der Vision eines antifranzösischen Blocks, der sowohl Spanien und das Papsttum wie das Heilige Römische Reich und die deutschen Fürstentümer umfaßte), eine Wiedervereinigung, die einem tiefen religiösen Gefühl entsprach, der Idee eines universalen Christentums und einer Befriedung Europas.

Doch der Weg, auf dem man zu einer solchen Verständigung der Geister gelangen könnte, ging für Leibniz nicht durch die Universalsprache, sondern eher durch die Schaffung einer wissenschaftlichen Sprache, die Instrument zur Entdeckung der Wahrheit sein müßte.

Die Characteristica universalis und der Calculus

Das Thema der Entdeckung und der schöpferischen Logik bringt uns zurück zu einer der Quellen des Leibnizschen Denkens, der *Ars combinatoria* von Lullus. Mit zwanzig schrieb Leibniz eine ausdrücklich an Lullus orientierte *Dissertatio de arte combinatoria* (Gerhardt 1875, IV, 27–102, sowie *Sämtl. Schriften und Briefe*, VI/1, S. 163–230), aber das Phantom der Kombinatorik hat ihn sein ganzes Leben lang verfolgt.

In einem nur wenige Seiten umfassenden Aufsatz unter dem Titel *De l'Horizon de la doctrine humaine* (in Fichant 1991) stellt er sich eine Frage, die schon Pater Mersenne fasziniert hatte: Wie groß ist die Zahl aller Sätze, ob wahr oder falsch oder auch ganz sinnlos, die sich mit einem endlichen, auf 24 Buchstaben festgelegten Alphabet formulieren lassen? Das Problem ist, sich an die aussagbaren Wahrheiten zu halten sowie an diejenigen Äußerungen, die sich aufschreiben lassen. Mit 24 Buchstaben kann man auch Wörter bilden, die 31 Buchstaben haben (wofür Leibniz Beispiele im Griechischen und im Lateinischen findet), und mit dem Alphabet ist es möglich, 24^{32} Wörter zu je 31 Buchstaben zu produzieren. Aber wie lang kann ein Satz sein? Bedenkt man, daß es sogar möglich ist, sich Sätze von der Länge eines ganzen Buches vorzustellen, so ist die Summe aller Sätze, ob wahr oder falsch, die ein Mensch im Laufe eines hundertjährigen Lebens zu lesen vermag, wenn man rechnet, daß er 100 Seiten pro Tag liest und jede Seite 1000 Buchstaben hat, insgesamt 3 650 000 000. Aber nehmen wir sogar an, daß dieser Mensch tausend Jahre lebt, soll es doch der Legende zufolge dem Artephius so ergangen sein. «Die längste ausdrückbare Satzperiode oder das längste Buch, das ein Mensch zu lesen vermag, hätte dann 3 650 000 000 000 [Buchstaben], und die Anzahl aller Wahrheiten, Falschheiten oder ausdrückbaren Sätze oder besser noch lesbaren Sätze, ob aussprechbar oder nicht, ob mit oder ohne Bedeutung, ergibt $24^{3\,650\,000\,000\,001} - 24 : 23$ [Buchstaben].»

Aber nehmen wir ruhig noch eine größere Zahl, nehmen wir an, wir könnten 100 Alphabetbuchstaben benutzen, so kämen wir auf eine Gesamtzahl von Buchstaben, die sich durch eine 1 mit 7 300 000 000 000 Nullen ausdrücken ließe, und allein um diese Zahl zu schreiben, bräuchten wir tausend Schreiber, die rund 37 Jahre lang an der Arbeit säßen.

Worauf Leibniz damit hinaus will, ist, daß – auch wenn man eine so astronomische Menge von Sätzen annimmt (und die Zahl ließe sich beliebig vergrößern) – sie von der ganzen Menschheit nicht gedacht und nicht verstanden werden könnten und in jedem Fall die Zahl der wahren oder falschen Sätze, die die Menschheit hervorbringen und verstehen kann, überstiege. Weshalb paradoxerweise die Zahl der formulierbaren Sätze am Ende doch immer endlich wäre und ein Moment kommen würde, in dem die Menschheit wieder dieselben Sätze hervorzubringen anfinge, was Leibniz erlaubt, das Thema der *Apokatastasis* zu berühren, das heißt einer allumfassenden Wiederherstellung (man könnte auch sagen: einer ewigen Wiederkehr).

Wir können hier nicht die Reihe der mystischen Einflüsse nachzeichnen, die Leibniz zu diesen Phantasien gebracht haben. Evident ist einerseits die kabbalistische und lullistische Inspiration, andererseits aber auch, daß Lullus es nie gewagt hätte, an die Produzierbarkeit so vieler Sätze zu denken, da ihn nur diejenigen interessierten, die er als wahr oder unwiderleglich erachtete. Leibniz dagegen ist fasziniert vom Taumel der Entdekkung, und das heißt von der Unzahl an Sätzen, die eine einfache mathematische Berechnung zu konzipieren erlaubt.

Schon in seiner *Dissertatio* hatte er diskutiert (Abs. 8), wie man alle je möglichen Kombinationen von *m* Objekten suchen kann, indem man *n* von 1 bis *m* variieren läßt und dafür die Formel $C_m = 2^m - 1$ ansetzt.

Der junge Leibniz kannte zu jener Zeit die Polygraphien Kirchers, Bechers, Schotts und des spanischen Anonymus (er erklärt ausdrücklich, daß er von dem «unsterblichen Kircher» noch die seit langem versprochene *Ars magna sciendi* erwarte), aber er hatte Dalgarno noch nicht gelesen, und Wilkins hatte sein Hauptwerk noch nicht veröffentlicht. Andererseits gibt es einen Brief von Kircher an Leibniz aus dem Jahre 1670, in dem der Jesuit gesteht, daß er die *Dissertatio* noch nicht gelesen habe.

Leibniz entwickelt zunächst die Methode, die er die der «Komplexionen» nennt (wenn *n* Elemente gegeben sind, in wie viele Gruppen *t* zu *t* lassen sie sich ordnen, ohne die Reihenfolge zu beachten), und wendet sie auf die syllogistische Kombinatorik an, danach (Abs. 56) diskutiert er Lullus. Bevor er einige kritische Einwände über die geringe Zahl seiner Begriffe vorbringt, stellt er die selbstverständliche Überlegung an, daß Lullus nicht alle Möglichkeiten seiner Kombinatorik nutzt, und fragt sich, was mit den Dispositionen, das heißt den Veränderungen der Reihenfolge geschieht, deren Zahl offensichtlich viel größer ist. Wir kennen die Antwort: Lullus hatte nicht nur die Zahl seiner Begriffe eingeschränkt, sondern war auch aus theologischen und rhetorischen Gründen bereit, viele Kombinationen zu verwerfen, weil sie falsche Sätze produzierten. Leibniz dagegen war interessiert an einer schöpferischen Logik (*logica inventiva*, Abs. 62), in der das kombinatorische Spiel auch bisher unbekannte Sätze hervorzubringen vermag.

In Abs. 64 der *Dissertatio* beginnt Leibniz dann, den ersten theoretischen Kern seiner «Characteristica universalis» zu entwerfen. Zunächst löse man jeden gegebenen Terminus in seine formalen Bestandteile auf, das heißt in die von seiner Definition gegebenen Teile, und dann diese weiter in ihre Bestandteile, bis man zu undefinierbaren Termini gelangt (also zu Primitiva). Unter diese *termini primi* oder Urbegriffe setze man nicht nur Gegenstände, sondern auch Modi und Relationen. Dann, nachdem man einen aus Urbegriffen abgeleiteten Terminus gebildet hat, nenne man ihn *com2natio* (combinatio), wenn er aus zwei Urbegriffen zusammengesetzt ist, *con3natio* (conternatio), wenn er aus dreien zusammengesetzt ist, und so weiter, so daß eine Hierarchie von Klassen mit wachsender Komplexität entsteht.

In seinen *Elementa characteristicae universalis*, die er zwölf Jahre später schreibt, ist Leibniz in der Wahl seiner Beispiele freundlicher. Man zerlege den Begriff «Mensch» traditionsgemäß in «vernunftbegabt» und «Lebewesen» und betrachte die Komponenten als Urbegriffe. Man weise dem Begriff «Lebewesen» zum Beispiel die Zahl 2 und dem Begriff «vernunftbegabt» die Zahl 3 zu. Der Begriff «Mensch» wird dann als 2 x 3 ausdrückbar sein, also als 6.

Damit ein Satz wahr ist, muß nun, wenn man das Verhältnis Subjekt-Prädikat als Bruch ausdrückt (S/P) und die Urbegriffe sowie die zusammengesetzten Begriffe durch die ihnen zugewiesenen Zahlen ersetzt, die Zahl des Subjekts durch die des Prädikats exakt teilbar sein. Hat man zum Beispiel den Satz «Alle Menschen sind Lebewesen», so reduziert man ihn auf den Bruch 6/2 und stellt fest, daß die 3 als Ergebnis der Teilung eine ganze Zahl ist. Der Satz ist also wahr. Ist dagegen die charakteristische Zahl des Affen 10, so ist klar, daß «im Begriff des Affen nicht der des Menschen enthalten ist und umgekehrt auch in letzterem nicht der erstere, denn weder ist 10 exakt durch 6 teilbar noch 6 durch 10.» Und wenn wir wissen wollen, ob Gold ein Metall ist, brauchen wir nur zu prüfen, «ob die charakteristische Zahl des Goldes sich durch die charakteristische Zahl des

Metalls teilen läßt» (*Elementa*, in Couturat 1903: 42–92). Aber in der *Dissertatio* waren diese Prinzipien schon angelegt.

Das Problem der Urbegriffe

Was hat diese Kunst der Kombinatorik und des Kopfrechnens mit den Projekten universaler Sprachen gemeinsam? Zunächst, daß Leibniz sich lange gefragt hat, wie man eine Liste der Urbegriffe aufstellen kann und mithin ein Alphabet der Gedanken oder eine Enzyklopädie. In *Initia et Specimina Scientiae Generalis* (Gerhardt 1875, VII: 57–60) spricht er von einer Enzyklopädie als Inventar aller menschlichen Kenntnisse, die der Kombinationskunst Material liefern soll. In *De Organo sive Arte Magna cogitandi* (Couturat 1903: 429–32) schreibt er: «Das beste Heilmittel für den Geist besteht in der Möglichkeit, wenige Gedanken zu entdecken, denen in geordneter Reihe unzählige andere Gedanken entspringen, in gleicher Weise wie aus wenigen Zahlen (von 1 bis 10) in geordneter Reihe alle anderen Zahlen abgeleitet werden können», und im selben Text kommt er auch auf die kombinatorischen Möglichkeiten des binären Zahlensystems zu sprechen.

In *Consilium de Encyclopaedia nova conscribenda methodo inventoria* (Couturat 1903: 30–41) entwirft er ein System der Erkenntnisse, das sich in mathematischem Stil durch akkurat formulierte Sätze realisieren läßt, und umreißt praktisch ein System der Wissenschaften und der in ihnen enthaltenen Kenntnisse: Grammatik, Logik, Mnemonik, Topik und so fort bis hin zur Moral und zur Wissenschaft von den unkörperlichen Dingen. In einem späteren Text über die *Termini simpliciores*, 1680–84 (Grua 1948, 2: 542), weicht er zurück auf eine Liste von Elementarbegriffen wie Wesen, Substanz, Attribut, eine Liste, die noch an die aristotelischen Kategorien erinnert, vermehrt um Relationen wie vorne und hinten.

In *Historia et commendatio linguae characteristicae* (Gerhardt 1875, VII: 184–89) erinnert er an die Zeit, als er sich «ein Alphabet der menschlichen Gedanken» wünschte, das so geartetet sein sollte, daß «durch Kombination der Buchstaben dieses Alphabets und durch Analyse der mit ihnen gebildeten Wörter alles entdeckt und beurteilt werden könnte», und er fügt hinzu, nur so könnte die Menschheit eine neue Art von Organ bekommen, das die Möglichkeiten des Geistes sehr viel mehr erweitern würde, als es die Teleskope und Mikroskope mit denen des Gesichtssinnes tun. Und begeistert von den Möglichkeiten des Rechnens endet er mit einem Appell zur Bekehrung des ganzen Menschengeschlechts, wie Lullus überzeugt, daß auch die Missionare mit Hilfe der Begriffszeichensprache die Götzenanbeter zur Vernunft bringen könnten, indem sie ihnen zeigten, wie sehr unsere Glaubenswahrheiten mit den Wahrheiten der Vernunft übereinstimmten.

Doch gerade nach diesem fast mystischen Höhenflug, als Leibniz sich bewußt macht, daß sein Alphabet noch gar nicht formuliert worden ist, spricht er von einem *eleganten Kunstgriff* und erklärt: «Daher tue ich so, als ob diese so wunderbaren charakteristischen Zahlen schon gegeben wären, und nachdem ich an ihnen eine gewisse allgemeine Eigenschaft beobachtet habe, nehme ich einstweilen beliebige Zahlen, die mit dieser Eigenschaft übereinstimmen, und kann durch ihre Anwendung sogleich alle logischen Regeln mit erstaunlicher Leichtigkeit beweisen und gleichzeitig zeigen, wie man erkennen kann, ob gegebene Argumentationen der Form nach schlüssig sind.»

Mit anderen Worten, die Elementarbegriffe werden zur Erleichterung des Rechnens einfach als solche *postuliert*, ohne daß damit behauptet wird, sie seien tatsächlich elementare, nicht weiter analysierbare Begriffsatome.

Im übrigen gibt es noch andere und tiefer liegende philosophische Gründe, aus denen Leibniz nicht denken kann, wirklich ein Alphabet der Elementarbegriffe zu finden. Schon aus der Sicht des gemeinen Verstandes gibt es keinerlei Gewißheit, daß die Begriffe, zu denen man durch analytische Zerlegung gelangt, nicht noch weiter zerlegbar sind. Um wieviel geringer mußte diese Gewißheit in dem Denker sein, der die Infinitesimalrechnung erfunden hat. «*Es gibt kein Atom*, kein Körper ist so winzig, daß er nicht in Wahrheit noch unterteilt werden könnte [...]. Daraus folgt, *in jeder Partikel des Universums ist eine Welt unzähliger Geschöpfe enthalten* [...]. Es gibt keine bestimmte Figur in den Dingen, denn keine kann den unzähligen Eindrücken Genüge tun» (*Primae veritates*, Text ohne Titel in Couturat 1903: 522).

So kommt Leibniz zu der Entscheidung, Begriffe zu verwenden, die für uns die allgemeinsten sind und die wir innerhalb der Rechenoperation, die wir vornehmen wollen, als «elementar» betrachten können; die Begriffszeichensprache löst sich von der Notwendigkeit einer Suche nach dem definitiven Alphabet des Denkens. In einem Kommentar zu Descartes' Brief an Mersenne über die Schwierigkeit eines Alphabets der Gedanken (das er einen Traum nannte, der nur in Romanen Wirklichkeit werden könne, s. o. S. 226), notiert Leibniz:

> Obschon diese Sprache von der wahren Philosophie abhängt, ist sie nicht abhängig von deren Perfektion. Das heißt, diese Sprache kann etabliert werden, auch wenn die Philosophie noch nicht perfekt ist, und im selben Maße, in dem die Wissenschaft der Menschen wachsen wird, wird auch diese Sprache wachsen. Einstweilen wird sie eine wunderbare Hilfe sein, sowohl um sich mit dem anzureichern, was wir wissen, als auch um zu sehen, was uns fehlt, und um die Mittel zu erfinden, es zu erlangen. Vor allem jedoch, um die Kontroversen in den Disziplinen zu beseitigen, die vom Räsonnement abhängen. Denn räsonieren und rechnen wird dann dasselbe sein (Couturat 1903: 28).

Doch es geht nicht nur darum, eine sozusagen konventionalistische Entscheidung zu treffen. Die Bestimmung der Elementarbegriffe kann der Begriffszeichensprache auch deswegen nicht vorausgehen, weil diese nicht gehorsames Instrument zum Ausdruck des Denkens ist, sondern *Rechenapparat zum Finden von Gedanken.*

Die Enzyklopädie und das Alphabet des Denkens

Die Idee einer Universalenzyklopädie wird Leibniz nie aufgeben: Als Bibliothekar, der er lange beruflich war, und als Gelehrter konnte er nicht umhin, den pansophischen Aspirationen des ausgehenden siebzehnten Jahrhunderts und jener enzyklopädischen Strömung zu folgen, die ihre Früchte im nächsten Jahrhundert bringen sollte. Doch immer deutlicher zeichnet sich diese Idee in ihm nicht als Suche nach einem Alphabet von Elementarbegriffen ab, sondern als ein praktisches und flexibles Instrument, das allen ermöglichen soll, das immense Gebäude des Wissens zu kontrollieren. 1703 schreibt er seine polemisch gegen Locke gerichteten *Nouveaux essais sur l'entendement humain* (das Buch erscheint erst lange nach seinem Tod 1765) und beschließt sie mit einem monumentalen Fresko der zukünftigen Enzyklopädie. Zunächst verwirft er die von Locke vorgeschlagene Dreiteilung des Wissens in Physik, Ethik und Logik (oder Semiotik). Auch eine so einfache Klassifizierung sei unhaltbar, denn diese drei Provinzen des Wissens würden sich unentwegt um ihre Gegenstände streiten: Die Lehre der Geister könne in die Logik eingehen, aber auch in die Moral, und alles zusammen könnte in die praktische Philosophie eingehen, insofern diese unserem Glück diene. Eine erinnernswerte Geschichte könne in die Annalen der Universalgeschichte eingehen oder in die besondere Geschichte eines Landes oder auch nur in die einer Person. Wer eine Bibliothek organisiere, wisse oft nicht, in welche Abteilung er ein Buch einstellen solle (vgl. Serres 1968: 22f.).

Daher bliebe nichts anderes übrig, als eine Enzyklopädie zu organisieren, die wir polydimensional und gemischt nennen würden, eine Enzyklopädie, die – so Gensini (1990: 19) – eher nach «Routen» als nach Disziplinen aufgebaut ist, ein Modell des theoretisch-praktischen Wissens, das zu «transversalen» Benutzungen ermuntert: einmal im theoretischen Sinn nach der Ordnung der Beweise, wie es die Mathematiker tun, das andere Mal analytisch und praktisch, mit Rücksicht auf die menschlichen Ziele; und dann müßte ein Register angefügt werden, das die verschiedenen Themen ebenso aufzufinden erlaubt wie ein gleichbleibendes Thema, das unter verschiedenen Aspekten an verschiedenen Stellen behandelt worden ist (*Nouveaux essais* IV, 21, «De la division des sciences»). Es scheint fast, als würde die Inkongruenz, die nicht-dichotomische Ordnung der Wilkinsschen Enzyklopädie als *felix culpa* gefeiert; es klingt wie eine Vorwegnahme des Projekts, das knapp 50 Jahre später in d'Alemberts Einleitung zur *Encyclopédie* entwickelt wird. Leibniz denkt tatsächlich an jenen «Hypertext», den Wilkins nur ahnen ließ.

Das blinde Denken

Wir sagten, daß Leibniz zweifelte, ob sich wirklich ein exaktes und definitives Alphabet der Gedanken erstellen ließe, und daß er die wahre Kraft seiner Begriffszahlenrechnung in ihren Kombinationsregeln sah: Leibniz war mehr interessiert an der *Form* der mit seiner Methode generierbaren Sätze als an der Bedeutung der Zahlen. An mehreren Stellen vergleicht er die Characteristica universalis mit der Algebra, obwohl er die Algebra nur als *eine* Form von möglicher Rechnung betrachtet und weiter an eine Rechnung denkt, die sich streng quantifizierend mit qualitativen Begriffen betreiben ließe.

Eine der Ideen, die in seinem Denken umgehen, ist die, daß die Characteristica, wie die Algebra, eine Form von «blindem Denken», *cogitatio caeca* sei (vgl. z. B. *De Cognitione, Veritate et Idea*, in Gerhardt 1875, IV: 422–26). Unter blindem Denken versteht er die Möglichkeit, Berechnungen vorzunehmen, die zu exakten Resultaten führen, mit Symbolen, deren Bedeutungen man nicht unbedingt kennen muß oder von deren Bedeutungen man sich keine klare Vorstellung machen kann.

Gerade in einem Text, in dem er den Calculus Characteristicus als das einzige wahre Beispiel einer «adamitischen Sprache» definiert, macht Leibniz beispielhaft klar, was er meint:

Alles menschliche Denken vollzieht sich mittels bestimmter Zeichen oder Charaktere. Nicht nur die Dinge selbst, sondern auch die Vorstellungen von den Dingen können und müssen nicht jedesmal einzeln beobachtet werden, und darum benutzt man an ihrer Stelle kurzerhand Zeichen. Wäre nämlich der Geometriker jedesmal, wenn er die Hyperbel oder Spirale oder Quadratrix im Laufe der Demonstration benennt, gezwungen, sich exakt ihre Definitionen oder Ableitungen vorzustellen und danach erneut die Definitionen der Termini, die in sie eingehen, so käme er sehr spät zu neuen Entdeckungen [...]. Daher hat sich ergeben, daß man den Kontrakten, den Figuren und den verschiedenen Arten von Dingen Namen zugewiesen hat und den Zahlen der Arithmetik sowie den Größen der Algebra Zeichen [...]. Zu den Zeichen rechne ich die Wörter, die Buchstaben, die chemischen, astronomischen, chinesischen, hieroglyphischen Figuren, die musikalischen Noten, die steganographischen, arithmetischen, algebraischen und alle anderen Zeichen, derer wir uns anstelle der Dinge in unserem Denken bedienen. Die geschriebenen oder gemalten oder in Stein gehauenen Zeichen nennt man Charaktere [...]. Die gewöhnlichen Sprachen sind jedoch, obwohl sie dem logischen Räsonnement dienen, zahllosen Mißverständnissen ausgesetzt und können daher nicht zum Rechnen benutzt werden, etwa dergestalt, daß man die Denkfehler entdecken könnte, indem man auf die Bildung und Konstruktion der Wörter zurückgeht, als handle es sich um Sprachfehler oder Barbarismen. Diesen wunderbaren Vorzug bieten bisher nur die Zeichen, die von den Arithmetikern und Algebraikern verwendet werden, bei denen jedes Räsonnement im Gebrauch von Charakteren besteht und jeder mentale Fehler dasselbe ist wie ein Rechenfehler. Bei gründlichem Nachdenken über dieses Thema schien mir klar, daß alle menschlichen Gedanken sich zur Gänze in wenige Grundgedanken auflösen lassen, die man als elementare betrachten kann. Weist man nun diesen letzteren Charaktere zu, so lassen sich daraus die Charaktere der abgeleiteten Begriffe bilden, aus denen es immer möglich ist, die für sie nötigen Eigenschaften und die in sie eingegangenen Elementarbegriffe zu gewinnen, oder um es mit einem Wort zu sagen: die Definitionen und Werte und mithin auch die aus den Definitionen ableitbaren Modifikationen. Hat man dies einmal getan, würde, wer sich der so beschriebenen Charaktere beim Denken und Schreiben bediente, entweder niemals Fehler machen oder sie mit Hilfe sehr einfacher Prüfungen immer von selbst erkennen, seien es die eigenen oder die der anderen (*De scientia universali seu calculo philosophico*, in Gerhardt 1875, VII, 204–205).

Diese Idee eines blinden Denkens sollte fast ein Jahrhundert später zum Grundprinzip einer allgemeinen Semiotik gemacht werden: siehe Johann Heinrich Lambert, *Neues Organon*, 1762, Abteilung «Semeiotik» (vgl. Tagliagambe 1980).

Denn wie Leibniz in seiner Schrift *Accessio ad arithmeticam infinitorum* von 1672 (*Sämtl. Schriften und Briefe*, III/1: 17) ausführt: Wenn wir «Hunderttausend» sagen, stellt sich niemand im Geist alle Einheiten dieser Zahl vor. Dennoch können und müssen die Berechnungen, die auf der Grundlage dieser Zahl angestellt werden, exakt sein. Das blinde Denken operiert mit Zeichen, ohne daß es gezwungen ist, die ihnen entsprechenden Vorstellungen zu evozieren. Darum verlangt es von uns, um die Reichweite unseres Geistes zu vergrößern, so wie das Teleskop die Reichweite unserer Augen vergrößert, keine zu große Mühe. Und infolgedessen, «ist dies einmal getan, so wird es, wenn Streitfragen auftauchen, zwischen zwei Philosophen keinen größeren Diskussionsbedarf geben als zwischen zwei Rechenmeistern. Denn es wird genügen, daß sie zur Feder greifen, sich an einen Tisch setzen und zueinander sagen (nachdem sie womöglich noch einen Freund hinzugezogen haben): Rechnen wir!» (Gerhardt 1875, VII: 200).

Leibniz wollte eine logische Sprache kreieren, die ähnlich wie die Algebra imstande wäre, durch einfache Anwendung operativer Regeln auf die benutzten Symbole vom Bekannten zum Unbekannten zu führen. In einer solchen Sprache ist es nicht nötig, bei jedem Schritt zu wissen, worauf sich das jeweilige Symbol bezieht, genauso wenig wie man beispielsweise zu wissen braucht, für welche Menge ein alphabetischer Buchstabe beim Lösen einer Gleichung steht. Für Leibniz stehen die Symbole der logischen Sprache nicht nur anstelle einer Idee, sondern *statt ihrer.* Die Characteristica universalis «hilft dem logischen Denken nicht nur, sie ersetzt es» (Couturat 1901: 101).

Dascal (1978: 213) wendet hier ein, die Characteristica sei von Leibniz nicht als rein formale Rechenoperation konzipiert worden, denn die Rechensymbole hätten stets eine Interpretation. Die Algebra operiere mit alphabetischen Buchstaben, ohne sie an arithmetische Werte zu binden; die Characteristica hingegen verwende Zahlen, die sozusagen aus «vollen» Begriffen wie Mensch oder Tier «herausgeschnitten» seien, und es sei evident, daß man, um ein Resultat zu erzielen, welches «beweise», daß im Begriff des Menschen nicht der des Affen enthalten sei und umgekehrt, den Begriffen die passenden Zahlenwerte in einer semantischen Vor-Interpretation zugewiesen haben müsse. Daher seien das, was Leibniz vorgeschlagen habe, zwar formalisierte, aber *interpretierte* Systeme und folglich nicht rein formale.

Zweifellos gab es eine Leibniz-Nachfolge, die «interpretierte» Systeme zu konstruieren suchte; siehe zum Beispiel das Projekt von Luigi Richer (*Algebrae philosophicae in usum artis inveniendi specimen primum,* in «Melanges de philosophie et de mathématique de la Société Royale de Turin» II/3, 1761). In diesem sehr knappen Text von kaum mehr als 15 Seiten wird, um eine algebraische Methode auf die Philosophie anzuwenden, eine *tabula characteristica* entworfen, die eine Reihe von Generalbegriffen wie «Möglich», «Unmöglich», «Etwas», «Nichts», «Kontingent», «Veränderbar» und so weiter enthält und jeden von ihnen mit einem arbiträren Zeichen charakterisiert. Ein System verschieden ausgerichteter Halbkreise macht die Charaktere schwer unterscheidbar, erlaubt aber philosophische Kombinationen vom Typus «Dieses Mögliche kann nicht widersprüchlich sein». Die Sprache bleibt auf das abstrakte philosophische

Räsonnement beschränkt, und Richer macht sich, wie Lullus, nicht alle Möglichkeiten der Kombinatorik zunutze, da er alle für die Wissenschaft nutzlosen Kombinationen verwirft (S. 55).

Gegen Ende des achtzehnten Jahrhunderts liebäugelt Condorcet, in einem Manuskript von 1793–94 (vgl. Granger 1954), mit einer Universalsprache, die faktisch ein Ansatz zu mathematischer Logik ist, eine «langue des calculs», die Verstandesprozesse identifiziert und unterscheidet, indem sie reale Objekte ausdrückt, deren Verhältnisse formuliert werden, Verhältnisse zwischen Objekten und Operationen, die der Verstand beim Entdecken und Formulieren dieser Verhältnisse durchführt. Aber das Manuskript bricht genau dort ab, wo es darum ginge, die elementaren Ideen zu identifizieren, womit es zeigt, wie das Erbe der vollkommenen Sprachen dabei ist, sich endgültig in einen logisch-mathematischen Kalkül zu verwandeln, bei dem niemand mehr daran denkt, eine Liste der idealen Inhalte aufzustellen, sondern nur noch syntaktische Regeln zu etablieren (vgl. Pellerey 1992a: 193ff.).

Bei Leibniz indessen schwankt die Begriffszeichenschrift, aus deren Prinzipien er sogar metaphysische Wahrheiten abzuleiten versucht, zwischen einem ontologisch-metaphysischen Standpunkt und einer Betrachtungsweise, in der sie lediglich Instrument zur Konstruktion besonderer deduktiver Systeme ist (vgl. Barone 1964: 24). Mehr noch, sie schwankt zwischen einer Vorwegnahme bestimmter heutiger Semantiken, einschließlich derer, die in der Künstlichen Intelligenz angewandt werden (syntaktische Regeln mathematischer Art für semantisch interpretierte Einheiten), und einer rein mathematischen Logik, die mit ungebundenen Variablen operiert.

Dennoch ist es nicht Leibniz und seine unvollendete Bemühung um einen Kalkül mit semantisch «vollen» Größen, auf den sich die neuen Semantiken zurückführen, während es zweifellos er ist, von dem diverse Strömungen der symbolischen Logik ausgehen.

Die entscheidende Erkenntnis, die seiner Begriffszeichenschrift zugrundeliegt, ist diese: Auch wenn die Zeichen arbiträr gewählt sind und auch wenn es nicht sicher ist, ob die um des logischen Räsonnements willen als elementar angenommenen

Begriffe tatsächlich elementar sind, wird die Wahrheitsgarantie durch den Umstand gegeben, daß *die Form des Satzes eine objektive Wahrheit widerspiegelt.*

Es gibt für Leibniz eine Analogie zwischen der Ordnung der Welt – oder der Wahrheit – und der grammatikalischen Ordnung der Symbole in der Sprache. Viele haben in dieser Position die *picture theory of language* des frühen Wittgenstein identifiziert, für den der Satz eine den dargestellten Tatsachen ähnliche logische Form haben muß (*Tractatus* 4.12ff., vgl. 2.2). Leibniz hätte sicher als erster zugegeben, daß der Wert seiner philosophischen Sprache eine Funktion ihrer formalen Struktur und nicht ihrer Begriffe hätte sein müssen und daß die Syntax, das, was er die *habitudo* oder Struktur des Satzes nannte, wichtiger als die Semantik war (vgl. Land 1974: 139).

Du siehst also, daß, wie willkürlich man die Zeichen auch nimmt, dennoch alle Resultate miteinander übereinstimmen, wenn man bei ihrem Gebrauch eine gewisse Ordnung und Regel befolgt (*Dialogus*, in Gerhardt 1875, VII: 193).

Ausdruck einer Sache nennt man das, worin die Strukturen (*habitudines*) fortbestehen, die den Strukturen der auszudrückenden Sache entsprechen. [...] aus der bloßen Betrachtung der Strukturen des Ausdrucks können wir zum Wissen um die entsprechenden Eigenschaften der auszudrückenden Sache gelangen [...], sofern nur eine gewisse Ähnlichkeit zwischen den beiden Strukturen beachtet wird (*Quid sit Idea*, ibid., 263f.).

Und was hätte schließlich der Philosoph der prästabilierten Harmonie auch anderes denken können?

«I-Ching» und binäre Zählung

Daß derselbe Leibniz am Ende dazu neigte, seine Begriffszeichenschrift auf ein wirklich blindes Rechnen hin auszurichten und damit die Logik von Boole zu antizipieren, zeigt uns die Art, wie er auf das chinesische *I-Ching* oder «Buch der Wandlungen» reagierte.

Sein Interesse an der chinesischen Sprache und Kultur ist breit bezeugt, besonders für die beiden letzten Jahrzehnte seines Lebens. 1697 veröffentlichte er die *Novissima sinica* (Dutens 1768, IV/1; dt.: *Das Neueste von China*, ed. Nesselrath u. Reinbothe,

Deutsche China-Gesellschaft, Köln 1979), eine Sammlung von Briefen und Aufsätzen der jesuitischen Missionare in China. Das Werk kam dem gerade aus China zurückgekehrten Pater Joachim Bouvet vor Augen, und dieser schrieb ihm daraufhin über die altchinesische Philosophie, die er in den 64 Hexagrammen des *I-Ching* dargestellt sah.

Jahrhundertelang war das «Buch der Wandlungen» für ein uraltes Werk gehalten worden, bis neuere Forschungen es ins dritte Jahrhundert v. Chr. datierten, aber zur Zeit von Leibniz wurde es noch dem mythischen Urkaiser Fu-Hsi zugeschrieben. Es diente zu magischen und Orakelzwecken, und zu Recht hatte Pater Bouvet in seinen Hexagrammen die Grundprinzipien der chinesischen Tradition gesehen.

Doch als Leibniz ihm daraufhin seine Forschungen über die binäre Arithmetik beschrieb, das heißt über die Rechenweise mit 1 und 0 (nicht ohne auf ihre metaphysischen Implikationen hinzuweisen und auf ihre Macht, das Verhältnis zwischen Gott und dem Nichts darzustellen), begriff Pater Bouvet, daß sie auf wundersame Weise die Struktur der chinesischen Hexagramme erklärte – und schickte Leibniz 1701 einen Brief (den Leibniz jedoch erst 1703 erhielt), dem er einen Holzschnitt mit der Anordnung der Hexagramme beigelegt hatte.

Es war eine andere Anordnung als im *I-Ching*, aber dieser Fehler erlaubte Leibniz, in den Hexagrammen eine signifikante Sequenz zu sehen, die er dann in seiner Schrift *Explication de l'arithmétique binaire* (1703) erklärte.

In Fig. 20 ist zu sehen, wie die zentrale Struktur links oben mit sechs unterbrochenen Linien beginnt und dann immer mehr ganze Linien aufweist.

Figur 20

Das erlaubte Leibniz, in diesen Hexagrammen eine perfekte Darstellung der Progression der binären Zahlen zu sehen, die ja tatsächlich in der Abfolge 000, 001, 010, 101, 011, 111 usw. zu schreiben ist.

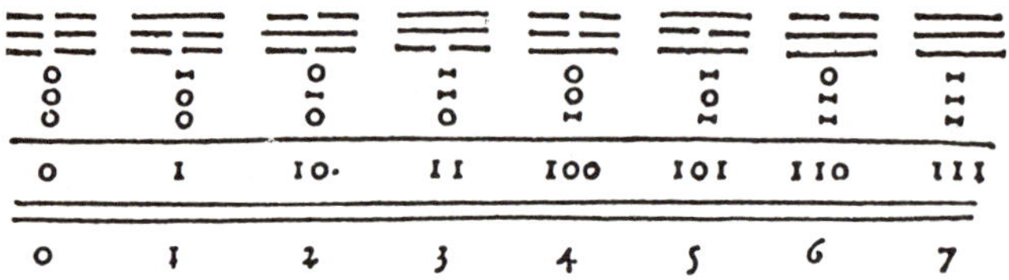

Figur 21

Im Grunde entkleidet Leibniz auch hier wieder die Symbole der Bedeutungen, die ihnen andere Interpretationen zugewiesen haben, um allein ihre Form und ihre kombinatorischen Möglichkeiten zu betrachten. Wir haben es erneut mit einer Zelebrierung des blinden Denkens zu tun, mit einer Anerkennung der syntaktischen Form als Vehikel der Wahrheit. Diese 1 und 0 sind wirklich blinde Symbole, und ihre Syntax funktioniert und erlaubt Entdeckungen, noch ehe den Reihen, die sie bilden, irgendwelche Bedeutungen zugewiesen worden sind. Leibniz antizipiert hier nicht nur – und zwar um anderthalb Jahrhunderte – die mathematische Logik von George Boole, er antizipiert auch die wahre Sprache der Computer: nicht diejenige, die wir (innerhalb eines Programms) benutzen, wenn wir auf der Tastatur schreiben und die Antworten der Maschine auf dem Monitor lesen, sondern die Sprache, in welcher der Programmierer dem Computer Instruktionen liefert und in welcher der Computer «denkt», ohne zu «wissen», was die Instruktionen bedeuten, die er in rein binären Termini empfängt und verarbeitet.

Dabei spielt es keine Rolle, daß Leibniz sich geirrt hatte, da die Hexagramme des *I-Ching* «von den Chinesen in jeder möglichen Weise interpretiert wurden, nur nicht im mathematischen Sinne» (Losano 1971). Leibniz sah in ihnen eine formale Struktur, die zweifellos da ist, und es war diese Struktur, die ihn so esoterisch wunderbar dünkte, daß er in einem Brief an Pater Bouvet nicht zögerte, ihren Schöpfer mit Hermes Trismegistos gleichzusetzen (und nicht zu Unrecht, wenn man bedenkt, daß Fu-Hsi als Repräsentant des Zeitalters der Jagd, des Fischfangs und der Erfindung des Kochens galt, also als eine Art Vater der Erfindungen).

Nebenwirkungen

Das ganze zur Konstruktion einer apriorisch-philosophischen Sprache aufgewandte Ingenium hat Leibniz dazu gedient, eine andere philosophische Sprache zu erfinden, eine zwar auch apriorische, die aber keinerlei praktisch-sozialen Zweck verfolgte, sondern allein zum logischen Kalkül bestimmt war. In diesem Sinne war seine Sprache, die dann zur Sprache der heutigen symbolischen Logik werden sollte, eine wissenschaftliche Sprache, und wie alle wissenschaftlichen Sprachen konnte sie nicht von der Totalität des Universums sprechen, sondern nur von einigen *Vernunftwahrheiten*. Diese Sprache konnte keine universale Sprache sein, weil sie nicht zum Ausdruck dessen geeignet war, was die natürlichen Sprachen ausdrücken, nämlich *Tatsachenwahrheiten*, Beschreibungen empirischer Vorgänge. Um das zu können, wäre es nötig gewesen, «einen Begriff zu konstruieren, der eine unkalkulierbare Anzahl von Bestimmungen hat», während der vollständige Begriff eines Individuums «raum-zeitliche Bestimmungen impliziert, die ihrerseits weitere raum-zeitliche Abfolgen und historische Ereignisse implizieren, deren Beherrschung sich dem menschlichen Auge und der Kontrollmöglichkeit eines jeden Menschen entzieht» (Mugnai 1976: 91).

Gleichwohl hat Leibnizens Projekt, indem es die moderne Computersprache vorwegnahm, auch die Entwicklung informatischer Sprachen erlaubt, die sich zur Katalogisierung von individuellen Daten eignen, sogar zum Festhalten der Uhrzeit, zu der ein Herr X einen bestimmten Flug von Y nach Z gebucht hat, so daß man bereits zu fürchten beginnt, das informatische Auge könne zu tief in unsere Privatsphäre eingreifen, indem es sogar Tag und Stunde registriert, an denen ein bestimmtes Individuum in einem bestimmten Hotel einer bestimmten Stadt übernachtet hat – weiterer Nebeneffekt einer Suche, die einst begonnen worden war, um über ein Universum sprechen zu können, das noch ein rein theoretisches Konstrukt war, ein System von Elementen, das Gott und die Engel ebenso umfassen konnte wie das Wesen, die Substanz, die Akzidenz und «alle Elefanten».

Nie hätte Dalgarno sich träumen lassen, daß seine apriorisch-philosophische Sprache, durch den mathematischen Filter von Leibniz gegangen, aller Semantik entkleidet und auf pure Syntax reduziert, eines Tages dazu dienen könnte, sogar einen einzelnen Elefanten zu bezeichnen.

Die Leibnizsche «Bibliothek» und die «Encyclopédie»

Mit dem Jahrhundert der Aufklärung bilden sich die Voraussetzungen für eine Kritik jedweden Versuchs, ein apriorisches System der Ideen zu errichten, und diese Kritik bedient sich großenteils der Anregungen von Leibniz. In Termini, die stark an Leibnizens Begriff der «Bibliothek» erinnern, sanktioniert d'Alembert die Krise der apriorisch-philosophischen Sprachen in seiner Einleitung zur *Encyclopédie.*

In der Notwendigkeit, eine Enzyklopädie praktisch zu organisieren und ihre Einteilungen zu begründen, wird das System der Wissenschaften nun als ein Labyrinth gesehen, als ein verschlungener Weg, der jede Darstellung als Baum absurd erscheinen läßt. Es besteht aus diversen Zweigen, «von denen einige in einem gemeinsamen Zentrum konvergieren; und da es von ihm ausgehend nicht möglich ist, gleichzeitig alle Wege einzuschlagen, wird die Entscheidung von der Natur der jeweiligen Geister bestimmt». Der Philosoph ist es, der die geheimen Verbindungslinien dieses Labyrinths zu entdecken weiß, der die provisorischen Verzweigungen und die wechselseitigen Abhängigkeiten findet, die dieses Netz wie eine Weltkarte konstituieren. Deswegen hatten die Autoren der *Encyclopédie* beschlossen, daß jeder Artikel wie eine besondere Karte erscheinen sollte, die nur in kleinerem Maßstab die Weltkarte insgesamt reproduzierte:

> Die Gegenstände sind einander mehr oder minder nahe verwandt und präsentieren verschiedene Aspekte, je nach der vom Geographen gewählten Perspektive [...]. Es sind also ebenso viele verschiedene

Systeme des menschlichen Wissens denkbar, wie es Weltkarten in verschiedenen Projektionen gibt [...]. Oft gehört ein Gegenstand, der aufgrund einer oder mehrerer seiner Eigenschaften in eine bestimmte Klasse getan worden ist, aufgrund anderer Eigenschaften in eine andere Klasse.

Was die Epoche der Aufklärung zu beschäftigen scheint, ist nicht so sehr die Suche nach einer vollkommenen Sprache als die nach einer Therapie der vorhandenen Sprache auf der Linie von Locke. Locke hatte (*Essay* III/10) auf die Grenzen der natürlichen Sprachen hingewiesen und den Mißbrauch der Wörter analysiert, zu dem es kommt, wenn die Wörter sich nicht auf klare und deutliche Ideen beziehen, wenn sie unzusammenhängend benutzt werden, wenn man mit einer «erkünstelten Dunkelheit» liebäugelt, wenn man die Wörter nimmt, als wären sie Dinge, wenn man sie für Dinge benutzt, die sie nicht bedeuten, wenn man denkt, daß der andere mit den Wörtern, die wir benutzen, zwangsläufig dieselben Vorstellungen verbinden müsse, die sie in uns hervorrufen usw. Er hatte Normen aufgestellt, um diese Mißbräuche zu bekämpfen, und diese Normen hatten nichts mit dem Thema der philosophischen Sprachen zu tun, denn Locke ging es nicht darum, neue lexikalische und syntaktische Strukturen zu etablieren, sondern eine Art philosophischen *common sense* als permanente Kontrolle der natürlichen Sprache vorzuschlagen. Er dachte nicht an eine Reform des Systems der Sprache, sondern an eine wachsame Kontrolle des Kommunikationsprozesses.

Dies ist die Linie, auf die sich die Aufklärung der Enzyklopädisten und alle von ihr inspirierten Forschungen stellen sollten.

Die Attacke auf die apriorisch-philosophischen Sprachen wird sichtbar vor allem im *Encyclopédie*-Artikel «Caractère», der ein Gemeinschaftswerk mehrerer Autoren ist. Du Marsais trennt zunächst zwischen Zahlenzeichen, Abkürzungszeichen und Schriftzeichen und unterteilt letztere in emblematische Zeichen (hier sind wir noch bei der Idee des Hieroglyphischen) und nominelle Zeichen (deren Modell die alphabetischen Buchstaben sind). D'Alembert übernimmt die traditionelle Kritik an der Unvollkommenheit der Schriftzeichen, die gewöhnlich von den natürlichen Sprachen verwendet werden, und diskutiert die

Vorschläge eines «Realcharakters», wobei er sich als wohlinformiert über alle Projekte des vorangegangenen Jahrhunderts erweist. Zwar zeigt sich dabei oftmals eine gewisse Konfusion zwischen einem ontologischen Realcharakter, der direkt das Wesen der Dinge ausdrückt, und einem logischen Realcharakter, der unmißverständlich eine einzige Idee auszudrücken vermag und per Übereinkunft festgelegt worden ist. Aber die Kritik der Enzyklopädisten trifft beide Projekte, ohne allzu viele Unterschiede zu machen.

Tatsache ist, daß die Kultur des achtzehnten Jahrhunderts ihre Aufmerksamkeit für die Sprache gegenüber der des siebzehnten Jahrhunderts verschoben hat. Man ist nun der Ansicht, daß Denken und Sprache sich gegenseitig beeinflussen und sich gemeinsam entwickeln beziehungsweise, daß die Entwicklung der Sprache das Denken verändert. Wenn dem aber so ist, dann kann man nicht mehr die rationalistische Hypothese einer universalen und stabilen Grammatik des Denkens vertreten, die sich in den verschiedenen Sprachen irgendwie spiegelt. Kein System der Ideen, das auf Basis einer abstrakten Ratio postuliert wird, kann Parameter und Kriterium für die Konstruktion einer perfekten Sprache werden: Die Sprache spiegelt nicht ein platonisch präkonstituiertes Begriffsuniversum, sondern trägt dazu bei, es zu bilden.

Die Semiotik der sogenannten *Idéologues* wird zeigen, wie unmöglich es ist, ein universales und vom Zeichenapparat unabhängiges Denken zu postulieren, auf dessen Grundlage ein Zeichenapparat seine Perfektionskriterien finden könnte. Für Destutt de Tracy (*Éléments d'idéologie* I, S. 546, Anm.) ist es nicht möglich, allen Sprachen die Eigenschaften einer algebraischen Sprache zu geben. In den natürlichen Sprachen

> sind wir zumeist auf Mutmaßungen, Induktionen, Approximationen angewiesen [...]. Fast nie haben wir die vollkommene Gewißheit, daß die Vorstellung, die wir uns von einem bestimmten Zeichen bei gegebenen Mitteln gemacht haben, exakt in allem und jedem dieselbe ist, die diesem Zeichen sowohl derjenige zuweist, der es geprägt hat, als auch die anderen Menschen, die sich seiner bedienen. Daher nehmen die Wörter oft unmerklich andere Bedeutungen an, ohne daß irgendwer die Veränderung bemerkt; weshalb es richtig wäre zu sagen, daß jedes Zeichen zwar perfekt für seinen Erfinder ist, aber stets etwas Vages und

Unbestimmtes für seinen Empfänger hat [...]. Mehr noch, ich sagte, daß jedes Zeichen perfekt für seinen Erfinder sei, aber das stimmt nur wirklich im Augenblick seiner Erfindung, denn wenn er sich desselben Zeichens in einem anderen Augenblick seines Lebens oder in einer anderen Geistesverfassung bedient, kann er nicht mehr ganz sicher sein, unter diesem Zeichen ebendieselbe Sammlung von Ideen wie beim ersten Mal zu vereinen (*Éléments* I, S. 583–85).

Als ideale Bedingung einer philosophischen Sprache identifiziert de Tracy die absolute Eindeutigkeit ihrer Charaktere. Aber gerade bei der Analyse von Systemen wie denen der englischen Sprachkreateure des siebzehnten Jahrhunderts kommt er zu dem Schluß, daß es «unmöglich [ist], daß ein und dasselbe Zeichen für alle, die es benutzen, exakt denselben Wert hat [...]. Wir müssen also auf Perfektion verzichten» (*Éléments* II, 578 f.).

Dies war ein gemeinsames Thema der empiristischen Philosophie, auf die sich die «Ideologen» beziehen, und schon Locke hatte daran erinnert, daß zwar Wörter wie «Ruhm» und «Dankbarkeit» im Munde eines jeden im ganzen Lande dieselben sind,

aber die komplexe Sammelidee, die jeder einzelne bei diesen Nomina im Sinn hat oder ausdrücken will, ist selbst bei Leuten, welche dieselbe Sprache sprechen, offenbar sehr verschieden [...]. So mag sich der eine bei der Substanz Gold damit begnügen, die Farbe und das Gewicht wahrzunehmen, einem anderen wird die Löslichkeit in Terpentin ebenso notwendig zu seiner Vorstellung von Gold gehören wie einem dritten die Schmelzbarkeit; denn die Löslichkeit in Terpentin ist mit der Farbe und dem Gewicht des Goldes ebenso beständig verbunden wie die Schmelzbarkeit oder irgend eine andere Eigenschaft. Wieder andere werden die Formbarkeit und die Feuerbeständigkeit usw. hinzunehmen, je nachdem, wie es ihnen durch Tradition oder Erfahrung beigebracht worden ist. Wer von all diesen hat nun die richtige Bedeutung des Wortes Gold ermittelt? (*Essay Concerning Human Understanding* III/8; 9, 9–13).

Ein weiterer «Ideologe», Joseph-Marie Degérando (dessen Kritik an Wilkins wir schon gesehen haben) erinnert in seiner Abhandlung *Des signes et l'art de penser considérés dans leur rapports mutuels* (1800) daran, daß das Wort «Mensch» ein sehr viel größeres Ideenbündel im Kopf eines Philosophen als in dem eines Arbeiters repräsentiert und daß die mit dem Wort «Freiheit» assoziierte Vorstellung in Sparta nicht dieselbe wie in Athen war (I, S. 222f.).

Die Unmöglichkeit, eine philosophische Sprache auszuarbeiten, kommt eben daher, daß die Entstehung der Sprache in Phasen erfolgt ist, Phasen, die gerade die «Ideologen» sehr genau untersucht haben, und daß es noch nicht entschieden ist, auf welche dieser Phasen sich eine vollkommene Sprache beziehen müßte. Klar ist, daß eine philosophische Sprache, wenn sie sich in einer speziellen Phase verankert, nur eines der verschiedenen Entwicklungstadien der Sprache widerspiegeln könnte und somit die Begrenztheiten dieses Stadiums behielte – also eben jene Begrenztheiten, deren Erfahrung die Menschheit inzwischen dazu gebracht hat, ein höheres Stadium zu entwickeln. Wenn einmal entschieden ist, daß Sprache und Denken eine Entstehungsgeschichte haben, die sich in der Zeit entfaltet (und nicht nur in der fernen und vorgeschichtlichen Zeit, von der jede Theorie der Sprachentstehung redet, sondern auch in der werdenden Zeit unserer Gegenwartsgeschichte), dann ist jeder Versuch, an eine philosophische Sprache zu denken, zum Scheitern verurteilt.

15. Die philosophischen Sprachen von der Aufklärung bis heute

Die Projekte des achtzehnten Jahrhunderts

Doch der Traum einer vollkommenen Sprache ist zählebig, und es fehlt auch im achtzehnten Jahrhundert nicht an durchgeführten Projekten von Universalsprachen. 1720 erscheint ein anonymer *Dialogue sur la facilité qu'il y auroit d'établir un Caractère Universel qui seroit commun à toutes les Langues de l'Europe, et intelligible à differens Peuples, qui le liroient chacun dans la propre Langue** (im *Journal littéraire de l'année 1720*). Wie der Titel nahelegt, handelt es sich noch um eine Polygraphie im Kircherschen Sinne, und bemerkenswert ist daran, im Blick auf die künftigen Entwicklungen, allenfalls der Versuch einer Komprimierung der Grammatik. Was jedoch den Vorschlag des Anonymus charakterisiert, ist sein Appell an eine Kommission, das Projekt zu entwickeln, sowie an einen Fürsten, seine Annahme zu verordnen, ein Appell, der «auf die Möglichkeit verweist, die um 1720 gesehen worden sein muß, als sich eine Phase politischer Stabilität in Europa abzeichnete und damit eventuell die Bereitschaft der Souveräne, sprachlichen oder intellektuellen Experimenten ihren Schutz zu gewähren» (Pellerey 1992a: 11).

In der *Encyclopédie* anerkennt ein Wortführer des Rationalismus wie Beauzée im Artikel «Langue», daß angesichts der Schwierigkeit, sich auf eine neue Sprache zu einigen, und da eine internationale Sprache nun einmal nötig sei, das Lateinische immer noch ein räsonabler Kandidat bleibe. Aber auch die empiristische Strömung der Enzyklopädisten entzieht sich nicht der Pflicht, eine Universalsprache vorzuschlagen. So tut es (am Ende des Artikels «Langue») Joachim Faiguet, der auf vier Seiten das Projekt einer «langue nouvelle» präsentiert. Couturat und Léau (1903: 237) betrachten es als einen ersten Versuch, das Problem der apriorischen Sprachen zu lösen, und als ersten Ansatz zu jenen aposteriorischen Sprachen, von denen im nächsten Kapitel die Rede sein wird.

Faiguet nimmt sich als Modell eine natürliche Sprache, insofern er seinen Wortschatz aus französischen Wurzeln bildet, und ist eher bemüht, eine klar geregelte und vereinfachte beziehungsweise «lakonische» Grammatik zu entwickeln. Er übernimmt einige Lösungen der Autoren des vorangegangenen Jahrhunderts, unterdrückt Teile der Rede, die er für redundant hält, wie die Artikel, ersetzt die Flexionen durch Präpositionen (nur *bi* für den Genitiv, *bu* für den Dativ, *de* und *po* für den Ablativ), löst die jetzt undeklinierbaren Adjektive durch Adverbialformen auf und reguliert den Gebrauch des Plurals, der durchweg mit dem Suffix *-s* bezeichnet werden soll. Des weiteren reduziert er die Verbalformen, indem er die Verben invariabel in Person und Numerus macht sowie Tempus und Modus durch feste Endungen ausdrückt («ich gebe, du gibst, er gibt» wird zu *Jo dona, To dona, Lo dona*), der Konjunktiv wird durch das Suffix *-r* angegeben («ich gäbe» = *Jo donar*), das Passiv wird mit dem Indikativ plus der Partikel *sas* gebildet («Ich werde gegeben» = *Jo sas dona*).

Faiguets Sprache erscheint uniform und frei von Ausnahmen, da in ihr jede Endung oder Endsilbe einen präzisen grammatikalischen Wert ausdrücken. Sie bleibt jedoch doppelt abhängig von der Modellsprache, denn es ist das Französische, dessen Ausdrucksebene sie «lakonisiert», und es ist das Französische, dessen Inhaltsebene sie automatisch übernimmt, so daß sie im Grunde kaum mehr als ein Morse-Code ist, wenngleich auch weniger handlich (vgl. Bernardelli 1992).

Die wichtigsten apriorischen Systeme des achtzehnten Jahrhunderts sind die von Jean Delormel (*Projet d'une langue universelle*, 1795), von Zalkind Hourwitz (*Polygraphie, ou l'art de correspondre à l'aide d'un dictionnaire dans toutes les langues, même dans celles dont on ne possède pas seulement les lettres alphabétiques**, 1800) und von Joseph de Maimieux (*Pasigraphie*, 1797). Tatsächlich präsentiert sich letzteres als eine Polygraphie, also eine nur zur schriftlichen Kommunikation bestimmte Sprache. Aber da derselbe Autor 1799 auch eine Pasilalie entwickelt, das heißt Regeln, um seine Sprache aussprechbar zu machen, ist sie im vollen Sinne eine apriorische Sprache. Polygraphie ist auch die Sprache von Hourwitz (der jedoch nicht zu wissen schien, daß sein Versuch nicht neu war), auch wenn sie die Struktur einer apriorischen Sprache hat.

Alle diese Projekte strukturieren sich nach den Grundprinzipien der apriorischen Sprachen des siebzehnten Jahrhunderts, unterscheiden sich aber von diesen in drei entscheidenden Punkten: in den Motivationen, in der Bestimmung der Primitiva und in der Grammatik.

Delormel legt sein Projekt dem Konvent vor, de Maimieux veröffentlicht seine *Pasigraphie* unter dem Direktorium, und Hourwitz schreibt unter dem Konsulat – mit anderen Worten, es verschwinden die religiösen Motivationen. De Maimieux spricht von möglicher Kommunikation zwischen Europäern sowie zwischen Europa und Afrika, von einer internationalen Kontrolle der Übersetzungen, von einer größeren Schnelligkeit in den diplomatischen, zivilen und militärischen Operationen und sogar von einer neuen Einkommensquelle für Lehrer, Schriftsteller und Drucker, die die in anderen Sprachen geschriebenen Bücher «pasigraphieren» müßten. Hourwitz fügt einige sehr pragmatische Motivationen hinzu, wie die Vorteile, die sich für die Beziehungen zwischen Arzt und Patient ergäben oder für die Verständigung in Gerichtsprozessen, und als Beispiel für eine möglichen Übersetzung nimmt er – Symptom eines nunmehr laizistischen Klimas – nicht mehr das *Vaterunser*, sondern den Anfang von Fénelons *Aventures de Télémaque*, ein Beispiel weltlicher Literatur, das – ungeachtet seiner moralistischen Inspiration – heidnische Heroen und Götter vorführt.

Das revolutionäre Klima erforderte oder ermutigte einen innovativen Elan im Zeichen der *fraternité*, und so versicherte Delormel:

In dieser revolutionären Zeit, da der menschliche Geist sich bei den Franzosen erneuert und derart kraftvoll aufschwingt, kann man da nicht [...] hoffen, eine neue Sprache zu verbreiten, die Entdeckungen erleichtert, indem sie die Forscher verschiedener Nationen einander näher bringt, und die sogar einen gemeinsamen Nenner aller Sprachen darstellt, der leicht zu erlernen ist auch für Menschen mit geringerer Lernfähigkeit und der bald alle Völker zu einer einzigen großen Familie macht? [...] Die Aufklärung bringt die Menschen zusammen und versöhnt sie in jeder Weise, und diese Sprache wird, indem sie die Kommunikation erleichtert, die Aufklärung propagieren (S. 48–50).

Bei all diesen Projekten sind die in der *Encyclopédie* geäußerten Unschlüssigkeiten berücksichtigt worden, und die apriorische Konstruktion ist bemüht, eine handliche und dem Wissen der Zeit angemessene enzyklopädische Ordnung vorzuschlagen. Es fehlt der große pansophische Atem, der die barocken Enzyklopädien erfüllte, und es gilt eher das Leibnizsche Kriterium: Man verhält sich so, als ginge es darum, eine gute Bibliothek auf möglichst benutzerfreundliche Weise zu organisieren, ohne sich darum zu kümmern, ob sie noch ein Theater der Welt repräsentiert. Desgleichen fehlt auch die Suche nach «absoluten» Urbegriffen, und die Grundkategorien sind große Abteilungen des Wissens, aus denen die jeweiligen Begriffe hergeleitet werden.

So weist Delormel zum Beispiel verschiedenen Buchstaben des Alphabets enzyklopädische Klassen zu, die weniger an Wilkins als an den anonymen Spanier erinnern (Grammatik, Kunst des Wortes, dingliche Zustände, Korrelative, Nützliches, Angenehmes, Moral, Empfindungen, Wahrnehmung und Urteil, Leidenschaften, Mathematik, Geographie, Chronologie, Physik, Astronomie, Minerale und so weiter).

Wenn die Elementarbegriffe nicht elementar sind, bleibt ein Kriterium der Zusammengesetztheit: Ist zum Beispiel an erster Stelle der Buchstabe *a* gegeben, der auf Grammatik verweist, so werden an die zweite Stelle Buchstaben gesetzt, die rein distinktiven Wert haben und auf eine Unterkategorie der Grammatik verweisen, und an die letzte Stelle ein dritter Buchstabe, der eine morphologische Spezifizierung oder eine Ableitung bezeichnet, und so erhält man eine Liste von Begriffen wie *Ava* (Grammatik), *ave* (Buchstabe), *alve* (Vokal), *adve* (Konsonant) und so weiter. Das System funktioniert wie die chemischen Formeln, denn im synthetischen Ausdruck wird die innere Zusammensetzung des Inhalts deutlich, und es funktioniert wie die mathematischen Formeln, denn der Ausdruck weist jedem Buchstaben einen bestimmten Wert zu, je nachdem, an welcher Stelle er steht. Doch dieser theoretischen Transparenz steht in der Praxis die quälende Monotonie des Lexikons gegenüber.

Ähnlich präsentiert die *Pasigraphie* von de Maimieux einen graphischen Code von 12 Charakteren, die in regelmäßiger Weise kombiniert werden können. Jede Kombination drückt einen bestimmten Inhalt oder Begriff aus (das Modell ist die chinesische Bilderschrift). Andere Charaktere, die außen an den «Körper» des Wortes gesetzt sind, drücken Modifikationen der zentralen Idee aus. Der Körper des Wortes kann aus drei, vier oder fünf Charakteren bestehen: Wörter mit drei Charakteren bezeichnen «pathetische» Begriffe sowie Termini des Zusammenhangs zwischen den Teilen der Rede (und sind klassifiziert in einem *Indicule*), Wörter mit vier Charakteren stehen für die Ideen des praktischen Lebens (Freundschaft, Verwandtschaft, Geschäfte, klassifiziert in einem *Petit Nomenclateur*), Wörter mit fünf Charakteren betreffen die Kategorien der Kunst, der Religion, der Moral, der Wissenschaften und der Politik (und sind klassifiziert in einem *Grand Nomenclateur*).

Auch diese Kategorien sind keine Elementarbegriffe, ihre Bestimmung ist nach Kriterien der pragmatischen Vernunft erfolgt, um handliche Einteilungen des gängigen Wissens zu haben. Im übrigen gibt de Maimieux zu, daß er keine absolute Ordnung gesucht hat, sondern überhaupt irgendeine, «sei sie auch eine schlechte» (S. 21).

Leider verzichtet das System nicht auf Synonymien, sondern verlegt sich darauf, die Synonyme unterscheidbar zu machen, die bei ihm konstitutionell sind. Tatsächlich entspricht nämlich jedes pasigraphische Wort nicht nur einem, sondern drei bis vier Inhalten, und die verschiedenen Bedeutungen unterscheiden sich danach, ob die Zeichen alle auf derselben Höhe oder einige etwas höher auf der Zeile stehen. Eine nicht geringe Mühe für den Entzifferer, der im übrigen – da die Charaktere keinerlei ikonische Ähnlichkeit mit den repräsentierten Ideen haben –, um die Bedeutung eines Syntagmas zu erfahren, im *Indicule* nachsehen muß, wenn das Wort drei Buchstaben hat, und im *Petit* oder im *Grand Nomenclateur*, wenn es vier oder fünf sind.

Stößt er beispielsweise auf ein Syntagma mit fünf Charakteren, so sucht der Leser im *Grand Nomenclateur* «die Klasse, die mit dem ersten Charakter anfängt. Innerhalb dieser Klasse sucht er das Quadrat mit dem zweiten Charakter des Begriffs. Im Innern des Quadrats sucht er die Kolonne mit dem dritten Charakter des Begriffs. Im Innern der Kolonne sucht er die Abteilung (*tranche*) mit dem vierten Charakter des Begriffs. Schließlich sucht er in dieser Abteilung die Linie, die dem fünften Charakter entspricht. Hier findet der Leser als Bedeutung eine Linie mit vier verbalen Wörtern; er muß nun darauf achten, welches der graphisch am höchsten angesetzte Charakter innerhalb des pasigraphischen Begriffs ist, um das entsprechende Wort unter den vier möglichen zu identifizieren» (Pellerey 1992a: 104). Eine höchst mühselige Arbeit, die jedoch viele nicht daran gehindert hat, sich für das Projekt zu begeistern, angefangen bei Abbé Sicard und aufgehört bei diversen Rezensenten, die sich vornahmen, zur Verbreitung des Systems beizutragen, und bei de Maimieux selbst, der mit einigen Anhängern sogar in pasigraphischen Versen korrespondierte.

De Maimieux spricht von seiner Pasigraphie als einem Instrument zur Kontrolle von Übersetzungen. Tatsächlich beruhen viele Theorien der Übersetzung als Äquivalenzverhältnis zwischen Ausgangs- und Zieltext auf der Annahme, es gebe eine «Mittlersprache», die als Parameter zur Beurteilung der Äquivalenz diene. So sieht es im Grunde auch de Maimieux, wenn er eine Metasprache als ein vermeintlich neutrales System präsentiert, das die Übersetzung von Ausdrücken eines Systems A in Ausdrücke eines Systems B kontrollieren soll. Nicht in Frage gestellt wird dabei die den indoeuropäischen Sprachen im allgemeinen und dem Französischen im besonderen eigene Organisation des Inhalts. Als Konsequenz haben wir «das immense Drama der Ideographie: kann sie doch ihre Inhalte, die die Ideen oder Begriffe selbst sein sollten, nur bestimmen und beschreiben, indem sie sie mit Wörtern der natürlichen Sprache benennt – höchster Widerspruch eines Projekts, das erdacht worden war, um die verbale Sprache zu eliminieren» (Pellerey 1992a: 114). Wie man sieht, hat sich weder in der Technik noch in der unterliegenden Ideologie seit Wilkins' Zeiten sehr viel geändert.

Auf die Spitze getrieben wird diese Art von Naivität in dem Werk *Palais de soixante-quatre fenêtres* [...] *ou l'art d'écrire toutes les langues du monde comme on les parle** (1787) des Schweizers J.-P. de Ria. Trotz des pompösen Titels ist es nur ein simples Handbuch der phonetischen Schreibweise oder, wenn man so will, einer Reform der Orthographie des Französischen, geschrieben in einem erregten und mystisch angehauchten Stil. Nirgends wird ersichtlich, wie es auf alle Sprachen der Welt angewandt werden soll (auf die Phonetik des Englischen beispielsweise paßt es überhaupt nicht), aber der Autor stellt sich gar nicht die Frage.

Was de Maimieux betrifft, um noch einmal zu ihm zurückzukehren, so scheint er sich in der Flexibilität, mit der er seine Pseudo-Elementarbegriffe wählt, auf die empiristische Linie der *Encyclopédie* zu stellen, aber die Gewißheit, mit der er behauptet, diese Begriffe gefunden zu haben und sie allen aufzwingen zu können, ist noch ganz vom Rationalismus durchdrungen. Interessant ist allenfalls zu beobachten, mit welchem Argument er auch die oratorischen und rhetorischen Möglichkeiten seiner Sprache zu retten versucht: Wir befänden uns – sagt er – in einer Epoche großer und feuriger Reden, von denen Tod oder Leben der Mitglieder einer revolutionären Parteiung abhängen könnten.

Worin sich die Erfinder apriorischer Sprachen im achtzehnten Jahrhundert am schärfsten von ihren Vorgängern absetzen, ist ihre Auffassung der Grammatik, die sich am Projekt der «lakonischen» Grammatik in der *Encyclopédie* orientiert. Die Grammatik von de Maimieux erweitert die Zahl der Kategorien, während die von Delormel dermaßen lakonisch erscheint, daß Couturat und Léau (1903: 312), die anderen Systemen lange Kapitel widmen, sie auf anderthalb Seiten erledigen (größzügiger und akkurater ist Pellerey 1992a: 125).

Hourwitz (dessen Projekt in semantischer Hinsicht den Polygraphien des siebzehnten Jahrhunderts ähnelt) ist vielleicht der lakonischste von allen: Er reduziert die Grammatik auf eine einzige Deklination und eine einzige Konjugation, alle Verben werden im Infinitiv ausgedrückt, mit wenigen Zeichen für Tempus und Modus, und die Tempora sind reduziert auf drei Grade der Entfernung vom Präsens, in der Zukunft wie in der Vergangenheit (rezent, einfach und fern). Wenn also *A* 1200 heißt «ich tanze», dann heißt *A*\1200 «ich habe getanzt» und *A* 1200\ «ich werde tanzen».

So lakonisch, wie die Grammatik gemacht worden ist, muß auch die Syntax vereinfacht werden, und so schlägt Hourwitz den *ordre direct* des Französischen vor, das heißt die «geradlinige Abfolge» Subjekt-Prädikat-Objekt. Und hier tritt nun endlich und völlig zu Recht der Graf Antoine de Rivarol mit seinem *Discours sur l'universalité de la langue française* auf die Bühne unserer Geschichte. Man brauche keine Universalsprachen, erklärt er, denn es gebe bereits eine vollkommene Sprache, nämlich das

Französische. Abgesehen von seiner immanenten Perfektion sei das Französische ohnehin längst die weitestverbreitete internationale Sprache, weshalb man inzwischen von einer «französischen Welt» sprechen könne, so wie man einst von einer «römischen Welt» sprach (S. 1).

Das Französische habe ein phonetisches System, das seine Anmut (*douceur*) und Harmonie garantiere, es habe eine Literatur, die unvergleichlich an Reichtum und Größe sei, es werde in der Hauptstadt gesprochen, die zum *foyer des étincelles répandus chez tous les peuples* («Herd der in alle Völker verbreiteten Funken», S. 21) geworden sei, während das Deutsche zu guttural, das Italienische zu weich, das Spanische zu redundant und das Englische zu obskur seien. Rivarol ist der Ansicht, die Rationalität der französischen Sprache verdanke sich der Tatsache, daß allein in ihr der *ordre direct*, die geradlinige Abfolge Subjekt-Prädikat-Objekt realisiert worden sei. Es handle sich um eine natürliche Logik, die den Erfordernissen des Alltagsverstandes (*sens commun*) entspreche. Aber dieser Alltagsverstand habe schon sehr viel mit den höheren Verstandesaktivitäten zu tun, denn sobald man auf die Ordnung der *sensations* rekurrieren müsse, nenne man lieber zuerst das Objekt, das unsere Sinne frappiere.

In evidenter Polemik gegen den Sensualismus behauptet Rivarol, wenn die Menschen in verschiedenen Sprachen den *ordre direct* aufgegeben hätten, so liege das daran, daß sie die Leidenschaften über die Vernunft hätten obsiegen lassen (S. 25 f.). Die syntaktische Inversion sei es gewesen, die zu den Konfusionen und Ambiguitäten der natürlichen Sprachen geführt habe, und naturgemäß seien diejenigen, die den *ordre direct* durch Deklinationen ersetzt hätten, die konfusesten von allen.

Vergessen wir nicht, daß Rivarol, obwohl er zur Zeit der Abfassung seines *Discours* in den Kreisen der Aufklärer verkehrte, nach erfolgter Revolution seine konservativen und legitimistischen Neigungen unverhüllt zeigte. Einem Mann, der sich zutiefst dem Ancien Régime verbunden fühlte, erschienen sensualistisch geprägte Linguistik und Sprachphilosophie (zu Recht) als Vorläufer einer intellektuellen Revolution, die das Wirken und die tiefe Verankerung der Leidenschaften hervorheben sollte. Daher «erhält der *ordre direct* den Wert eines Schutzmittels [...] gegen den entflammten Stil der Volksredner auf den Plätzen, die bald zu Revolutionären und Demagogen werden sollten» (Pellerey 1992a: 147).

Was jedoch die Debatte des achtzehnten Jahrhunderts auszeichnet, ist nicht so sehr die Absicht, die Grammatik zu vereinfachen, als zu zeigen, daß es eine normale und natürliche Grammatik der Sprache gebe, die in allen menschlichen Sprachen vorhanden sei. Diese Grammatik sei nicht evident, sondern müsse unter der Oberfläche der menschlichen Sprachen, die von ihr abgewichen seien, aufgespürt werden. – Wie man sieht, handelt es sich immer noch um das Ideal der universalen Grammatik, nur versucht man jetzt, sie durch Reduzierung der existierenden Grammatiken auf ihre «lakonischste» Form zu finden.

Immer auf der Jagd nach Nebenwirkungen der verschiedenen Utopien, von denen dieses Buch erzählt, kann man sagen: Ohne diese Versuche, eine grammatikalisch originelle Sprache zu konstruieren, könnten wir heute nicht die «generativen» und «transformativen» Grammatiken konzipieren, auch wenn diese sich, was ihre weiter zurückliegende Inspiration betrifft, auf den Cartesianismus von Port-Royal berufen.

Die Spätsaison der philosophischen Sprachen

Dennoch werden die Versuche mit philosophischen Sprachen fortgesetzt. Bereits 1772 ist ein Projekt von Georg Kalmar erschienen (*Praecepta grammatica atque specimina linguae philosophicae sive universalis, ad omne vitae genus adcomodatae**), das die vielleicht bedeutsamste Debatte auslösen sollte, die zu diesem Thema in italienischer Sprache geführt worden ist.

In seinen *Riflessioni intorno alla costituzione di una lingua universale** (1774) hatte Pater Francesco Soave – ein Italo-Schweizer, der den aufklärerischen Sensualismus in Italien verbreitete – eine Kritik formuliert, die in Teilen die der französischen «Ideologen» vorwegnahm (zu Soave vgl. Gensini 1984, Nicoletti 1989, Pellerey 1992a). Beste Kenntnis der vorangegangenen Projekte bekundend, von Descartes bis Wilkins und von Kircher bis Leibniz, macht Soave die traditionellen Bemerkungen über die Unmöglichkeit, genügend Charaktere für alle Grundbegriffe zu finden, kritisiert aber auch den Versuch von Kalmar, der ihre Zahl auf 400 zu reduzieren versuchte und es daher hinnehmen mußte, seinen Charakteren je nach Kontext verschiedene Werte zuzuweisen. Entweder man mache es wie die Chinesen, und dann gelinge es nicht, die Zahl der benötigten Schriftzeichen zu beherrschen, oder man werde die Mißverständnisse nicht vermeiden können.

Fatalerweise läßt sich Soave nicht davon abhalten, selbst ein Projekt vorzulegen, das er nur in den Grundzügen darlegt. Es scheint an den Kriterien der Klassifizierung von Wilkins orientiert, und wie üblich wird versucht, die Grammatik zu rationalisieren und zu vereinfachen, aber zugleich mit dem Anspruch, die Ausdrucksmöglichkeiten des Systems zu erhöhen, beispielsweise durch neue morphologische Zeichen für den Dual und das Neutrum. Soave widmet der Grammatik mehr Aufmerksamkeit als dem Wortschatz, aber letzten Endes gilt sein Hauptinteresse dem literarischen Gebrauch der Sprache, und daraus resultiert seine radikale Skepsis gegenüber den Universalsprachen: Auch wenn eine Universalsprache eingeführt werden könnte, bliebe die Frage: Welchen literarischen Austausch hätten wir dann mit den Tataren, den Abessiniern und den Huronen?

Beeinflußt von Pater Soave, findet sich zu Beginn des folgenden Jahrhunderts ein exzellenter Schüler der «Ideologen» in Giacomo Leopardi, der in seinem *Zibaldone* ausführlich über Universalsprachen diskutiert, wie auch über die noch rezenten französischen Debatten zwischen Rationalisten und Sensualisten (vgl. Gensini 1984 und Pellerey 1992a). Was die apriorischen Sprachen betrifft, so zeigt sich Leopardi im *Zibaldone* irritiert über die Vielzahl der quasi algebraischen Zeichen und findet die verschiedenen Systeme nicht adäquat dem Ausdruck all jener konnotativen Subtilitäten, zu denen eine natürliche Sprache fähig ist:

> Eine streng universale Sprache, wenn es denn je eine gäbe, wäre sicherlich aus Notwendigkeit und aufgrund ihrer Natur die allersklavischste, ärmste, schüchternste, monotonste, einförmigste, trockenste und häßlichste Sprache, gänzlich unfähig zu irgendeiner Art von Schönheit, völlig unbrauchbar für die Einbildungskraft und am wenigsten von ihr abhängig, ja am meisten in jeder Hinsicht von ihr getrennt, die blutleer-

ste und lebloseste und toteste Sprache, die man sich vorstellen kann; ein Skelett, ein Schatten von Sprache [...] nicht lebendig, selbst wenn sie von allen geschrieben und überall verstanden würde, ja noch viel toter als irgendeine Sprache, die nicht mehr gesprochen noch geschrieben wird (23. August 1823).

Aber auch diese und ähnliche Invektiven genügen nicht, um die Jünger der apriorischen Sprachen zu bremsen.

Zu Beginn des neunzehnten Jahrhunderts präsentiert Anne-Pierre-Jacques de Vismes mit seiner *Pasilogie, ou de la musique considérée comme langue universelle** (1806) eine Sprache, die eine Kopie der Sprache der Engel sein müßte und überdies, da ihre Laute aus den Gemütsbewegungen herrühren, so etwas wie die unmittelbare Sprache der Affekte. Wenn es in Genesis 11, 1–2 heißt «erat terra labii unius» (was gewöhnlich übersetzt wird mit «es hatte alle Welt einerlei Zunge»), so stehe dort deshalb nicht «Zunge», sondern «Lippen», weil damit gesagt werden solle, daß die Urmenschen sich durch Lippenlaute ausgedrückt hätten, ohne sie mit der Zunge artikulieren zu müssen. Die Musik sei keine von Menschen geschaffene Institution, was man schon daran sehe, daß sie von den Tieren besser verstanden werde als die verbale Sprache: Man sehe nur, wie die Pferde beim Klang der Trompete aufhorchten und die Hunde beim Pfiff. Und schließlich, wenn Angehörige verschiedener Nationen vor eine Partitur gesetzt würden, spielten sie die Musik in derselben Weise.

Sodann errichtet de Vismes enharmonische Reihen auf den Tönen einer Oktave und setzt die 21 Töne, die er dadurch gewinnt, in Beziehung zu den 21 Buchstaben des lateinischen Alphabets. Da er sich nicht an die Gesetze der modernen Temperierung hält, erreicht er, daß die Erhöhung eines Tons durch ein Kreuz einen anderen Ton ergibt als die Verminderung des nächsthöheren Tons durch ein b, und dasselbe gilt für die entsprechenden Auflösungszeichen. Da es sich andererseits um eine Polygraphie und keine gesprochene Sprache handelt, werden diese Unterschiede exakt auf dem Notenliniensystem festgehalten.

In einer gedrängten kombinatorischen Rechnung, die vielleicht indirekt von Mersennes Spekulationen inspiriert ist, zeigt er sodann, wie man mit 21 Tönen durch Zweier-, Dreier-, Vierergruppen und so weiter insgesamt mehr Syntagmen komponieren könne als mit den verbalen Sprachen, und «müßte man alle Kombinationen aufschreiben, die sich aus den sieben enharmonischen Reihen ergeben, wenn man sie miteinander kombiniert, so bräuchte man quasi die ganze Ewigkeit, um die Hoffnung zu haben, damit fertig zu werden» (S. 78). Den tatsächlichen Möglichkeiten, musikalische Töne an die Stelle der sprachlichen Laute zu setzen, widmet der Autor nur die letzten sechs Seiten seines Traktätchens, was entschieden wenig ist.

Nie scheint ihm der Verdacht gekommen zu sein, daß man, wenn man die Buchstaben durch Noten ersetzt, zwar vielleicht einen französischen Text sehr gut in musikalische Sprache umgesetzt hat, aber daß er damit noch lange nicht für Sprecher anderer Sprachen verständlich ist. Vismes denkt offenbar an ein ausschließlich frankophones Universum, beteuert er doch sogar, daß sein System die Buchstaben K, Z und X nicht benutze, weil sie «in den Sprachen fast nicht gebraucht werden» (S. 106).

Er ist jedoch nicht der einzige, der solchen Naivitäten verfällt. So veröffentlicht ein Pater Giovan Giuseppe Matraja 1831 eine *Genigrafia italiana*, die nichts anderes ist als eine Polygraphie mit fünf Wörterbüchern (des Italienischen) für die Substantive, die Verben, die Adjektive, die Interjektionen und die Adverbien. Da alle fünf Listen zusammen nur 15000 Wörter aufzuführen erlauben, bereichert er sie um ein Wörterbuch mit rund 6000 Synonymen. Die Methode ist zufallsbestimmt und umständlich: Er verteilt die Begriffe auf Reihen von numerierten Klassen, deren jede 26 Begriffe enthält, die mit den Buchstaben des Alphabets bezeichnet werden; so steht *A*1 für «accetta», *A*2 für «anacoreta», *A*1000 für «crostatura» und *A*360 für «renajuolo». Obwohl er als Missionar in Mittelamerika tätig war, erklärt er sich überzeugt (S. 3 f.), daß alle Sprachen der Welt dasselbe Begriffssystem hätten, daß das Modell der westeuropäischen Sprachen, die für ihn allesamt auf der lateinischen Grammatik beruhen, auf jede andere Sprache anwendbar sei und daß alle Menschen beim Sprechen dieselben syntaktischen Regeln befolgten, die sie als eine angeborene Naturgabe hätten, besonders die indianischen Völker (und tatsächlich versäumt er nicht, das *Vaterunser* genigraphisch zu transkribieren, um es in zwölf Sprachen zu vergleichen, darunter das «Mexikanische», das «Chilenische» und das Kechua).

1827 erfindet François Soudre das *Solresol* (*Langue musicale universelle*, 1866). Auch er geht davon aus, daß die sieben ganzen Töne der Grundtonleiter *do-re-mi-fa-sol-la-si-do* ein für alle Völker verständliches Alphabet darstellen (man kann sie in allen Sprachen auf gleiche Weise schreiben, singen, auf Notenlinien fixieren, mit besonderen stenographischen Zeichen darstellen, mit den ersten sieben arabischen Ziffern bezeichnen, auch mit den sieben Farben des Spektrums oder sogar dadurch, daß man mit den Fingern der rechten Hand die Finger der linken berührt, womit sie auch den Blinden und Taubstummen zur Verfügung stehen). Es ist nicht notwendig, daß sie sich auf eine logische Klassifikation der Ideen beziehen. Mit einer Note lassen sich Wörter wie «ja» (*si*) oder «nein» (*do*) ausdrücken, mit zwei Noten Pronomen wie «mein» (*redo*) und «dein» (*remi*), mit dreien so gebräuchliche Wörter wie «Zeit» (*doredo*) oder «Tag» (*doremi*), wobei die erste Note eine enzyklopädische Klasse bezeichnet. Aber dann beschließt Soudre, die Gegensätze durch Inversion auszudrücken (in dodekaphonischen Termini müßte man sagen: durch den Krebs der Serie), so daß, wenn *domisol* als perfekter Akkord für «Gott» steht, sein Gegenteil *solmido* Satan bedeutet – und dadurch zerstört er die Regel, nach der die erste Note sich auf eine gegebene enzyklopädische Abteilung beziehen muß, denn das anfängliche *do* bezieht sich zwar auf die physischen und moralischen Qualitäten, aber das anfängliche *sol* verweist auf die Künste und Wissenschaften, mit welchen den Teufel zu assoziieren schwierig sein dürfte (oder übertrieben moralistisch wäre). Das System vermehrt die offenkundigen Schwierigkeiten aller apriorischen Sprachen noch um die Bedingung, daß die Sprecher ein gutes musikalisches Ohr haben müssen. In gewisser Weise kehrt hier die mythische Sprache der Vögel aus dem siebzehnten Jahrhundert wieder, aber mit sehr viel weniger glossolalischen Reizen und um so mehr kodifikatorischer Pedanterie.

Couturat und Léau (1903: 37) beurteilen das *Solresol* als «die artifiziellste und unpraktikabelste aller apriorischen Sprachen». Sogar die Numerierung ist unzugänglich, denn sie geht nach hexadezimalen Kriterien vor und schafft es, auf Kosten der Universalität die französische Bizarrerie des Auslassens der Zahlen 70 und 90 zu respektieren. Dennoch fand Soudre, der fünfundvierzig Jahre lang an der Vervollkommnung seiner Sprache gearbeitet hatte, Anerkennung und Beifall vom Institut de France, von Musikern wie Cherubini, von Schriftstellern wie Victor Hugo, Lamartine und Humboldt, er wurde von Napoleon III. empfangen und erhielt einen Preis in Höhe von zehntausend Francs auf der Pariser Weltausstellung von 1855 sowie eine Goldmedaille auf der Londoner Ausstellung von 1862.

Übergehen wir der Kürze halber das *Système de langue universelle* von Grosselin (1836), die *Langue universelle et analytique* von Vidal (1844), den *Cours complet de langue universelle* von Letellier (1832–55), das *Blaia Zimandal* von Meriggi (1884), die Projekte des Philosophen Renouvier (1885), die *Lingualumina* von Dyer (1875), die *Langue internationale étymologique* von Reimann (1877), die *Langue naturelle* von Maldant (1887), das *Spokil* von Doktor Nicolas (1900), die *Zahlensprache* von Hilbe (1901), die *Völkerverkehrssprache* von Dietrich (1902) und das *Perio* von Talundberg (1904). Es genügt ein knapper Hinweis auf das *Projet d'une langue universelle* von Sotos Ochando (1855). Ausreichend motiviert und fundiert auf theoretischer Ebene, absolut einfach und regulär auf der logischen, tritt das System wie gewöhnlich mit der Absicht auf, eine perfekte Entsprechung zwischen der Ordnung der bezeichneten Dinge und der alphabetischen Ordnung der sie bezeichnenden Wörter herzustellen. Unglücklicherweise – und ein weiteres Mal – erfolgt die Verteilung auf empirischem Wege, so daß A die anorganischen materiellen Dinge bezeichnet, B die freien Künste, C die mechanischen Künste, D die politische Gesellschaft, E die lebenden Körper und so weiter. Aus den morphologischen Regeln ergibt sich, um ein Beispiel aus dem Reich der Minerale zu nehmen, daß *Ababa* = Oxygen ist, *Ababe* = Hydrogen, *Ababi* = Stickstoff und *Ababo* = Schwefel.

Bedenkt man zudem, daß die Zahlen von eins bis zehn mit *siba*, *sibe*, *sibi*, *sibo*, *sibu*, *sibra*, *sibre*, *sibri*, *sibro* und *sibru* ausgedrückt werden (wer wollte in einer solchen Sprache das Einmaleins auswendiglernen?), so sieht man, wie sehr jedes Wort den jeweils bedeutungsverwandten ähnelt und dadurch jede begriffliche Unterscheidung praktisch unmöglich macht, auch wenn im Prinzip ein Kriterium ähnlich dem der chemischen Formeln herrscht und die verschiedenen Buchstaben die einzelnen Komponenten des Begriffs ausdrücken.

Der Autor versichert zwar, man könne in weniger als einer Stunde die Bedeutungen von mehr als sechs Millionen Wörtern lernen, aber wie Couturat und Léau (1903: 69) dazu anmerken, das System lehrt nur, sechs Millionen Wörter in einer Stunde zu produzieren, nicht aber, ihre Bedeutung zu memorieren oder sie auch nur zu erkennen.

Die Aufzählung könnte fortgesetzt werden, allerdings finden sich gegen Ende des neunzehnten Jahrhunderts apriorisch gesinnte Autoren immer öfter in Anthologien, die Exzentrikern gewidmet sind, von der Sammlung *Les fous littéraires* von Brunet (1880) bis zu der Sammlung *Les fous littéraires* von Blavier (1982). Von nun an ist das Erfinden apriorischer Sprachen – außer bevorzugtes Gebiet für Visionäre aller Länder – entweder nur noch Spielerei (vgl. Bausani 1970 und seine Sprache *Markuska*) oder literarische Fiktion (vgl. Yaguello 1984 und Giovannoli 1990 für die Phantasiesprachen in der Science-fiction).

Sprachen fürs Weltall

An den Grenzen der Science-fiction, aber zweifellos interessant als wissenschaftliches Projekt, bleibt der Entwurf des *Lincos*, einer 1960 von dem holländischen Mathematiker Hans A. Freudenthal entwickelten Sprache zum Zwecke der Interaktion mit Bewohnern anderer Galaxien (vgl. Bassi 1992). Das *Lincos* ist keine Sprache, die gesprochen sein will, es ist eher das Modell dafür, wie man eine Sprache erfinden kann, indem man sie gleichzeitig fremden Wesen beibringt, die eine ganz andere (vermutlich uralte) Geschichte und eine ganz andere Biologie als wir Menschen haben.

Freudenthal nimmt an, daß Signale ins All gesendet werden können, bei denen nicht die Substanz des Ausdrucks zählt (sagen wir, es sind Radiowellen von unterschiedlicher Länge und Dauer), sondern die Form des Ausdrucks und des Inhalts. Mit anderen Worten, während die fremden Wesen herauszufinden suchen, welcher Logik die Form des Ausdrucks gehorcht, den sie empfangen haben, müßten sie daraus eine Inhaltsform extrapolieren können, die ihnen irgendwie schon bekannt ist.

In einer ersten Phase könnte die Botschaft gleichmäßige Tonfolgen präsentieren, die sich quantitativ interpretieren lassen, und wenn man nach einer Weile glaubt, daß die Empfänger inzwischen begriffen haben, daß vier Impulse die Zahl 4 bedeuten, könnte man neue Signale senden, die als arithmetische Operatoren zu verstehen sein müßten:

●●● < ●●●●
●●●● = ●●●●
●●●● + ●● = ●●●●●●

Hat man die Aliens anschließend mit einem binären Zahlensystem vertraut gemacht, das die Tonfolgen ersetzt (nach dem Muster ●●●● = 100, ●●●●● = 101, ●●●●●● = 1000), so kann man ihnen – immer durch Ostension und Repetition – einige Grundrechenarten übermitteln.

Schwieriger scheint es, ihnen Zeitbegriffe beizubringen, aber man kann annehmen, daß, wenn man beharrlich immer wieder ein Signal von gleicher Länge aussendet, das jedesmal mit der Zahl 3 korreliert ist, die Empfänger allmählich lernen, die Zeitdauer in Sekunden zu zählen. Es folgen die Regeln der Gesprächsinteraktion, durch die man die fremden Partner mit Sequenzen vertraut machen müßte, die sich übersetzen ließen als «Ha sagt zu Hb: Was ist x, wenn 2 x = 5?»

In gewissem Sinne würde das Lernen wie bei der Dressur eines Tiers erfolgen, wenn man das Tier wiederholt einem Reiz aussetzt und es anschließend, wenn die Reaktion die gewünschte war, mit einem Zeichen der Zustimmung belohnt, nur daß ein Tier die Belohnung sofort erkennt (zum Beispiel mehr Futter), während die Aliens erst durch wiederholte Beispiele dazu gebracht werden müßten, die Bedeutung eines «OK» zu erfassen. Trotzdem könnte man auf diese Weise, so das Projekt, auch Bedeutungen wie «warum», «wie», «wenn», «wissen», «wollen» und sogar «spielen» übermitteln.

Allerdings setzt *Lincos* voraus, daß die Wesen im All über eine Technik verfügen, mit der sie Funksignale empfangen und entziffern können, und daß sie einigen logischen und mathematischen Kriterien folgen, die den unseren gleichen. Vorausgesetzt werden nicht nur die elementaren Prinzipien der Identität oder Nicht-Widersprüchlichkeit, sondern auch die Gewohnheit, etwas, das man per Induktion aus einer Vielzahl von Fällen abgeleitet hat, als eine konstante Regel zu betrachten. *Lincos* kann also nur denen beigebracht werden, die, wenn sie einmal erraten haben, daß für den mysteriösen Absender zwei mal zwei vier ist, als selbstverständlich annehmen, daß diese Regel auch in Zukunft gültig sein wird. Eine kühne Voraussetzung, denn nichts schließt aus, daß es Wesen gibt, deren «Denken» sich nach Regeln vollzieht, die in Zeit und Kontext variieren.

Freudenthal denkt ausdrücklich an eine richtige *Characteristica universalis*, aber in seinem *Lincos* werden nur einige wenige wirklich neue syntaktische Regeln aufgestellt und zu Beginn präsentiert, während für andere Operationen (zum Beispiel die Interaktionsmodelle von Frage und Antwort) stillschweigend die Regeln einer natürlichen Sprache und sogar deren Pragmatik übernommen werden. Stellen wir uns eine Gemeinschaft von Wesen mit hochentwickelten telepathischen Fähigkeiten vor (zum Beispiel nach dem Modell der Engel, bei denen jeder die Gedanken des anderen lesen kann oder die alle gemeinsam lernen, die Gedanken Gottes zu lesen): Für solche Wesen hätte die Interaktionsstruktur Frage/Antwort keinen Sinn. *Lincos* leidet unter der Tatsache, daß es zwar eine formale Struktur hat, aber als «natürliche» Kommunikationssprache konzipiert worden ist und daher offen für Momente der Ungewißheit und der Ungenauigkeit bleiben muß – oder mit anderen Worten, daß es nicht tautologisch wie eine formalisierte Sprache sein darf.

Vermutlich ist das Projekt in pädagogischer Hinsicht interessanter als in sprachtheoretischer (wie lehrt man eine Sprache, ohne auf das wahrnehmbare Vorzeigen physischer Gegenstände rekurrieren zu können?). In diesem Sinne stellt es eine Idealsituation recht anderer Art dar als jene, die immer von den Sprachphilosophen ersonnen worden ist, wenn sie einen europäischen «Entdecker» vorführten, der mit einem «Wilden» interagiert, während beide mit den Fingern einen bestimmten Ausschnitt des Raum-Zeit-Kontinuums bezeichnen, aber nie sicher sein können, ob das Wort, das der eine oder der andere gerade ausspricht, sich auf ein spezielles Objekt in diesem Ausschnitt bezieht, auf das Ereignis, auf den Ausschnitt selbst in seiner Gesamtheit, oder ob es am Ende ausdrücken soll, daß der Gesprächspartner nicht bereit ist, eine Antwort zu geben (vgl. Quine 1960).

Künstliche Intelligenz

Indessen liefert uns *Lincos* das Bild einer fast ausschließlich «mentalen» Sprache (das Ausdrucksmittel reduziert sich auf elektromagnetische Phänomene), und das bringt uns dazu, über eine andere Nachkommenschaft der jahrhundertelangen Suche nach der vollkommenen Sprache nachzudenken: Was wir mit den Computern sprechen, sind de facto apriorische Sprachen, man denke nur an die Syntax des *Basic* oder des *Pascal*. Es handelt sich um Systeme, die zwar nicht zur Würde richtiger Sprachen gelangen, weil sie bestenfalls eine simple, dabei rigide Syntax haben, und die aufgrund der Bedeutungen, die ihren leeren Symbolen oder freien Variablen zugewiesen werden, parasitär von anderen Sprachen abhängig bleiben und zum großen Teil aus logischen Wenn-dann-Verknüpfungen bestehen. Dennoch sind sie universale Systeme, da gleichermaßen verständlich für Sprecher verschiedener Sprachen, und perfekt in dem Sinne, daß sie keine Fehler oder Mehrdeutigkeiten zulassen. Sie sind apriorisch in dem Sinne, daß sie auf Regeln basieren, die nicht die grammatikalischen Regeln des Oberflächenbaus der natürlichen Sprachen sind, sondern allenfalls eine vermutlich allen Sprachen gemeinsame Tiefenstruktur ausdrücken. Sie sind philosophisch, insofern sie voraussetzen, daß diese Tiefenstruktur, die sich auf die Gesetze der Logik beruft, die Grammatik eines sowohl den Menschen wie den Maschinen gemeinsamen Denkens ist. Und sie haben von den apriorisch-philosophischen Sprachen auch die beiden fundamentalen Grenzen, nämlich: a) Sie errichten ihre Regeln auf dem Boden der von der westlichen Zivilisation entwickelten Logik, die nach Ansicht vieler ihre Wurzeln in der Struktur der indoeuropäischen Sprachen hat, und b) sie sind nur begrenzt sprechbar und können bei weitem nicht alles ausdrücken, was eine natürliche Sprache auszudrücken vermag.

Der Traum von einer vollkommenen Sprache, in der alle Bedeutungen der Wörter einer natürlichen Sprache definiert werden können und die «sinnvolle» dialogische Interaktionen zwischen Mensch und Maschine erlaubt oder es den Maschinen ermöglicht, eigene Inferenzen aus den natürlichen Sprachen zu entwickeln, mündet somit in die zeitgenössischen Forschungen auf dem Gebiet der Künstlichen Intelligenz. Dort wird beispielsweise versucht, der Maschine Induktionsregeln zu liefern, mit denen sie die Kohärenz einer Geschichte «beurteilen» kann oder in die Lage versetzt wird, aus der Tatsache, daß einer krank ist, den Schluß zu ziehen, daß er Pflege braucht, und so weiter. Die einschlägige Literatur ist sehr umfangreich, und die Systeme sind vielfältig, angefangen bei denen, die noch die Möglichkeit einer Semantik mit elementaren Komponenten oder Primitiva annehmen, bis hin zu denen, die der Maschine nur Handlungs- oder gar nur noch Situationsmuster (*frames, scripts, goals*) liefern.

Alle Projekte der Künstlichen Intelligenz erben gewissermaßen die Problematik der apriorisch-philosophischen Sprachen und können manche Probleme nur mit Ad-hoc-Lösungen und nur für sehr kleine Teile des gesamten Aktionsraumes einer natürlichen Sprache bewältigen.

Einige Phantasmen der vollkommenen Sprache

Wir haben in diesem Buch wiederholt von Nebenwirkungen gesprochen. Ohne Analogien um jeden Preis herbeiführen zu wollen, könnte man den informierten Leser dazu einladen, verschiedene Kapitel der Philosophiegeschichte, der zeitgenössischen Logik und der modernen Linguistik nachzulesen und sich dabei die Frage zu stellen, ob die jeweils betrachtete Theorie wohl möglich geworden wäre, wenn es nicht vorher die jahrhundertelange Mühsal der Suche nach einer vollkommenen Sprache gegeben hätte und insbesondere der Suche nach einer apriorisch-philosophischen Sprache.

1854 veröffentlichte George Boole seine *Investigation of the laws of thought* und erklärte, Ziel seiner Arbeit sei die Untersuchung der grundlegenden Gesetze jener mentalen Operationen, durch welche das logische Denken erfolge; und er hob hervor, daß wir kaum begreifen könnten, wie die unzähligen Sprachen der Erde sich durch all die Jahrhunderte hindurch so viele gemeinsame Merkmale bewahren konnten, wenn sie nicht in den Gesetzen des Denkens selbst verankert wären (II, 1). Gottlob Frege begann seine *Begriffsschrift, eine der arithmetischen nachgebil-*

dete Formelsprache des reinen Denkens (1879) mit einer Bezugnahme auf die Leibnizsche Characteristica universalis. Russell erinnerte in seiner *Philosophy of Logical Atomism* (1918–19) daran, daß in einer logisch vollkommenen Sprache die Wörter eines Satzes eins zu eins (außer den bloßen Bindewörtern) den Komponenten des entsprechenden Faktums entsprechen müßten. Die Sprache der *Principia Mathematica*, die er zusammen mit Whitehead geschrieben hatte, besaß zwar nur eine Syntax, aber nach Hinzufügung eines Vokabulars, so Russell, wäre sie eine logisch vollkommene Sprache gewesen (obwohl er zugab, daß diese Sprache, wenn sie denn hätte konstruiert werden können, unerträglich weitschweifig und pedantisch gewesen wäre). Wittgenstein nahm in seinem *Tractatus logico-philosophicus* die erstmals von Bacon geführte Klage über die Vieldeutigkeit der natürlichen Sprachen auf und beschwor eine Sprache, in der jedes Zeichen eindeutig gebraucht werden müßte (3.325 ff.) und in welcher der Satz die logische Form der Wirklichkeit aufwiese (4.121). Carnap (*Der logische Aufbau der Welt*, 1922–25) nahm sich vor, ein logisches System von Objekten und Begriffen zu errichten, in dem alle Begriffe aus einem Grundbestand von Urideen abgeleitet wären. Und dem Baconschen Ideal verbunden war auch noch das Ideal des logischen Positivismus mit seiner Polemik gegen die Unbestimmtheit der metaphysischen Sprache, die Pseudoprobleme erzeuge (vgl. Recanati 1979).

Die eben genannten Autoren versuchten, eine Sprache der Wissenschaft zu kreieren, die auf ihrem Gebiet vollkommen und universell benutzbar sein sollte, ohne jedoch zu behaupten, daß sie an die Stelle einer natürlichen Sprache treten könne. Der Traum hat das Vorzeichen geändert oder sich den neuen Bedingungen angepaßt: Von der jahrhundertelangen Suche nach der Sprache Adams wird die Philosophie von jetzt an nur noch das übernehmen, was sie nebenbei erbracht hat. Deshalb kann man nur von Nebenwirkungen sprechen.

Doch während der Jahrhunderte, in denen sich unsere Geschichte abgespielt hat, hatte sich auch eine andere entfaltet, von der wir in der Einleitung sagten, daß wir uns nicht mit ihr befassen wollten: die Suche nach einer allgemeingültigen oder universalen Grammatik. Wir durften uns nicht mit ihr befassen, denn, wie richtig gesagt worden ist, nach einem System allgemeingültiger Regeln unterhalb aller Einzelsprachen zu suchen, heißt weder eine neue Sprache vorzuschlagen noch zu einer Ursprache zurückzustreben. Allerdings gibt es zwei Arten, nach universalen Konstanten aller Sprachen zu suchen.

Die eine geht empirisch-vergleichend vor und verlangt ein Register aller existierenden Sprachen (vgl. Greenberg 1963). Doch seit der Zeit, als Dante dem Stammvater Adam die Gabe einer *forma locutionis* zuschrieb, mochte er nun mit dem Denken der «Modisten» vertraut gewesen sein oder nicht, haben diese Forscher die universalen Gesetze aller Sprachen und des Denkens aus dem einzigen Sprachmodell abgeleitet, das sie kannten, nämlich dem scholastischen Latein. Nicht anders ist auch noch Francisco Sanchez Brocense in seinem Werk *Minerva, seu de causis linguae latinae** (1587) vorgegangen. Das Neue an der *Grammaire générale et raisonnée* von Port-Royal (1660) war, daß sie sich als Modellsprache eine moderne genommen hatte, nämlich das Französische. Aber das Grundproblem blieb dasselbe.

Um nämlich so vorgehen zu können, darf man nicht einmal für einen Augenblick auf den Gedanken kommen, daß eine gegebene Sprache *eine gegebene* Denkweise und Weltsicht reflektiert und nicht ein Allgemeingültig-Universales Denken; anders gesagt, was der «Geist» einer Sprache genannt worden ist, muß unter die Modalitäten des Oberflächengebrauchs verbannt worden sein, die nicht die für alle Sprachen gleiche Tiefenstruktur tangieren. Nur so ist es möglich, jene Strukturen als universal, weil der einzig möglichen Logik entsprechend anzunehmen, die wir in der einzigen Sprache erkennen, in der wir zu denken gewohnt sind.

Etwas anderes wäre es zu behaupten, die verschiedenen Sprachen seien zwar an der Oberfläche differenziert und häufig durch den Gebrauch verunreinigt oder auch durch ihren eigenen Geist in Erregung gebracht worden, aber die gemeinsamen Gesetze würden, wenn es sie gibt, im klaren Licht der Vernunft durch die Maschen der sie verhüllenden Sprache scheinen, welche diese auch immer sein mag (denn wie Beauzée im Artikel «Grammaire» der *Encyclopédie* schreibt: «La parole est une sorte de tableau dont la pensée est original» – das Wort ist eine Art Abbild, dessen Original der Gedanke ist). Die Idee wäre akzeptabel, doch um diese gemeinsamen Gesetze ans Licht zu bringen, bedürfte es einer Metasprache, die sich auf alle anderen Sprachen anwenden ließe. Identifiziert man jedoch diese Metasprache mit der gegebenen Sprache, so beißt sich die Argumentation wieder in den Schwanz – und aus dem Kreis gibt es kein Entrinnen.

Tatsächlich war das Ziel der Grammatiker von Port-Royal, schreibt Simone (1969: XXXIII),

> trotz des Anscheins methodologischer Strenge ein normatives und wertendes, gerade insofern es rationalistisch war. Ihr Ziel war nicht, auf die angemessenste und kohärenteste Weise den Gebrauch zu interpretieren, den die verschiedenen Sprachen erlauben (andernfalls müßte die Sprachtheorie mit allen je möglichen Gebrauchsweisen einer Sprache koinzidieren und auch denen Rechnung tragen, die von den Sprechern als «Fehler» eingestuft werden), sondern die Varietät der Gebrauchsweisen zu erweitern im Bemühen, sie der Vernunft konform zu machen.

Was das Kapitel der Universalgrammatiken für unsere Geschichte interessant macht, ist (wie Canto 1979 bemerkt hat), daß man, um sich in diesen Teufelskreis einzufügen, angenommen haben muß, es gebe eine vollkommene Sprache, und sei es die, die man gerade spricht. Und daher wird man dann auch keine Schwierigkeiten haben, sie als Metasprache zu benutzen: Port-Royal antizipiert Rivarol.

Das Problem bleibt offen für alle auch zeitgenössischen Versuche, die Existenz syntaktischer und semantischer «Universalien» nachzuweisen, indem man sie aus einer natürlichen Sprache ableitet, die gleichzeitig als Metasprache und als Objektsprache benutzt wird. Hier soll nicht bewiesen werden, daß es sich um ein hoffnungsloses Projekt handelt: Es wird nur nahegelegt, daß es sich um eine neuerliche Konsequenz der Suche nach einer apriorisch-philosophischen Sprache handelt, denn ein philosophisches Ideal von Grammatik beherrscht die Interpretation einer natürlichen Sprache.

Ebenfalls Erbe der Projekte apriorisch-philosophischer Sprachen ist (wie Cosenza 1993 gezeigt hat) jene Strömung, die sich entschieden auf eine «Sprache des Denkens» beruft. Dieses «Mentalesisch» soll angeblich die Mentalstruktur widerspiegeln, eine rein formale und syntaktische Rechnung sein (ähnlich dem Leibnizschen «blinden Denken»), eindeutige Symbole benutzen und auf angeborenen, der ganzen Menscheit gemeinsamen Elementarbegriffen basieren (gleichwohl wird es in Begriffen einer «folk psychology» abgeleitet, die angeblich zwangsläufig einer jeden Kultur innewohnt).

Auf einer anderen Linie, aber ebenfalls in gewisser Weise als ferne Erben unserer Geschichte, suchen andere die Sprache des Geistes nicht auf Abstraktionen platonischer Art zu gründen, sondern auf die neuro-physiologischen Strukturen (die Sprache des Geistes ist auch die des Gehirns, das heißt eine *software*, die sich auf eine *hardware* gründet). Der Ansatz ist neu, denn die «Ahnen» unserer Geschichte waren nicht so weit gekommen, auch weil es lange nicht üblich war, die *res cogitans* im Gehirn zu lokalisieren und nicht in der Leber oder im Herzen. Doch ein schöner Kupferstich über die zerebrale Lokalisierung der Sprache und anderer Fähigkeiten der Anima (Vorstellungskraft, Einschätzungsvermögen, Gedächtnis) findet sich schon in Gregor Reyschs *Margarita Philosophica* aus dem fünfzehnten Jahrhundert.

Obwohl die Unterschiede oft wichtiger als die Identitäten oder Analogien sind, wäre es vielleicht nicht unnütz, wenn auch die avanciertesten Forscher auf dem Gebiet der heutigen kognitiven Wissenschaften hin und wieder einen Blick auf ihre Vorfahren würfen. Es stimmt ja nicht, was in manchen philosophischen Departments amerikanischer Universitäten behauptet wird, daß es zum Philosophieren nicht nötig sei, sich auf die Geschichte der Philosophie zu beziehen. Das wäre, als würde man sagen, jemand könne Maler werden, ohne jemals ein Bild von Raffael gesehen zu haben, oder Schriftsteller, ohne jemals die Klassiker gelesen zu haben. Theoretisch ist das zwar möglich, aber der «primitive» Künstler, der zur Unkenntnis der Vergangenheit verdammt ist, bleibt immer als solcher erkennbar, und eben darum nennt man ihn auch *naiv.* Dagegen geschieht es gerade beim Wiederbesichtigen alter Projekte, die sich als utopisch oder gescheitert erwiesen haben, daß die Grenzen oder das mögliche Scheitern jener Unternehmen voraussehbar werden, die sich als ein Anfang im Leeren ausgeben. Nachzulesen, was unsere Vorfahren getan haben, ist nicht bloß archäologisches Vergnügen, sondern immer auch immunologische Vorbeugung.

16. Die Welthilfssprachen

Zu Beginn des zwanzigsten Jahrhunderts kommt es zu einer imposanten Entwicklung des Kommunikations- und Transportwesens: Nun werde es möglich sein, meinten Couturat und Léau (1903), die Reise um die Welt in vierzig Tagen zu machen (es ist kaum dreißig Jahre her seit Jules Vernes prophetischen achtzig Tagen!), während Telephon und drahtlose Telegraphie im Handumdrehen Paris mit London und Turin mit Berlin verbinden. Die Leichtigkeit der Kommunikation hat eine entsprechende Zunahme der Wirtschaftsbeziehungen zur Folge, der europäische Markt dehnt sich weltweit aus, die großen Nationen besitzen Kolonien bis zu den Antipoden, und ihre Politik wird global. Aus diesen und anderen Gründen sind die Nationen gezwungen, sich zusammenzutun und in zahllosen Fragen zu kooperieren, es werden Abkommen geschlossen wie die Brüsseler Konvention über die Zuckerwirtschaft oder die internationale Konvention über den Mädchenhandel. Auf der wissenschaftlichen Ebene vereinen internationale Behörden wie das *Bureau des poids et mesures* sechzehn Staaten, die Internationale Geodätische Vereinigung umfaßt deren achtzehn, und im Jahre 1900 ist ein Weltverband der Wissenschaftlichen Akademien gegründet worden. Die enorme wissenschaftliche Produktion, die an der Schwelle des neuen Jahrhunderts aufblüht, mußte koordiniert werden, «sous peine de revenir à la tour de Babel».

Lösungen? Couturat und Léau hielten es für utopistisch, eine der existierenden Sprachen international machen zu wollen, und nicht minder schwierig wäre die Rückkehr zu einer toten und neutralen Sprache wie dem Lateinischen. Mehr noch, das Lateinische hat eine enorme Vielzahl von Synonymen (*liber* bedeutet sowohl «Buch» als auch «frei»), verwirrende Flexionen (*avi* kann der Dativ oder Ablativ von *avis* oder auch der Nominativ Plural von *avus* sein), es hat schwer von den Verben zu unterscheidende Substantive (heißt *amor* «Liebe» oder «ich werde geliebt»?), und es hat keinen unbestimmten Artikel, ganz zu schweigen von den zahllosen Unregelmäßigkeiten der Syntax. Bleibt also nur die Kreation einer künstlichen Sprache, die den natürlichen Sprachen ähnelt, aber von allen Benutzern als neutral empfunden werden kann.

Kriterien dieser Sprache sind zunächst die Vereinfachung und Rationalisierung der Grammatik (die schon von den apriorischen Sprachen versucht worden war), aber nach dem Vorbild der natürlichen Sprachen, und dann die Schaffung eines Wortschatzes, der alle Benutzer so stark wie möglich an die Wörter der natürlichen Sprachen erinnert. In diesem Sinne wäre eine *Welthilfssprache* (im folgenden kurz WHS) eine *aposteriorische* Sprache, da sie aus einem Vergleich und einer ausgewogenen Synthese der existierenden natürlichen Sprachen hervorgehen würde.

Couturat und Léau sind realistisch genug zu wissen, daß es kein objektives Kriterium gibt, mit dem man entscheiden kann, ob eine aposteriorische Sprache flexibler und annehmbarer als eine andere ist (so wenig wie man anhand objektiver und abstrakter Maßstäbe entscheiden könnte, ob nun das Spanische oder das Portugiesische besser geeignet ist, sei's zur poetischen Kreation oder zum kommerziellen Austausch). Ein Projekt kann sich nur durchsetzen, wenn eine internationale Behörde es akzeptiert und propagiert. Mit anderen Worten, der Erfolg einer WHS kann nur durch einen Akt des weltpolitschen guten Willens herbeigeführt werden.

Aber was Couturat und Léau im Jahre 1903 vorfinden, ist ein neues Babel internationaler Sprachen, die im Laufe des neunzehnten Jahrhunderts ausgeheckt worden sind: In ihrer *Histoire de la langue universelle* führen sie 38 Systeme auf, von aposteriorischen bis zu gemischten, und einige weitere analysieren sie in ihrem Buch *Les nouvelles langues internationales*, das sie 1907 veröffentlichen.

Jedes Projekt hat sich mit mehr oder weniger Nachdruck um internationale Anerkennung bemüht. Welcher Autorität sollte man die Entscheidung anvertrauen? Couturat und Léau hatten 1901 eine *Délégation pour l'adoption d'une langue auxiliaire internationale* gegründet, die eine internationale Entscheidung durch den Weltverband der Wissenschaftlichen Akademien herbeiführen sollte. Offensichtlich glaubte man damals noch, daß eine internationale Körperschaft dieser Art in der Lage sei, eine allgemeinverbindliche Entscheidung über das brauchbarste Projekt zu treffen und es dem Konsens der Nationen aufzuerlegen.

Die gemischten Systeme

Das *Volapük* war vielleicht die erste WHS, die zu einem internationalen Fall wurde. Erfunden 1879 von dem badisch-katholischen Pfarrer Johann Martin Schleyer (1831–1912), sollte es nach den Intentionen seines Erfinders zu einem Instrument der Einigung und Verbrüderung aller Völker werden. Kaum der Öffentlichkeit vorgestellt, fand es rasch Anhänger im südwestdeutschen Raum und im benachbarten Frankreich, von wo aus es sich dann so schnell in alle Welt ausbreitete, daß zehn Jahre später, 1889, bereits 283 Volapük-Clubs existierten, von Europa bis Amerika und Australien, mit Kursen, Diplomen und Periodika. Zugleich aber war es praktisch den Händen Schleyers entglitten, dessen Vaterschaft im selben Moment formell anerkannt wurde, als seine Sprache durch allerlei Vereinfachungen, Umstrukturierungen, Neuordnungen und häretische Ableger verändert worden war. Es ist dies die Tragik aller Projekte künstlicher Sprachen: Wenn ihre Frohe Botschaft kein Gehör findet, bewahren sie sich ihre Reinheit; wenn ihre Botschaft sich aber verbreitet, fällt die Sprache in die Hände der versammelten Proselyten und wird, da das Bessere der Feind des Guten ist, «babelisiert». So erging es dem Volapük: Im Laufe weniger Jahre schrumpfte es von überraschend weltweiter Verbreitung zu immer entlegenerer Randexistenz, während aus seiner Asche andere hervorgingen, wie das *Idiom Neutral* (1902), die *Langue Universelle* von Menet (1886), das *Bopal* von de Max (1887), das *Spelin* von Bauer (1886), das *Dil* von Fieweger (1893), das *Balta* von Dormoy (1893), das *Veltparl* von von Arnim (1896).

Das Volapük ist ein *gemischtes System*, und nach Couturat und Léau folgt es einer Linie, die schon von Jacob Grimm vorgezeichnet worden war. Es hat etwas von den aposteriorischen Systemen, insofern es sich das Englische als die verbreitetste Sprache der zivilisierten Völker zum Modell nimmt (obwohl man Schleyer eher vorwerfen könnte, sich insbesondere beim

Wortschatz sehr eng ans Deutsche gehalten zu haben). Es operiert mit 28 Buchstaben, jeder Buchstabe steht nur für einen Laut, und betont wird immer die letzte Silbe. Aus Sorge um die Aussprechbarkeit hatte Schleyer das *R* eliminiert, da es, wie er meinte, für die Chinesen unaussprechlich sei – wobei er jedoch übersah, daß viele orientalische Völker die Schwierigkeit weniger darin sehen, das *R* auszusprechen, als es vom *L* zu unterscheiden.

Die Bezugssprache ist, wie gesagt, das Englische, aber das phonetische Englisch. Daher wird «Kammer» zu *cem* (von *chamber*). Andererseits zwingt der Ausschluß von Buchstaben wie *R* zu schweren Deformationen vieler aus den natürlichen Sprachen übernommenen Wurzeln; so wird «Berg», als dessen Bezugswort das deutsche «Berg» gewählt worden ist, nach Abzug des *r* und des *g* zu *bel*, desgleichen wird «Feuer» aus *fire* zu *fil*. Einer der Vorteile aposteriorischer Lexika ist gerade, daß ihre Wörter an Wörter in anderen Sprachen erinnern können, aber durch Veränderungen wie die eben zitierten macht man diesen Vorteil zunichte. Die Silbe *bel* evoziert im romanischen Sprachraum die Idee der Schönheit, und im germanischen läßt sie nicht an «Berg» denken.

Auf der Grundlage solcher Wurzeln entfaltet sich dann das Spiel der Flexionen und anderen Endungen, die einem Kriterium apriorischer Transparenz folgen. Die Grammatik optiert für ein Deklinationssystem (bei «Haus»: *dom, doma, dome, domi* usw.), das Femininum wird regelmäßig nach dem Maskulinum gebildet, Adjektive haben immer das Suffix *–ik* (*gud* = «Güte», *gudik* = «gut»), Komparative das Suffix *–um* und so weiter. Aus den Kardinalzahlwörtern werden die Zehner durch ein angehängtes *–s* gebildet (*bal* = «eins», *bals* = «zehn»). Wörter, die eine Zeitvorstellung evozieren (wie «heute», «gestern», «heuer») haben immer das Präfix der Zeit (*del–*); das Suffix *–av* zeigt an, daß es sich um eine Wissenschaft handelt (wenn *stel* = «Stern», dann *stelav* = «Sternkunde, Astronomie»). Aber diese apriorischen Kriterien bringen arbiträre Entscheidungen hervor; so deutet die Vorsilbe *lu–* immer auf eine Inferiorität, aber wenn *vat* «Wasser» ist, warum soll *luvat* dann «Urin» sein und nicht «Schmutzwasser»? Warum heißt die Fliege (aufgrund einer ähnlichen Entscheidung, wie sie auch Dalgarno getroffen hatte) *flitaf* = fliegendes Tier, als wären nicht auch Vögel oder Bienen fliegende Tiere?

Couturat und Léau merken an, daß das Volapük (wie auch die anderen gemischten Systeme), obwohl es keine philosophische Sprache ist, die Begriffe nach einer philosophischen Methode zu analysieren beansprucht und folglich die Mängel der philosophischen Sprachen übernimmt, ohne ihre logischen Vorteile zu haben. Es ist nicht wirklich apriorisch, da es Wortwurzeln aus natürlichen Sprachen übernimmt, aber es ist auch nicht wirklich aposteriorisch, da es diese Wurzeln systematischen, a priori beschlossenen Deformationen unterwirft und sie damit unkenntlich macht. Im Bestreben, keiner bekannten Sprache zu ähneln, wird es schwierig für die Sprecher von allen. Zudem operieren die gemischten Sprachen, wenn sie Komposita bilden, mit begrifflichen Zusammenballungen, die eher an die Primitivität und Regressivität des Pidgin erinnern. Werden im Pidgin-Englisch die Dampfschiffe, je nachdem, ob sie Raddampfer sind oder Schraubenantrieb haben, als *outside-walkee-can-see* und *inside-walkee-no-can-see* bezeichnet, so heißt im Volapük die Juwelierhandlung *nobastonacan*, was ein Kompositum aus «Stein», «Handlung» und «Adel» darstellt.

Das Babel der aposteriorischen Sprachen

Die Palme der Anciennität unter den WHS gebührt wahrscheinlich einem Projekt, das 1734 unter dem Pseudonym Carpophorophilus erschienen ist; es folgt die *Langue Nouvelle* von Faiguet und dann die *Communicationssprache* von Schipfer (1839); von da an ist das Jahrhundert der WHS unbestritten das neunzehnte.

Eine Probe aus einer Handvoll Sprachen bringt eine Reihe von Familienähnlichkeiten zutage, etwa das Überwiegen lateinischer Wurzeln und jedenfalls ein ausreichendes Sortiment an Wurzeln aus europäischen Sprachen, so daß die Sprecher immer den Eindruck haben, das Idiom irgendwie schon zu kennen:

Me senior, I sende evos un gramatik e un verb-bibel de un nuov glot nomed universal glot (*Universal-Sprache*, 1868).

Ta pasilingua ere una idiomu per tos populos findita, una lingua qua autoris de to spirito divino, informando tos hominos zu parlir, er creita ... (*Pasilingua*, 1885).

Mesiur, me recipi-tum tuo epistola hic mane gratissime ... (*Lingua*, 1888).

Con grand satisfaction mi ha lect tei letter ... Le possibilità de un universal lingue pro la civilisat nations ne esse dubitabil . . .(*Mundolingue*, 1888).

Me pren the liberté to ecriv to you in Anglo-Franca. Me have the honneur to soumett to yoùs inspection the prospectus of mès object manifactured ... (*Anglo-Franca*, 1889).

Le nov latin non requirer pro le sui adoption aliq congress (*Nov Latin*, 1890).

Scribasion in idiom neutral don profiti sekuant in komparasion ko kelkun lingu nasional (*Idiom Neutral*, 1902).

1893 erscheint sogar ein *Antivolapük*, das nichts anderes ist als die Negation einer WHS, denn es besteht nur aus einer elementaren Universalgrammatik, die durch lexikalische *items* aus der Sprache des jeweiligen Sprechers aufgefüllt werden muß. Auf diese Weise hätte man je nach Sprecher verschiedene Sätze, zum Beispiel:

Französisch-international: *IO NO savoir U ES TU cousin ...*
Englisch-international: *IO NO AVER lose TSCHE book KE IO AVER find IN LE street.*
Italienisch-international: *IO AVER vedere TSCHA ragazzo E TSCHA ragazza IN UN strada.*
Russisch-international: *LI dom DE MI atjiez E DE MI djadja ES A LE ugol DE TSCHE uliza.*

Von gleicher Widersprüchlichkeit ist das *Tutonish* (1902), eine internationale Sprache, die nur für Sprecher des germanischen Sprachraums verständlich ist, da der Anfang des *Paternoster* so klingt: *Vio fadr hu bi in hevn, holirn bi dauo nam ...* Doch barmherzigerweise konzipiert der Autor auch eine internationale Sprache für Sprecher aus dem romanischen Raum, die das Paternoster dann so beten können: *Nuo opadr, ki bi in siel, sanktirn bi tuo nom.*

Die unweigerliche Komik dieser Kostprobensammlung ergibt sich nur aus dem Babel-Effekt. Für sich genommen erscheinen viele dieser Sprachen gar nicht schlecht konstruiert.

Sehr gut konstruiert in seiner elementaren Grammatik war das *Latino sine flexione* von Giuseppe Peano (1903), der ein großer Mathematiker und großer Logiker war. Peano hatte nicht die Absicht, eine neue Sprache zu schaffen, er wollte nur ein vereinfachtes Latein vorschlagen, zum Gebrauch für den internationalen Austausch der Wissenschaften und nur in schriftlicher Form. Es handelte sich um ein Latein ohne Deklinationen, dessen «Lakonik» an viele der grammatikalischen Reformen erinnert, mit denen wir uns in den vorangegangenen Kapiteln beschäftigt haben. In Peanos Worten: *Post reductione qui praecede, nomen et verbo fie inflexible; toto grammatica latino evanesce.* Also Wortschatz einer bestens bekannten natürlichen Sprache und Grammatik quasi null. Und sogar, um gewissen Notwendigkeiten Rechnung zu tragen, Ansätze zur Pidginisierung: Als einige mathematische Publikationen in diesem flexionslosen Latein abgefaßt wurden, beschloß ein englischer Mitarbeiter, für das Futurum die englische Formel «I will» einzuführen, und schrieb *me vol publica* für «I will publish». Eine Episode, die nicht nur köstlich ist, sondern auch schlagartig eine unkontrollierbare Weiterentwicklung durchblicken läßt. Wie bei allen internationalen Sprachen kommt es mehr auf den Konsens der Völker als auf die Beurteilung der Struktur an: Das *Latino sine flexione* hat sich nun einmal nicht durchsetzen können, und so bleibt es ebenfalls nur ein historisches Kuriosum.

Das Esperanto

Das Esperanto wurde der Welt erstmals 1887 vorgeschlagen, als der polnische Arzt Doktor Lejzer Ludwik Zamenhof ein russisch geschriebenes Buch veröffentlichte, dessen Titel hieß «Internationale Sprache. Vorwort und vollständiges Lehrbuch (für Russen)», Warschau, Buchdruckerei Kelter. Der Name *Esperanto* ist allgemein angenommen worden, weil der Autor sein Buch unter dem Pseudonym «Doktor Esperanto» (Hoffender Doktor) veröffentlicht hatte.

In Wirklichkeit hatte der 1859 geborene Zamenhof schon als Jugendlicher von einer internationalen Sprache geträumt. Auf die briefliche Frage seines Onkels Josef, welchen nichtjüdischen Namen er (wie es Brauch war) gewählt habe, um unter den Gojim zu leben, antwortete der sechzehnjährige Zamenhof, er habe Ludwik gewählt, weil er in einem Werk von Comenius auf Lodwick gestoßen sei, der auch als Lodowick bekannt war (Brief an den Onkel vom 31. März 1876, vgl. Lamberti 1990: 49). Herkunft und Persönlichkeit Zamenhofs haben sicher ebenso zur Konzeption wie zur Verbreitung seiner Sprache beigetragen. Geboren in einer jüdischen Familie aus Bialystok auf litauischem Gebiet, das damals zum Königreich Polen gehörte, das seinerseits unter der Herrschaft des Zaren stand, war Zamenhof in einem Gewirr von Völkern und Sprachen aufgewachsen, das von nationalistischen Impulsen und ständigen antisemitischen Wellen erschüttert wurde. Die Erfahrung der Repression und dann der Verfolgung, die das zaristische Regime den Intellektuellen angedeihen ließ, zumal wenn sie Juden waren, hatte die Idee einer Universalsprache zusammen mit der einer universalen Eintracht der Völker reifen lassen. Überdies fühlte sich Zamenhof solidarisch mit seinen Glaubensgenossen und hoffte auf eine Rückkehr der Juden nach Palästina, aber seine laizistische Religiösität hinderte ihn daran, sich mit irgendwelchen Formen von nationalistischem Zionismus zu identifizieren, und anstatt sich das Ende der Diaspora als eine Rückkehr zur Sprache der Väter vorzustellen, glaubte er, daß die Juden der ganzen Welt gerade durch eine neue Sprache vereint werden könnten.

Während das Esperanto sich in diversen Ländern verbreitete, zuerst im slawischen Raum und dann im übrigen Europa, wo es das Interesse gelehrter Gesellschaften, philanthropischer und linguistischer Kreise erregte und zu einer Reihe von internationalen Kongressen führte, hatte Zamenhof auch eine anonyme Streitschrift veröffentlicht, in der er für eine vom Gedanken der universalen Brüderschaft erfüllte Lehre namens *homaranismo* eintrat. Andere Anhänger des Esperanto hatten beharrlich (und mit Erfolg) dafür gesorgt, daß die Bewegung für die neue Sprache unabhängig gegenüber allen ideologischen Positionen blieb, da sie der Meinung waren, daß eine Weltsprache sich nur durchsetzen werde, wenn sie Menschen mit unterschiedlichen religiösen, politischen und philosophischen Vorstellungen für sich gewann. Man hatte sogar dafür gesorgt, daß Zamenhofs Judentum nicht erwähnt wurde, um nur ja keinen Verdacht aufkommen zu lassen – es war die Zeit, erinnern wir uns, als sich vielerorts die Theorie von der «jüdischen Weltverschwörung» herauszubilden begann.

Dennoch, auch wenn es der Esperanto-Bewegung gelang, von ihrer absoluten Neutralität zu überzeugen, spielte natürlich der philanthropische Impuls, die basisgemeindliche Religiosität, von der sie erfüllt war, eine Rolle in den Beitrittsentscheidungen vieler ihrer Anhänger – oder wie man auf Esperanto sagt, ihrer *samideani*, Teilhaber am selben Ideal. Hinzu kam, daß in den Anfangsjahren die Sprache und ihre Verfechter von der argwöhnischen Regierung des Zaren praktisch mit Bann belegt worden waren, auch weil sie das Glück/Unglück hatten, die leidenschaftliche Unterstützung Leo Tolstois zu finden, dessen humanitärer Pazifismus als eine gefährliche revolutionäre Ideologie betrachtet wurde. Am Ende sind Esperantisten verschiedener Länder dann auch von den Nazis verfolgt worden (vgl. Lins 1988). Nun führt Verfolgung ja häufig dazu, daß eine Idee noch bestärkt wird: Während die meisten anderen künstlichen Sprachen nichts als praktische Hilfsmittel sein wollten, hat das Esperanto die Grundzüge jener religiösen und irenistisch-pazifistischen Bestrebungen aufgegriffen, die zumindest bis ins siebzehnte Jahrhundert hinein die Suche nach der vollkommenen Sprache charakterisierten.

Groß ist die Zahl der illustren Verfechter oder Sympathisanten des Esperanto, von Linguisten wie Baudouin de Courtenay und Otto Jespersen bis zu Naturwissenschaftlern wie Giuseppe Peano oder Philosophen wie Bertrand Russell. Zu den überzeugendsten Aussagen gehört die von Rudolf Carnap, der in seiner Autobiographie mit bewegten Worten von dem Solidaritätsgefühl spricht, das man empfinde, wenn man eine gemeinsame Sprache mit Menschen aus verschiedenen Ländern spreche, und von der Qualität dieser «lebendigen Sprache [...] die eine erstaunliche Flexibilität der Ausdrucksmittel mit einer großen Einfachheit der Struktur verband» (in Schilpp 1963: 70). Oder auch die lapidare Feststellung von Antoine Meillet: «Toute discussion théorique est vaine: l'Esperanto fonctionne» (Jede theoretische Diskussion ist müßig: das Esperanto funktioniert, Meillet 1918: 268).

Als Zeugnis für den Erfolg des Esperanto gibt es heute eine *Universala Esperanto-Asocio* mit Delegierten in den wichtigsten

Städten der Welt. Die esperantistische Presse zählt mehr als hundert Periodika, die wichtigsten Werke aller Literaturen sind ins Esperanto übersetzt worden, von der Bibel bis zu Andersens Märchen, und es gibt auch bereits eine literarische Originalproduktion.

Wie das Volapük hat auch das Esperanto, zumal in den ersten Jahrzehnten, heftige Auseinandersetzungen durchgemacht, die auf verschiedene Reformen des Wortschatzes und der Grammatik zielten; zur heftigsten kam es 1907, als der Führungsausschuß der Delegation für die Wahl einer Internationalen Sprache, deren Erster Sekretär Couturat war, etwas tat, was Zamenhof als einen Handstreich oder gar einen regelrechten Verrat betrachtete: Das Esperanto wurde zwar als die beste Sprache anerkannt, aber in einer reformierten Version, die später als *Ido* bekannt werden sollte (und zum großen Teil von Louis de Beaufront stammte, der gleichwohl in Frankreich ein leidenschaftlicher Esperantist gewesen war). Doch die Mehrheit der Esperantisten weigerte sich und blieb standhaft bei einem von Zamenhof selbst aufgestellten Prinzip, nach dem man zwar gewiß künftig noch da und dort lexikalische Bereicherungen, auch Verbesserungen werde anbringen können, aber eisern festhalten müsse an dem, was Zamenhof in seinem Buch *Fundamento de Esperanto* von 1905 festgelegt hatte und was als der «harte Kern» der Sprache angesehen werden kann.

Eine optimierte Grammatik

Das Alphabet des Esperanto hat 28 Buchstaben und beruht auf dem Prinzip «für jeden Buchstaben nur einen Laut und für jeden Laut nur einen Buchstaben». Betont wird regelmäßig die vorletzte Silbe. Der Artikel hat nur eine Form, *la*, es heißt also gleichbleibend *la homo*, *la libroj*, *la abelo*. Vor Eigennamen steht kein Artikel. Einen unbestimmten Artikel gibt es nicht.

Für den Wortschatz hatte Zamenhof schon in seiner Jugendkorrespondenz notiert, daß in vielen europäischen Sprachen sowohl das Femininum wie auch verschiedene Ableitungen einer Suffix-Logik folgen (*Buch/Bücherei*, *pharmakon/pharmakeia*, *rex/regina*, *gallo/gallina*, *heroe/heroine*, *Zar/Zarin*), während Gegensätze eine Präfix-Logik vorziehen (*heureux/malheureux*, *fermo/malfermo*, russisch *rostom/malo-rostom* für «hoch/tief»). In einem Brief vom 24. September 1876 beschreibt Zamenhof, wie er aus Wörterbüchern verschiedener Sprachen alle Wörter heraussucht, die eine gemeinsame Wurzel haben und daher von Sprechern vieler Sprachen verstanden werden könnten: *lingwe, lingua, langue, lengua, language; rosa, rose, roza* und so weiter. Das waren bereits die Prinzipien einer aposteriorischen Sprache.

In der Folge hat Zamenhof, wenn er nicht auf gemeinsame Wurzeln zurückgreifen konnte, seine Wörter nach dem Kriterium einer möglichst sinnvollen Streuung gebildet, wobei er die romanischen Sprachen bevorzugte, gefolgt von den germanischen und den slawischen. Das Ergebnis ist, daß der Sprecher einer beliebigen europäischen Sprache, wenn er eine Liste von Esperantowörtern durchsieht, finden wird: a) viele leicht erkennbare, weil mit den eigenen identische oder verwandte Wörter; b) andere aus fremden Sprachen, die er schon irgendwie kennt; c) einige auf den ersten Blick rätselhafte, die aber, wenn man ihre Bedeutung einmal gelernt hat, leicht wiederzuerkennen und zu behalten sind; schließlich d) eine erträglich geringe Zahl von ganz unbekannten Wörtern, die man *ex novo* lernen muß. Einige Beispiele verdeutlichen die Auswahlkriterien: *abelo* (Biene), *apud* (bei), *akto* (Akt), *alumeto* (Streichholz), *birdo* (Vogel), *cigaredo* (Zigarette), *domo* (Haus), *fali* (fallen), *frosto* (Frost), *fumo* (Rauch), *hundo* (Hund), *kato* (Katze), *krajono* (Bleistift), *kvar* (vier).

Relativ zahlreich sind die zusammengesetzten Substantive. Zamenhof dachte dabei wahrscheinlich nicht an die Kriterien der apriorischen Sprachen, in denen die Zusammensetzung die Regel ist, da der Begriff ja sozusagen seine chemische Formel darlegen soll. Aber auch bei einem aposteriorischen Kriterium hatte er den Usus der natürlichen Sprachen vor Augen, in denen Zusammensetzungen wie *man-eater, tire-bouchons, tiramisu* ja nichts Ungewöhnliches sind, vom Deutschen gar nicht zu sprechen. Die Bildung von Komposita, wo immer es möglich war, erlaubte die maximale Ausbeutung einer relativ kleinen Zahl von Wurzeln. Die entsprechende Regel ist, daß der Hauptbegriff dem sekundären folgt: Für das Wort «Schreibtisch», bei dem die Aufmerksamkeit darauf gelenkt werden muß, daß es sich zunächst einmal um einen Tisch handelt, der dann – zweitens – zum Schreiben dient, ergibt sich somit *skribotablo*. Die Flexibilität in der Zusammensetzung von Komposita erlaubt auch die Bildung unmittelbar verständlicher Neologismen (Zinna 1993).

Ist die Wurzel gegeben, so bekommt sie in der neutralen Formel eine Endung *–o*, die aber nicht die Maskulinendung ist, wie man gewöhnlich meint, sondern nur anzeigt, daß es sich um ein einzelnes Substantiv handelt, ohne das Geschlecht zu präzisieren. Das Femininum wird dagegen «markiert», indem man vor der Endung *–o* die Silbe *in* einfügt: «Vater/Mutter» = *patr-o/patr-in-o*, «König/Königin» = *reg-o/reg-in-o*, «Männchen/Weibchen» = *viro/vir-in-o*. Den Plural erhält man, indem man die Endung *-j* an den Singular hängt: «die Väter/die Mütter» = *la patroj/la patrinoj*.

In den natürlichen Sprachen gibt es nicht selten für nahe benachbarte Inhalte andere, teils grundverschiedene Lemmata. So muß sich zum Beispiel, wer Deutsch lernt, für vier sehr nahe verwandte Inhalte vier so verschiedene Wörter wie *Vater*, *Mutter*, *Schwiegervater* und *Eltern* merken; im Esperanto ist es möglich, aus der Wurzel *patr* (ohne Zuhilfenahme des Wörterbuchs) die Wörter *patro*, *patrino*, *bopatro* und *gepatroj* zu bilden.

Wichtig ist der regelmäßige Gebrauch von Vor- und Nachsilben. Im Italienischen werden, wie Migliorini (1986: 34) bemerkt, mit den Wörtern *trombett-iere* [Trompeter] und *candel-iere* [Kerzenhalter] zwei ganz verschiedene Ideen ausgedrückt, während analoge Ideen durch ganz verschiedene Nachsilben ausgedrückt werden, wie in den Berufsbezeichnungen *calzolaio*, *trombettiere*, *commerciante*, *impiegato*, *presidente*, *dentista*, *scalpellino*. Im Esperanto dagegen werden alle Berufe oder Tätigkeiten durch das Suffix *-isto* angegeben (bei einem Wort wie *dentisto* weiß man also gleich, daß es sich um einen Beruf im Zusammenhang mit Zähnen handelt).

Einsichtig ist auch die Bildung der Adjektive: Man hängt das Suffix *-a* an die Wurzel (*patr-a* = «väterlich») und stimmt sie im Numerus mit dem Substantiv ab (*bonaj patroj* = «gute Väter»). Vereinfacht sind die sechs – nun unkonjugierbaren – Verbalformen, klar unterschieden durch verschiedene Suffixe, zum Beispiel für «sehen»: Infinitiv (*vid-i*), Präsens (*vid-as*), Präteritum (*vid-is*), Futur (*vid-os*), Konditionalis (*vid-us*), Imperativ (*vid-u!*).

Wie Zinna (1993) hervorhebt: Während die apriorischen Sprachen und die «lakonischen» Grammatiken ein *Prinzip der Sparsamkeit* um jeden Preis zu realisieren suchten, zielt das Esperanto eher auf ein *Prinzip der Optimierung*. So behält es zum Beispiel, obwohl es keine flektierende Sprache ist, den Akkusativ bei, der durch Anfügung eines *-n* an die Substantivendung gebildet wird: *la patro amas la filon, la patro amas la filojn*. Grund: Der Akkusativ ist der einzige Kasus, der in den nichtflektierenden Sprachen nicht durch eine Präposition eingeführt wird, weshalb er irgendwie erkennbar gemacht werden mußte. Aus demselben Grund haben die Sprachen, die den Akkusativ bei den Nomina abgeschafft haben, ihn bei den Pronomen behalten (*ICH liebe MICH, I love ME, IO amo ME stesso*). Die Beibehaltung des Akkusativs erlaubt auch, die syntaktische Reihenfolge umzukehren, ohne daß dadurch unklar wird, wer der Handelnde ist und wer die Handlung erleidet.

Im übrigen dient der Akkusativ zur Vermeidung bestimmter Mißverständnisse, die in nichtflektierenden Sprachen auftreten können. Da er auch für die Zielangabe benutzt wird (wie im Lateinischen), kann man mit ihm unterscheiden zwischen *La birdo flugas en la gardeno* (Der Vogel fliegt *im* Garten) und *La birdo flugas en la gardenon* (Der Vogel fliegt *in den* Garten). Im Italienischen bleibt *L'uccello vola nel giardino* ambivalent. Im Französischen läßt eine Formel wie *Je l'écoute mieux que vous* offen, ob ich a) jemanden besser höre, als ihn mein Gesprächspartner hört, oder ob ich b) jemanden besser hören kann, als ich meinen Gesprächspartner höre. Das Esperanto würde im ersten Fall sagen *Mi auskultas lin pli bone ol vi* und im zweiten *Mi auskultas lin pli bone ol vin*.

Theoretische Einwände und Gegeneinwände

Ein grundsätzlicher Einwand gegen jede aposteriorische Sprache ist, daß sie nicht den Anspruch stellt, ein universales Inhaltssystem zu identifizieren oder künstlich zu organisieren, sondern nur versucht, ein möglichst leicht benutzbares und flexibles Ausdruckssystem zu kreieren, um die Inhalte auszudrücken, die normalerweise von den natürlichen Sprachen ausgedrückt werden. Diese Beschränkung, die als ein praktischer Vorteil erscheint, kann als eine theoretische Grenze angesehen werden. Wenn die apriorischen Sprachen zu philosophisch waren, sind es die aposteriorischen zu wenig.

Kein Verfechter einer WHS hat sich das Problem des sprachlichen Relativismus gestellt, sich also mit der Tatsache beschäftigt, daß die verschiedenen Sprachen den Inhalt auf verschiedene und miteinander unvereinbare Weisen organisieren. Es wird als selbstverständlich angenommen, daß es Ausdrücke gibt, deren Bedeutung von einer Sprache zu anderen irgendwie gleichbleibend ist, und das Esperanto rühmt seine reiche Ernte an Übersetzungen literarischer Werke als Beweis für seine komplette «Sprechbarkeit» (dieser Punkt ist allerdings von zwei Autoren, die gewöhnlich als übereinstimmende Vertreter des sprachlichen Relativismus gelten, kontrovers diskutiert worden, nämlich von Sapir und Whorf; vgl. zu diesem Gegensatz Pellerey 1993, 7).

Doch wenn eine aposteriorische Sprache als gesichert annimmt, daß es ein für alle Sprachen gleiches Inhaltssystem gibt, wird ihr Modell dieses Inhalts unweigerlich zu dem der okzidentalen Sprachen: Trotz einiger Versuche, sich in bestimmten Zügen vom indoeuropäischen Modell zu lösen, bleibt ihm auch das Esperanto im wesentlichen verhaftet, sowohl lexikalisch wie syntaktisch, und «die Situation wäre anders gewesen, wäre die Sprache von einem Japaner erfunden worden» (Martinet 1991: 681).

Man kann diese Einwände für irrelevant halten. Der theoretische Schwachpunkt kann zu einer pragmatischen Stärke werden. Man könnte einfach beschließen, daß eine gewünschte sprachliche Vereinigung nur durch Annahme eines indoeuropäischen Sprachmodells erfolgen kann (vgl. Carnap in Schilpp 1963: 71). Der Beschluß würde durch die Faktenlage bestätigt, da es *im Augenblick* tatsächlich so läuft – bedenkt man, daß auch die ökonomische und technologische Entwicklung Japans sich auf die Annahme einer indoeuropäischen Verkehrssprache wie des Englischen stützt.

Die Gründe, aus denen sich sowohl die natürlichen wie die Verkehrssprachen jeweils durchgesetzt haben, sind zum großen Teil außersprachlicher Art; was die innersprachlichen Gründe betrifft (leichte Erlernbarkeit, Rationalität, Sparsamkeit usw.), so sind die Variablen derart vielfältig, daß es keine «wissenschaftlichen» Gründe gibt, aus denen man Goropius Becanus & Co. widersprechen und ausschließen könnte, daß das Flämische die leichteste, natürlichste, anmutigste und ausdrucksvollste Sprache der Welt sei. Der gegenwärtige Erfolg des Englischen ist mehr als alles andere ein Ergebnis der kolonialen und merkantilen Expansion des britischen Empire im Verein mit der Hegemonie des US-amerikanischen Technologiemodells. Sicher kann man sagen, daß die Expansion des Englischen in gewissem Maße dadurch erleichtert worden ist, daß es besonders viele kurze, einsilbige Wörter hat, daß es fremde Termini leicht absorbieren und daß es unschwer Neologismen erzeugen kann, aber wenn Hitler den Krieg gewonnen hätte und die Vereinigten Staaten zu einer Konföderation von Kleinstaaten mit nicht mehr Stärke und Stabilität als die mittelamerikanischen Staaten reduziert worden wären – könnte man dann nicht annehmen, daß heute die ganze Welt mit derselben Leichtigkeit deutsch spräche und daß deutschsprachige Werbeplakate die japanischen Transistorgeräte im *Duty free shop* (beziehungsweise bei den *Zollfreien Waren*) des Flughafens Hongkong anpriesen? Im übrigen lese man, zu der *bloß scheinbaren* Rationalität des Englischen (und jeder anderen natürlichen Verkehrssprache), die Kritik von Sapir 1931.

Das Esperanto könnte mithin aus denselben Gründen als Weltsprache funktionieren, aus denen diese Funktion im Laufe der Jahrhunderte von natürlichen Sprachen wie dem Griechischen, dem Lateinischen, dem Französischen, dem Englischen oder dem Kisuaheli erfüllt worden ist.

Ein sehr starker Einwand geht auf Destutt de Tracy zurück, der eine Universalsprache für ebenso unmöglich hielt wie ein Perpetuum mobile, und zwar aus einem «peremptorischen» Grund: «Auch wenn alle Menschen der Erde sich heute darauf einigen würden, ein und dieselbe Sprache zu sprechen, würde sich diese sehr bald durch den bloßen Gebrauch verändern, sich auf tausend verschiedene Weisen in den verschiedenen Ländern modifizieren und zur Entstehung von ebenso vielen verschiedenen Idiomen führen, die sich zunehmend voneinander entfernten» (*Éléments d'Idéologie*, II, 6, S. 569).

Es stimmt, daß aus genau diesen Gründen das Portugiesische in Portugal und das brasilianische Portugiesisch inzwischen so weit voneinander abweichen, daß von ausländischen Büchern gewöhnlich zwei verschiedene Übersetzungen gemacht werden; und es ist eine allgemeine Erfahrung der Ausländer, daß sie, wenn sie in Rio Portugiesisch gelernt haben, sich in Lissabon ziemlich schwer tun, es zu verstehen. Aber man könnte erwidern, daß Portugiesen und Brasilianer sich nach wie vor gut verstehen, zumindest was die Erfordernisse des Alltagslebens betrifft, auch weil die Sprecher der einen Spielart über die kleinen Veränderungen, die bei der jeweils anderen Spielart eintreten, durch die Verbreitung der Massenmedien sukzessive informiert werden.

Verfechter des Esperanto wie Martinet (1991: 685) haben die Behauptung zumindest naiv genannt, daß eine Hilfssprache sich im Laufe ihrer Verbreitung in verschiedene Weltgegenden nicht verändern und in Dialekte aufspalten würde. Doch wenn eine WHS eben nur eine Hilfssprache bliebe und nicht im Alltagsleben gesprochen würde, wäre die Gefahr einer parallelen Evolution geringer. Das Wirken der Medien, in dem sich die Entscheidungen einer Art internationaler Kontrollkommission ausdrükken müßten, könnte die Wahrung des Standards oder zumindest seine kontrollierte Evolution begünstigen.

«Politische» Möglichkeiten einer WHS

Bisher haben sich die Verkehrssprachen entweder durch die Kraft einer Tradition durchgesetzt (so das mittelalterliche Latein als politische, akademische und kirchliche Sprache) oder durch eine Reihe schwer wägbarer Faktoren (so das Kisuaheli als die natürliche Sprache einer afrikanischen Region, die sich aus kommerziellen und kolonialen Gründen schrittweise und spontan vereinfacht und standardisiert hat und so zur Verkehrssprache für weite Nachbarregionen werden konnte) oder aufgrund politischer Hegemonie (so das Englische nach dem Zweiten Weltkrieg).

Wäre es jedoch denkbar, daß eine übernationale Behörde (wie die UNO oder das europäische Parlament) eine WHS als Lingua franca durchsetzt (oder ihre faktische Durchsetzung anerkennt und ratifiziert)? Es gibt keinen Präzedenzfall in der Geschichte.

Gleichwohl ist nicht zu leugnen, daß sich viele Bedingungen heute geändert haben; zum Beispiel war jener permanente, neugierige oder erlebnishungrige und nicht nur auf die Oberschichten begrenzte Austausch zwischen verschiedenen Völkern, den der Massentourismus darstellt, in früheren Jahrhunderten unbekannt. Das gleiche gilt für die Massenmedien, die sich als fähig erwiesen haben, ziemlich homogene Verhaltensmodelle über den ganzen Planeten zu verbreiten (und gerade den Massenmedien verdankt sich zum großen Teil die Akzeptierung des Englischen als Verkehrssprache). Würde daher eine politische Entscheidung flankiert von einer entsprechend geplanten weltweiten Medienkampagne, so könnte sich die gewählte WHS rasch verbreiten.

Wenn Albaner und Tunesier leicht Italienisch gelernt haben, nur weil die Technik es ihnen ermöglicht, das italienische Fernsehen zu empfangen, um wieviel leichter könnten sich dann verschiedene Völker an eine WHS gewöhnen, in der die Fernsehsender rings um den Globus eine ausreichende Anzahl täglicher Sendungen ausstrahlen würden, in der man bestimmte Texte zu schreiben anfinge, zum Beispiel die päpstlichen Ansprachen oder die Beschlüsse der verschiedenen internationalen Gremien, die Gebrauchsanweisungen für technische Geräte, einen großen Teil der Computersoftware, und in der sich sogar die Kommunikation zwischen Piloten und Fluglotsen abspielen könnte.

Wenn es zu dieser politische Entscheidung bisher nicht gekommen ist und ihre Herbeiführung sich als überaus schwierig erwiesen hat, muß das nicht heißen, daß es auch künftig nicht dazu kommt. In den letzten vierhundert Jahren hat Europa einen Prozeß der Nationalstaatenbildung erlebt, in dem ein wesentliches Element (neben einer Politik der Schutzzölle, der allgemeinen Wehrpflicht, der energischen Durchsetzung nationaler Identitätssymbole) auch und vor allem die ebenso energische Stärkung einer Nationalsprache durch Schule, Akademien, Verlagswesen war. Und zwar auf Kosten der Minderheitssprachen, die nicht selten sogar – unter verschiedenen politischen Umständen – mit Gewalt unterdrückt und in den Rang von «abgeschnittenen Zungen» reduziert worden sind.

Heute jedoch erleben wir eine rapide Umkehrung der Tendenz: Auf politischer Ebene verschwinden die Zollbarrieren, man spricht von supranationalen Armeen, und die Grenzen öffnen sich; in den letzten Jahrzehnten hat es in ganz Europa eine Politik der Respektierung minoritärer Sprachen gegeben. In den letzten Jahren ist sogar noch etwas Einschneidenderes geschehen, wofür die Ereignisse nach dem Zerfall des Sowjetimperiums der deutlichste Ausdruck sind: Die sprachliche Zersplitterung wird nicht mehr als ein Unglück empfunden, vor dem man sich schützen muß, sondern als ein Ausdruck der ethnischen Identität, ein politisches Recht, etwas, zu dem man um jeden Preis zurückkehren muß, auch um den eines Bürgerkriegs. Und derselbe Prozeß vollzieht sich, wenn auch in anderer Form, aber oft kaum weniger grausam, in den Vereinigten Staaten. War das Englische der *Wasps* zwei Jahrhunderte lang die Sprache des *melting pot*, so wird Kalifornien heute immer mehr zu einem zweisprachigen Staat (englisch und spanisch), und New York folgt ihm auf dem Fuße.

Es handelt sich um einen wahrscheinlich unaufhaltsamen Prozeß. Wenn der Trend zur europäischen Vereinigung Hand in Hand mit einem Drang zur Multiplizierung der Sprachen geht, dann liegt die einzige Lösung in der rückhaltlosen Annahme einer europäischen Verkehrsprache.

Von allen Einwänden bleibt heute nur noch jener gültig, den bereits Fontenelle geäußert hat und der sich in d'Alemberts Einleitung zur *Encyclopédie* wiederfindet, nämlich der Hinweis auf den Egoismus der Regierungen, die sich noch nie dadurch ausgezeichnet haben, daß sie nach dem strebten, was gut für die menschliche Gesellschaft in ihrer Gesamtheit war. So unabweisbar die Forderung nach einer WHS auch sein mag, eine Weltgemeinschaft, die nicht in der Lage ist, sich auf die dringendsten Maßnahmen zur Rettung des Planeten vor der ökologischen Katastrophe zu einigen, scheint kaum geeignet, auf schmerzlose Weise die Wunde zu heilen, die Babel offengelassen hat.

Aber unser Jahrhundert ist dabei, sich bei allen Phänomenen an solche Akzelerationsprozesse zu gewöhnen, daß man von jeder wohlfeilen Prophezeiung nur abraten kann. Eine Sprengkraft könnte gerade das Gefühl der nationalen Würde sein: Angesichts der Gefahr, daß in einem künftigen Vereinigten Europa die Sprache einer einzigen Nation überwiegt, könnten diejenigen Staaten, die kaum Möglichkeiten haben, den anderen ihre eigene Sprache aufzuzwingen, aber die Vorherrschaft einer anderen fürchten (also alle minus einem), mit der Unterstützung einer WHS beginnen.

Grenzen und Sprechbarkeit einer WHS

Beobachtet man die vielen Bemühungen der am weitesten verbreiteten WHS, sich durch Übersetzungen poetischer Werke zu rechtfertigen, so bleibt die Frage offen, ob und inwieweit eine WHS künstlerische Ergebnisse zeitigen kann.

Angesichts einer solchen Frage drängt sich ein berühmter (und oft mißverstandener) Ausspruch auf, der dem Verleger Leo Longanesi zugeschrieben wird: «Man kann nicht ein großer bulgarischer Dichter sein.» Longanesi wollte damit keineswegs die Bulgaren beleidigen, er wollte nur sagen, daß man kein großer Dichter sein kann, wenn man in einer Sprache schreibt, die nur von ein paar Millionen Menschen gesprochen wird, noch dazu in einem Lande, das jahrhundertelang an den Rändern der Geschichte geblieben ist.

Eine erste Lesart des Ausspruchs ist, daß man nicht als großer Dichter anerkannt werden kann, wenn man in einer den großen Massen unbekannten Sprache schreibt, aber diese Lesart würde die Sache unzulässig verkürzen, und sei's nur, weil sie dichterische Größe mit Verbreitung gleichsetzen würde. Wahrscheinlicher wollte Longanesi sagen, daß eine Sprache um so reicher und stabiler wird, je vielfältiger die außersprachlichen Erfahrungen sind, die auszudrücken sie Gelegenheit hat: die Kontakte mit anderen Kulturen, die Anforderungen, Neues auszudrükken, die Konflikte und Veränderungen des sozialen Körpers, der sie benutzt. Wenn wir ein Volk haben, das an den Rändern der Geschichte lebt, mit jahrhundertelang unveränderten Gebräuchen, Kenntnissen, Wert- und Weltvorstellungen, so wird seine Sprache, die entsprechend unverändert geblieben ist, fixiert auf ihre Erinnerungen, erstarrt in ihren jahrhundertealten Ritualen, sich kaum als sensibles Instrument eines großen Dichters anbieten.

Ein solcher Einwand könnte jedoch kaum einer WHS entgegengehalten werden: Sie bliebe gewiß nicht räumlich begrenzt und würde sich täglich durch den Kontakt mit anderen Sprachen bereichern. Eher schon könnte sie an einer Erstarrung leiden, verursacht durch ein Übermaß an struktureller Kontrolle von oben (eine essentielle Bedingung ihrer Internationalität), und zuwenig Kontakt mit der Alltagssprache haben. Freilich könnte man darauf erwidern, daß auch das kirchliche und universitäre Latein, obwohl längst erstarrt in den Formen jener Grammatik, von der Dante sprach, liturgische Dichtungen wie das *Stabat Mater* oder das *Pange Lingua* hervorzubringen vermocht hat, oder auch weltliche Dichtungen wie die *Carmina Burana*. Aber wahr ist auch, daß die *Carmina Burana* eben nicht die *Divina Commedia* sind.

Was dieser Sprache fehlen würde, wäre ein historisches Erbe mit dem ganzen darin enthaltenen intertextuellen Reichtum. Aber die Volkssprachen der Troubadourdichtung der *Scuola siciliana*, des *Beowulf* oder des *Igorliedes* waren auch nicht viel älter, und in gewisser Weise nahmen sie die Geschichte der vorangegangenen Sprachen in sich auf.

17. Konklusionen

> Plures linguas scire gloriosum esset, patet exemplo Catonis, Mithridates, Apostolorum.
>
> (Comenius, *Linguarum methodus novissima*, XXI).

> Das Propagandistische an der Geschichte ist, daß sie einseitig die Entstehung der Vielfalt der Sprachen *nur* als Strafe und Fluch [...] darstellt [...]. Sofern die Vielfalt der Sprachen eine universelle Kommunikation der Menschen miteinander zumindest erschwert, ist sie zweifellos Strafe; andererseits aber ist sie auch Potenzierung jener ersten adamitischen Schöpferkraft, Namen mittels des göttlichen Odems zu erzeugen
>
> (Trabant 1986: 48).

> Als Bürger einer vielgestaltigen Erde können die Europäer nicht anders als auf den vielstimmigen Ruf der menschlichen Sprachen zu hören. Aufmerksamkeit für den anderen, der seine eigene Sprache spricht, ist Vorbedingung, wenn man eine Solidarität schaffen will, die konkreteren Inhalt als die propagandistischen Reden hat
>
> (Hagège 1992: 273).

> Jede Sprache stellt ein bestimmtes Modell des Universums dar, ein semiotisches System des Weltverständnisses, und wenn wir 4000 verschiedene Arten von Weltbeschreibung haben, macht uns das reicher. Wir müßten uns um die Bewahrung der Sprachen ebenso kümmern wie um die Ökologie
>
> (Ivanov 1992: 4).

Die Neubewertung Babels

Wir hatten zu Anfang gesagt, daß die Babel-Erzählung in Genesis 11 sowohl in der kollektiven Bilderwelt wie bei denen, die sich besondere Gedanken über die Vielzahl der Sprachen machten, die «Völkertafel» in Genesis 10 überwogen hatte. Aber Demonet (1992) hat gezeigt, daß die Reflexion über Genesis 10 bereits in der Renaissance begonnen hatte – und wir haben gesehen, wie es im Licht dieser Reflexion auch schon zur Krise des Hebräischen als der bis Babel unveränderten Sprache gekommen war –, während man sagen kann, daß eine positive Sicht der Sprachenvielfalt schon im Spannungsfeld zwischen jüdischen Kreisen und christlichem Kabbalismus zu finden war (Jacquemier 1992). Dennoch müssen wir bis zum achtzehnten Jahrhundert warten, bevor sich aus der Reflexion über Genesis 10 eine entschiedene Neubewertung der Babelgeschichte selbst ergibt.

Zur selben Zeit, als die ersten Bände der *Encyclopédie* erschienen, hatte der Abbé Noël-Antoine Pluche in seiner Abhandlung *La méchanique des langues et l'art de les enseigner* (1751) daran erinnert, daß eine erste Differenzierung der Sprachen, wenn nicht im Wortschatz, so doch zumindest in den von einer Familie zur anderen wechselnden Tonfällen, schon in der Zeit Noahs begonnen hatte. Aber Pluche geht noch weiter: die Vervielfachung der Sprachen (die keine Verwirrung ist) erscheint als ein Phänomen, das nicht nur natürlich, sondern auch *gesellschaftlich positiv* ist. Zwar seien, so Pluche, die Menschen in der Zeit Noahs zunächst darüber bestürzt gewesen, daß sie sich nicht mehr so leicht von Stamm zu Stamm und zwischen den Familien verständigen konnten, aber am Ende

> taten sich diejenigen, die einen wechselseitig verständlichen Sprachtypus hatten, zusammen und bewohnten gemeinsam eine Ecke der Welt. Es ist diese Verschiedenheit, die einem jeden Land seine Bewohner gegeben und sie ihm erhalten hat. In diesem Sinne muß gesagt werden, daß der Nutzen dieser außerordentlichen und wunderbaren Mutation sich auf alle späteren Epochen erstreckt. Je mehr die Völker sich miteinander vermischten, um so mehr Vermischungen und Neuerungen gab es in den Sprachen, und je mehr sie sich vervielfachten, desto weniger leicht wurde es, das Land zu wechseln. Diese Verwirrung [d. h. die babylonische Sprachverwirrung] stärkte den Typus von Bindung, auf dem die Vaterlandsliebe beruht; sie machte die Menschen seßhafter (S. 17f.).

Hier haben wir etwas, das mehr als die bloße Verherrlichung des Geistes der Sprachen ist: hier haben wir die Umkehrung des Vorzeichens, unter dem der Mythos von Babel bisher gesehen wurde. Die *natürliche* Differenzierung der Sprachen wird jetzt zu einem positiven Phänomen erklärt, das die Seßhaftwerdung, die Herausbildung der Nationen und das Gefühl der nationalen Identität ermöglicht hat. Man muß diese Eloge aus dem Blickwinkel eines nationalstolzen Franzosen des achtzehnten Jahrhunderts lesen: Die Babylonische Sprachverwirrung wird zur historischen Bedingung für die Stabilisierung staatlicher Werte gemacht. In Abwandlung Ludwigs XIV. versichert Pluche: «L'Etat c'est la langue.»

Es lohnt sich, unter diesem Blickwinkel noch einmal die Einwände gegen eine internationale Sprache nachzulesen, die ein Autor lange vor deren Blüte im neunzehnten Jahrhundert vorgebracht hat, nämlich Joseph-Marie Degérando in seinem Buch *Des signes*. Er gibt zu bedenken, daß die Reisenden, die Wissenschaftler und die Kaufleute (also diejenigen, die eine internationale Verkehrssprache brauchen) eine Minderheit seien, während die große Mehrheit der Bürger sehr gut damit leben könne, sich in ihrer eigenen Sprache auszudrücken. Es gehe nicht an zu sagen, daß diejenigen, auf die der Reisende angewiesen ist, auch genauso auf ihn angewiesen seien und daß daher eine gemeinsame Sprache vonnöten sei. Der Reisende sei daran interessiert, die Eingeborenen zu verstehen, aber die Eingeborenen hätten es nicht nötig, den Reisenden zu verstehen, und er könne sich sogar seinen sprachlichen Vorteil zunutze machen, um seine Absichten vor den Völkern, die er besucht, zu verbergen (III, S. 562).

Was den wissenschaftlichen Kontakt angehe, so würde eine Sprache, die ihn erleichtere, sich von der literarischen Sprache getrennt sehen, während wir doch wissen, daß die beiden Sprachen einander beeinflussen und bestärken müssen (IV, S. 570). Außerdem würde eine internationale Sprache, die zu rein wissenschaftlicher Kommunikation benutzt wird, sich in ein Instrument der Geheimhaltung verwandeln und die gewöhnlichen Sterblichen von ihrem Verständnis ausschließen (III, S. 572). Was den literarischen Gebrauch angehe (und hier kann das Argument lächerlich und vulgärsoziologisch erscheinen), so seien für die Künstler, wenn sie in ihrer eigenen Sprache schrieben, die Auswirkungen der internationalen Rivalität nicht so spürbar, und sie müßten sich nicht allzu breiten Konfrontationen aussetzen ... Es scheint fast, als sei für Degérando die Reserviertheit, die er bei der wissenschaftlichen Sprache als einen

Mangel empfand, bei der literarischen Sprache ein Vorteil gewesen (so wie sie für den schlauen und gebildeten Reisenden einer war, der mehr wußte als die Eingeborenen, die er auszubeuten gedachte).

Vergessen wir nicht, daß wir mit Degérando am Ende jenes Jahrhunderts sind, in dem Rivarol seine Eloge der französischen Sprache geschrieben hat. Degérando anerkennt, daß die Welt in Einflußzonen aufgeteilt ist und daß es sinnvoll wäre, in einigen Zonen das Deutsche, in anderen das Englische zu übernehmen, aber er kann sich nicht davon abhalten zu behaupten, daß, wenn es möglich wäre, eine Hilfssprache durchzusetzen, die Palme aus evidenten Gründen der politischen Macht dem Französischen gebührte (III, S. 578f.). Gleichwohl sieht auch Degérando, daß das Hindernis im Egoismus der Regierungen liegt: «Wird man annehmen, daß die Regierungen sich verständigen wollen, um einheitliche Gesetze über den Wechsel der Nationalsprache zu etablieren? Wie oft haben wir denn erlebt, daß die Regierungen sich tatsächlich verständigen über Dinge, die von allgemeinem Interesse für die Gesellschaft sind?» (III, S. 554).

Dahinter steht die Überzeugung, daß der Mensch des achtzehnten Jahrhunderts – und erst recht der französische Mensch des achtzehnten Jahrhunderts – keineswegs begeistert von der Idee ist, andere Sprachen zu lernen, sei es die der anderen Völker oder universale. Es gibt eine kulturelle Taubheit für die Appelle zur Mehrsprachigkeit, die während des ganzen neunzehnten Jahrhunderts anhält, um deutliche Spuren auch noch in unserem zu hinterlassen, eine Dickfelligkeit, von der, wie schon Degérando bemerkte, nur die Bewohner Nordeuropas einigermaßen frei sind, und auch das nur aus Notwendigkeit. Sie ist so verbreitet, daß er das Bedürfnis verspürt (IV, S. 587), in fast provozierendem Ton zu versichern, daß das Studium fremder Sprachen keineswegs so steril und mechanisch sei, wie man gemeinhin glaube.

Daher kann Degérando seine sehr skeptische Übersicht nur mit einem Loblied auf die Verschiedenheit der Sprachen beschließen: Sie behindere die Pläne der Eroberer und die Ausbreitung der Korruption unter den Völkern; sie bewahre innerhalb jedes Volkes den Geist und den Nationalcharakter sowie die Gewohnheiten, welche die Reinheit der Sitten und Bräuche schützten. Eine Nationalsprache halte den Staat zusammen, sie stimuliere den Patriotismus und die Pflege der Tradition. Degérando räumt ein, daß solche Überlegungen dem Gefühl der universalen Brüderschaft Abbruch tun könnten, aber er meint, «in diesen Jahrhunderten der Verderbtheit sind es vor allem die patriotischen Gefühle, zu denen die Herzen gelenkt werden müssen; je weiter der Egoismus um sich greift, desto gefährlicher wird es, sich kosmopolitisch zu geben» (IV, S. 589).

Wollten wir in den vorangegangenen Jahrhunderten nach einer kraftvollen Affirmation der profunden Einheit von Volk und Sprache suchen (wie sie durch das Ereignis von Babel möglich geworden ist), so könnten wir sie schon bei Luther finden (in den *Predigten über das erste Buch Mose*, 1527), und vielleicht ist diese Erbschaft die Quelle einer neuerlichen und noch entschiedeneren Aufwertung Babels, die wir bei Hegel finden, nur daß sie bei ihm nicht bloß die Form einer Fundierung der staatlichen Bande annimmt, sondern auch die einer fast sakralen Verherrlichung der menschlichen Arbeit:

»Was ist heilig?» fragt Goethe einmal in einem Distichon, und antwortet: «Das ist's, was viele Seelen zusammenbindet.» [...] In den weiten Ebenen des Euphrat errichtet der Mensch ein ungeheures Werk der Architektur; gemeinsam erbaut er es, und die Gemeinsamkeit der Konstruktion wird zugleich der Zweck und Inhalt des Werkes selbst. Und zwar bleibt diese Stiftung eines gesellschaftlichen Verbandes keine bloß patriarchalische Vereinigung; im Gegenteil hat die bloße Familieneinheit sich gerade aufgehoben, und der in die Wolken sich erhebende Bau ist das Sich-objektiv-Werden dieser aufgelösten früheren und die Realisation einer neuen erweiterten Einigung. Die Gesamtheit der damaligen Völker hat daran gearbeitet, und wie sie alle zueinandertraten, um dies eine unermeßliche Werk zustande zu bringen, sollte das Produkt ihrer Tätigkeit das Band sein, das sie durch den aufgewühlten Grund und Boden, durch die zusammengefügte Steinmasse und die gleichsam architektonische Bebauung des Landes – wie bei uns es Sitte, Gewohnheit und die gesetzliche Verfassung des Staates tun – aneinanderknüpfte (*Ästhetik*, III, 1, 1).

In dieser Vision, in welcher der Turm die Geburt des Sittlichen Staates anzukündigen scheint, ist die Verwirrung der Sprachen gewiß das Zeichen dafür, daß die staatliche Einheit sich nicht als universale ankündigt, sondern zu verschiedenen Nationen führt («diese Geschichte sagt uns, daß die Völker, nachdem sie an jenem Ort zusammengekommen sind, um jenes Bauwerk zu errichten, sich wieder getrennt haben»), aber die Unternehmung von Babel ist gleichwohl Bedingung für den Beginn der sozialen, politischen, wissenschaftlichen Geschichte: erste Ankündigung einer Ära des Fortschritts und der Vernunft. Dramatische Ahnung, fast jakobinischer Trommelwirbel, bevor man dem lästigen Adam und seinem sprachlichen Ancien Régime den Kopf abschlägt.

Doch die Exekution ist nicht tödlich. Der Mythos vom Turmbau als Drama und Symbol des Scheiterns ist noch heute lebendig: «Der Turm zu Babel [...] bezeugt eine Unvollständigkeit, die Unmöglichkeit, irgend etwas zu vervollständigen, zu totalisieren, zu saturieren, zu vollenden, was zur Ordnung des Bauens, der architektonischen Konstruktion gehört» (Derrida 1980: 203). Dabei hat Dante in *De vulgari eloquentia* (I, vii) eine singuläre «erbauliche» Version der *confusio linguarum* gegeben: Das Ganze erscheint nicht so sehr als die Geburt von Sprachen verschiedener ethnischer Gruppen, sondern eher als eine wuchernde Vervielfältigung von *Fachsprachen* (die Architekten sprechen die Sprache der Architekten, die Steinträger eine eigene andere), als hätte Dante an die Jargons der Zünfte seiner Zeit gedacht. Man ist versucht, hier eine weit in die Zukunft vorgreifende Formulierung des Begriffs einer Arbeitsteilung zu sehen, die mit einer *Teilung der sprachlichen Arbeit* einhergeht.

Irgendwie muß diese schüchterne Anregung Dantes durch die Jahrhunderte gewandert sein, jedenfalls taucht 1678 in der *Histoire critique du Vieux Testament* von Richard Simon der Gedanke auf, zur babylonischen Sprachverwirrung sei es dadurch gekommen, daß die Menschen ihre verschiedenen Werkzeuge hätten benennen müssen, und da habe ein jeder sie anders benannt.

Daß in diesen Interpretationen eine Einstellung ans Licht tritt, die sich unterschwellig schon durch die Kultur der vorangegangenen Jahrhunderte gezogen hatte, zeigt ein Blick in die Geschichte der Babel-Ikonographie (vgl. Minkowski 1983). Seit dem hohen Mittelalter neigt man dazu, die menschliche Arbeit entweder in den Vordergrund oder wenigstens in die zweite Ebene zu rücken – Maurer, Flaschenzüge, Quadersteine, Lastenaufzüge, Senklote, Winkelmaße, Zirkel, Seilwinden, Mörtelzubereitung und so weiter (und alles mit solcher Genauigkeit, daß manches von dem, was wir über die Arbeitsweisen der mittelalterlichen Baumeister wissen, aus diesen Turmbaudarstellungen gewonnen worden ist). Und wer weiß, ob Dantes Idee nicht gerade aus einer Vertrautheit des Dichters mit der Ikonographie seiner Zeit herrührte.

Gegen Ende des sechzehnten Jahrhunderts bemächtigen sich dann die holländischen Maler des Themas und liefern uns zahllose neue Varianten (man denke nur an Brueghel); bei einigen dieser Künstler verdichtet sich die Zahl der technischen Accessoires, und sowohl in der Form wie in der soliden Robustheit des Turms zeigt sich eine Art von laizistischem Vertrauen in den Fortschritt. Im siebzehnten Jahrhundert, in dem diverse Traktate über die «Wundermaschinen» erscheinen, nehmen diese Elemente technischer Rekonstruktion natürlich noch zu. Sogar in Athanasius Kirchers *Turris Babel* (und Kircher kann man gewiß keine laizistischen Neigungen unterstellen) richtet sich das Augenmerk auf Probleme der Statik, die der Turm als *fertiges* Bauwerk aufwirft, und es sieht ganz so aus, als ob auch der jesuitische Autor von dem technischen Wunderwerk, das er behandelte, fasziniert war.

Im neunzehnten Jahrhundert dagegen, obwohl das Thema nun aus der Mode kommt, da offensichtlich das theologische und linguistische Interesse am Ereignis der *confusio* nachläßt, steht «im Vordergrund die ‹Gruppe›, die ‹die Menschheit› repräsentiert, deren Neigungen, Reaktionen und Schicksal vor dem Hintergrund des ‹Turms von Babel› dargestellt werden sollen. Es sind also nun dramatische Szenen mit Menschenmassen, die das Zentrum des Bildes füllen» (Minkowski 1983: 69) – und man denke nur an die dem Turmbau zu Babel gewidmete Tafel in Dorés Illustration der Bibel.

Am Ende desselben Jahrhunderts wird Giosuè Carducci die Dampflokomotive in einem «Hymnus an Satan» verherrlichen. Hegels luziferischer Stolz hat Schule gemacht, und man weiß nicht recht, ob die Gestalt, die sich riesig im Zentrum von Dorés Stich erhebt, mit nackten Armen und den Blick zum wolkenverhangenen Himmel erhoben (während düster der Turm die Arbeiter überragt, die riesige Marmorblöcke schleppen), stolz einen grausamen Gott herausfordert oder ihn ohnmächtig verflucht, aber sicherlich ist es nicht einer, der sein Schicksal demütig hinnimmt.

Genette (1976: 161) erinnert daran, wie präsent die Vorstellung von der *confusio* als einer *felix culpa* bei romantischen Autoren wie Nodier war: Die natürlichen Sprachen sind vollkommen, gerade weil sie so viele sind, denn die Wahrheit ist vielfältig, und die Lüge besteht darin, sie als einzige und endgültige hinzustellen.

Das Übersetzen

Am Ende ihrer langen Suche steht die europäische Kultur vor der dringenden Notwendigkeit, eine Verkehrssprache zu finden, die ihre sprachlichen Brüche kittet, heute mehr als gestern. Doch Europa sieht sich gezwungen, die Rechnung auch mit seiner eigenen historischen Berufung zu machen, als ein Kontinent, der verschiedene Sprachen hervorgebracht hat, von denen jede, auch die abgelegenste, den «Geist» einer ethnischen Gruppe ausdrückt und Trägerin einer tausendjährigen Überlieferung bleibt. Ist die Notwendigkeit einer einheitlichen Verkehrssprache mit der ebenso notwendigen Verteidigung der sprachlichen Traditionen vereinbar?

Paradoxerweise leben die beiden Probleme vom selben theoretischen Widerspruch und von denselben praktischen Möglichkeiten. Die Grenze einer universalen Verkehrssprache ist dieselbe wie die der natürlichen Sprachen, nach deren Muster sie gestrickt ist: Sie setzt ein Prinzip der Übersetzbarkeit voraus. Wenn eine universale Verkehrssprache vorsieht, die Texte aus jeder beliebigen Sprache wiedergeben zu können, so darum, weil wir davon ausgehen, daß es immer möglich ist – obwohl es einen «Geist» jeder einzelnen Sprache gibt, obwohl jede einzelne Sprache ein ziemlich rigides Modell darstellt, die Welt zu sehen, zu organisieren und zu interpretieren –, daß es trotzdem prinzipiell immer möglich ist, aus einer Sprache in eine andere zu übersetzen.

Doch wenn dies eine Grenze und eine Möglichkeit der aposteriorischen Universalsprachen ist, ist es auch eine Grenze und eine Möglichkeit der natürlichen Sprachen: Die in den natürlichen Sprachen ausgedrückten Gedanken lassen sich in eine aposteriorische Sprache übersetzen, weil es möglich ist, aus einer Sprache in eine andere zu übersetzen.

Daß die Problematik der Übersetzung auf eine vollkommene Sprache schließen lasse, war Walter Benjamins Intuition gewesen: Da es nie möglich ist, in der Zielsprache alle Bedeutungen der Ausgangssprache wiederzugeben, müsse man sich dem Gefühl einer Konvergenz aller Sprachen überlassen, insofern «in ihrer jeder als ganzer jeweils eines und zwar dasselbe gemeint ist, das dennoch keiner einzelnen von ihnen, sondern nur der Allheit ihrer einander ergänzenden Intentionen erreichbar ist: die reine Sprache» (Benjamin 1923: 13). Aber diese «reine Sprache» ist keine Sprache im hier behandelten Sinne. Wenn wir uns die kabbalistischen und mystischen Quellen von Benjamins Denken vergegenwärtigen, können wir den ziemlich nahen Schatten der heiligen Sprachen erkennen, etwas, das sehr viel ähnlicher dem geheimen Geist der pfingstlichen Sprachen und der Sprache der Vögel ist als den Formeln einer apriorischen Sprache. «Das Begehren nach Übersetzung ist undenkbar ohne diese *Korrespondenz* mit einem Gedanken Gottes» (Derrida 1980: 217; vgl. auch George Steiner 1975: 63).

Auf eine Parameter-Sprache, die einige Merkmale der apriorischen Sprachen haben muß, rekurrieren dagegen eindeutig bekannte Theoretiker der maschinellen Übersetzung. Es muß ein *Tertium comparationis* geben, das erlaubt, vom Ausdruck einer Sprache A zu dem einer Sprache B überzugehen, indem man entscheidet, daß beide gleichbedeutend mit einem metasprachlichen Ausdruck C seien. Doch wenn dieses *Tertium* existierte, wäre es die vollkommene Sprache, und wenn es nicht existiert, bleibt das Ganze ein bloßes Postulat der Tätigkeit des Übersetzens.

Es sei denn, das Tertium comparationis wäre eine derart flexible und ausdrucksvolle natürliche Sprache, daß man sie als die «vollkommenste» aller bezeichnen könnte. Der Jesuit Ludovico Bertonio hatte 1603 eine *Arte de lengua aymara* veröffentlicht und 1612 ein *Vocabulario de la lengua aymara* (also eine Grammatik und ein Wörterbuch der Aymara-Sprache, die noch heute im Hochland von Peru und Bolivien gesprochen wird) und war zu der Auffassung gelangt, daß es sich um eine Sprache von außergewöhnlicher Flexibilität handelte, mit einer unglaublichen Fähigkeit zur Bildung von Neologismen und so gut geeignet zum Ausdruck von Abstraktionen, daß ihm der Verdacht kam, es handele sich um den Effekt eines «Artifiziums». Zwei Jahrhunderte später brachte der Peruaner Emeterio Villamil de Rada es fertig, das Aymara als «die Sprache Adams» zu bezeichnen, als Ausdruck «einer der Entstehung der Sprache vorangegangenen Idee», gegründet auf «notwendige und unveränderliche Ideen» und somit die philosophische Sprache schlechthin, wenn es je eine gab (*La lengua de Adan*, 1860). Früher oder später mußte jemand kommen, der darin nach semitischen Wurzeln suchte, und er kam.

Neuere Untersuchungen haben festgestellt, daß die Sprache der Aymara statt auf der zweiwertigen Logik (wahr/falsch), auf der das westliche Denken beruht, auf einer dreiwertigen Logik basiert, so daß sie modale Feinheiten ausdrücken kann, die unsere Sprachen nur mit Hilfe mühsamer Umschreibungen in den Griff bekommen. Und neuerdings gibt es sogar Leute, die das Studium des Aymara zur Lösung von Problemen der Computerübersetzung vorschlagen (zu alledem und einer umfangreichen Bibliographie vgl. Guzmán de Rojas o. J.). Allein schon «durch ihre algorithmische Natur erleichtert die Syntax des Aymara in großem Maße die Übersetzung aus jeder beliebigen Sprache in ihre Termini – aber nicht umgekehrt» (L. Ramiro Beltran in Guzmán de Rojas o. J., III). Dank seiner Perfektion könne das Aymara jeden Gedanken ausdrücken, der in anderen, nicht ineinander übersetzbaren Sprachen ausgedrückt worden ist – allerdings um den Preis, daß nichts von dem, was dann die vollkommene Sprache in ihren Termini ausgedrückt hätte, sich in unsere natürlichen Sprachen rückübersetzen ließe.

Nun könnte man diesen Mißhelligkeiten dadurch entgehen, daß man annimmt, wie es neuere Strömungen tun, die Übersetzung sei eine rein interne Angelegenheit der Zielsprache, die auf ihrem Gebiet und gemäß dem Kontext die vom Originaltext gestellten semantischen und syntaktischen Probleme lösen müsse – und damit wären wir außerhalb des Problemkreises der vollkommenen Sprachen, denn es ginge dann nur noch darum, Ausdrücke zu verstehen, die im Geist der Ausgangssprache erzeugt worden sind, und dafür «befriedigende» Periphrasen zu erfinden (aber nach welchen Kriterien?), die den Geist der Zielsprache respektieren.

Die theoretische Schwierigkeit des Problems ist bereits von Humboldt umrissen worden. Wenn kein Wort einer Sprache völlig gleichbedeutend mit einem Wort einer anderen ist, wird das Übersetzen unmöglich; es sei denn, man versteht es als die in keiner Weise geregelte und formalisierbare Aktivität, durch die man Dinge verstehen kann, die man durch die eigene Sprache niemals erfahren hätte.

Doch wenn das Übersetzen nur dieses wäre, hätten wir ein kurioses Paradox: Die Möglichkeit eines Verhältnisses zwischen zwei Sprachen A und B ergäbe sich nur, wenn A sich in der totalen Verwirklichung seiner selbst abschlösse, in der Annahme, B verstanden zu haben, über das es jedoch nichts mehr sagen könnte, weil alles, was B zugeschrieben wird, nun in A gesagt würde.

Es ist jedoch möglich, als Parameter nicht an eine dritte Sprache zu denken, sondern an ein Vergleichsinstrument, das an sich keine Sprache ist und das sich (wenn auch nur approximativ) in jeder beliebigen Sprache ausdrücken läßt, aber gleichwohl erlaubt, zwei sprachliche Strukturen zu vergleichen, die für sich genommen inkommensurabel erscheinen. Dieses Instrument würde aus demselben Grund funktionieren, aus dem jede Sprache sich in ihren eigenen Begriffen mittels eines *Prinzips der Interpretanz* erklärt: Jede natürliche Sprache dient permanent als Metasprache ihrer selbst durch jenen Prozeß, den Peirce die *unbegrenzte Semiose* genannt hat (vgl. Eco 1979, 2).

Man nehme zum Beispiel die Tabelle, die Nida (1975: 75) zur Darstellung der semantischen Unterschiede zwischen einer Reihe von Bewegungsverben vorgeschlagen hat (Fig. 22). Hier erklärt sich das Englische selbst: wenn *to walk* heißt, sich bewegen, indem man immer abwechselnd mit einem der beiden Füße den Boden berührt, dann heißt *to hop* sich bewegen, indem man immer nur mit demselben Fuß den Boden berührt. Natürlich erfordert das Interpretanzprinzip, daß der englisch Sprechende klärt, was *limb* und jeder andere Terminus heißt, der in

	run	walk	hop	skip	jump	dance	crawl
1. one or another limb always in contact vs. no limb at times in contact	–	+	–	–	–	±	+
2. order of contact	1–2–1–2	1–2–1–2	1–1–1 or 2–2–2	1–1–2–2	not relevant	variable but rhythmic	1–3–2–4
3. number of limbs	2	2	1	2	2	2	4

Figur 22

der Interpretation des verbalen Ausdrucks vorkommt, und hier gilt, was Degérando zu der unbegrenzten semantischen Analyse ausgeführt hat, die ein scheinbar so einfacher Ausdruck wie *gehen* erfordert. Doch eine Sprache vertraut sozusagen immer darauf, weniger kontroverse Begriffe zu finden, um durch sie die schwerer definierbaren zu erklären, sei's auch nur über Vermutungen, Zufälle, Annäherungen.

Dasselbe Prinzip gilt auch für die Übersetzung. Das Italienische hat zwar praktisch synonyme Termini zur Übersetzung von *to run* (*correre*) und *to walk* (*camminare*), *to dance* (*danzare*) und *to crawl* (*strisciare*), aber es hat Schwierigkeiten, ein Synonym für *to hop* zu finden (was die Wörterbücher mit *saltare su una gamba sola*, «auf einem Bein springen» wiedergeben), und es ist völlig ungeeignet, das englische *to skip* wiederzugeben, das meistens zu einem *saltellare*, *ballonzolare* oder *salterellare* wird und nicht eine Bewegungsart ausdrückt, in der jemand abwechselnd zweimal auf einem Bein und zweimal auf dem anderen hüpft.

Aber auch wenn wir *to skip* nicht ausdrücken können, haben wir doch Entsprechungen für die Begriffe, die es interpretieren, wie *limb*, *order of contact* und *number of limbs*, notfalls indem wir uns mit Verweisen auf Kontexte und Umstände behelfen und indem wir vermuten, daß der betreffende «Kontakt» als Kontakt mit dem Boden, auf dem man sich bewegt, zu verstehen ist und so weiter. Es geht nicht darum, eine Parametersprache zu haben. Sicherlich kann man annehmen, daß es in jeder Kultur ein Synonym für *limbs* im Sinne von «Gliedmaßen» gibt, da der Bau des menschlichen Körpers für alle Menschen der gleiche ist, und die gleiche Struktur unserer Gliedmaßen erlaubt vermutlich auch jeder Kultur, die Hand vom Arm zu unterscheiden und die Handfläche von den Fingern und die Fingerglieder von der Fingerkuppe (und das würde auch für eine Kultur gelten, die, nach Pater Mersenne, in der Lage wäre, jede einzelne Pore und jede Linie einer Fingerkuppe zu benennen). Aber, um noch einmal vom Bekannten zum weniger Bekannten zu gehen, man operiert eben solange mit sukzessiven «Adjustierungen», bis es möglich wird, auch auf Italienisch zu sagen, was vorgeht, wenn es im Englischen heißt: *John hops*.

Diese Möglichkeit betrifft im übrigen nicht nur die Praktiken des Übersetzens, sondern auch die Möglichkeit des Zusammenlebens auf einem durch Berufung vielsprachigen Kontinent. Das Problem der zukünftigen europäischen Kultur liegt sicher nicht im Triumph der totalen Vielsprachigkeit (wer alle Sprachen könnte, wäre ähnlich dem armen «Funes el Memorioso» von Borges, der nichts vergessen kann und den Kopf voll unzähliger, quälender Bilder hat), sondern in der Herausbildung einer Gemeinschaft von Menschen, die in der Lage sind, den Geist, das Aroma, die Atmosphäre einer anderen Sprache zu erfassen. Ein Europa von Polyglotten ist kein Europa von Menschen, die viele Sprachen perfekt beherrschen, sondern im besten Fall eines von Menschen, die sich verständigen können, indem jeder die eigene Sprache spricht und die des anderen versteht, ohne sie fließend sprechen zu können, wobei er, während er sie versteht, wenn auch nur mit Mühe, zugleich ihren «Geist» versteht, das kulturelle Universum, das ein jeder ausdrückt, wenn er die Sprache seiner Vorfahren und seiner Tradition spricht.

Die Gabe an Adam

Welcher Art war die Gabe der Sprachen, die den Aposteln zuteil geworden war? Bei Paulus (1. Korinther 14) gewinnt man den Eindruck, es habe sich um die *Glossolalie* gehandelt (also die Gabe des Zungenredens, des Redens in einer ekstatischen Sprache, die alle verstehen, als ob es die eigene wäre). In der Geschichte vom Pfingstwunder (Apostelgeschichte 2) heißt es indes, es sei ein Brausen vom Himmel gekommen, es hätten sich feurige Zungen auf einen jeden von ihnen gesetzt, und sie hätten begonnen, in *anderen* Sprachen zu reden – mithin hätten sie, wenn nicht die Gabe der *Xenoglossie* (also der Vielsprachigkeit), wenigstens eine Art mystische Simultanübersetzungsanlage bekommen. Wir scherzen nicht: Der Unterschied ist beträchtlich. Im ersten Fall wäre den Aposteln die Fähigkeit wiedergegeben worden, die heilige Sprache der Zeit vor Babel zu sprechen. Im zweiten Fall wäre ihnen die Gnade zuteil geworden, in Babel nicht das Zeichen einer Niederlage und einer Verletzung zu sehen, die um jeden Preis geheilt werden muß, sondern den Schlüssel zu einem neuen Bund und einer neuen Eintracht.

Wir wollen nicht versuchen, die Heilige Schrift für unsere Zwecke umzubiegen, wie es unvorsichtigerweise so viele Protagonisten unserer Geschichte getan haben. Unsere Geschichte ist die eines Mythos und einer Hoffnung gewesen. Doch für jeden Mythos gibt es einen Gegenmythos, der eine alternative Hoffnung beschreibt. Hätte unsere Geschichte sich nicht auf Europa beschränkt, sondern Ausflüge in andere Kulturen unternommen, so wären wir – an den Grenzen der europäischen Zivilisation, im zehnten und elften Jahrhundert – auf einen anderen Mythos gestoßen, der von dem spanisch-arabischen Theologen Ibn Hazm erzählt wird (vgl. Arnaldez 1956, Khassaf 1992a, 1992b).

Am Anfang gab es eine von Gott gegebene Sprache, dank welcher Adam das Wesen der Dinge kannte, und sie war eine Sprache, die einen Namen für jedes Ding vorsah, gleichgültig, ob es Substanz oder Akzidenz war, und ein Ding für jeden Namen. An einem bestimmten Punkt jedoch scheint Ibn Hazm sich zu widersprechen, nämlich wenn er andeutet, daß zwar die Mißverständlichkeit durch das Vorhandensein von Homonymen gegeben war, aber daß eine Sprache vollkommen sein könne, auch wenn sie unzählige Homonyme enthalte, solange sie nur, wenn sie dasselbe auf vielerlei Weise benenne, dies stets in angemessener Weise tue.

Dahinter steckt die Überlegung, daß die Sprachen nicht durch Übereinkunft entstanden sein können, da die Menschen ja, um sich über die Regeln zu einigen, vorher bereits eine Sprache gehabt haben müßten; hätte es aber diese Sprache bereits gegeben, warum hätten die Menschen sich dann die Mühe machen sollen, andere Sprachen zu erfinden, wozu diese langwierige und überflüssige Unternehmung? Ibn Hazm hat nur eine Erklärung: Die Ursprache *enthielt bereits alle Sprachen*.

Die spätere Trennung und Teilung (die übrigens schon der Koran als einen natürlichen Vorgang und nicht als Fluch ansah, vgl. Borst 1957, I: 326) ist nicht durch die Erfindung neuer Sprachen provoziert worden, sondern durch die Zersplitterung jener einen ersten, die *von Anfang an* existierte und in der alle anderen schon enthalten waren. Darum sind alle Menschen in der Lage, die Offenbarung des Korans zu verstehen, in welcher Sprache sie auch immer ausgedrückt wird. Gott hat den Koran nur deshalb in arabischer Sprache diktiert, damit sein Volk ihn verstehen konnte, nicht damit diese Sprache ein besonderes Privileg genösse. Die Menschen können in jeder beliebigen Sprache den Geist, den Atem, das Aroma, die Spuren der ursprünglichen Sprachenvielfalt wiederfinden.

Versuchen wir, diese von weither kommende Anregung aufzugreifen. Die Ursprache war nicht eine einzige, sondern die Gesamtheit aller Sprachen. Vielleicht hatte Adam diese Gabe noch nicht in vollem Umfang erhalten, vielleicht war sie ihm nur verheißen worden, und der Sündenfall hat ihre langsame Aneignung unterbrochen. Seinen Kindern aber ist als Erbe der Auftrag geblieben, sich die volle und versöhnte Herrschaft über den Turm von Babel zu erwerben.

Anhang

Bibliographie

Im Text angegebene Seitenzahlen beziehen sich, wo es eine gibt, auf die deutsche Übersetzung.

Aarsleff, Hans (1982): *From Locke to Saussure.* Minneapolis: University of Minnesota Press.

Alessio, Franco (1957): *Mito e scienza in Ruggero Bacone.* Mailand: Ceschina.

Arnaldez, Roger (1956): *Grammaire et théologie chez Ibn Hazm de Cordue.* Paris: Vrin.

Arnold, Paul (1955): *Histoire des Rose-Croix et les origines de la Franc-Maçonnerie.* Paris: Mercure de France.

Baltrušaitis, Jurgis (1967): *La quête d'Isis. Essai sur la légende d'un mythe. Introduction à l'égyptomanie.* Paris: Flammarion.

Barone, Francesco (1964): *Logica formale e logica trascendentale.* Turin: Edizioni di ‹Filosofia›.

Barone, Francesco (Hg.) (1968): Gottfried W. Leibniz, *Scritti di logica.* Bologna: Zanichelli.

Bassi, Bruno (1992): «Were It Perfect, Would It Work Better? Survey of a language for cosmic intercourse». In Pellerey (Hg.) 1992, S. 261–70.

Bausani Alessandro (1970): *Geheim- und Universalsprachen: Entwicklung und Typologie.* Stuttgart: Kohlhammer.

Benjamin, Walter (1923): «Die Aufgabe des Übersetzers». In *Gesammelte Schriften*, IV/1, S. 9–21, Frankfurt/M.: Suhrkamp, 1972.

Bernardelli, Andrea (1992): «Il concetto di carattere universale nella *Encyclopédie*». In Pellerey (Hg.) 1992, S. 163–72.

Bettini, Maurizio (1992): «E Dio creò la fibra ottica». In *La Repubblica* vom 28. 3. 1992.

Bianchi, Massimo L. (1987): *Signatura rerum. Segni, magia e conoscenza da Paracelso a Leibniz.* Rom: Edizioni dell'Ateneo.

Blasi, Giulio (1992): «Stampa e filosofia naturale nel XVII secolo: l'*Abecedarium novum naturae* e i ‹characteres reales› di Francis Bacon». In Pellerey (Hg.) 1992, S. 101–36.

Blavier, André (1982): *Les fous littéraires.* Paris: Veyrier.

Bonerba, Giuseppina (1992): «Comenio: Utopia, enciclopedia e lingua universale». In Eco *et al.* 1992, S. 189–98.

Bora, Paola (1989): Einführung zu J.J. Rousseau, *Saggio sull'origine delle lingue.* Turin: Einaudi, S. VII-XXXII.

Borst, Arno (1957): *Der Turmbau von Babel. Geschichte der Meinungen über Ursprung und Vielfalt der Sprachen und Völker* (6 Bde., bis 1963). Stuttgart: Hiersemann.

Brague, Rémi (1992): *Europe, la voie romane*. Paris: Criterion.

Brekle, Herbert E. (1975): «The Seventeenth Century». In Th.A. Sebeok (Hg.), *Current Trends in Linguistics*, XIII/1, *Historiography of Linguistics*. Den Haag/Paris: Mouton, S. 277–382.

Brunet, Gustave (Philomneste jr.) (1880): *Les fous littéraires. Essai bibliographique sur la littérature excentrique, les illuminés, visionnaires etc.* Brüssel: Gay et Doucé (Nachdr. Genf: Slatkine, 1970).

Burney, Pierre (1966): *Les langues internationales*. Paris: P.U.F.

Busse, Winfried, und Trabant, Jürgen (Hg.) (1986): *Les Idéologues*. Amsterdam: Benjamins.

Buzzetti, Dino, und Ferriani, Maurizio (Hg.) (1986): *La grammatica del pensiero*. Bologna: Il Mulino.

Calimani, Ricardo (1987): *Storia del ebreo errante*. Milano: Rusconi.

Calvet, Louis-Jean (1981): *Les langues véhiculaires*. Paris: P.U.F.

Canto, Monique (1979): «L'invention de la grammaire». In *Critique*, 387–88 (Doppelnummer über *Le mythe de la langue universelle*), S. 707–19.

Carreras y Artau, Joaquín (1946): *De Ramón Llull a los modernos ensayos de formación de una lengua universal*. Barcelona: Consejo Superior de Investigaciones Científicas, Delegación de Barcelona.

Carreras y Artau, Tomás und Joaquín (1939): *Historia de la filosofía española. Filósofos cristianos de los siglos XII al XV*. Madrid: Real Academia de Ciencias Exactas, Físicas y Naturales.

Casciato, Maristella *et al.* (Hg.) (1986): *Enciclopedismo in Roma barocca. Athanasius Kircher e il Museo del Collegio Romano tra Wunderkammer e museo scientifico*. Venedig: Marsilio.

Cavalli-Sforza, Luigi Luca *et al.* (1988): «Reconstruction of Human Evolution: Bridging together genetic, archeological, and linguistic data». In *Proceedings of the National Academy of Sciences of the USA*, 85, S. 6002–6006.

Cavalli-Sforza, Luigi Luca (1991): «Genes, Peoples and Languages». In *Scientific American*, 265, S. 104–10.

Cellier, Léon (1953): *Fabre d'Olivet. Contribution à l'étude des aspects religieux du Romantisme*. Paris: Nizet.

Ceñal, Ramón (1946): «Un anónimo español citado por Leibniz». In *Pensamiento*, VI, 2, S. 201–203.

Cerquiglini, Bernard (1991): *La naissance du français*. Paris: P.U.F.

Chomsky, Noam (1966): *Cartesian Linguistics*. New York: Harper & Row; dt. *Cartesianische Linguistik*. Tübingen: Niemeyer, 1971.

Clauss, Sidonie (1982): «John Wilkins' *Essay towards a Real Character*: its place in the seventeenth-century episteme». In *Journal of the History of Ideas*, XLIII/4, S. 531–53.

Clulee, Nicholas H. (1988): *John Dee's Natural Philosophy*. London: Routledge and Kegan Paul.

Coe, Michael D. (1992): *Breaking the Maya Code*. London: Thames and Hudson.

Cohen, Murray (1977): *Sensible Words. Linguistic practice in England, 1640–1785*. Baltimore: Johns Hopkins Univ. Press.

Corti, Maria (1981): *Dante a un nuovo crocevia*. Società Dantesca Italiana. Quaderno I. Florenz: Libreria Commissionaria Sansoni.

– (1984): «Postille a una recensione». In *Studi Medievali*, Serie terza, XXV/2, S. 839–45.

Cosenza, Giovanna (1993): *Il linguaggio del pensiero come lingua perfetta*. Tesi di dottorato di ricerca in Semiotica, Università di Bologna, V ciclo.

Couliano, Ioan P. (1984): *Eros et magie à la Renaissance*. Paris: Flammarion.

Coumet, Ernest (1975): «Mersenne: dictions nouvelles à l'infini». In *XVIIe Siècle*, 109, S. 3–32.

Couturat, Louis (1901): *La logique de Leibniz d'après des documents inédits*. Paris: P.U.F. 1903, *Opuscules et fragments inédits de Leibniz*. Paris: Alcan (Nachdr. 1961).

Couturat, Louis, und Léau, Léopold (1903): *Histoire de la langue universelle*. Paris: Hachette, 1907, *Les nouvelles langues internationales*. Paris: Hachette.

Cram, David (1980): «George Dalgarno on *Ars signorum* and Wilkins' *Essay*». In E.F.K. Koerner (Hg.), *Progress in Linguistic Historiography* (Proceedings from the International Conference on the History of the Language Sciences, Ottawa, 28–31 August 1978). Amsterdam: Benjamins, S. 113–21.

– (1985): «Language universals and universal language schemes». In K. D. Dutz und L. Kaczmareck (Hg.), *Rekonstruktion und Interpretation. Problemgeschichtliche Studien zur Sprachtheorie von Ockham bis Humboldt*. Tübingen: Narr, S. 243–58.

– (1989): «J. A. Comenius and the universal language scheme in George Dalgarno». In M. Kyralová und J. Přívratská (Hg.), *Symposium Comenianum* 1986. Prag: Academia, S. 181–87.

Dascal, Marcelo (1978): *La sémiologie de Leibniz*. Paris: Aubier-Montaigne.

De Mas, Enrico (1982): *L'attesa del secolo aureo*. Florenz: Olschki.

De Mauro, Tullio (1963): «A proposito di J.J. Becher. Bilancio della nuova linguistica». In *De homine*, 7–8, S. 134–46. 1965, *Introduzione alla semantica*. Bari: Laterza.

Demonet, Marie-Lucie (1992): *Les voix du signe. Nature et origine du langage à la Renaissance (*1480–1580). Paris: Champion.

De Mott, Benjamin (1955): «Comenius and the Real Character in England». In *Publications of the Modern Language Association of America*, 70, S. 1068–81.

Derrida, Jacques (1967): *De la grammatologie*. Paris: Minuit; dt. *Grammatologie*. Frankfurt/M.: Suhrkamp, 1974. 1980, «Des tours de Babel». In *Psyché. Inventions de l'autre*. Paris: Galilée, 1987, S. 203–17.

Di Cesare, Donatella (1991): Einführung zu W. v. Humboldt, *La diversità delle lingue*. Rom/Bari: Laterza, 1993^2, S. XI-XCVI.

Dragonetti, Roger (1961): «La conception du langage poétique dans le *De vulgari eloquentia* de Dante». In *Romanica Gandensia*, IX («Aux frontières du langage poétique»), S. 9–77. 1979, «Dante face à Nemrod». In *Critique*, 387–88 (Doppelnummer über *Le mythe de la langue universelle*), S. 690–706.

Droixhe, Daniel (1978): *La linguistique et l'appel de l'histoire (*1600–1800). Genf: Droz. 1990, «Langues mères, vierges folles». In *Le genre humain*, März («Les langues megalomanes»), S. 141–148.

Dubois, Claude-Gilbert (1970): *Mythe et langage au XVIe siècle*. Bordeaux: Ducros.

Dupré, John (1981): «Natural Kinds and Biological Taxa». In *The Philosophical Review*, 90/1, S. 66–90.

Dutens, Ludovicus (Hg.) (1768): G. W. Leibniz, *Opera omnia*, Genf: De Tournes.

Eco, Umberto (1956): *Il problema estetico in Tommaso d'Aquino*. Mailand: Bompiani, 1970^2.

– (1975): *Trattato di semiotica generale*. Mailand: Bompiani; engl. *A Theory of Semiotics*. Bloomington: Indiana Univ. Press; dt. *Semiotik. Entwurf einer Theorie der Zeichen*. München: Fink, 1987, 1991^2.

– (1979): *Lector in fabula*. Mailand: Bompiani; dt. *Lector in fabula*. München: Hanser. (1987).

– (1984): *Semiotica e filosofia del linguaggio*. Turin: Einaudi; dt. *Semiotik und Philosophie der Sprache*. München: Fink, 1985.

– (1985): «L'Epistola XIII, l'allegorismo medievale, il simbolismo moderno». In U. Eco, *Sugli specchi e altri saggi*. Mailand: Bompiani 1987^2, S. 215–41.

– (1990): *I limiti dell'interpretazione*. Mailand: Bompiani; dt. *Die Grenzen der Interpretation*. München: Hanser, 1992.

Eco, Umberto *et al.* (1991): *La ricerca della lingua perfetta nella cultura europea. Prima parte: dalle origini al rinascimento*. Università di Bologna. Dispense della cattedra di semiotica, 1990–91.

– (1992): *La ricerca della lingua perfetta nella cultura europea. Seconda parte: XVI-XVII secolo*. Univ. di Bologna. Dispense della cattedra di semiotica, 1991–92.

Edighoffer, Roland (1982): *Rose-Croix et société idéale selon J. V. Andreae.* Neuilly-sur-Seine: Arma Artis.

Erba, Luciano (1959): «L'incidenza della magia nell'opera di Cyrano de Bergerac». In *Contributi al seminario di filologia moderna*, Serie francese, I. Mailand: Vita e Pensiero.

Evans, Robert J. W. (1973): *Rudolf II and His World. A Study in intellectual history (1576–1612).* Oxford: Clarendon; dt. *Rudolf II. Ohnmacht und Einsamkeit.* Graz/Köln: Styria, 1980.

Fabbri, Paolo (1991): «La Babele felice ‹Babelix, Babelux [...] ex Babele lux›». In L. Preta (Hg.), *La narrazione delle origini*, Rom/Bari: Laterza, 1991², S. 230–46.

– (1993): «Elogio di Babele». In *Sfera*, 33, S. 64–67.

Fano, Giorgio (1962): *Saggio sulle origini del linguaggio.* Turin: Einaudi (2. erw. Aufl.: *Origini e natura del linguaggio.* Turin: Einaudi, 1973).

Faust, Manfred (1981): «Schottelius' Concept of Word Formation». In H. Geckeler *et al.* (Hg.), *Logos semantikos*, Bd. III, Berlin/ New York: De Gruyter, S. 359–70.

Festugière, André-Jean (1944): *La révélation d'Hermès Trismégiste* (4 Bde., bis 1954). Paris: Les Belles Lettres (3. Aufl., 3 Bde., 1983).

Fichant, Michel (Hg.) (1991): G. W. Leibniz, *De l'horizon de la doctrine humaine.* Paris: Vrin.

Fillmore, Charles (1968): «The Case for Case». In E. Bach und R.T. Harms (Hg.), *Universals in Linguistic Theory.* New York: Holt, Rinehart and Winston, S. 1–88.

Formigari, Lia (1970): *Linguistica ed empirismo nel Seicento inglese.* Bari: Laterza. 1977, *La logica del pensiero vivente.* Rom/Bari: Laterza.

– (1990): *L'esperienza e il segno. La filosofia del linguaggio tra Illuminismo e Restaurazione.* Rom: Editori Riuniti.

Foucault, Michel (1966): *Les mots et les choses.* Paris: Gallimard; dt. *Die Ordnung der Dinge. Eine Archäologie der Humanwissenschaften.* Frankfurt/M.: Suhrkamp, 1971.

Frank, Thomas (1979): *Segno e significato. John Wilkins e la lingua filosofica.* Neapel: Guida.

Fraser, Russell (1977): *The Language of Adam.* New York: Columbia Univ. Press.

French, Peter J. (1972): *John Dee. The World of an Elizabethan Magus.* London: Routledge and Kegan Paul.

Freudenthal, Hans A. (1960): *Lincos. Design of a language for cosmic intercourse.* Part I. Amsterdam: North Holland.

Fumaroli, Marc (1988): «Hiéroglyphes et lettres: la ‹sagesse mystérieuse des Anciens› au XVII siècle». In *XVIIe Siècle*, XL/ 158, 1 («Hiéroglyphes, images chiffrées, sens mystérieux»), S. 7–21.

Gamkrelidze, Thomas V., und Ivanov, Vyacheslav V. (1990): «The

Early History of Languages», in *Scientific American*, 263/3, S. 110–116.

Garin, Eugenio (1937): *Giovanni Pico della Mirandola. Vita e dottrina*. Florenz: Le Monnier.

Genette, Gérard (1976): *Mimologiques. Voyages en Cratyle*. Paris: Seuil.

Genoth-Bismuth, Jacqueline (1975): «Nemrod, l'église et la synagogue». In *Italianistica*. IV/1, S. 50–76. 1988, *»Pomme d'or masquée d'argent«: les sonnets italiens de Manoel Giudeo (Immanuel de Rome)*, Paris (unveröffentlicht).

Gensini, Stefano (1984): *Linguistica leopardiana. Fondamenti teorici e prospettive politico-culturali*. Bologna: Il Mulino.

– (1991): *Il naturale e il simbolico*. Rom: Bulzoni.

Gensini, Stefano (Hg.) (1990): G. W. Leibniz, *Dal segno alle lingue. Profilo, testi, materiali*. Casale Monferrato: Marietti Scuola.

Gerhardt, Carl I. (Hg.) (1875): *Die philosophischen Schriften von Gottfried Wilhelm Leibniz* (7 Bde.). Berlin: Weidemann (2. Aufl. Berlin 1880; Nachdr. Hildesheim/New York: Olms, 1978).

Giovannoli, Renato (1990): *La scienza della fantascienza*. Mailand: Bompiani.

Glidden, Hope H. (1987): «*Polygraphia* and the Renaissance Sign: the case of Trithemius». In *Neophilologus*, 71, S. 183–95.

Gombrich, Ernst (1972): *Symbolic Images*. London: Phaidon Press.

Goodman, Feliciana (1972): *Speaking in Tongues. A cross-cultural study of glossolalia*. Chicago: Chicago Univ. Press.

Goodman, Nelson (1968): *Languages of Art*. Indianapolis: Bobbs-Merril; dt. *Sprachen der Kunst. Ein Ansatz zu einer Symboltheorie*. Frankfurt/M.: Suhrkamp, 1973.

Gorni, Guglielmo (1990): *Lettera nome numero. L'ordine delle cose in Dante*. Bologna: Il Mulino.

Granger, Gilles-Gaston (1954): «Langue universelle et formalisation des sciences. Un fragment inédit de Condorcet».In *Revue d'histoire des sciences et de leurs applications*, VII/3, S. 197–219.

Greenberg, Joseph H. (1966): «Language universals». In Th. A. Sebeok (Hg.), *Current Trends in Linguistics*, III, *Theoretical Foundations*. Den Haag/Paris: Mouton, S. 61–112.

Greenberg, Joseph H. (Hg.) (1963): *Universals of Language*. Cambridge, Mass.: M.I.T. Press.

Grua, Gaston (Hg.) (1948): G. W. Leibniz, *Textes inédits de la Bibliothèque provinciale de Hanovre*. Paris: P.U.F.

Guzmán de Rojas, Iván, o. J. *Problemática logico-lingüística de la comunicación social con el pueblo Aymara*. Mimeo. Con los auspicios del Centro internacional de Investigaciónes para el Desarrollo de Canada.

Hagège, Claude (1978): «Babel: du temps mythique au temps du langage». In *Revue philosophique de la France et de l'étranger*, CIII/168, 4 («Le langage et l'homme»), S. 465–79. 1992, *Le souffle de la langue*. Paris: Odile Jacob.

Haiman, John (1980): «Dictionaries and Encyclopedias». In *Lingua*, 50/4, S. 329–57.

Heilmann, Luigi (1963): «J.J. Becher. Un precursore della traduzione meccanica?». In *De homine*, 7–8, S. 131–34.

Hewes, Gordon (1975): *Language Origins: A Bibliography*. Den Haag/Paris: Mouton.

– (1979): «Implications of the Gestural Model of Language Origin for Human Semiotic Behavior». In S. Chatman *et al.* (Hg.), *A Semiotic Landscape – Panorama sémiotique*. Den Haag/Paris: Mouton, S. 1113–15.

Hjelmslev, Louis (1943): *Omkring sprogteoriens grundlaeggelse*. Kopenhagen: Munksgaard; engl. *Prolegomena to a Theory of Language*. Madison: Univ. of Wisconsin Press, 1961; dt. *Prolegomena zu einer Sprachtheorie*. München: Hueber, 1974.

Hochstetter, Erich *et al.* (1966): *Herrn von Leibniz' Rechnung mit Null und Eins*. Berlin/München: Siemens-AG.

Hollander, Robert (1980): «Babytalk in Dante's *Commedia*». In Ders., *Studies in Dante*. Ravenna: Longo, S. 115–129.

Idel, Moshe (1988a): «Hermeticism and Judaism». In Merkel und Debus (Hg.) 1988, S. 59–78.

– (1988b): *Kabbalah. New Perspectives*. New Haven: Yale Univ. Press.

– (1988c): *The Mystical Experience of Abraham Abulafia*. Albany: State University of New York Press.

– (1988d): *Studies in Ecstatic Kabbalah*. Albany: State Univ. of New York Press.

– (1989): *Language, Torah, and Hermeneutics in Abraham Abulafia*. Albany: State Univ. of New York Press.

Ivanov, Vyacheslav V. (1992): «Reconstructing the Past». In *Intercom* (Univ. of California, Los Angeles), 15, 1, S. 1–4.

Jacquemier, Myriam (1992): «Le mythe de Babel et la Kabbale chrétienne au XVIe siècle». In *Nouvelle Revue du Seizième Siècle*, 10, S. 51–67.

Johnston, Mark D. (1987): *The Spiritual Logic of Ramón Llull*. Oxford: Clarendon.

Khassaf, Atijah (1992a): *Sīmiyāʾ, jafr, ʿilm al-ḥurūf e i simboli segreti («asrar») della scienza delle lettere nel sufismo*. Tesi di dottorato di ricerca in Semiotica, Università di Bologna, IV ciclo.

– (1992b): «Le origini del linguaggio secondo i musulmani medievali». In Pellerey (Hg.) 1992, S. 71–90.

Knowlson, James (1975): *Universal Language Schemes in England and France, 1600–1800*. Toronto/Buffalo: Univ. of Toronto Press.

Knox, Dilwyn (1990): «Ideas on Gesture and Universal Language, c. 1550–1650». In J. Henry und S. Hutton (Hg.), *New Perspectives on Renaissance Thought*. London: Duckworth, S. 101–36.

Kuntz, Marion L. (1981): *Guillaume Postel*. Den Haag: Nijhoff.

La Barre, Weston (1964): «Paralinguistics, Kinesics and Cultural Anthropology». In Th.A. Sebeok, A.S. Hayes und M.C. Bateson (Hg.), *Approaches to Semiotics*. Den Haag: Mouton.

Lamberti, Vitaliano (1990): *Una voce per il mondo. Lejzer Zamenhof, il creatore dell'Esperanto*. Mailand: Mursia.

Land, Stephen K. (1974): *From Signs to Propositions. The concept of form in eighteenth-century semantic theory*. London: Longman.

Le Goff, Jacques (1964): *La civilisation de l'Occident médiéval*. Paris: Arthaud; dt. *Kultur des europäischen Mittelalters*. München: Droemer-Knaur, 1970 (Knaurs Große Kulturgeschichte 5).

Lepschy, Giulio C. (Hg.) (1990): *Storia della linguistica* (2 Bde.). Bologna: Il Mulino.

Lins, Ulrich (1988): *La dangera lingvo*. Gerlingen: Bleicher-Eldonejo; dt. *Die gefährliche Sprache*. Gerlingen: dito.

Llinares, Armand (1963): *Raymond Llulle, philosophe de l'action*. Paris: P.U.F.

Lohr, Charles H. (1988): «Metaphysics». In Ch. B. Schmitt *et al.* (Hg.), *The Cambridge History of Renaissance Philosophy*. Cambridge: Cambridge Univ. Press, S. 537–638.

Lo Piparo, Franco (1987): «Due paradigmi linguistici a confronto». In D. Di Cesare und S. Gensini (Hg.), *Le vie di Babele. Percorsi di storiografia linguistica (*1600–1800). Casale Monferrato: Marietti Scuola, S. 1–9.

Losano, Mario G. (1971): «Gli otto trigrammi (pa kua) e la numerazione binaria». In Hochstetter *et al.* 1966, S. 17–38.

Lovejoy, Arthur O. (1936): *The Great Chain of Being*. Cambridge, Mass.: Harvard Univ. Press.

Lubac, Henri de (1959): *Exégèse médiévale. Les quatre sens de l'Écriture*. Paris: Aubier-Montaigne.

Maierù, Alfonso (1983): «Dante al crocevia?». In *Studi medievali*, Serie terza, XXIV/2, S. 735–48. 1984, «Il testo come pretesto». In *Studi medievali*, Serie terza, XXV/2, S. 847–55.

Manetti, Giovanni (1987): *Le teorie del segno nell'antichità classica*. Mailand: Bompiani.

Marconi, Luca (1992): «Mersenne e l'*Harmonie universelle*». In Pellerey (Hg.) 1992, S. 101–36.

Marigo, Aristide (1938): *»De vulgari eloquentia» ridotto a miglior lezione e commentato da A. Marigo*. Florenz: Le Monnier.

Marmo, Costantino (1992): «I modisti e l'ordine delle parole: su alcune difficoltà di una grammatica universale». In Pellerey (Hg.) 1992, S. 47–70.

Marrone, Caterina (1986): «Lingua universale e scrittura segreta nell' opera di Kircher». In Casciato *et al.* (Hg.) 1986, S. 78–86.

Marrou, Henri I. (1958): *Saint Augustin et la fin de la culture antique*. Paris: Boccard (4. erw. Auflage).

Martinet, André (1991): «Sur quelques questions d'interlinguistique. Une Interview de François Lo Jacomo et Detlev Blanke». In *Zeitschrift für Phonetik, Sprach- und Kommunikationswissenschaft*, 44, 6, S. 675–87.

Meillet, Antoine (1913): *Aperçu d'une histoire de la langue greque*. Paris: Hachette, 1930³.

– (1918): *Les langues dans l'Europe nouvelle*. Paris: Payot, 1928².

Mengaldo, Pier V. (1968): Einführung zu Dante Alighieri, *De vulgari eloquentia*. Padua: Antenore, S. VII-CII.

– (1979): Einführung und Anmerkungen zu *De vulgari eloquentia*. In Dante Alighieri, *Opere minori*, Bd. II, Mailand/ Neapel: Ricciardi.

Mercier Faivre, Anne-Marie (1992): «*Le Monde Primitif* d'Antoine Court de Gébelin». In *XVIIe Siècle*, 24, S. 353–66.

Merkel, Ingrid, und Debus, Allen (Hg.) (1988): *Hermeticism and the Renaissance*. Washington/London/ Toronto: Folger Shakespeare Library-Associated Univ. Press.

Merker, Nicolao, und Formigari, Lia (Hg.) (1973): *Herder – Mondobbo. Linguaggio e società*. Rom/Bari: Laterza.

Migliorini, Bruno (1986): *Manuale di Esperanto*. Mailand: Cooperativa Editoriale Esperanto.

Minkowsky, Helmut (1983): «Turris Babel. Mille anni di rappresentazioni». In *Rassegna*, 16 («Turris Babel»), S. 8–88.

Monnerot-Dumaine, Marcel (1960): *Précis d'interlinguistique générale*. Paris: Maloine.

Montgomery, John W. (1973): *Cross and the Crucible. Johann Valentin Andreae*. Den Haag: Nijhoff.

Mugnai, Massimo (1976): *Astrazione e realtà. Saggio su Leibniz*. Mailand: Feltrinelli.

Nardi, Bruno (1942): *Dante e la cultura medievale*. Rom/Bari: Laterza (Nachdr. 1985).

Nicoletti, Antonella (1989): «Sulle tracce di una teoria semiotica negli scritti manzoniani». In G. Manetti (Hg.), *Leggere i «Promessi sposi»*. Mailand: Bompiani, S. 325–42.

– (1992): «'E ... balbutier en langue allemande des mots de paradis'. A la recherche de la langue parfaite dans le *Divan occidental-oriental* de Goethe». In Pellerey (Hg.) 1992, S. 203–226.

Nida, Eugene (1975): *Componential Analysis of Meaning. An introduction to semantic structures.* Den Haag/Paris: Mouton.

Nocerino, Alberto (1992): «Platone o Charles Nodier: le origini della moderna concezione del fonosimbolismo». In Pellerey (Hg.) 1992, S. 173–202.

Nock, Arthur D. (Hg.) (1945): *Corpus Hermeticum* (4 Bde., bis 1954). Paris: Les Belles Lettres.

Nöth, Winfried (1985): *Handbuch der Semiotik.* Stuttgart: Metzler. 1990, *Handbook of Semiotics.* Bloomington: Indiana Univ. Press (revid. u. erw. Neuauflage).

Olender, Maurice (1989): *Les langues du Paradis.* Paris: Gallimard-Seuil.

– (1993): «L'Europe, ou comment échapper à Babel?». Demnächst in *L'Infini*, 42.

Ormsby-Lennon, Hugh (1988): «Rosicrucian Linguistics: Twilight of a Renaissance Tradition». In Merkel und Debus (Hg.) 1988, S. 311–41.

Ottaviano, Carmelo (1930): *L'»Ars Compendiosa» de Raymond Lulle.* Paris: Vrin, 1981².

Pagani, Ileana (1982): *La teoria linguistica di Dante.* Neapel: Liguori.

Pallotti, Gabriele (1992): «Scoprire ciò che si crea: l'ebraico-egiziano di Fabre d'Olivet». In Pellerey (Hg.) 1992, S. 227–46.

Paolini, Monica (1990): *Il teatro dell'eloquenza di Giulio Camillo Delminio. Uno studio sulla rappresentazione della conoscenza e sulla generazione di testi nelle topiche rinascimentali.* Tesi di laurea in Semiotica, Università di Bologna, 1989–90.

Parret, Herman (Hg.) (1976): *History of Linguistic Thought and Contemporary Linguistics.* Berlin/New York: De Gruyter.

Pastine, Dino (1975): *Juan Caramuel: Probabilismo ed enciclopedia.* Florenz: La Nuova Italia.

Peirce, Charles S. (1931): *Collected Papers* (8 Bde., bis 1985), Cambrigde, Mass., Harvard Univ. Press.

Pellerey, Roberto (1992a): *Le lingue perfette nel secolo dell'utopia.* Rom/Bari: Laterza.

– (1992b): «La Cina e il Nuovo Mondo. Il mito dell'ideografia nella lingua delle Indie». In *Belfagor*, XLVII/5, S. 507–22.

– (1992c): «L'*Ars signorum* de Dalgarno: une langue philosophique». In Pellerey (Hg.) 1992, S. 147–62. 1993, *L'azione del segno. Formazione di una teoria della pragmatica del segno attraverso la storia della teoria della percezione e della determinazione linguistica nella filosofia moderna.* Tesi di dottorato di ricerca in Semiotica, Università di Bologna, V ciclo.

Pellerey, Roberto (Hg.) (1992): *Le lingue perfette.* Dreifachnummer von *Versus. Quaderni di studi semiotici*, 61–63.

Pfann, Elvira (1992): «Il tedesco barocco». In U. Eco *et al.* (Hg.) 1992, S. 215–29.

Pingree, David (Hg.) (1986): *Picatrix. The Latin version.* London: The Warburg Institute.

Platzeck, Erhard W. (1953): «La combinatoria lulliana». In *Revista de filosofía*, 12, S. 575–609, und 13 (1954), S. 125–65.

Poli, Diego (1989): «La metafora di Babele e le *partitiones* nella teoria grammaticale irlandese dell'*Auraceipt na n-Éces*». In Ders. (Hg.), *Episteme* («Quaderni linguistici e filologici, IV: In ricordo di Giorgio Raimondo Cardona»), Università di Macerata, S. 179–98.

Poliakov, Léon (1990): «Rêves d'origine et folie de grandeurs». In *Le genre humain*, März («Les langues megalomanes»), S. 9–23.

Pons, Alain (1930): «Les langues imaginaires dans le voyage utopique. Un précurseur, Thomas Morus». In *Revue de littérature comparée*, 10, S. 592–603.

– (1931): «Le jargon de Panurge et Rabelais». In *Revue de littérature comparée*, 11, S. 185–218.

– (1932): «Les langues imaginaires dans le voyage utopique. Les grammariens, Vairasse et Foigny». In *Revue de littérature comparée*, 12, S. 500–32.

– (1979): «Les langues imaginaires dans les utopies de l'âge classique». In *Critique*, 387–88 (Doppelnummer über *Le mythe de la langue universelle*), S. 720–35.

Porset, Charles (1979): «Langues nouvelles, langues philosophiques, langues auxiliaires au XIX siècle. Essai de bibliographie». In *Romantisme*, IX, 25–26, S. 209–15.

Prieto, Luis J. (1966): *Messages et signaux.* Paris: P.U.F.

Prodi, Giorgio (1977): *Le basi materiali della significazione.* Mailand: Bompiani.

Proni, Giampaolo (1992): «La terminologia scientifica e la precisione linguistica secondo C. S. Peirce». In Pellerey (Hg.) 1992, S. 247–260.

Quine, Willard V. O. (1960): *Word and Object.* Cambridge, Mass.: M.I.T. Press; dt. *Wort und Gegenstand.* Stuttgart: Reclam, 1980 (RUB 9987).

Radetti, Giorgio (1936): «Il teismo universalistico di Guglielmo Postel». In *Annali della Regia Scuola Normale Superiore di Pisa*, II, v, 4, S. 279–95.

Rastier, François (1972): *Idéologie et théorie des signes.* Den Haag/Paris: Mouton.

Recanati, François (1979): «La langue universelle et son «inconsistence». In *Critique*, 387–88 (Doppelnummer über *Le mythe de la langue universelle*), S. 779–89.

Reilly, Conor (1974): *Athanasius Kircher, S.J., Master of Hundred Arts.* Wiesbaden/Rom: Edizioni del mondo.

Rey-Debove, Josette (1971): *Étude linguistique et sémiotique des dictionnaires français contemporains.* Paris: Klincksieck.

Risset, Jacqueline (1982): *Dante écrivain*. Paris: Seuil.

Rivosecchi, Valerio (1982): *Esotismo in Roma barocca. Studi sul Padre Kircher*. Rom: Bulzoni.

Rosiello, Luigi (1967): *Linguistica illuminista*. Bologna: Il Mulino.

Rossi, Paolo (1960): *«Clavis Universalis». Arti mnemoniche e logica combinatoria da Lullo a Leibniz*. Mailand/Neapel: Ricciardi (2. Aufl. Bologna: Il Mulino, 1983).

Russell, Bertrand (1940): «The Object Language». In Ders., *An Enquiry into Meaning and Truth*. London: Allen and Unwin, 1950, S. 62–77.

Sacco, Luigi (1947): *Manuale di crittografia*. Roma: Istituto Poligrafico dello Stato.

Salmon, Vivian (1972): *The Works of Francis Lodwick*. London: Longman.

Salvi, Sergio (1975): *Le lingue tagliate*. Mailand: Rizzoli.

Samarin, William J. (1972): *Tongues of Men and Angels. The religious language of pentecostalism*. New York: Macmillan.

Sapir, Edward (1931): «The Function of an International Auxiliary Language». In *Psyche*, 11, 4, S. 4–15.

Sauneron, Serge (1957): *Les prêtres de l'ancien Égypte*. Paris: Seuil.

– (1982): *L'écriture figurative dans les textes d'Esna (Esna VIII)*. Kairo: IFAO, S. 45–59.

Schank, Roger, und Abelson, Robert P. (1977): *Scripts, Plans, Goals and Understanding. An inquiry into human knowledge structures*. Hillsdale, N.J.: Erlbaum.

Schilpp, Paul Arthur (Hg.) (1963): *The Philosophy of Rudolf Carnap*. London: Cambridge Univ. Press (jetzt auch separat erschienen: Rudolf Carnap, *Mein Weg in die Philosophie*, Stuttgart: Reclam, 1993).

Scholem, Gershom *et al.* (1979): *Kabbalistes chrétiens*. Paris: Albin Michel («Cahiers de l'Hermétisme»).

Schulenburg, Sigrid von der (1973): *Leibniz als Sprachforscher*. Hrsg. v. Kurt Müller (Veröffentlichungen des Leibniz-Archivs). Frankfurt/M.: Klostermann.

Scolari, Massimo (1983): «Forma e rappresentazione della Torre di Babele». In *Rassegna*, 16 («Turris Babel»), S. 4–7.

Sebeok, Thomas A. (1984): *Communication Measures to Bridge Ten Millenia*. Technical Report prepared for the Office of Nuclear Waste Isolation. Columbus, Ohio: Batelle Memorial Institute.

Secret, François (1964): *Les kabbalistes chrétiens de la Renaissance*. Paris: Dunod (jetzt Mailand: Archè, 1985²).

Serres, Michel (1968): *Le système de Leibniz et ses modèles mathématiques*. Paris: P.U.F.

Shevorshkin, Vitalij (Hg.) (1989): *Reconstructing Languages and Cultures*. Abstracts and materials from the First International Interdisciplinary Symposium on Language and Prehistory, Ann Arbor, Nov. 1988.

Shumaker, Wayne (1972): *The Occult Sciences in the Renaissance*. Berkeley: Univ. of California Press.

– (1982): *Renaissance Curiosa*. Binghampton, N.Y.: Center for Medieval and Early Renaissance Studies.

Simone, Raffaele (1969): Einführung zu *Grammatica e logica di Port-Royal*. Rom: Ubaldini, S. VII-L.

– (1990): «Seicento e Settecento». In Lepschy (Hg.) 1990–, II, S. 313–95.

Slaughter, Mary (1982): *Universal Languages and Scientific Taxonomy in the Seventeenth Century*. London/Cambridge: Cambridge Univ. Press.

Sottile, Grazia (1984): *Postel: la vittoria della donna e la concordia universale*. Tesi di laurea, Università di Catania, Facoltà di Scienze Politiche, 1983–84.

Stankiewicz, Edward (1974): «The Dithyramb to the Verb in Eighteenth and Nineteenth Century Linguistics». In D. Hymes (Hg.), *Studies in History of Linguistics*. Bloomington: Indiana Univ. Press, S. 157–90.

Steiner, George (1975): *After Babel*. London: Oxford Univ. Press; dt. *Nach Babel*. Frankfurt/M.: Suhrkamp, 1981.

Stephens, Walter (1989): *Giants in Those Days*. Lincoln: Univ. of Nebraska Press.

Stojan, Petr E. (1929): *Bibliografio de Internacia Lingvo*. Genf: Tour de l'Ile.

Strasser, Gerhard F. (1988): *Lingua universalis. Kryptologie und Theorie der Universalsprachen im* 16. und 17. Jahrhundert. Wiesbaden: Harrassowitz.

Sturlese, Rita (1991): Einführung zu Giordano Bruno, *De umbris idearum*. Florenz: Olschki, S. VII-LXXVII.

Tagliagambe, Silvano (1980): *La mediazione linguistica. Il rapporto pensiero-linguaggio da Leibniz a Hegel*. Mailand: Feltrinelli.

Tavoni, Mirko (1990): «La linguistica rinascimentale». In Lepschy (Hg.) 1990–, II, S. 169–312.

Tega, Walter (1984): *Arbor scientiarum. Sistemi in Francia da Diderot a Comte*. Bologna: Il Mulino.

Thorndyke, Lynn (1923): *A History of Magic and Experimental Science* (8 Bde., bis 1958). New York: Columbia Univ. Press.

Tornitore, Tonino (1988): *Scambi di sensi*. Turin: Centro Scientifico Torinese.

Trabant, Jürgen (1986): *Apeliotes oder Der Sinn der Sprache. Wilhelm von Humboldts Sprach-Bild*. München: Fink.

Van der Walle, Baudouin, und Vergote, Joseph (1943): «Traduction des *Hieroglyphica* d'Horapollon». In *Chronique d'Égypte*, 35–36, S. 39–89 und 199–239.

Vasoli, Cesare (1958): «Umanesimo e simbologia nei primi scritti lulliani e mnemotecnici del Bruno». In E. Castelli (Hg.), *Umanesimo e simbolismo*. Padua: Cedam, S. 251–304.

– (1978): *L'enciclopedismo del seicento*. Neapel: Bibliopolis.

– (1980): «Per la fortuna degli *Hieroglyphica* di Orapollo». In M.M. Olivetti (Hg.), *Esistenza, mito, ermeneutica* (Archivio di filosofia I). Padua: Cedam, S. 191–200.

Viscardi, Antonio (1942): «La favella di Cacciaguida e la nozione dantesca del latino». In *Cultura Neolatina*, II, S. 311–14.

Waldman, Albert (Hg.) (1977): *Pidgin and Creole Linguistics*. Bloomington: Indiana Univ. Press.

Walker, Daniel P. (1958): *Spiritual and Demonic Magic from Ficino to Campanella*. London: The Warburg Institute.

– (1972): «Leibniz and Language». In *Journal of the Warburg and Courtauld Institutes*, 35, S. 249–307.

Wehr, Gerhard (Hg.) (1980): *Rosenkreuzerische Manifeste. Die Grundschriften der Rosenkreuzer und Goethes Fragment «Die Geheimnisse»*. Schaffhausen: Novalis.

White, Andrew D. (1917): *A History of the Warfare of Science with Theology in Christendom*. New York: Appleton.

Whorf, Benjamin L. (1956): *Language, Thought, and Reality*. Cambridge, Mass.: M.I.T. Press; dt. *Sprache – Denken – Wirklichkeit. Beiträge zur Metalinguistik und Sprachphilosophie*. Reinbek: Rowohlt, 1963 (re 403).

Wirszubski, Chaim (1989): *Pico della Mirandola's Encounter with Jewish Mysticism*. Cambridge, Mass.: Harvard Univ. Press.

Worth, Sol (1975): «Pictures Can't Say ‹Ain't›». In *Versus. Quaderni di studi semiotici*, 12, S. 85–105.

Wright, Robert (1991): «Quest for Mother Tongue». In *The Atlantic Monthly*, 276, 4, S. 39–68.

Yaguello, Marina (1984): *Les fous du langage*. Paris: Seuil.

Yates, Frances A. (1954): «The Art of Ramon Lull. An approach to it through Lull's theory of the elements». In *Journal of the Warburg and Courtauld Institutes*, 17, S. 115–73 (jetzt in Yates 1982, S. 9–77).

– (1960): «Ramon Lull and John Scotus Erigena». In *Journal of the Warburg and Courtauld Institutes*, 23, S. 1–44 (jetzt in Yates 1982, S. 78–125).

– (1964): *Giordano Bruno and the Hermetic Tradition*. London: Routledge and Kegan Paul.

– (1966): *The Art of Memory*. London: Routledge and Kegan Paul; dt. *Gedächtnis und Erinnern. Mnemonik von Aristoteles bis Shakespeare* (Acta humaniora). Weinheim: VCH, 1991.

– (1972): *The Rosicrucian Enlightenment*. London: Routledge and Kegan Paul; dt. *Aufklärung im Zeichen des Rosenkreuzes*, Stuttgart: Klett, 1975.

– (1979): *The Occult Philosophy in the Elizabethan Age*. London: Routledge and Kegan Paul; dt. *Die okkulte Philosophie im Elisabethanischen Zeitalter*. Berlin: Weber, 1991.

– (1982): *Lull and Bruno. Collected Essays I*. London: Routledge and Kegan Paul.

Yoyotte, Jean (1955): «Jeux d'écriture. Sur une statuette de la XIXe dynastie». In *Revue d'Égyptologie*, 10, S. 84–89.

Zambelli, Paola (1965): «Il *De Auditu Kabbalistico* e la tradizione lulliana del rinascimento». In *Atti dell'Accademia Toscana di Scienze e Lettere «La Colombaria»*, XXX, S. 115–246.

Zinna, Alessandro (1993): «Glossematica dell'Esperanto». Communication au Collège de France, Paris (unveröffentlicht).

Zoli, Sergio (1991): «L'oriente in Francia nell'età di Mazzarino. La teoria preadamitica di Isaac de la Peyrère e il libertinismo del Seicento». In *Studi filosofici*, X–XI, S. 65–84.

Übersetzung einiger fremdsprachlicher Buchtitel

S. 86: *De originibus* ...: Über die Ursprünge oder das Alter der hebräischen Sprache und des hebräischen Volkes

– *Linguarum duodecim* ...: Das in zwölf Sprachen durch Zeichen divergierende Alphabet

S. 87: *De Foenicum* ...: Über die Schrift der Phönizier

– *De originibus, seu* ...: Über die Ursprünge, oder allerlei vornehmlich dem lateinischen Weltkreise bis zum heutigen Tage unbekannte oder unbedachte Geschichte

– *Les très merveilleuses* ...: Die höchst wunderbaren Siege der Frauen der Neuen Welt

– *La doctrine* ...: Die Lehre des goldenen Zeitalters

– *De orbis terrae* ...: Über die Eintracht der Länder des Weltkreises

S. 93: *Alphabeti veri* ...: Kurze Darstellung des wahren natürlichen hebräischen Alphabets

S. 99: *Systema Theologicum* ...: Theologisches System aus der Hypothese der Präadamiten

S. 102: *An historical essay* ... Ein historischer Essay zum Beleg der Wahrscheinlichkeit, daß die Sprache des Chinesischen Reiches die Ursprache sei

– *Traité de la formation* ...: Traktat über die mechanische Bildung der Sprachen

S. 103: *Le monde primitif* ...: Die ursprüngliche Welt analysiert und verglichen mit der modernen Welt

S. 105: *Commentaria super opera* ...: Kommentare zu den Werken verschiedener Autoren über das Alter der Sprachen

S. 107: *La province de Liège* ...: Die Provinz Lüttich [...] Das Flämische als Ursprache, Mutter aller Sprachen

S. 108: *Atlantica sive Manheim* ...: Atlantis oder Manheim als wahrer Sitz und Heimat der Nachkommen Japhets

S. 121: *Dactylologie* ...: Daktylologie und ursprüngliche Sprache, wiederhergestellt nach den Monumenten

S. 139: *Artis Kabbalisticae* ...: Akademie der Kabbalistischen Künste oder der Göttlichen Weisheit

S. 140: *Apologie pour tous* ...: Verteidigung aller großen Männer, die der Magie bezichtigt worden sind

S. 162: *Hieroglyphica sive* ...: Hieroglyphica oder über die heiligen Buchstaben der Ägypter und anderer Völker
– *Delle Imprese*: Über Wahlsprüche
S. 164: *Prodromus Coptus* ...: Koptischer oder ägyptischer Vorläufer
– *Lingua Aegyptiaca restituta*: Wiederhergestellte ägyptische Sprache
S. 165: *Obelisci Aegyptiaci nuper* ...: Hieroglyphische Deutung des kürzlich in den Ruinen des Römers Isaeus ausgegrabenen ägyptischen Obelisken
S. 167: *Historia de las* ...: Geschichte der bemerkenswertesten Dinge, Riten und Bräuche des großen Reiches von China
– *De cristiana expeditione* ...: Über die von der Gesellschaft Jesu unternommene christliche Expedition nach China
– *Proposition présentée* ...: Dem König vorgelegter Vorschlag einer universellen Schrift, bewundernswert in ihren Wirkungen, sehr nützlich für alle Menschen der Erde
S. 168: *Historia natural y moral* ...: Natur- und Sittengeschichte [West-]Indiens
– *Relación* ...: Bericht über die Dinge in Yucatan
– *Commentarios reales* ...: Sachkommentare betreffend den Ursprung der Inkas
– *L'arte de' cenni*: Die Kunst der Gesten
– *China monumentis* ...: China illustriert mit teils heiligen, teils profanen Monumenten, nebst durchaus verschiedenen Spektakeln der Natur und der Künste sowie denkwürdigen Darstellungen anderer Dinge
S. 173: *Turris Babel*: Der Turm zu Babel
S. 174: *Ars magna lucis* ...: Große Kunst des Lichts und der Schatten
S. 179: *Congestorius artificiosae memoriae*: Komprimierte Zusammenfassung des künstlichen Gedächtnisses
– *Artificiosae memoriae fundamenta*: Grundlagen des künstlichen Gedächtnisses
S. 181: *Reduccion* ...: Reduktion der Buchstaben und Kunst, die Stummen sprechen zu lehren
S. 188: *Confessio* ...: Bekenntnis der Bruderschaft vom Rosenkreuz. An die Gelehrten Europas
S. 190: *Advertissement pieux* ...: Fromme und nützliche Ankündigung der Brüder vom Rosenkreuz
S. 194: *Apologia compendiaria* ...: Kurzgefaßte Verteidigung, um gleichsam durch Fluten [= Fludd] die Wahrheit reinzuwaschen von den Verdächtigungen und schändlichen Flecken, mit welchen die Bruderschaft vom Rosenkreuz beschmutzt worden ist
S. 195: *A true and faithful* ...: Ein wahrer und getreuer Bericht über das, was sich viele Jahre lang zwischen Dr. John Dee [...] und einigen Geistern zugetragen

– *Monas Hieroglyphica*: Hieroglyphische Monade

S. 198: *Anthropoglottogonía* ...: Anthropoglottogonie oder Entstehung der menschlichen Sprache

– *Principium philologicum* ...: Philologisches Prinzip, worin der Stimmen, der Zeichen und Punkte sowie insbesondere der Lettern und Zahlen Ursprung [dargelegt wird]

S. 201: *Breviarium politicorum* ...: Brevier der Politiker nach den Aufzeichnungen Mazarins

S. 205: *Mysterium artis* ...: Das neueste Geheimnis der steganographischen Kunst

S. 206: *Polygraphia nova* ...: Neue und allgemeine Polygraphie, durch die Kombinationskunst entdeckt

S. 210: *The universal character* ...: Das universale Zeichen, durch welches alle Nationen der Welt ihre jeweiligen Begriffe verstehen können, indem sie aus einer gemeinsamen Schrift ihre eigenen Muttersprachen lesen

S. 212: *Novum hoc inventum* ...: Neue Erfindung, durch die alle Idiome der Welt auf eines reduziert werden

S. 214: *Arithmeticus Nomenclator* ...: Arithmetischer Namenausrufer, der alle Nationen der Welt zur Einheit der Sprachen und des Redens einlädt. Von einem Spanischen Autor, dessen Zunge (was wundernimmt) wirklich, wie es heißt, stumm ist

– *Joco-seriorum naturae* ...: Drei Centurien der scherz-ernsthaften Natur und Kunst oder der natürlichen Magie

S. 267: *The Groundwork* ...: Die Grundlage oder Fundierung, gelegt (oder so intendiert) zur Einrichtung einer neuen vollkommenen Sprache und einer universalen oder allgemeinen Schrift

S. 299: *Dialogue sur la facilité* ...: Dialog über die Leichtigkeit, die es bedeuten würde, eine Allgemeine Zeichenschrift zu etablieren, die allen Sprachen Europas gemeinsam wäre und verständlich für verschiedene Völker, von denen ein jedes sie in seiner Sprache lesen würde

S. 300: *Polygraphie, ou l'art* ...: Polygraphie oder die Kunst, mit Hilfe eines Wörterbuchs in allen Sprachen zu korrespondieren, sogar in solchen, von denen man noch nicht einmal das Alphabet kennt

S. 304: *Palais de soixante-quatre* ...: Palast der vierundsechzig Fenster [...] oder die Kunst, alle Sprachen der Welt zu schreiben, wie man sie spricht

S. 307: *Praecepta grammatica* ...: Grammatische Regeln und Beispiele einer philosophischen oder universalen Sprache, an alle Gattungen des Lebens angepaßt

– *Riflessioni intonio* ...: Überlegungen zur Konstitution einer Universalsprache

S. 309: *Pasilogie, ou de la musique . . .*: Pasilogie oder über die Musik als universale Sprache betrachtet

S. 319: *Minerva . . .*: Minerva oder über die Gründe der lateinischen Sprache

Namenregister

Arno Borst

Der Turmbau von Babel

Geschichte der Meinungen über Ursprung und Vielfalt der Sprachen und Völker

Kassette mit 4 Bänden in 6 Teilbänden
2376 Seiten
dtv 59028/DM 198,–

Band I: Fundamente und Aufbau
Band II/1: Ausbau
Band II/2: Ausbau (Fortsetzung)
Band III/1: Umbau
Band III/2: Umbau (Fortsetzung)
Band IV: Schlüsse und Übersichten

Eine Universalgeschichte des menschlichen Denkens, die in ihrer Art einmalig und bis heute Grundlage der Forschung geblieben ist.
Endlich wieder vollständig lieferbar in einer attraktiven dtv-Sonderausgabe.

»Was der Mensch ist und was aus ihm wird, hängt nicht zuerst davon ab, welche der vorhandenen Sprachen und Völker wir für die urtümlichsten oder zukunftsträchtigsten halten, auch nicht davon, welche der vorgebrachten Theorien über die Funktionen der Kommunikation und Kommunität wir annehmen, sondern davon, wie ernst wir hier und jetzt unsere Worte im Umgang mit anderen nehmen.« (Arno Borst)

»Souverän in der Bewältigung des gewaltigen Materials, bestechend in der Analyse und brillant im Ausdruck« (›Die Welt‹)